青少年健康科普丛书

青少年心理健康

主编 张强 杨勇超 刘波

郑州大学出版社

图书在版编目(CIP)数据

青少年心理健康 / 张强，杨勇超，刘波主编. -- 郑州：郑州大学出版社，2024.9

(青少年健康科普丛书)

ISBN 978-7-5773-0303-1

Ⅰ.①青… Ⅱ.①张… ②杨… ③刘… Ⅲ.①青少年 - 心理健康 - 健康教育 Ⅳ.①G444

中国国家版本馆 CIP 数据核字(2024)第 076590 号

青少年心理健康

QINGSHAONIAN XINLI JIANKANG

策划编辑	祁小冬	封面设计	苏永生
责任编辑	刘永静	版式设计	王　微
责任校对	崔　勇	责任监制	李瑞卿

出版发行	郑州大学出版社	地　　址	郑州市大学路40号(450052)
出版人	卢纪富	网　　址	http://www.zzup.cn
经　销	全国新华书店	发行电话	0371-66966070
印　刷	河南文华印务有限公司		
开　本	710 mm×1 010 mm　1 / 16		
印　张	4.75	字　数	63 千字
版　次	2024 年 9 月第 1 版	印　次	2024 年 9 月第 1 次印刷
书　号	ISBN 978-7-5773-0303-1	定　价	26.00 元

本书如有印装质量问题,请与本社联系调换。

编委会

主任委员 　周　勇　河南省卫生健康委员会
　　　　　　　郭万申　河南省疾病预防控制局
副主任委员　刁琳琪　河南省疾病预防控制中心
　　　　　　　郝义彬　河南省人民医院
编　　委　赵圣先　河南省卫生健康委员会
　　　　　　　代国涛　河南省卫生健康委员会
　　　　　　　朱登军　河南省疾病预防控制中心
　　　　　　　刘翠华　河南省疾病预防控制中心
　　　　　　　韩志伟　河南省疾病预防控制中心
　　　　　　　赵东阳　河南省疾病预防控制中心
　　　　　　　夏卫东　河南省疾病预防控制中心
　　　　　　　董灏彬　河南省卫生健康委员会

本书作者

主　编　张　强　河南省疾病预防控制中心
　　　　　杨勇超　郑州市第八人民医院
　　　　　刘　波　新乡医学院第二附属医院
副主编　贾成浩　郑州市第八人民医院
　　　　　闫　歌　河南省疾病预防控制中心
　　　　　张　进　河南省疾病预防控制中心
编　委　刘方圆　河南省疾病预防控制中心
　　　　　孔庆华　郑州市第八十中学
　　　　　石　伟　黄河交通学院
　　　　　冯　婷　郑州大学护理与健康学院

前 言

近年来,随着社会的快速发展,生活节奏不断加快,各个行业的竞争加剧。与此同时,学业竞争也不断加码,"不能输在起跑线上"等各种教育理念泛滥,青少年的学习压力越来越大,心理问题越来越突出。游戏成瘾,亲子、同伴、师生关系紧张,考前恐惧,厌学等状况频出。轻度的情绪不好,注意力、记忆力下降,学习成绩下降,严重的自伤、自残、自杀,无一不严重地影响着青少年的心理健康和家庭幸福。

对家长来说,他们忙于工作和生活,一旦发现孩子出现心理问题,往往出现三种误区:

一、否认:不认为或者不承认自己孩子有心理问题。

二、无视:认为这是孩子成长的问题,叛逆期过了就好了;自己的事情太多,无暇顾及;把孩子送到学校,让老师管,是学校的责任。

三、高情感表达:惊慌失措、过分关注、过度归因、害怕出错、失望指责。

对学校来说,在教学和升学压力下,在面对青少年的心理问题时,教师常常感到束手无策,不敢管、无法管,在建议就医时也会出现遮遮掩掩的情况。

对青少年来说,当面对压力问题、情绪问题时,他们觉得家长、老师不理解、不关心自己,只会抱怨、责备、嫌弃,更加加重了自己的焦虑、抑郁情绪。

  在第十四届全国人民代表大会常务委员会第七次会议上(2023年12月26日),国务院关于精神卫生工作情况的报告指出:截至2021年,全国92.4%的小学和95.0%的初中配备了专、兼职心理健康教育教师。这一方面说明青少年心理健康问题的广泛性、严重性;另一方面说明为解决青少年心理健康问题,国家不仅有政策,而且有行动。国家逐步加强了心理健康方面的教育、宣传力度,学校也配备了心理健康老师。但在面对青少年出现的问题时,目前许多家长、老师还是无能为力,有心理问题的青少年也感觉解决得不满意,到专科精神病院又担心被歧视,矛盾、顾虑让家长、老师无奈,让青少年倍感煎熬。为解决这一问题,我们组织了心理学、儿童精神病学专家,心理治疗师,教育工作者等共同编写了《青少年心理健康》一书,希望通过本书能够宣传心理健康知识,为青少年心理问题的解决提供方法、思路,从而保障青少年身心健康,为祖国的未来培养出更加优秀的建设者、保卫者。

目 录

一　心理健康很重要
1. 健康与心理健康 …………………………………… 1
2. 心理也会生病 ……………………………………… 2
3. 影响心理健康的因素 ……………………………… 4

二　青少年常见心理健康问题
1. 学习问题 …………………………………………… 10
2. 人际关系问题 ……………………………………… 15
3. 性心理问题 ………………………………………… 21
4. 网络成瘾 …………………………………………… 22
5. 非自杀性自伤 ……………………………………… 25

三　青少年常见异常心理
1. "调皮"的小帅 …………………………………… 28
2. 控制不住的眼睛和嗓子 …………………………… 29
3. 奇怪的"特异"功能 ……………………………… 30
4. "懒散"的小丽 …………………………………… 31
5. 心情遇到"过山车" ……………………………… 32
6. 无处不在的担心害怕 ……………………………… 33
7. "真实"的谎言 …………………………………… 34
8. 不知饥饱的胃 ……………………………………… 35

四　良好心态的养成

1. 重新认识、接纳自己 …………………………… 36
2. 学会享受过程，不攀比 ………………………… 39
3. 关注眼前的事情 ………………………………… 41
4. 学会感恩 ………………………………………… 44
5. 做自己的主人 …………………………………… 45

五　让自己快乐的方法

1. 作息规律 ………………………………………… 49
2. 三餐有节 ………………………………………… 52
3. 培养爱好、兴趣 ………………………………… 54
4. 多交朋友 ………………………………………… 57
5. 鼓励自己 ………………………………………… 60
6. 赞美他人 ………………………………………… 64

参考文献 ……………………………………………… 67

一 心理健康很重要

1. 健康与心理健康

健康是指一个人在身体、精神和社会等方面都处于良好的状态。世界卫生组织提出:"健康不仅是躯体没有疾病,还要具备心理健康、社会适应良好和道德健康。"只有具备这四个方面的良好状态,才是一个健康的人。

心理健康有五个特别重要的因素,分别是智力正常、情绪良好、人际关系和谐、人格完整,以及积极的适应社会能力。

青少年心理健康有如下标准:

1)智力正常。它是衡量心理健康最主要的标准之一,是正常生活、学习和工作的基本条件。

2)人格完整。人格完整的人,胸怀坦荡,言行一致,热爱生活,兴趣爱好广泛,具有良好的自我意识,并且自尊自爱,尊重他

人,善于调节自己的言行举止,使其性格、情感、行为等能符合其年龄特点。

3)乐于交流,善于结友。具有良好的人际关系,善于结交知心朋友。面对矛盾和分歧,能正确对待,妥善处理,并有乐于助人的愿望和行为。

4）情绪稳定，乐观开朗。情绪是心理健康的温度计，乐观能使人心情愉悦。有稳定的情绪，就能在顺境中积极向上，谦虚谨慎；在逆境中意志顽强，勇于战胜困难。

5）有所追求，积极进取。能树立正确的世界观、人生观、价值观，有理想、有信念、有追求，敢于面对现实，勇于承担责任，能制定比较切合实际的奋斗目标，并为之努力奋斗。

青少年期是身体和心理向成年过渡的时期。一般来说，3～6岁为儿童期。随着信息时代互联网对社会的影响，儿童比以往更早进入青少年期。过去青春期通常是12～18岁，一般持续6年左右，而现在可以提前到8～10岁，并且结束时间并未提前，所以，青春期的时间延长了。在这个时期，青少年的生理、心理和社会性发展表现出显著的变化，主要特点是身心发展迅速与心理和社会性发展尚不成熟之间的不平衡。

2. 心理也会生病

随着科技的发展，人们的物质生活越来越丰富，生活水平得到了极大的提高。但是随着社会的快速发展与各方面压力的增加，罹患心理疾病的人越来越多，如果不能及时调适，后果会很严重。

对于青少年来说，青春期处于身体发育高峰期：身高平均每年增长

6~8 cm；体重平均每年增加：女性约 4.5 kg，男性约 5.5 kg。第二性征发育：女孩乳房发育，身体脂肪增多，胸围、臀部增大，体毛增多；男孩出现胡须，喉结变大，声音变粗等。这些变化过程约持续两年。然后进入青春旺盛期，出现性功能成熟现象：女性初潮 10~16 岁，男性初次遗精 12~18 岁。人与人之间的青春期年龄有很大的差异，有些女孩儿可能提早到 10 岁初潮，另一些女孩儿可能到 17 岁才初潮。青春期大脑进入发展的第二个快速期：智力提升，逻辑和理性萌芽，效率更高，愉悦感放大。

在此时期，青少年有着心理上的成熟感与现状的半成熟之间的矛盾，心理断乳期与精神依赖之间的矛盾，心理闭锁性与开放性之间的矛盾，成就感与挫折感之间的矛盾等心理发育的特点。

现阶段的青少年处在社会和身心都快速发展的时期，身心发展不平衡。一般情况下，青少年可以通过调用自身以及周边可利用的资源，让自己尽快适应这种发展状态，达到一个新的平衡。但是，如果青少年无法适应身心发展的不平衡，心理和身体发展的速度长时间差距太大且无法协调时，心理就生病了。

3.影响心理健康的因素

影响心理健康的因素主要来自本体和外部两个方面。本体因素也叫内在因素,是心理健康状况发生变化的内在原因;而外部因素是产生变化的外在原因。

(1)本体因素

本体因素主要包括个体的生物遗传因素和心理活动因素。

1)生物遗传因素。主要有遗传因素、细菌或病毒感染、脑外伤或化学中毒,以及躯体疾病或生理功能障碍等。

①遗传因素。一般来讲,人的心理活动是不能遗传的。但是,一个人的躯体、气质、智力、神经过程的活动特点等,受遗传因素的影响很明显。

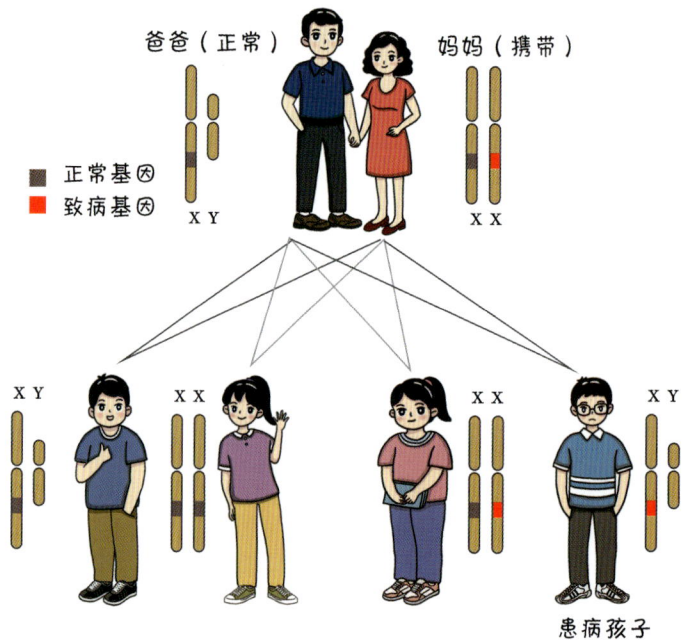

②细菌或病毒感染。中枢神经系统的传染病,如斑疹伤寒、流行性脑炎等,由于细菌、病毒损害神经组织结构而导致器质性心理障碍或精神失常,可以阻抑心理的发展,造成智力迟滞或痴呆。

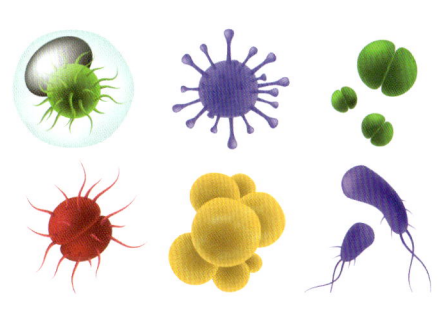
显微镜下的病毒

③脑外伤或化学中毒。各种原因造成的脑震荡、脑挫伤等都可能导致意识障碍、遗忘症、言语障碍、人格改变等心理障碍;某些化学物质侵入人体,如酒精中毒、食物中毒、煤气中毒、药物中毒等,毒害中枢神经系统,亦可导致心理障碍或精神失常。

一氧化碳中毒

我生气了

④躯体疾病或生理功能障碍。内分泌功能障碍,如甲状腺功能紊乱中的功能亢进,往往出现敏感、暴躁、易怒、情绪冲动、自制力减弱等心理异常表现。肾上腺素分泌过多可能会引起躁狂症,而肾上腺素分泌不足则可能导致抑郁症等。

2)心理活动因素。主要包括认知因素、情绪因素和个性因素等。

①认知因素。认知是个体对客观事物的信

息加工活动,反映客观事物的特性与联系,是人的最基本的心理过程。

如果某一认知因素发展不正常或认知因素之间的关系失调,就会产生认知的矛盾和冲突。这种矛盾和冲突,会使人感到烦躁、紧张和焦虑,于是想极力减轻或消除。认知因素之间的失调程度越严重,人们越想减轻或消除失调,维持平衡的动机也就越强烈。如果这种需求和动机长时间得不到满足,则可能产生心理偏差或心理障碍。严重失调时甚至还会损坏人格的完整性和协调性,导致人格变态。

②情绪因素。情绪是对一系列主观认知经验的统称,是多种感觉、思想和行为综合产生的心理和生理状态。最普遍的情绪有喜、怒、哀、乐、惊、恐、爱、恨等。也有一些细腻微妙的情绪,如嫉妒、惭愧、羞耻、自豪等。情绪常常和心情、性格、脾气、目的等有关,也受激素(即荷尔蒙)和神经递质的影响。

一般来讲,稳定而积极的正面情绪状态,使人心境愉快安定,精力充沛,身体舒适有力;相反,经常波动而消极的负面情绪状态,则往往使人心境压抑、焦虑,精力涣散失控,身体衰弱无力。因此,培养良好的正面情绪,排除不良的负面情绪,有益于身心健康。

一 心理健康很重要

③个性因素。个性因素亦称人格因素,对一个人的心理健康影响最大。例如,同样一种生活挫折,对不同个性的人,其影响程度完全不同。有的人可以接受现实,面对挫折,奋发图强;而有的人则无法承受或消极应付,一蹶不振。

因此,培养健全的人格,是保持身心健康的关键因素之一。

青少年要注意培养自己随和、好交际的气质,培养自己敢于挑战的勇气,以及良好的情绪、自我调节和灵活应对的能力。

(2)外部因素

外部因素也叫诱发因素,主要有家庭因素、学校因素和社会因素。

1)家庭因素。如果父母关爱缺乏、家庭养育不足,就会导致情绪情感及社会性发展不足,青少年就容易出现负面情绪和行为问题。在青少年期,青少年交往的对象由以父母为主逐渐转变为以同伴为主,同伴是满足青少年归属感与爱的需要以及完善青少年认知体系的主要依靠,家庭养育不足会导致同伴排斥或社会排斥,加剧心理健康问题。

2)学校因素。青少年大部分时间是在学校中度过的,学校是青少年学习、生活的主要场所,因此,学校生活对青少年的身心健康影响极大。学校因素主要有学校教育条件、学习生活条件、师生关系以及同伴关系等。学校如果出现了学习氛围不好(氛围过松或者过紧)、不良的人际关系(师生情感对立、同学关系不和谐等)、教育方法不当、资源保障不足、校园欺凌等现象,会使青少年心理压抑或精神紧张、焦虑,如不及时调适,就会造成心理失调,导致心理障碍。

3)社会因素。社会环境对心理健康也产生着重要影响。青少年正处于心理成长的关键时期,一方面青少年身心日趋成熟化,另一方面青少年也存在着辨别能力和抵抗能力不强的特点。由于互联网的快速发展,一些不健康或者误导性信息对还没有确立正确信念和人生观的青少年会造成一些认知和行为的偏差。某些社会公德意识弱化的现象,导致人们对许多有违道德的行为习以为常,进而使青少年产生认知模糊乃至认知错误。

一 心理健康很重要

目前,学校和社会已经采取一些措施来保护青少年的心理健康,同时,青少年也要进行以下调节:

①走出去,多接触大自然。当被情绪困扰时,不妨走出家门,晒晒太阳,看看大自然中的花花草草,闻闻花香,听听鸟语虫鸣,呼吸新鲜的空气。

②适度运动。根据自己的身体状况,每周锻炼从三次开始,每次锻炼半小时,可以选择快走、慢跑等,选择与同伴一起运动,坚持一段时间你就会发现自己越来越好。

③学会自我心理调节,学会管理自己的情绪,避免生闷气,注意及时排解心中的不快。学会倾诉、合理宣泄情绪,有意识地进行自我引导。当感到累时,就暂且搁下需要做的事情,选择看看书,听听音乐,散散步,或者和朋友聊聊天。

④远离垃圾食品,多吃一些可以帮助人稳定情绪、消除压力的食物,比如豆制品、奶制品、坚果、黑木耳、水果、蔬菜等,有研究表明,这些食物能让大脑保持活跃状态。

二 青少年常见心理健康问题

青少年期是从幼稚走向成熟的过渡时期,是人生成长的关键时期,社会、学校、家庭各方面的压力都会使青少年的心理处于不平衡的发展状态,可能诱发各种各样的心理问题。

1. 学习问题

青少年处于身心发展的快速阶段,面对学业的激烈竞争,尤其是学校应试教育的影响和家长过高的期望,整体的学习压力极大,所以青少年容易出现厌学、考试焦虑等问题。

(1)厌学

厌学是对学习、学校的厌烦,即对学习的过程在认知上表现为抵触,在情感上表现为消极,在行为上则表现为矛盾甚至逃避。情绪上的反应往往最先出现,表现是不愉快、厌烦。这些情绪可能是由于学习上的一次挫折,老师的一次批评,与同学的一次矛盾。随着厌学情绪的加深,青少年对学校、对学习的认识也会改变。青少年会把学校、学习和某些负面的东西直接联系起来,形成一种惯性的思维,比如"老师不喜欢我,他的课我学得再好也总

二 青少年常见心理健康问题

批评我""物理学不好是因为我没有学习物理的天赋,再努力也没用""学校就是个监狱,同学们都不喜欢我,没人愿意跟我做朋友"。这种思维如果不及时处理,最终青少年可能会出现逃学逃课、拒绝上学的行为。

出现厌学问题后,可以寻求专业人员的帮助,目前对青少年厌学的心理治疗已经日臻成熟,认知行为治疗、支持性心理治疗、家庭治疗、叙事疗法、团体治疗等在厌学问题上都有明显成效。通过治疗,可使青少年重新建立良好的学习兴趣和学习动机,帮助他们渡过青春期的一大难关。

案例分享 学习成绩挺好,却不愿意上学了

15岁女孩,比较听话,不会反抗,小学学习成绩非常好。小时候由奶奶带大,上小学开始由妈妈带,妈妈和奶奶对孩子要求比较严格。小升初时,她被家长择校到一所不喜欢的学校。初中开始,表哥来到奶奶家生活,和表哥发生矛盾时,奶奶总偏袒表哥,妈妈也让她让着表哥,因此心里很压抑,然后因为心理问题被医院诊断为中度抑郁。短期服药一段时间后被奶奶阻止,认为没啥事,初中休学一年。中招去了一所普通高中,心理落差比较大,在学校和同学相处不愉快,有一次被同学语言攻击后,拒绝返回学校。然后在家自学,期末考试考了年级第一。开学后,还是不愿意去上学,也不说原因,就是不想去。现在想脱离学校,脱离家庭,出国学习。

原因分析

1）孩子学习能力比较强，对知识的整体把握和理解运用比较强，认知水平也较高，不愿上学的原因并不在学习能力方面。

2）成长过程中一直处于被安排的状态，在重要事情上（如升学），即使自己有能力也没有任何发言权。家人比较强势，剥夺了孩子的选择权，使得孩子感到自己的人生没有意义。

3）当孩子在遭到不公平待遇的时候，家人不能做到公正客观，批评、指责较多，不能接纳孩子的自然成长。

4）孩子性格软弱，对人不信任、冷漠，与家人、同伴、老师的关系紧张。当遇到不同意见时，即使认为自己的观点是正确的，或者自己的利益受到损害也会妥协，但是，妥协又造成自己的负面感受，出现情绪低落。

该怎么做

1）认识到家人旧的思维模式是不对的，不要刻意压抑自己，而是努力做好自己。

2）要勇于表达，相信大部分时候、大部分老师和同学都是友善的，遭遇不公平时，要敢于说出来，有理有据，不卑不亢。

（2）考试焦虑

考试焦虑的程度有高低之分。考前适度的焦虑有利于维持大脑的兴奋性，促使注意力高度集中，有利于考试的进行。过度的考试焦虑对青少年的不利影响是全方位的，它不仅影响学业成绩，也会损害青少年的注意力、记忆力等。长期过度的考试

焦虑还会影响青少年的身体健康，对青少年的免疫系统造成损害，对青少年的人格和心理健康水平也存在不可逆的影响。过度的考试焦虑，一般有两方面的表现：一方面是心里非常紧张，甚至害怕。注意力不能集中，同时伴有心慌、手抖、胸闷、尿频等身体不适，严重的甚至在考试时发生昏厥，或者根本不敢参加考试。另一方面是考试的效率低下。平时会做的题，考试时却不会了，或者完成的速度明显变慢，总体发挥不出自己应有的水平。

考试焦虑的产生一般有生理、心理、社会三个方面的原因。

生理方面，比如有些人天生就容易比别人紧张，神经兴奋的阈值更低，一个不能引起普通人兴奋的刺激，可能就会使这类人的神经高度紧张。

心理方面，稳定的心理状态有先天的个性因素，也同样与后天的培养密不可分。青少年的考前焦虑，更多是全家焦虑的集中体现。

社会方面，新闻总说少年强则国强，青少年是国家兴盛、民族存续的希望。这样，社会发展的压力转接到了青少年身上。

青少年要对成绩有正确的认识，压力固然存在，但保持平常的心态更重要，人生路长，只要保持平常的心态，结果就一定不会差。如果考试焦虑的情况持续存在，可积极寻求各方的支援，如父母、老师、同学等。

案例分享 考试前紧张害怕

14岁女孩，活泼开朗，深受老师和家长的喜欢。父母是教师，从小对她要求严格。她一直比较听话，学习很努力，对学习成绩特别看重。小学时学习成绩一直很好，上初中后因一次考试前未复习好而导致考试紧张，之后考试时常伴有紧张状态，甚至不能完成考试。

孩子说，我一直学习比较努力，成绩比较好，父母、老师喜欢我是因为我学习好，成绩不好爸爸妈妈就会不爱我了，老师也不喜欢我了。七年级那次考前没有复习好，所以总担心自己以后也考不好，心里很紧张。结果越是紧张，越是想不起来，在考试过程中大脑一片空白。看到老师时，感觉胸闷憋气，心慌气短，一道题也看不懂。以后尽管每次考前都复习得很好，但一到考场上就害怕紧张，心跳加快，呼吸急促，手心直冒汗。

二 青少年常见心理健康问题

原因分析

1）对于学生而言，学习是重要的事情。对于青少年来说，自我意识快速发展，他们会特别注意自己的外貌和穿着，重视自己的能力和学习成绩，有较强的自尊心，比较敏感。

2）家长过度强调学习，孩子认为父母喜欢她是因为她学习好，他们喜欢的不是她，而是学习好的她，孩子也会因此过度在意成绩。

3）考试前或者考试中过度紧张，出现大脑空白，即使平时成绩不错，也无法灵活运用思维方法，发挥不出平时水平，进而更怀疑自己，考试时紧张。

该怎么做

1）青少年要消除自己的焦虑情绪。无论你学习如何，父母都一样爱你，他们只是想让你变得更好，即便没有更好，他们也是最爱你的人。他们爱的是你本人，而不是"光环下的你"。

2）当焦虑的时候，多关注目前所做的事情，不想太多以后的事情或者后果。

2. 人际关系问题

青少年的人际关系问题，主要包括与父母的关系问题和与同伴的关系问题。

(1)与父母的关系问题

青春期往往是青少年与父母冲突的高峰期,大部分家庭都有此困扰。在这个阶段,青少年的生理、心理都发生着巨大的变化。第二性征的发育使青少年对性和性别有了更深的了解,需要他们要尽快适应自己的新形象。情绪的发展,使青少年拥有更丰富的情绪表达和更敏感的情绪体验。情绪反应往往会有冲动性和风暴性的特点,对突发事件和挫折的承受能力较弱。自我意识的发展,让青少年逐渐意识到自己是个独立的个体,开始寻求自我的空间,

脱离对父母的依赖。同时,道德和价值观的发展也会脱离老师和父母的教导,转向由从书本中看到的抽象的概念来塑造自己的道德和价值观。

父母作为亲子关系的主导者,有时不能理解这些变化是青少年生理、心理成长的表现,是他们独立成人的必经阶段,因此没有学会逐渐放手。青少年一方面要理解父母角色转变的滞后性;另一方面可以与

父母多沟通,使他们接受由抚养者、领导者到照顾者、提醒者的角色转换。

案例分享 说话少,不主动与人交往

12岁女孩,听话,内向,学习好。升入初中后,面对陌生的环境,面对不熟悉的老师和同学,她很少和同学说话,也从来不主动与老师交流,集体活动也不愿参加,同学们逐渐疏远了她。她爸爸脾气暴躁,在她一岁左右时经常打她。两岁时,她的父母离异,目前她和姥姥一起生活,姥姥有时还会给她说她小时候被爸爸打的事情。

女孩和别人交流时,常常很紧张,呈现被惊吓的表情,对友善的拥抱有抗拒,认为和别人交往时会被伤害,没有安全感。她的妈妈很善良,但是有些软弱,她认为妈妈不能保护她,一切只能靠自己,但很多事情自己也不知道怎么做,只想把自己关起来。所以她只有在独处时才比较舒服,学习也让她感到充实,感觉到自己是有用的。

原因分析

1)童年的伤害让孩子缺乏安全感,一直处于恐惧和焦虑中,而姥姥的一再重复,加深了这种伤害,使她认为自己是不被爱的,是多余的,缺乏信心和自由的感觉。

2）没有一个自由的家庭环境，缺少陪伴，缺少接纳和理解。

该怎么做

1）回忆一些温暖的儿时画面，淡化儿时的遭遇。如果可以，尝试和爸爸沟通一下，消除误会，看是否能改变他在自己心中的形象。

2）进行一些户外活动，尝试与人交流互动，消除与人交流时的戒备心理。

3）通过学习提高自己的独立能力，增强自信。在适当的时候，不要独自躲在暗处，试着和外界接触，与他人进行互动，接纳真实的自己，淡化内心的恐惧。

（2）与同伴的关系问题

从幼儿期开始，同伴关系逐渐发展，它对青少年的认知、情感、自我、人格的发展以及社会性的发展都有着重要影响。在幼儿期到青少年期的成长过程中，父母的作用逐渐减弱，同伴的影响逐渐增加。青少年有迫切地寻找同龄知己的需求，希望在班级、同学间有被接纳的归属感。正是在与同伴交往的过程中，青少年不断调整自己的行为，学习良好的行为准则，学会与他人建立融洽的关系，关心他人、与他人合作等。

但同伴关系中也存在各种问题，比如以自我为中心、功利交友心态、交往的主动性不足等。如果处理不好跟同伴的竞争与合作的关系,就很容易出现强烈的嫉妒情绪。有时,青少年不知道如何拒绝同伴的要求,因太过于顾忌别人的想法而委屈自己。一旦处理不好同伴关系,出现被同学孤立、冷落或忽视

的现象,青少年就会产生巨大的挫败感与失落感。

同伴关系存在问题有家庭的原因,如家庭氛围紧张,没有安全感和信任感,这种感觉会通过青少年传给同伴;有学校的原因,如学校多以成绩作为唯一评价机制,不能多角度肯定学生的发展,开展增强团体凝聚力的活动少,同学之间增加相互了解沟通的机会少等;有社会的原因,如在目前的信息化时代大背景下,青少年很容易迷失于网络,进而影响他们在现实中的交友。

青少年要加强现实中人际交往技巧的锻炼,正确看待自己和他人,尊重他人的人格和习惯,尊重他人的价值观,接受同伴存在的缺点;同时对自己要始终抱有自信,提高抗压能力。

案例分享　开朗活泼,变得孤僻了

13岁男孩,活泼开朗,爱动。小学时,性格外向,爱跑爱玩,学习中等偏上,篮球打得不错,英语口语好,爱和人交流。上初中后,他对学校环境、对同学和老师不太满意,变得越来越孤僻,和父母说

话也变得不耐烦,总是独来独往,戒备心很强,对他人缺少热情和活力,不喜欢和他人交往。孩子说上了初中,曾遇到过校园霸凌,因为打篮球被几个孩子围殴,对老师说,老师说"一个巴掌拍不响",让他反思自己的问题;对妈妈说,妈妈说你好好学习就行了,哪那么多事!他苦闷之极,为了避免冲突,越来越不喜欢与他人玩耍了。有时,他感觉老师照本宣科,讲得不明白,他也听不懂。他将自己的困扰告诉妈妈,妈妈不疏导,也不想听,只是讲大道理,说教一番。现在他觉得没人理解自己,也不想和他们说。他知道父母很爱自己,但是他们过度保护自己,很多事情就算他想尝试,家长也坚决不允许。想做的事情不能做,学习的环境又感觉压抑,不学习还怕成绩不好,对不起父母,他觉得很孤单。

原因分析

1)老师、家长对校园霸凌的解决方法敷衍,孩子得不到有效的帮助。

2)处于青少年期的孩子开始有自我独立意识,但是父母还没适应孩子想要独立的心理变化,总是担心孩子会闯祸、惹麻烦,孩子不耐烦就认为是不听话。老师、家长都认为孩子还小,只要听话,好好学习就行了。

二 青少年常见心理健康问题

3）家长缺乏与孩子沟通的耐心,同时只强调学习,限制孩子的其他爱好,孩子缺少自由的空间,缺少"试错"的机会。

该怎么做

1）坚决对校园霸凌说"不",注意方式方法,注意保护自己,老师不作为时,可以向家长朋友寻求帮助。

2）多读一些经典著作,从中汲取知识的力量,了解学习的意义不仅是为了美好的前途,也能给自己力量。

3）有机会的话,多外出,见识一下外面的世界,能增长见识,提高和同龄人以及社会接触、沟通交流的能力。

3. 性心理问题

从婴儿时期开始到学龄前,很多幼儿都有性兴奋的能力和表现,这是出于好奇,是对躯体反应的探索。五六岁以后的儿童性行为会减少,十一二岁时又随着青春期的发育增多。青春期时的性冲动、自慰往往会伴有性幻想。传统思想的压力可能使青少年认为自慰是病态的、可耻的,从而造成心理问题。

首先,我们要认识到,性冲动、自慰是正常行为。性冲动是青春期发

育逐渐成熟的标志,而自慰是人类与生俱来的性行为之一,并不损害健康。自慰的频率、方式,只要不伤害身体器官,都是无关紧要的。自慰时有时会有性幻想,这并不意味着有这种想法就是邪恶的,在实际生活中大家仍会以正确的方式生活,所以不要有很大的心理羞耻感。

其次,当感到烦躁、寂寞,受到挫折时,或者当自卑、不知如何与异性相处、与父母发生冲突、学业上压力很大时,青少年往往会存在更多的自慰行为,这也是正常现象,不要因此背负很大的心理压力。

平时,青少年要注意培养广泛、健康的兴趣爱好,这样可以使自己通过多渠道排解压力,增强应对挫折的能力。同时,可通过阅读课本或者科普读物,了解关于性生理和性心理的知识。

4.网络成瘾

网络成瘾是指由于过度使用网络而导致明显的社会、心理损害的一种现象。

在社会各类群体中,青少年作为对新鲜事物好奇心和敏锐度都很高的群体,对互联网构建的世界表现出极高的认同度与参与热情。青少年中有些网络成瘾者,往往无节制地花费大量时间和精力在互联网上聊天、浏览、游戏,以致损害身体健

康,出现各种行为异常、心理障碍、人格障碍、交感神经功能失调现象。

造成网络成瘾的原因有:

1) 有些孩子的家长没有以身作则,回家就刷手机,没有适时给予孩子关心和爱,不能及时了解孩子的心理状态,不尊重、理解或者接纳孩子。孩子缺少处理问题的方法,管理情绪和应对压力的技能,进而责任感缺失,生活没有目标。

2) 学校不注重学生的心理健康教育,没有及时开展网络心理健康课程,科普网络健康的标准,提高他们的上网自控能力;缺少专门的心理咨询部门和心理咨询老师,对网络成瘾问题没有及时干预。

改变网络成瘾的现象,除了需要通过社会、学校和家庭共同参与,构建互动的健康教育网络系统外,青少年也要提高自身心理素质,健全人格,树立学习的目标,朝着自己的目标一点点努力,记录自己每次的进步并给予奖励。

案例分享　玩游戏上瘾,离开游戏心就烦

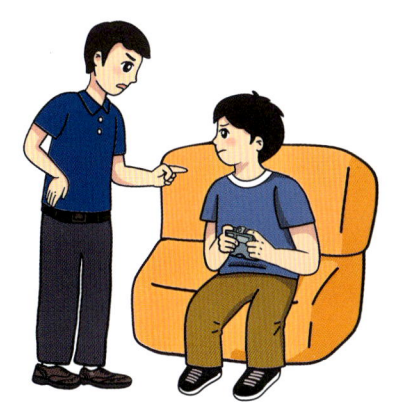

9岁男孩,经常玩游戏,不爱读书,成绩差,还经常和家长顶嘴、对着干,脾气暴躁。

孩子情绪不好,学不进去。在学校学习上遇到问题时,老师不是批评就是给家长打电话告状,然后回到家被家长打骂。学习上有问题时,妈妈比他还暴躁,不是指责就是

否定,辅导他学习时没有耐心,每次都是解决不了问题,还大吵一架;爸爸工作忙,很晚才回家,一般回来时他已经睡着了。孩子感到没意思,不知道如何学习,有困难不知道怎么办,虽然也想学好,但玩游戏时会舒服点。家长批评时他很想打人,很生气,就和他们大声吵。感觉父母并不知道自己的内心感受,因此向他们发脾气。

原因分析

1)孩子玩游戏是因为他的情感需求在身边人身上无法获得满足,转而去虚拟世界寻求。

2)孩子学习无动力,老师和家长没有耐心,批评了事,孩子得不到有效激励。

3)找不到学习的方法,老师和家长在指导方面缺失。

该怎么做

1)每个人都想学习好,但就是找不到合适的人去求助,只好用玩游戏来释放压力。可试着和家长沟通,让家长理解自己,共同去找合适的学习方法和途径。

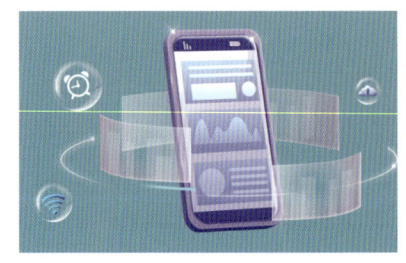

2)要学会合理利用网络。网络游戏可以作为平时繁忙学习的

调节,给自己设置游戏时限,时间一到,立刻放下电子产品,学会约束自己。

3)培养其他兴趣爱好以建立自信心。人生路很长,不给自己的人生设限。

5. 非自杀性自伤

非自杀性自伤是指个体在没有明确自杀意图的情况下,反复、故意地对自身进行伤害,并产生损伤后果(如流血、瘀伤等)的行为,包括划伤皮肤、拽头发、撞头、咬伤、烫伤、掐伤等。

在这种行为发生之前,个体常常感到非常痛苦、抑郁、焦虑、愤怒、紧张或自我批评,频繁地产生自我伤害的想法,而且会对伤害自己的行为难以自控。非自杀性自伤的原因,有的是需要借助外伤和感到痛觉来抵消内心的煎熬,从负面的状态和情绪中脱离出来;有的是在违反社会规范

后,以此来自我惩罚,寻求心理的协调与平衡;有的是一种求救,避免被遗弃,是试图被更认真对待的一种尝试。

非自杀性自伤是一种伤害自己且不能有效解决问题的做法,一旦有自伤意图,一定要及时和老师或者父母沟通,必要时可以寻求心理辅导和心理疏导。平时加强体育锻炼,多看一些正能量的文学作品,寻找榜样的力量,坚定自己的奋斗目标。

案例分享　用圆规、小刀等划胳膊

15 岁女孩,用圆规、小刀等划胳膊,不和父母交流。

爸爸述说女儿在学校与同学发生矛盾时,摔东西表示不满,被老师批评后不服,就开始打自己的手,拧自己,老师不敢批评,害怕她有进一步过激行为,联系家长看心理医生。夫妻二人平时关系紧张,经常吵架,妈妈曾有过激行为(自伤)。这一次因为和同学相处出现问题,父母在和她进行沟通时,她不说话直接冲进卧室,拿圆规划胳膊,父母进去之后发现胳膊上有多处圆规和小刀造成的新旧划痕。

孩子述说和同学发生矛盾时,非常愤怒,就把文具摔在地上。老师来了不问青红皂白就批评她毁坏东西,她不想让老师再说下去,就打自己,拧自己。她觉得当自己感觉特别难受、委屈的时候,尝试着用东西划胳膊,好像能暂时缓解心里的难受。

二 青少年常见心理健康问题

🕐 原因分析

1)父母是孩子的第一任老师,在日常生活中,孩子会潜移默化地模仿父母的行为。父母关系紧张,孩子缺乏安全感,情绪就容易暴躁,妈妈不当的处理问题方式影响着孩子。孩子的许多行为包括情绪行为都是经由观察父母学习而来的。

2)孩子有极强的自尊心和报复心理,自视甚高,但是内心又充满了孤独感,缺乏安全感。

✏️ 该怎么做

1)要学会爱惜自己。情绪释放可以有很多种方式,不伤害自己也不伤害别人才是正确的。

2)体育锻炼如跑步、打球等都可以释放自己的情绪。发现有不开心情绪时,可以尝试和陌生人进行分享,多做交流,练习沟通;也可以大声地喊出来。

三 青少年常见异常心理

1."调皮"的小帅

一向"乖孩子"形象的小帅最近调皮起来了,上课不认真听讲,做作业也总是跑神,老师和家长对其进行了教育,小帅也答应了,可到事上还是我行我素。"孩子是不是多动症啊?"老师的提醒让小帅的父母对孩子的问题重视起来,到医院诊断,真的是多动症,经过一段时间的治疗,小帅又变成了老师和家长眼里的"乖孩子"。

多动症需要药物和心理双重治疗。药物治疗有助于改善注意缺陷、多动、冲动症状,减少其他行为问题。在药物治疗的基础上,配合家庭教育、学校辅导、认知行为治疗能达到更好的疗效。

拓展阅读

多动症即注意缺陷多动障碍,主要表现是明显的注意力不集中和注意持续时间短暂,活动过多和冲动。如果只是上课、做作业时不能集中注意力,但在玩游戏时能全神贯注,这就不是多动症了。

2. 控制不住的眼睛和嗓子

近来老师发现小强在课堂上总是不停地挤眉弄眼,时不时还清嗓、嗤鼻,严重影响了其他同学的学习。找学校的心理老师咨询后,小强很可能是得了抽动障碍。

抽动障碍需要药物和心理行为治疗。药物在临床上已经证实能有效控制抽动症的各种症状。心理行为治疗可减轻患者因心理应激因素产生的抑郁、焦虑等不良情绪,并使患者掌握应对心理应激事件的方式,提高患者的社会适应能力。

拓展阅读

抽动障碍是起源于儿童或青少年期的,症状表现为运动肌肉抽动和发声肌肉抽动的一类疾病。运动肌肉抽动多数在7岁前发生,发声肌肉抽动多数在11岁前发生。国内报道,8～12岁人群中抽动障碍患病率为2.42%。男性学龄儿童患病率较高,男、女性患病比率为2∶1～4∶1。

3. 奇怪的"特异"功能

小美最近感觉自己有了"特异"功能,身边明明没有人,却总是听到有人和自己说话,或是唱歌的声音。刚开始感觉挺好玩的,慢慢地感觉越来越烦,以至于自己不能正常学习了。父母看她精神恍惚,问有什么事情,小美才把自己的情况告诉了父母,其父母赶快带她去看医生,经过检查,最后确诊为青少年精神分裂症。

青少年精神分裂症是一种慢性病,需要制订长期治疗方案。急性期可使用药物有效控制症状。目前临床上有多种抗精神病药物,它们对精神分裂症都有很好的疗效。缓解期应坚持服药,加强家庭监护,监测药物副作用,预防复发,同时加强心理治疗和职业技能训练,锻炼患者的日常生活能力、社交技能以及解决问题的能力。

拓展阅读

青少年精神分裂症起病于18岁以前,是以精神活动与环境不协调为特征,表现为思维、情感、行为等多方面障碍的一种疾病。青少年精神分裂症发病率在0.5%左右,起病多隐匿,起病越早,病情越严重。在发病早期通常有异常情况,如个性改变、感知觉障碍、思维和言语障碍、情感障碍(情感表达与外界环境和内心体验不协调)、意志行为障碍、认知功能障碍等。

4."懒散"的小丽

小丽近一个月都感觉没劲,困乏无力,平时自己喜欢的课外活动也不参与了,学习成绩下降不少。父母担心她,和她说话她不理或者莫名发脾气。在朋友的建议下,小丽父母带小丽去心理门诊就诊,诊断结果是青少年抑郁症。

青少年抑郁症是高复发性疾病,全程治疗十分重要,应采取药物治疗、心理治疗和危机干预的综合治疗方案。目前临床上已经开发出多种安全有效的抗抑郁药物,也有相对成熟的青少年用药经验。抑郁症的全程治疗分为急性期、巩固期和维持期,在急性期快速用药控制症状,巩固期和维持期可缓慢减药直至终止药物治疗。轻度抑郁症,单独使用心理治疗可达到治疗效果;中度和重度抑郁症则需药物干预联合心理治疗。

拓展阅读

青少年抑郁症有显著的情绪低落和抑郁悲观表现,这种低落的情绪几乎在大部分时间都存在,且一般不随外界环境的变化而变化。主要表现有:兴趣减退,对任何事物,无论好坏等都缺乏兴趣;快感缺失,不能从日常从事的活动中体验到乐趣。

5. 心情遇到"过山车"

小露最近感觉自己的心情是冰火两重天:这几天啥心情都没有,过几天又感觉自己信心百倍,心情如同坐上了"过山车"。这又是怎么回事呢?经过医生诊断,小露患上了双相情感障碍。

双相情感障碍的治疗应采取精神药物治疗、物理治疗、心理治疗(包括家庭治疗)和危机干预等综合治疗措施。因为其反复发作,有些甚至终生患病,故应坚持长期的治疗原则。起病于青少年的双相情感障碍,病情常较为严重,疗效较差,功能恢复也较差,家族聚集性发病倾向明显,故应及早就医,全病程治疗很重要。

拓展阅读

双相情感障碍指临床上既有躁狂或轻躁狂发作,又有抑郁发作的一类心境障碍。双相情感障碍一般呈发作性病程,躁狂和抑郁常反复循环或者交替出现,也可以混合方式存在。每次发作,症状往往持续一段时间,并对患者的日常生活和社会功能等产生不良影响。

6. 无处不在的担心害怕

小刚半年前开始感到莫名的害怕,出门坐车害怕,见到不熟悉的人也害怕,严重时呼吸急促,上不来气,尖叫哭闹,其间还晕过去一次,可把小刚的父母吓坏了,赶紧带他去看医生,诊断后发现,小刚患上了恐惧症。

恐惧症可通过心理治疗和一定的药物治疗得到缓解,尽早治疗对患者预后有很大的帮助,如不治疗,通常会发展为慢性,对青少年的成长发育造成阻碍。

拓展阅读

正常儿童也会出现恐惧的情绪,大多是短暂的。但是当出现与年龄不相符的、持续6个月以上的、夸大的恐惧,而且会对恐惧的事物或事件进行回避,影响正常的生活时,就成了恐惧症。它常伴有身体上的各种不适,如呼吸急促、面色苍白、满头大汗、心慌胸闷、血压上升、恶心呕吐、尖叫哭闹、呆立不动、四肢发抖或无力,严重的甚至会瘫软在地、昏厥痉挛,有些还会伴有饮食和睡眠上的问题。患者会竭力避免恐惧的事物,如恐惧尖锐物品的孩子不让家里有刀、剪之类的东西,甚至不让家人提到刀、剪之类的字眼。

社交恐惧症是恐惧症的一种特殊类型。

7."真实"的谎言

"优等生"小白说谎了,父母非常愤怒,说服、教育甚至棍棒交加,刚开始还有点效果,后来父母发现,小白说谎几乎无处不在,家长也分不清到底是真是假了。说多了,他还不服,和父母对着干,小白的父母很着急,千思万想也找不到原因,只好带他去看心理医生。经过医生诊断,小白患了品行障碍。

品行障碍目前没有特效的治疗方法。常用的方法有直接针对患者不良行为进行的矫正治疗,利用正向强化疗法和惩罚疗法减少其不良行为。因为患者造成的后果往往非常严重,治疗又很难有明显的效果,所以早期预防十分重要。

拓展阅读

品行障碍是指青少年时期反复、持续出现的攻击性和反社会性行为,主要包括违抗、不服从、说谎、偷窃、纵火、虐待等一系列行为,这些行为严重违反了与他们年龄相适应的社会行为规范和道德准则,影响青少年本身的学习和社会功能,同时也损害他人或公共利益。品行障碍患者常常同时患有注意缺陷多动障碍。

8. 不知饥饱的胃

平时一向吃饭很规律的小军,最近却发现自己要么不饿,不想吃饭,要么就像吃不饱一样,感觉饭都到嗓子眼了还想吃,真的是胃不知饥饱了。其实小军是得了厌食症和贪食症。

厌食症首先应纠正营养不良,同时或稍后开展心理治疗和药物治疗,多种治疗方式的联合应用是治疗此疾病的最佳手段。贪食症治疗的基本过程是纠正营养状况,控制暴食行为,打破恶性循环,建立正常进食行为。

拓展阅读

厌食症并不是真正的厌食,而是担心发胖,为了将体重控制在自己满意的范围。这类人群对身体存在明显的歪曲认知,明明很瘦,仍坚信自己肥胖,限制进食。患者到后期会出现各种身体器官的功能障碍,如贫血、生长停滞、疲劳虚弱等。

贪食症指具有反复发作的、不可抗拒的摄食欲望,以及多食或暴食行为,进食后又因担心发胖而采用各种方法减轻体重的一种进食障碍。如果长时间持续,可能会造成水电解质紊乱。患者常伴有情绪低落状态。

四 良好心态的养成

1. 重新认识、接纳自己

青少年要保持心理健康,促进人格健全发展,核心在于如何看待自己,但在实际生活中,青少年有时还不够了解自己。对自我认识的不足主要有两种表现:一是过分自负,二是过分自卑。过分自负指的是过分地将自我接受推向极端,既会破坏青少年的人际关系,也容易导致青少年无法

接受失败,在挫折面前一蹶不振,甚至因挫折而产生心理问题;过分自卑则表现为过分地自我否定,看不到自己的优点,因而厌恶自己,甚至走向自我毁灭的极端。因此,只有自知才能自信,自信才能自强,自强才有健康的人生。一个不自知的人首先在心理上是不健康的,有健全自我意识的人才是心理健康的人。

心理学家埃里克森将青少年期称为建立自我同一性的时期。自我同一性可以理解为个体对于内部和外部的整合和适应之感,要建立自我同一性就必须对内部的自我和外部的环境有充分的认识,否则便会造成自我同一性混乱。青少年应当不断正确认识自我。

青少年只有正确认识自己的优缺点,认识自己的能力,明确自己的理

四　良好心态的养成

想,客观地接纳自己,才能真正达到实现自我的目的。青少年可以从生理、心理、社会三个层面加深自我认知。其中,生理我包括相貌、服饰等;心理我包括性格、兴趣、气质等;社会我包括社会角色、权利、他人与自己之间的态度等。

王者风范(出自《世说新语》):三国时期,曹操统一北方后,声威大震,各少数民族部落纷纷依附。北匈奴派使者送来了大批奇珍异宝,使者请求面见曹操。曹操想这次见面很重要,得给对方留下个好印象,最好一下子镇住对方。可是匈奴人长得人高马大,而曹操认为自己身材矮小、相貌不俊美,担心威慑不了匈奴使者。于是曹操将体态雄伟、眉目疏朗的崔琰召来,要他代替自己接见使者。接见时,崔琰正中端坐,接受了匈奴使者的拜贺,曹操却扮作侍卫模样,手握钢刀,挺立在坐榻旁边。接见完毕后,曹操派间谍去问匈奴使者印象如何。使者不假思索地说:"魏王俊美,丰采高雅,但旁边握刀的那个人更是气度威严,霸气外露,称得上真正的英雄啊!"

曹操虽然身材、相貌并不完美,但是他王者的风范气度却难以遮掩。金无足赤,人无完人,每个人都有自己的优势和不足,不要拿别人的优势作为衡量自己的唯一标准,从而让自己陷入自卑的泥淖。面对自己的不足,青少年可以通过努力去改变;如果改变不了,那就学会接纳它,让自己的优势散发出"王者的风范"。

瘢痕实验(心理实验)：在一次心理科学实验活动中，心理学家征集了10名志愿者，请他们参加一个名为"瘢痕实验"的心理研究活动。10名志愿者被分别安排在10个没有任何镜子的房间里，并被详细告知了此次研究的方法：他们将通过以假乱真的化妆技巧，变成一个面部有瘢痕的、丑陋的人，然后在指定的地方观察和感受不同的陌生人对自己产生怎样的反应。心理学家请电影化妆师在每名志愿者左脸颊上精心地涂抹上逼真的鲜血和令人生厌的瘢痕，用随身携带的小镜子使每名志愿者都看到自己脸上的瘢痕后，收走了镜子。之后，心理学家告诉每一名志愿者，为了让瘢痕更逼真、更持久，他们需要在瘢痕上再涂抹一些粉末。事

实上，心理学家并没有在瘢痕上涂抹任何粉末，而是用湿棉纱把化妆出来的假瘢痕和血迹彻底擦干净了。然而，每一名志愿者依然相信，在自己的脸上有一大块令人望而生厌的瘢痕。志愿者们被分别带到了各大医院的候诊室，装扮成急切等待医生治疗面部瘢痕的患者。候诊室里，人来人往，全都是素昧平生的陌生人。实验结束后，志愿者的感受出奇地一致。志愿者A说："候诊室里那个胖女人最讨厌，一进门就对我露出鄙夷的目光。"志愿者B说："本来有一个中年男子和我坐在同一个沙发上的，没一会儿，他就赶紧拍屁股走开了。我脸上不就是有一块疤吗"？至于像躲避瘟神一样躲着我吗？"志愿者C说："我见到的陌生人中，有两个年轻女人穿着非常讲究，像是有知识、有修养的白领，可是我发现，她们俩一

直在私下嘲笑我!"志愿者们滔滔不绝,义愤填膺地诉说了诸多令自己愤慨的感受。他们普遍认为,众多的陌生人,对面目可憎的自己都非常厌恶、缺乏善意,而且眼睛总是很无礼地盯着自己的瘢疤。

人们关于自身错误的、片面的认识,如此深刻地影响和改变了他们对外界的感知。如我们所知,他们的脸上是干干净净的,没有丝毫的瘢痕。之所以产生这样的感受,是因为他们将"瘢痕"牢牢地装在了心里。

事实上,我们每个人心中,纵然没有心理学家为我们设置的"瘢痕",但或多或少都会有一些这样或那样的"瘢痕"。可怕的是,这些心中的"瘢痕"都会通过自己对外界和他人的言行,毫无遮掩地展现出来。比如,如果我们认为自己不够可爱甚至令人生厌、认为自己卑微无用、认定自己有种缺陷……那么,我们在与外界的交往中,一定会在不知不觉间用我们的言行反复进行佐证,直到让每个人都认定我们确实就是那样的一个人。

2. 学会享受过程,不攀比

暑假尚未结束,重点中学的小明已经开始盘算自己开学的行头:一双名牌新款篮球鞋和一身名牌运动装。爸妈觉得电子设备比较方便记笔记、查资料,于是花几千元买了个平板电脑给小明。小明又要求父母花几百元给电脑配了保护套。还没开学,他的装备已经置办齐了,俨然成了"品牌代言人"。小明说:"大家都这样,如果班里哪个男生穿了一双明星'战靴',就会成为别人的羡慕焦点。"某中学班主任坦言:"虽然学校规定要统一穿校服上学,但是似乎大家更会在其他方面下功夫,班里很多学生都穿名牌运动鞋。"

攀比之风不知何时也刮到了校园里,俨然成了学生们除了学习之外的又一核心。除了衣服鞋帽、数码产品,假期旅游地点也成了学生们的谈资。假期聚会时,出国旅游的同学高谈阔论,出省游玩的同学绘声绘色地讲好玩的景点,在场的其他同学作为听众,对"旅行团成员"丰富的假期经历十分羡慕。

对于引起攀比现象的原因,有些人认为是家长教育不当引起的,而有些人认为"攀比是社会的普遍现象"。那么,我们青少年应如何面对身边这种攀比之风呢?

(1) 社会比较与自我比较

攀比和炫富都是建立在与他人相比较的基础上的,这叫作社会比较。由于从不同的方面进行比较,人和人之间都会存在差距,社会比较的结果常常导致

我们心里非常不平衡,因为总能发现有很多人比你强得多。盲目的社会比较常常让个人迷失了自我。除了社会比较外,还有另外一种比较,叫作自我比较。自我比较是自己的当前状态跟过去状态的比较。在自我比较的基础上,一个人会按照自己的实际情况量力而行,例如,买不起名牌衣服就穿普通的衣服,这也是完全可以接受的事情。

四 良好心态的养成

(2) 多比学习，少比物质

我们要知道，再有钱也是家里的，不是自己赚来的，能穿得起名牌衣服也不算自己的本事。要就比学习，比勤奋。努力学习，学习成绩优秀，这些才最应该是青少年值得自豪的东西。而物质和经济水平并不能衡量一个学生的水平，也不能决定一个人的发展前途。

(3) 树立多样化的价值标准

现在社会上很多人认为当名人、赚大钱才是成功，这很容易对青少年产生误导，好像成功的定义非常狭窄。其实，成功的标准有很多，比如，身体健康、人格健全、家庭幸福都可以看作是成功的；能够为公益事业贡献力量，成为环保人士，也是一种成功。对青少年来说，做一个遵纪守规的优秀学生，同样值得赞扬。

3. 关注眼前的事情

瓦伦达是美国著名的钢索表演艺术家，以精彩而稳健的高超演技闻名。因此，当要为重要的客人献技时，演技团决定派他上场。瓦伦达知道这一次上场的重要性：全场都是美国知名的人物，这一次成功不仅仅将奠定自己在演技界的地位，还会给演技团带来前所未有的支持和

利益。因而他从演出前一天开始就一直在仔细琢磨，每一个动作、每一个细节都想了无数次。

演出开始了，这一次他没有用保险绳，因为许多年来他从没有出过错误。但是，意想不到的事情发生了，他刚刚走到钢索中间，仅仅做了两个难度并不大的动作之后，就从10米高的空中摔了下来，一命呜呼。事后，他的妻子说："我知道这次要出事。因为他在出场前就不断地说，'这次太重要了，不能失败'。在以前的表演中，他只是想着走好钢索这事本身，不去管这事可能带来的一切。"如果不去想这么多走钢索之外的事情，以瓦伦达的经验和技能是不会出事的。心理学家把这种为了达到一种目的总是患得患失的心态命名为"瓦伦达心态"。

我们如何调整患得患失的心态呢？首先是专心致志。瓦伦达在意外发生前的无数次成功是与其专心致志相关的。专心致志时注意力就能高度集中。瓦伦达有着丰富的走钢索表演经验，他控制注意的能力特别强，不为其他因素所干扰，始终把注意力集中在走钢索上。其次是调整体质、心情。如果瓦伦达睡眠不好、心情不佳、十分疲倦，那么注意力就很难集中，走钢索就十分危险。最后是保持平常心。在这次意外发生前，瓦伦达没有自论英雄，也不想扬美名，像平时那样有一颗平静之心，没有夹带过多的个人主观情绪去参与走钢丝这一件事，表演反而

四 良好心态的养成

都取得了成功。如我们在学习、竞赛中,只想着考第一,动机较强,效果并不会太理想。只有把心放在一种平静悠然之中,人的最大潜能才能发挥出来。

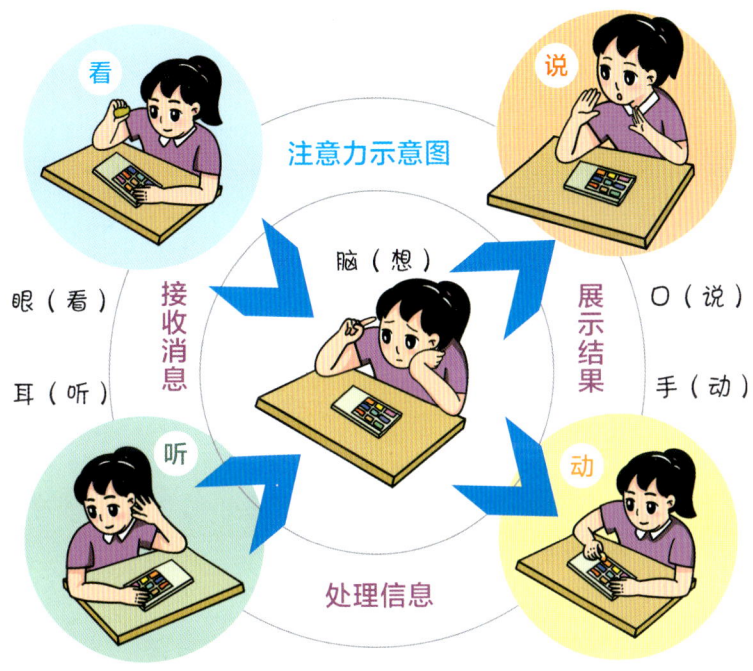

高度的专注力是与抗干扰能力密切相关的。如果在从事某项活动时脑子里一直想着成功的喜悦与表扬,或失败后的痛苦与落寞,那么,这一活动就很难顺利完成。考试时越想考好反而越容易考不好;越怕考不好,水平越发挥不出来,这是典型心理干扰因素下造成的后果。

4. 学会感恩

"你是不是经常对自己的生活感到不满意？或者经常拿自己和别人比较，觉得自己过得不好，不快乐？如果是这样，感恩日记很适合你。"这段话来自积极心理学之父马丁·塞利格曼的《真实的幸福》一书，"在  未来两周里，每天晚上上床睡觉之前，留下5分钟的时间，回想过去24小时发生的事，把它写下来。然后另起一行，写下你生命中值得感恩的5件事。"例如：我还活着，朋友的陪伴，慈爱的父母，健康的身体，美丽的风景。研究感恩和宽恕的心理学家麦卡洛和埃蒙斯通过实验表明，相比那些写下令他们讨厌的事情和仅记录每天发生的事情的学生，写感恩日记的学生，快乐程度和对生活的满意度都急剧上升。

为什么写感恩日记会有这样的效果呢？因为如果大脑充满消极情绪，就会使我们对过往的美好时光不能心存感激和欣赏，对过去的不幸夸大其词、念念不忘，这是我们得不到平静和满足的罪魁祸首。逃离这种误区的方法之一就是感恩。我们对过去的感觉取决于我们的记忆。感恩能够增加我们生活的满意度，是因为它将过去好的记忆放大了。经常进行感恩日记的练习，有利于我们重塑积极乐观的心态。

四　良好心态的养成

5. 做自己的主人

进入初中,青少年就不再是以前那个懵懂的小孩子了,开始有了自己的主意,有了自己的想法。但是,此时青少年还未真正独立,还不能完全脱离父母的"哺育",还需要通过以下几个方面培养自己自立自理的能力:

1)克服依赖心理,进行"心理断乳"。人的一生当中有两次断乳。第一次是在婴幼儿的时候,断母乳。这是婴幼儿期的生理性断乳,是母亲用强制性的手段完成的。还有一次就是青少年时期的"心理断乳",与生理性断乳一样,在这期间可能有许多的不适应、不习惯,因为从小到大我们已经习惯事事依靠父母,甚至觉得那是应该的。但是,总有一天我们要离开父母独立生活,因此一定要克服事事依赖父母的心理,早日切断与父母间的"心理脐带",顺利地完成青春期的"心理断乳",独自面对生活的挑战,提高自己的生存能力。那些我们曾经认为的困难,多年以后再回过头来看都只是小事一桩。

2)积极参加家务劳动,获得必要的自我服务技能。家务劳动不仅可以养成良好的劳动观念和习惯,从中获得自我服务的技能,还可以培养自己的毅力,更好地适应社会。许多国家十分重视学生的家务劳动,有的还采用法律的形式加以规定。如在德国,法律规定,6岁以下儿童可以不从事家务劳动;6~10岁儿童要帮助父母扫地、买东西;10~14岁要参加洗碗等多项家务活动;14~16岁可从事清洗汽车、园艺劳动等;16~18岁要完成每周一次的房间大扫除。有些国家对学生每天的劳动时间还有相应的规定：日本规定小学生每天参加劳动24分钟，法国为30分钟，英国为36分钟，美国为72分钟。

3）从身边的小事做起。从依赖父母到获得独立是一个循序渐进的过程。有些同学一开始就想干一番大事业，幻想多于实干，结果事与愿违。失败不仅容易挫伤自己的积极性，而且容易遭到父母的反对。因此培养自己的自立自理能力，要从身边的小事做起。那些生活中的小事，如洗自己的衣服、铺床叠被、晒被褥、钉纽扣、缝补简单的破洞、叠放衣服、整理学习用品、打扫自己的房间等，能自己做的尽可能自己做。

青少年如何克服依赖性强的毛病呢？不妨试一试以下几个小建议：

1）培养自信心。大多依赖性强的同学都不自信，遇到问题时不敢自己想办法解决，只好请求父母、老师或同学帮忙。所以自信心的自我培养是非常重要的。首先，要相信通过自己的努力，是能处理生活和学习中遇到的问题的；其次，发现自己的才能，独立解决一些问题，增强自己的自信心。

2）调整与父母的关系。多与父母交流沟通，让他们知道，专制型或溺爱型的教养方式不仅仅影响我们独立性和创造性的培养，还会使我们

四　良好心态的养成

丧失自尊心和自信心,也不利于我们的身心健康。应该让父母学会适度放手,以便让我们独立自主地生活。

3) 寻找独立锻炼的机会。让自己有机会去面对问题,能够独立地拿主意、想办法,增强自己的信心。例如,在学校里,要主动要求担任一些班级工作,以增强自己的主人翁意识;在家里,要有意识地培养自己的生活自理能力和独立性,主动帮助父母做一些家务活等。

4) 多向独立性强的同学学习。青少年期同伴的影响是非常大的,因此我们可以主动地与独立性较强的同学交往,观察他们是如何独立处理自己的问题的,向他们学习。

5) 做自己的主人,敢于拒绝。在人际交往中,如何坚持自己的想法,做自己的主人也是青少年常常遇到的挑战,拒绝比顺从需要更大的勇气。敢于说"不"是件了不起的事情,这体现了做人有原则,遇事有主见,表明你能把握自己;做事有信心,不被人所左右,也说明你具有勇敢的个性,具有很强的人格魅力。

有时我们担心:假如我拒绝了对方,尤其是自己的亲人、师长,他们会不会不满意、不高兴、生气?于是委曲求全,勉强自己违心去做本不喜欢做的事情。其实,朋友之间、师生之间、亲子之间相互关心、相互帮助、相互扶持是正常的,但是,在以下几种情境中,我们要学会拒绝:

①当别人的要求与我们的计划相冲突时。例如,你原计划周末在家好好地看书,可同学邀请你去郊区玩,这时你就可以拒绝他。

勇敢说"不"

②当别人对你提出不合理要求时。例如,你的同伴向你借了50元钱没还你,又来向你借100元钱,而且在这件事之前,他已经多次出现借钱不还的问题,这时你可以拒绝他。

③当别人替你做决定,企图控制你时。他不满意的你也不能做,你做事情都要顺从他的想法,此时你也应该说"不"。

说"不"的方法:简单地说"不",如"不"或"不,谢谢"。给出原因,如"不,谢谢。现在我有急事,我必须走了"。拖延,如"不,谢谢,也许以后"。改变话题,如"不行,谢谢。你昨天晚上看比赛了吗?"重复说"不",如"不,谢谢,我不感兴趣,真的不行"。

五 让自己快乐的方法

1. 作息规律

身体素质与心理素质二者之间有着直接的关联。现代生活节奏加快,青少年的圈子也在逐渐内卷,青少年面对着学业的巨大压力,极易产生焦虑和压抑的情绪,如果不及时对现阶段的焦虑和压抑情绪做出调适,身心素质会变得越来越差。青少年阶段是身体发育、个性发展和价值观形成的重要阶段,健康的作息习惯是引导青少年自我教育、自我管理、自我服务的重要方式。

(1)作息规律的好处

1)有利于身心的健康发展。熬夜会导致我们出现神经衰弱、精神不振、心情焦虑等状况,形成亚健康体质,产生心理问题。健康的作息习惯,能提高我们的身体素质和增进心理健康,提升我们的记忆力,提高学习效果。

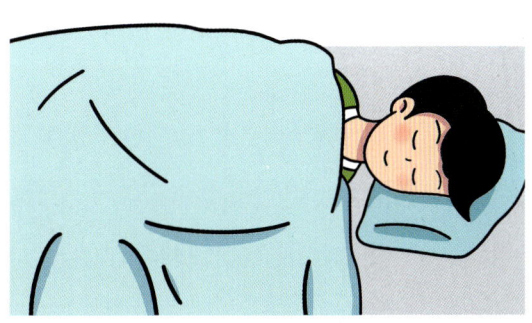

2）有利于健康人格的形成。作息规律可以使我们克服拖延习惯,妥善安排学习和生活时间,高效专注学习,提高学习的效率,还有利于培养我们遵守规章制度的意识,焕发积极进取的精神面貌。

3）有利于价值观念的确立。保持健康文明的作息方式,要求有很强的自律性,这有利于增加责任意识,学会换位思考,构建良好的人际关系。

4）有利于深化思想认识。因为作息规律是社会普遍认同的准则,这有利于培养正确的世界观、价值观和人生观。

(2)作息规律的方法

1）定时觉醒和起床。早晨5:30～6:30(按季节调整)生物钟处于上升时期,肾上腺激素分泌旺盛,此时觉醒说明睡眠已充足。

睡眠充足是益智、强体、抵御疾病的最基本手段。为完成生物钟由睡到醒的转换,醒后还要"赖床五分钟",从而舒畅心情,迎接新的一天,让人体节律平稳地完成由卧到立的过渡。

2）定时饮水与三餐。水是生命之源,可活命、强体,用量最好每天不少于1600～2000毫升。一天中最佳喝水时间有四个:早晨起床后喝

300毫升,促进大肠蠕动;上午10点左右与下午三四点各喝500~700毫升;睡觉前1~2小时喝300毫升。但喝水要因人因时而异。早餐以7时为宜;午餐以12时为宜,此时消化腺分泌加强,可以吃饱;晚餐以18时为宜,要少吃。

3）定时用脑与运动。生命质量的高低,在于头脑的健康程度。脑子越用越灵,每个人用脑最佳时间不同。一般人有四个学习记忆高潮,即早晨起床后、上午8~10时、下午6~8时、睡前1小时,此时进行学习,可达到用脑、护脑、健脑"三重效应"。

运动要遵循"运动三原则",即养成习惯、适量适度、脑体并动。运动每天至少进行一次,每次至少20~30分钟。运动项目中,慢跑被称为"运动之王",它不仅可以锻炼身体,提高免疫力,还可以放松身心,对心理也大有裨益。慢跑时要全身自然放松,抬头,保持正确的跑步姿势,防止受伤。同时各种球类运动,如打篮球、打羽毛球、打乒乓球等,不仅能锻炼身体,还对视力有好处,也可作为优先选择的运动项目。

2. 三餐有节

(1) 如何安排一日三餐的时间和食物量

一日三餐,两餐的间隔以 4~6 小时为宜,以早餐 6:30~8:30、午餐 11:30~13:30、晚餐 18:00~20:00 为宜。用餐时间不宜过短,也不宜太长。建议早餐用餐时间为 15~20 分钟,午、晚餐用餐时间为 20~30 分钟。应细嚼慢咽,享受食物的美味,并营造轻松、愉快的进餐氛围,可以放点轻音乐,谈论轻松的话题;进餐时应相对专注,不宜边进餐边看电视、看手机等。

合理分配一日三餐的食物量。早餐提供的能量应占全天总能量的 25%~30%,午餐占 30%~40%,晚餐占 30%~35%。

(2) 吃好早餐

定时吃好早餐。早餐对保证人体健康十分重要,所以素来强调早餐要吃好、吃饱。如不进早餐,从头一天晚餐(如 18 时)到次日午餐(如 12 时)空腹时间太长(18 小时),营养吸收不足。胃肠的节律每隔 4~5 小时大蠕动一次。每天早晨在该进早餐时,体内已做了一系列的准备,此时进餐,可保证这些节律的正常。若此时不进早餐,除了造成节律紊乱,从而导致胃肠功能紊乱外,久不进早餐者易生胃病,尤其是胃及十二指肠溃疡、胆结石。早餐的食物应包括谷薯类、蔬菜水果、动物性食物、奶豆坚果等。

(3)安排好午餐和晚餐

午餐的食物选择应当根据每人不同的营养需要,遵照平衡膳食的要求。主食可选择米或面制品,做到粗细搭配;2~3种蔬菜;1~2种动物性食物,如鱼虾等水产品、鸡肉、瘦猪肉、牛羊肉;1种豆制品,1份水果。

晚餐不宜过于丰盛、油腻,应确保食物品种丰富,并考虑早、午餐的进餐情况,适当调整晚餐食物的摄入量,保证全天营养平衡,同时做到清淡、少油少盐。主食可以选富含膳食纤维的食物,如小米、薏米、荞麦、红薯等,既能增加饱腹感,又可以促进肠胃蠕动;搭配蔬菜、水果、适量的动物性食物和豆制品,多采用蒸、煮、炖、清炒等,少用炸、煎等烹调方法。晚餐时间不要太晚,至少在睡觉前2小时进食。

(4)不暴饮暴食、偏食挑食

应采取以下措施防止暴饮暴食、偏食挑食:

1)认识暴饮暴食、偏食挑食对营养摄入和健康的危害;

2)调整心理状态,及时疏解压力;

3)如是由于心理疾病引起,应积极调整或治疗心理疾病;

4)尽量在家吃饭,少聚餐,营造愉悦的就餐氛围;

5)尝试原来不吃的食物,享受美食的同时,注意饮食有度有节。

(5)不过度节食

要避免采取过度节食或不科学的方式减轻或控制体重。应建立正确的健康观,合理安排一日三餐和身体活动。一旦发现由于过度节食导致的营养不良,要及早就医;需要时,在医生和营养师的指导下进行矫正和治疗。

3. 培养爱好、兴趣

爱好的表面作用是消解疲乏或焦虑、获得快乐与成就感,但它更深层次的意义在于提升抵抗情绪上的风险的能力,能让你更好地依靠自己,使你更独立,更接近内心自由。

兴趣爱好很重要,但兴趣爱好从哪里来呢?青少年如何让自己对某些充满正能量的技艺、领域等产生浓厚的兴趣爱好呢?

培养兴趣爱好的第一步,就是排除掉那些我们不喜欢也不是必须学习的东西。人一生的时间、精力都是有限的,培养兴趣爱好从自己不讨厌的开始,才能把有限的资源用到刀刃上,才可能在有限的时光中让自己有

所获益。有了这个大前提,我们就容易选择了。选择好后,培养兴趣爱好就进入了轨道,这个轨道上还需要不少重要的元素作为"营养",我们才能真正拥有自己的兴趣爱好。

这些重要的"营养"元素主要有以下几方面。

(1)自信

相信自己的人,才会相信自己的选择,并能够克服一切困难笃定地走下去。不相信自己的人,很难独立做出判断,更无从明了自己的兴致所在,即使有些兴致,也是不稳定的,会受到外部世界的严重干扰和影响。自信心强的人更容易开启兴趣成长之旅。

(2)鼓励

这包括自我激励与接受外部世界鼓励两方面。想要实现自我激励,需要我们在发展兴趣时设定一些经过努力可以实现的小目标。每实现一个小目标,就奖励自己一次,比如看场电影、买本书、买件衣服等。虽然最大的激励还是实现最终目标后的欣喜,但一个又一个的小目标奖励所赋予的精神鼓励却是这场长途跋涉的补给驿站,不可或缺。

而接受外部世界的奖励,我们需要做一番筛选了。比如,筛选和什么样的人在一起。物以类聚,人以群分,并不是所有的人都会支持你、鼓励你。有些人即便是朋友,但他们表达的可能不是鼓励,而是黑色幽默,甚至负能量。总之,在一个多鼓励多表扬的环境中待着,更有利于兴趣爱好的培养。

(3)集中力

任何一种兴趣,即便看起来很普通,深入下去,都不简单,而且越是普通的就越系统和要求高,比如练字(毛笔字、钢笔字)、跑步、唱歌等。这些普通字眼背后系统化乃至套路化的训练、要求和标准,在漫长岁月中早已变得丰富与庞杂,入门容易,有大的进步较难,我们必须高度专注,才可能利用闲暇时光有幸拥有它们中的一二。否则,很容易在花费不少时光却无任何进步的无成就挫败感中熄灭兴致,中断兴趣发展之旅。

自信让人独立,鼓励让人焕发光彩,集中力让人既博又精。也许培养兴趣爱好的办法和元素还有不少,但自信、鼓励和集中力对一个人兴趣爱好的形成至关重要。拥有自信,处于一个良好的激励环境中,只要坚持和专注,保持敏感,个人兴趣爱好将水到渠成、不约而至。一旦拥有兴趣这把开启诸般美妙的钥匙,人生就不同了,会越来越精彩!

4. 多交朋友

拥有三五个知心朋友,对学习乃至身心健康都有好的影响。缺乏朋友可能会让你感觉与世隔绝,紧张不安。

(1)两种化学物质促进友谊产生

美国杜克大学友谊与社会行为专家劳伦·布兰特在英国《新科学家》杂志上刊文,从进化心理学角度解读了人类为什么要交朋友,以及友谊带来的神奇力量。布兰特说,从科学角度来看,交友活动与多种能使人产生快感的神经递质和生化物质(如多巴胺、5-羟色胺、催产素、内啡肽)的释放有关。其中,催产素和内啡肽的作用最大。

催产素是一种神经肽,它能增强我们爱、归属感和信任感的人际互动行为。与朋友进行身体接触,如拥抱、轻抚和按摩时,催产素会被释放,随之而来的愉悦心情则会鼓励人们继续交友。即使没有身体接触,催产素也能引导人们做出亲近社会的决策,增进信任,并鼓励人做好事。

内啡肽是一种神经递质,能使人产生幸福感。牛津大学教授罗宾·邓巴曾做过一项经典实验:受试者被要求独自或两人一组划船,并在划船前后测量体内内啡肽的含量。结果发现,有伙伴一起划船的人比独自划船者释放出更多的内啡肽。

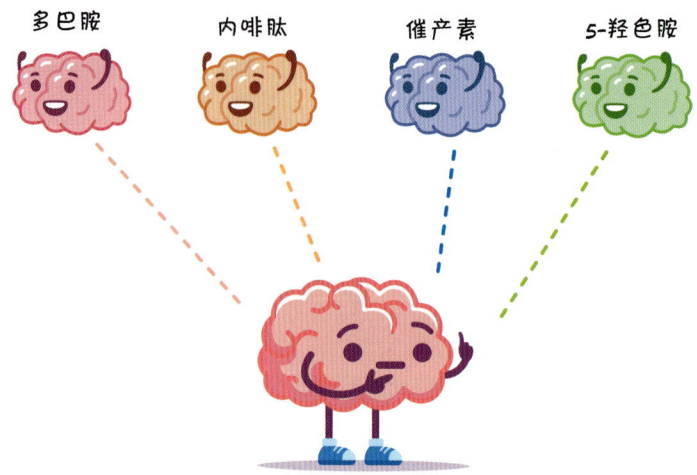

总而言之,这两种化学物质就像造物主赐予人类的礼物,在千百年的进化过程中,带给我们友谊的包容、温暖和愉悦,它们促使那么多原本素不相识的陌生人联结在一起,构成了一个个奇妙的关系网。

(2)交朋友让身心都受益

交朋友有以下几个好处:

1)朋友是"财富"。品行端正、优秀的朋友,不仅是物质上的财富,也是精神上的财富。他有时是你人生道路的指引者,有时可以给你战胜困难的勇气,有时是你学习的榜样,有时是你背后支持的力量。

2)朋友是"医生"。当你痛苦时,他会安慰你;当你遇到挫折时,他会鼓励你;当你生病时,他会关心你;当你孤单时,他会陪伴你;当你无助时,他会帮助你。他会让你恢复自信,获得支持,保持健康的生活习惯,是你心灵的治疗师。

3)朋友是促进健康的"得力助手"。据美国的《健康》杂志报道,由于交朋友属于跟人打交道,等于对认知能力进行锻炼,所以大脑皮层会一直处于兴奋状态,朋友多的人更不宜生病,大脑也更灵敏,长寿的概率也比孤僻的人大一些。

(3)交友"三件宝"

要想获得并巩固友谊,还要从以下三个方面入手:

1)要真诚。交朋友要"重情谊,轻利益",不可玩心机、耍滑头。朋友间要平等,不能只交"有用的人"或将朋友分"档次"。

2)善经营。友谊需要经营,要花时间和精力维护。周末相约吃饭、逛街,节日里送点小礼物等,都会让友谊保鲜。

3)多赞扬。生活中,有人对你微笑,你也会朝他微笑。给彼此一个笑脸,称赞一句,有助于拉近人际关系。

5. 鼓励自己

我们每个人都会有人生低谷的时候，也都会有碰到困难的时候。有幸的话，我们会得到他人的帮助，如果没有，就需要靠着自己的努力去攻克难关，那么不妨进行自我鼓励吧！自我鼓励就好像是一种心理暗示，让自己能够获得信心，让自己能够有动力去前行，让自己乐观地面对一切，成功就离自己近了一步！自我鼓励，是一种乐观的心态，一种自信心爆棚的表现！那么，如何有效地鼓励自己呢？

(1) 把握好情绪

人开心的时候，体内就会发生奇妙的变化，从而获得崭新的动力和力量。但是，不要总想在自身之外获得开心。令你开心的事不在别处，就在你身上，因此，利用自身的情绪高涨期来不断激励自己。

(2) 塑造自我

在塑造自我的过程中，影响最大的莫过于态度的选择，即选取乐观的态度还是悲观的态度。我们思想上的这种抉择可能给我们带来激励，也有可能阻滞我们前进。在日常的学习和生活中，我们要乐观地面对一切，善于发现事物好的一面，从容解决各种问题。

五 让自己快乐的方法

（3）规划目标

清晰地规划目标是人生走向成功的第一步，但塑造自我不仅仅限于规划目标。要真正塑造自我，过自己想要的生活，我们还必须加以行动，正如莎士比亚所说："行动胜过雄辩。"

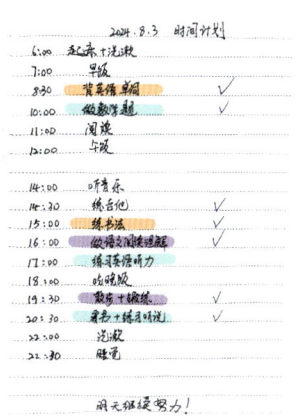

（4）自我激励

一旦开始自我激励，自我塑造的过程也就随即开始。以下方法有助于塑造自我：

1）树立远景。迈向自我塑造的第一步，要有一个每天早晨醒来为之奋斗的目标，它应是人生的目标。远景务必即刻着手建立，而不要往后拖，随时能够按自己的想法做些改变，但不能一刻没有远景。

2）离开舒适区，不断寻求挑战，激励自己。舒适区只是避风港，不是安乐窝，它是你心中准备迎接下次挑战之前放松自己和恢复元气的地方。

3）直面困难。每一个解决方案都是针对一个问题的。困难对于脑力运动者来说，是一场场艰辛的比赛。真正的运动者总是盼望比赛。如

果把困难看作前进路上的障碍,就很难在生活中找到动力。如果学会了把握困难带来的机遇,你自然会动力陡生。

4) 立足此刻。锻炼自己即刻行动的潜力,充分利用对现时的认知力。不要沉浸在过去,也不要耽溺于未来,要着眼于现在。当然要有筹划梦想和制定创造目标的时间。但是,这一切就绪后,必须学会脚踏实地、注重眼前的行动。要把整个生命凝聚在此时此刻。

5) 敢于犯错。有时候我们不做一件事,是因为我们没有把握做好。我们感到自己状态不佳或精力不足时,往往会把需要做的事放在一边,或静等灵感的降临。不要这样!如果有些事你明白需要做,尽管去做,不要怕犯错。给自己一点自嘲式幽默,抱着一种打趣的情绪来对待自己做不好的事情,一旦做起来了尽管乐在其中。

6) 不要害怕拒绝。不要消极理解别人的拒绝,而要用心应对。你的要求落空时,要把这种拒绝当作一个问题:"自己能不能更多一点创意呢?"不要听见"不"字就打退堂鼓,应让这种拒绝激励你更大的创造力。

7)敢于竞争。竞争给了我们宝贵的经验,无论多么出色,总会人外有人,所以我们需要学会谦虚。努力胜过别人,能使自己更深刻地认识自己;努力胜过别人,便在生活中加入了竞争"游戏"。不管在哪里,都要参与竞争,而且总要满怀快乐的情绪。要明白最终超越别人远没有超越自己更重要。

8)内省。大多数人通过别人对自己的印象和看法来看自己,但仅凭别人的一面之词,把自己的个人形象建立在别人身上,就会面临严重束缚自己的危险。因此,应只把这些一面之词当作自己生活中的点缀,人生的棋局应由自己来摆,不要从别人身上找寻自己,应经常自省并塑造自我。

6. 赞美他人

人,总是希望得到他人的赞美,从而让自己的自尊心和荣誉感获得满足。从社会心理学角度来说,赞美是一种有效的交往技巧,能缩短人与人之间的心理距离。

(1) 赞美的原则

1) 赞美的动机是纯洁的。赞美更多的是为了情感的沟通,如同微笑一样,也是照在人们心灵上的阳光,它不是为了谋求从对方那里得到什么。

2) 赞美的表达是真心的。赞美是一种境界,是发自内心的真诚表达。赞美是对他人成就的认同,是对他人人格的尊敬。赞美别人要出于真心,所夸奖的内容是对方确实具有或即将具有的优良品质和特点,不要让别人感到你言不由衷,另有所图。

3) 真诚的赞美是适度的。一个气球再漂亮、再鲜艳,吹得太小,不会好看;吹得太大则容易爆炸。赞美就如吹气球,应点到为止,适度为佳。恰如其分的赞美能使人心情愉悦,但赞美过度则会适得其反。过度赞美会有阿谀奉承之嫌,给人一种虚情假意之感,达不到赞美的目的。

五　让自己快乐的方法

(2)赞美的技巧

赞美是一件好事,但做起来并不容易。赞美他人如果不懂得审时度势,不掌握一定的赞美技巧,即使你的举动真诚,也有可能将好事变为坏事。所以,赞美他人要掌握以下技巧:

1)寻找赞美点。赞美别人要因人而异,因场合而异,将自己的赞美之情恰当地表达出来,能收到比一般的赞美更好的效果。称赞阿姨身材苗条,赞扬爷爷奶奶身体硬朗很容易引起良好反应;赞美同龄人语气可稍微夸张一些,适度赞美他的开拓精神和创造才能,并对他的前程充满信心。

2)赞美要细致,具体翔实。空泛化的赞美,虚假、生硬,使人怀疑动机,而具体化的赞美,则显示真诚。一千遍的你真漂亮,不如说你的眼睛很美。如果要在一些细微的地方赞美的话,需要对对方的学习、生活经历做一个大致的了解,以便准确地提出别人没能想到的细小之处。在一些严肃、紧张的场合下,利用细小的刺激来影响特定情形下的心理,往往能收到"润物细无声"的效果。

3)把握时机,适时赞美。赞美要适时,交际中认真把握时机,恰到好处的赞美是十分重要的。一是当发现对方有值得赞美的地方,你就要善于及时大胆地赞美,因为赞美是有有效期的。二是在别人成功之时,送上一句赞语,就犹如锦上添花,其价值可"抵万金",如考出好成绩,评上先进,受到奖励……这时,人的心情格外舒畅,如果再能听到一句真诚的夸赞,其欣喜之情可想而知。

4)新颖独特,灵活多样。赞美应该尽可能有新意,因为新颖独特的赞美,会令人回味无穷。一个漂亮的人,别人反复说她长得漂亮,已经感觉不到欣喜,但是当有人告诉她,像她这样气质不凡的人应该去演电影时,她就会特别开心。

5)间接赞美,效果倍增。传达第三者的赞美,这样不但能避免尴尬,而且会得到双方的好感。第三者赞美是间接赞美,避免了直接赞美的"拍马屁"的感觉,这是一种比较委婉的赞美方式,如果自己不好意思直接赞美对方的话,可以套用别人的话语,然后自己来肯定这句话。

生活中我们要学会赞美、乐于赞美、善用赞美,掌握好这一生活的智慧,以欣赏的目光去看待他人,会让我们开阔心胸,放宽眼界,能看到更美丽、更和谐的社会和人生。

参考文献

[1] 王宇中,李红亚. 大学生心理健康教育[M]. 3 版. 郑州:郑州大学出版社,2020.

[2] 郝伟,陆林. 精神病学[M]. 8 版. 北京:人民卫生出版社,2018.

[3] 方贻儒,洪武. 精神病学[M]. 2 版. 上海:上海交通大学出版社,2023.

[4] 莫虹,许丽婉,林佳玲,等. 大学生健康作息习惯养成教育研究[J]. 科教导刊,2020(30):182-183.

[5] 钱伟. 生活守规律也是养生道[J]. 劳动保障世界,2020(10):69.

"十三五"国家重点图书出版规划项目

总主编 付小兵

创面治疗新技术的研发与转化应用系列丛书

第 25 册

创面的护理

CHUANGMIAN DE HULI

本册主编 阮瑞霞

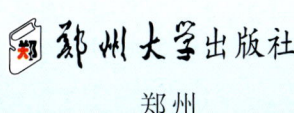

图书在版编目(CIP)数据

创面的护理/阮瑞霞主编. —郑州:郑州大学出版社,2019.9
(创面治疗新技术的研发与转化应用系统丛书/付小兵总主编;第25册)
ISBN 978-7-5645-6638-8

Ⅰ.①创… Ⅱ.①阮… Ⅲ.①创伤外科学-护理学 Ⅳ.①R473.6

中国版本图书馆 CIP 数据核字(2019)第 167903 号

郑州大学出版社出版发行
郑州市大学路40号	邮政编码:450052
出版人:张功员	发行电话:0371-66966070

全国新华书店经销
河南瑞之光印刷股份有限公司印制
开本:880 mm×1 230 mm 1/32
印张:12.75
字数:369 千字
版次:2019 年 9 月第 1 版	印次:2019 年 9 月第 1 次印刷

书号:ISBN 978-7-5645-6638-8　　定价:160.00 元

本书如有印装质量问题,由本社负责调换

总主编简介

付小兵,中国工程院院士,教授、创伤外科研究员、博士研究生导师。现任中国人民解放军总医院生命科学院院长,基础医学研究所所长,全军创伤修复与组织再生重点实验室主任,北京市皮肤损伤修复与组织再生重点实验室主任等职务。任南开大学教授,北京大学、中国医科大学等国内10余所著名大学客座教授。

学术任职:担任国际创伤愈合联盟(WUWHS)执行委员、亚洲创伤愈合学会(AWHA)主席、国务院学位委员会学科评议组成员、国家自然科学基金评委和咨询委员、国家技术发明奖和国家科技进步奖评委、国家高技术发展项目("863"项目)主题专家、中国工程院医药卫生学部副主任、中国生物材料学会理事长、中华医学会理事、中华医学会组织修复与再生分会主任委员、中华医学会创伤学分会主任委员、前任主任委员和名誉主任委员、全军医学科学技术委员会常委、全军战创伤专业委员会主任委员,国际《创伤修复与再生杂志》(WRR)、《国际创伤杂志》(IWJ)、《国际下肢损伤杂志》(IJLEW)、国际《创伤治疗进展》(AWC)、《再生医学研究》(RMR)、《中国科学:生命科学》及《中华创伤杂志》(中、英文版)编委,《解放军医学杂志》总主编、《军事医学研究》(MMR)主编等学术职务。1995年国家杰出青年基金获得者,2009年当选为中国工程院院士,2018年当选为法国医学院外籍院士。

研究贡献:长期从事创(战、烧)伤及其损伤后的组织修复与再生研究工作,主要包括战创伤医学、组织修复和再生医学以及生物治疗学三大领域。重点涉及火器伤与创伤弹道学、生长因子生物学、干细胞诱导分化与组织再生、严重创伤致重要内脏缺血性损伤的主动修复以及体表难愈合创面发生机制与防控等。20世纪80年代中期曾4次赴云南老山前线参加战伤调查和救治，经受了战争的考验并获得宝贵的战伤救治经验。1991年出版了国际上第一部《生长因子与创伤修复》的学术专著，1998年在国际著名医学杂志《柳叶刀》(Lancet)首先报道了成纤维细胞生长因子对烧伤创面的多中心治疗结果，推动了我国基因工程生长因子类国家一类新药的研发与临床应用，被英国广播公司(BBC)以"把牛的激素变成了治疗烧伤药物"进行高度评价。2001年再次在《柳叶刀》(Lancet)上报道了表皮细胞通过去分化途径转变为表皮干细胞的重要生物学现象，为组织修复和再生提供了原创性的理论根据，被国际同行以"相关研究对细胞去分化给予了精彩的总结"和"是组织修复与再生的第4种机制"等进行充分肯定。2007年与盛志勇院士一起带领团队在国际上首先利用自体干细胞再生汗腺获得成功，为解决严重创(烧)伤患者后期的出汗难题提供了基础，被国际同行评价为"里程碑式的研究"。2008年发现并在国际上首先报道了中国人体表慢性难愈合创面流行病学变化的新特征，推动了中国慢性难愈合创面创新防控体系的建立并取得显著效果，被国际同行以"向东方看"进行高度评价，该成果获2015年度国家科技进步奖一等奖。

作为首席科学家获国家重点基础研究发展计划项目("973"项目)、国家重点研发计划项目、国家自然科学基金创新群体项目(连续三期)、国家杰出青年科学基金(1995年度)、全军"十二五"和"十三五"战创伤重大项目等28项资助。主编《中华战创伤学》《中华创伤医学》《再生医学:原理与实践》《现代创伤修复学》、英文版 Advanced Trauma and Surgery 和 Cellular Dedifferentiation and Regenerative Medicine 等专著26部，参编专著30余部，在《柳叶刀》(Lancet)和其他国内外杂志发表论文600余篇。特别是2012年应《科学》(Science)杂志社邀请，组织中国科学家在该杂志出版了一期有关《中国的再生医学》(Regenerative Medicine in China)的增刊，显著提升了我国再生医学在国际上的影响。获国家和军队二等奖以上成果23项，其中以第一完成人获国家科技进步奖一等奖1项、二等奖3项和省部级一等奖3项。培养博士研究生、博士后研究人员等70

余人。

个人荣誉：1993年获"国务院政府特殊津贴"，被评为"首届全国百名优秀中青年医学科技之星"。1995年和2004年分别获"总后十大杰出青年"和"科技金星"等荣誉称号。2002年和2004年分别获"求是杰出青年奖"和中国工程院"光华青年奖"。2008年获"中国人民解放军杰出专业技术人才奖"。2009年获"何梁何利基金科学与技术进步奖"。2008年被国际创伤愈合联盟授予"国际创伤修复研究终身成就奖"(Lifetime Achievement Award)，为获此殊荣的唯一华人学者。2011年获中欧创伤修复联盟"终身成就奖"。2012年当选为"科学中国人2012年年度人物"，并被评为"全军优秀共产党员"。2013年获"中华创伤医学终身成就奖"和"中华烧伤医学终身成就奖"。2014年被评为"全军优秀教师",2016年被评为全国优秀科技工作者。2012年和2018年分别被中共中央宣传部和中央军委政治工作部作为科技创新重大典型在全国宣传。荣立个人一等功1次、二等功3次和三等功1次。

主编简介

阮瑞霞,女,副主任护师,西北地区首位国际造口治疗师(ET)。就职于西安交通大学第一附属医院门诊换药中心。

学术任职:陕西省造口、创面、失禁委员会常务委员,西安国际造口治疗师学校、郑州国际造口治疗师学校的特聘讲师。

专业特长:专职从事创面护理15年。擅长糖尿病足及各种复杂创面护理,为糖尿病足患者成功保足超过600人。

学术成就:主编《糖尿病足全程管理与护理》《糖尿病足异种脱细胞真皮基质临床应用》,参编《老年糖尿病甲病处理技术》《伤口护理学》及《糖尿病规范化教育——足部护理》等专著,发表创面护理专科论文21篇,取得院内新医疗新技术成果奖3项,参与省基金项目3项。发明专利1个。

个人荣誉:2016年获得省级先进个人荣誉。

创面治疗新技术的研发与转化应用系列丛书

编委会名单

总主编
付小兵　中国工程院院士、研究员、教授　中国人民解放军总医院

总主编助理
程　飚　教授、主任医师　中国人民解放军南部战区总医院

编委（以姓氏笔画为序）
王达利　教授、主任医师　遵义医科大学附属医院
王爱萍　主任医师　中国人民解放军东部战区空军医院
王深明　教授、主任医师　中山大学附属第一医院
冉兴无　教授、主任医师　四川大学华西医院
史春梦　教授　中国人民解放军陆军军医大学
　　　　创伤、烧伤与复合伤国家重点实验室
付小兵　中国工程院院士、研究员、教授　中国人民解放军总医院
吕国忠　主任医师、教授
　　　　江南大学附属医院（无锡市第三人民医院）
朱家源　教授、主任医师　中山大学附属第一医院
刘　锐　副教授、副主任医师　黑龙江省医院
刘　暴　教授、主任医师　北京协和医院
刘　毅　教授、主任医师
　　　　中国人民解放军联勤保障部队第940医院
刘宏伟　教授、主任医师　暨南大学附属第一医院
祁少海　教授、主任医师　中山大学附属第一医院
许樟荣　教授、主任医师
　　　　中国人民解放军战略支援部队特色医学中心

阮瑞霞	副主任护理师、国际造口治疗师	
	西安交通大学第一附属医院	
李学拥	教授、主任医师	
	中国人民解放军空军军医大学第二附属医院	
李宗瑜	教授、主任医师　哈尔滨市第五医院	
李炳辉	主任医师　华中科技大学同济医学院附属梨园医院	
杨彩哲	副主任医师　中国人民解放军空军特色医学中心	
肖丽玲	主任医师　暨南大学附属第一医院	
吴　军	教授　中山大学附属第一医院	
沈余明	教授、主任医师　北京积水潭医院	
陆树良	教授、主任医师	
	上海交通大学医学院、上海市烧伤研究所	
周建大	教授、主任医师　中南大学湘雅三医院	
郇京宁	教授、主任医师　上海交通大学医学院附属瑞金医院	
官　浩	副教授、副主任医师	
	中国人民解放军空军军医大学第一附属医院	
赵　珺	主任医师　上海交通大学附属第六人民医院	
荣新洲	教授、主任医师　华南理工大学附属第二医院	
胡大海	教授、主任医师	
	中国人民解放军空军军医大学第一附属医院	
胡宏鸯	副主任护师　浙江大学医学院附属邵逸夫医院	
姜玉峰	副主任医师	
	中国人民解放军战略支援部队特色医学中心	
姜笃银	教授、主任医师　山东大学第二医院	
贾赤宇	教授、主任医师　厦门大学附属翔安医院	
徐　欣	教授、主任医师　复旦大学附属中山医院	
郭光华	教授、主任医师	
	江西省烧伤研究所、南昌大学第一附属医院	
黄晓元	教授、主任医师　中南大学湘雅医院	
黄跃生	教授、主任医师　江南大学附属医院(无锡市第三人民医院)	
曹烨民	教授、主任医师	
	上海中医药大学附属上海市中西医结合医院	

章一新 教授、主任医师 上海交通大学附属第九人民医院
韩春茂 教授、主任医师 浙江大学医学院附属第二医院
程 飚 教授、主任医师 中国人民解放军南部战区总医院
温 冰 主任医师 北京大学第一医院
谭 谦 教授、主任医师 南京大学医学院附属鼓楼医院
魏在荣 教授、主任医师 遵义医科大学附属医院

附：分册主编名单

第1册 创面治疗新技术总论
    付小兵 陆树良 吴 军
第2册 酶与生物清创技术在创面治疗中的应用
    王爱萍
第3册 超声与水刀清创技术在创面治疗中的应用
    李宗瑜 刘 锐
第4册 光、电及磁在创面治疗中的应用
    程 飚 黄跃生 付小兵
第5册 生长因子/细胞因子在创面治疗中的应用
    程 飚 付小兵 韩春茂
第6册 细胞治疗在创面修复中的应用
    史春梦 王达利 周建大
第7册 组织工程在创面治疗中的应用
    韩春茂 姜笃银 付小兵
第8册 氧疗在创面修复中的应用
    刘宏伟 付小兵 肖丽玲
第9册 负压封闭引流技术在创面治疗中的应用
    胡大海 郇京宁 官 浩
第10册 生物敷料在创面治疗中的应用
    吕国忠
第11册 先进敷料在创面治疗中的应用
    李学拥

第 12 册　传统医药在创面治疗中的应用
　　　　　　姜玉峰　曹烨民　付小兵
第 13 册　创面的外科治疗
　　　　　　刘　毅　黄晓元　沈余明
第 14 册　穿支皮瓣移植技术在创面修复中的应用
　　　　　　魏在荣　章一新
第 15 册　创面的内科诊治
　　　　　　杨彩哲
第 16 册　糖尿病创面的内科诊治
　　　　　　许樟荣　冉兴无
第 17 册　血管疾病所致创面的诊治
　　　　　　徐　欣　刘　暴　赵　珺
第 18 册　静脉性溃疡的诊治
　　　　　　王深明　胡宏鸯　祁少海
第 19 册　糖尿病足相关特殊诊疗技术
　　　　　　温　冰　荣新洲　李炳辉
第 20 册　压力性损伤创面管理与治疗
　　　　　　谭　谦
第 21 册　特殊原因创面管理与新技术应用
　　　　　　郭光华　史春梦
第 22 册　特殊人群创面管理与新技术应用
　　　　　　姜笃银　胡大海
第 23 册　创面的康复
　　　　　　吴　军　朱家源
第 24 册　创面愈合的管理
　　　　　　贾赤宇
第 25 册　创面的护理
　　　　　　阮瑞霞
第 26 册　医源性创面管理与新技术应用
　　　　　　程　飚　付小兵

"创面治疗新技术的研发与转化应用系列丛书"总主编付小兵院士与各分册主编合影

"创面治疗新技术的研发与转化应用系列丛书"主编会议全体与会者合影

第25册 创面的护理

作者名单

主　编
阮瑞霞　副主任护师　西安交通大学第一附属医院

副主编
乔莉娜　主任护师　　西安交通大学第一附属医院
周　琴　主任护师　　空军军医大学第一附属医院
孟宝亲　主任护师　　宝鸡市中心医院
宋美利　副主任护师　西安交通大学第二附属医院
田浚弘　副主任护师　黔西南州人民医院
　　　　　　　　　　（遵义医科大学第七附属医院）

编　委（以姓氏笔画为序）
丁雪梅　马　茂　马宁侠　王　青　王　朋
牛建瑞　田浚弘　乔莉娜　江锦芳　阮瑞霞
杜新艳　李　秦　李　豹　杨秀秀　宋美利
金鲜珍　周　晖　周　琴　孟宝亲　郝改琳
夏玉萍　程克林　鄢　婧　蔡蕴敏　樊　慧
潘银根

内容提要

创面治疗新技术的研发与转化应用系列丛书《第 25 册　创面的护理》是一部介绍创面护理的医学专著。本书分为 4 个部分，分别介绍了创面护理的发展历史、现代创面的整体护理、创面的分类分期和创面治疗的新技术；创面评估及护理方法，涵盖创面局部因素、全身因素、疼痛、心理认知及社会支持等；创面感染的诊断、微生物培养、创面清洁、创面清创、创面抗菌、创面感染的整体管理及创面护理环节的感染管理；各类创面特点及护理方法。本书内容来自临床实践，也是创面专科护理发展的成果。其内容丰富，实用性、逻辑性、科学性强，图文并茂，可作为创面护理、社区及养老院各级临床医护人员的参考书。

创面治疗新技术的研发与转化应用系列丛书

总序

创面治疗是最古老的医学问题之一，同时在现代社会又有重大的治疗需求，由于社会进步、工农业生产的高速发展以及人们生活方式的改变，现在的创伤和创面治疗与以往相比都发生了很大的改变。一是种类明显增多。除传统的由交通事故、工矿事故、火灾事故以及战争与局部冲突等导致的组织损伤外，由疾病导致的组织损伤与创面也明显增多，如糖尿病与动静脉疾病导致的糖尿病足和下肢动静脉性溃疡创面等。二是发生机制更加复杂。除了创伤和创面本身，其病理生理过程还涉及原始疾病治疗以及老龄化等许多方面，受许多因素的影响，远远超过创伤和创面治疗本身。三是治疗难度加大。由于创伤和创面的发生与发展涉及许多方面，除治疗损伤组织本身外，还需要治疗原发疾病等，如糖尿病足的治疗就涉及创面本身和内分泌代谢、感染控制以及功能重建等。四是占用大量的社会资源与医疗资源。根据我们的初步研究，体表慢性难愈合创面的治疗费用、住院时间与占用的护理成本等均是普通疾病的3倍。五是人们对创伤和创面治疗结果的要求越来越高。希望修复和愈合的创面既没有溃疡发生和瘢痕形成，又达到和损伤以前一样的解剖结构与功能状态，即完美的修复和再生。因此，解决创伤，特别是体表慢性难愈合创面治疗的难题成为医学领域一个值得关注的重要问题，必须加以高度重视。

创伤，特别是创面治疗除了外科处理以外，各种治疗技术、方法、药物和材料的应用对缩短创面愈合时间、提高愈合质量和减少医疗负担起到了重要的作用。特别是近年来，各种新的技术、方法和材料在临床上的广泛应用，对加快创面愈合速度和提高愈合质量起到了非常重要的作用。与此同时,也应当看到,在一些地方由于医护人员对这些新的治疗技术和方法的基本原理缺乏了解,加之临床使用不规范等,这些新的治疗技术和方法没有取得应有的治疗效果,部分地方对新治疗技术和方法的滥用也给创面治疗带来一些不良后果。为此,部分专家强烈建议对这些新技术和方法在临床上的应用进行规范和指导。经过与本领域著名专家较长时间的酝酿和准备,本着以科学性为基础,以实用性为手段,以提高治疗效果为目标的原则,编著出版一套"创面治疗新技术的研发与转化应用系列丛书",供广大临床医护人员在工作中参考,并由此达到规范临床治疗行为、提高治疗技术和方法或产品的使用效率的目的。为此,本丛书的编写思路归纳起来有以下几方面。

1.写作目的 进一步推广经过临床验证,在创面治疗中具有实际临床治疗效果的新技术、新方法和新产品;进一步规范这些新技术、新方法和新产品在临床的应用,以提高治疗效果,减少并发症,降低医疗费用等;丛书定位是一套实用性、教材性和普及性的著作,丛书中介绍的治疗技术和方法主要基于专家共识和临床经验,而并非强制性的治疗标准,故仅供临床使用时参考。

2.编著方式 采用总主编负责下的各分册主编负责制。总主编负责丛书的总体规划、内容选择、分册主编遴选、出版,以及申请国家出版基金和重点图书项目等事项。分册主编负责该分册参编作者遴选、总体规划、写作、组稿和出版事宜。各分册本身是一部独立的专著,所有分册汇总是一套系列丛书。

3.写作方法 本丛书基本上采用统一的写作范式(部分分册也可以根据实际情况进行调整),即包括四大部分:第一部分介绍该技术、方法或产品(不涉及具体公司、不涉及具体公司产品,仅仅是对技术、方法或产品发展的介绍)发展的历史;第二部分介绍该技术、方法或产品治疗创面的基本原理;第三部分重点介绍该技术、方法或产品治疗各种创面的实际病例,包括使用方法、典型病例治疗前后照片对比、部分文字介绍,让读者通过这些典型病例,基本了解该技术方法或产品的临床应用等;第四部分介绍该技术、方法或产品临床应用的注意事项(适应证、禁忌证及并发症防治或注意点等)。

此外，丛书还充分利用互联网和信息技术，在正文中印制了二维码，通过扫描二维码可以看到关联的 PPT、视频、图片等原创数字资源，这些数字资源增加了图书的附加价值，使微观事物描述更加形象化，拓展了文字不易描述的内容，使图书内容更加丰富，有利于读者获取更多的知识信息。

科技发展日新月异，各种新的治疗技术、方法与产品不断出现，本丛书选定的治疗技术、方法或产品不一定全面，可能存在局限性与遗漏之处。由于丛书分册比较多，主编处于不同的单位，在写作形式、内容等方面可能存在一些不一致的地方，还望读者提出批评与建议，以利于我们在今后的修订中加以改进，不断完善。

感谢各位分册主编和为本系列丛书做出贡献的各位专家；感谢郑州大学出版社社长张功员和策划编辑李振川以及出版社工作人员为此付出的辛勤劳动；感谢国家出版基金的大力支持。

中国工程院院士
中国人民解放军总医院生命科学院院长
"创面治疗新技术的研发与转化应用系列丛书"总主编
2018 年 6 月 21 日

前言

创面治疗是创伤治疗的核心任务之一。经过几千年的发展，创面治疗的理论、技术和方法已基本形成并逐步完善。特别是10余年来，随着对创伤发生机制研究的深入和相关领域高科技的迅猛发展，创面治疗理论不断开拓与创新，使得创面治疗的技术和方法日趋完善，创面护理随着创面专科护理的发展和医疗技术的发展而进入新时代。从2001年广州的第一所国际造口治疗师学校成立开始至今，在近20年的时间里，国内创面护理专科从无到有，并得到蓬勃的发展。目前有造口治疗师、伤口治疗师及造口伤口专科护士等多种不同形式的培训和认证形式。有不少三甲医院成立了创面护理门诊和以创面专科护士为主导的创面中心，创面专科护士活跃在创面治疗的临床一线。护士从创面治疗中的从属地位逐渐过渡到主动参与、主动决策的主导位置，创面护理也发展成为一门独立的学科。随着我国人口的老龄化，糖尿病足、压疮、癌性创面等慢性难愈合创面越来越多，目前的创面专科护士远远不能满足患者的需求，特别是社区和偏远地区患者更是无法得到有效的照护。

本人专职从事创面护理15年，接诊了大量的疑难复杂创面，从刚开始的摸索，到有了一定的临床经验，再到经验和理论的融合，提出适用于创面护理的系统的操作理论和实践原则。近几年一些新的创面敷料（如异种脱细胞真皮基质）和清创方法（如脉冲清创）引入临床，其使用方便、操作简单、安全、疗效显著，使复杂问题简单化，让以前必须通过手术解决或者手术不能解决的难愈合创面得以愈合，这也让创面专科护士体验到从未有过的成就感和价值感。在接到总主编邀请编写本书时，刚好跟我内心的愿望相契合，可谓因缘际会，自然天成。

"创面治疗新技术的研发与转化应用系列丛书"《第25册 创

面的护理》分为 4 个部分,第 1 部分概述回顾了创面护理的发展历史、现代创面的整体护理、创面的分期分类和创面治疗的新技术;第 2 部分创面护理管理介绍了创面评估及护理方法,涵盖创面局部因素、全身因素、疼痛、心理认知及社会支持等;第 3 部分创面感染的管理,从最新国际感染指南的解读开始,讲述了感染的诊断、微生物培养、创面清洁、创面清创、创面抗菌、创面感染的整体管理及创面护理环节的感染管理,内容涉及创面感染的所有知识点,有国内外最新研究的成果,有丰富的临床实践经验,还有编者理论和实践的融合与创新;第 4 部分创面护理临床实践部分,按照创面类别分为急性损伤、冷热损伤、皮肤相关的急性感染、手术切口裂开、肠瘘、糖尿病足、医源性损伤、压力性损伤、下肢慢性溃疡及癌性创面 10 个小节,详细介绍了各类创面特点及护理方法,有大量的临床典型案例的呈现,理论和临床实践紧密结合。除了文中翔实的文字描述和大量的病例个案呈现以外,本书以二维码形式提供的 50 个 PPT,为本书内容的延伸和扩展,其中也有创新应用、临床实践和典型个案分享。

  参与本书编写的人员大多数为资深的创面专科护理专家,有着丰富的理论知识和临床经验。本书内容来自临床实践,是创面专科护理发展的成果,对推动创面护理的发展有重要意义。其内容丰富,图文并茂,可操作性强,是一部对从事创面护理、社区及养老院各级临床医护人员的有价值的参考书。

  最后感谢总主编的邀请,给我们提供了一个学习和总结的机会,感谢参编的各位老师的辛苦付出。感谢慢伤前沿公众号无私分享的创面前沿知识。

  由于编者水平有限,错误在所难免,期待同行和读者批评指正。

阮瑞霞
2019 年 2 月 18 日

目录

1 概论 ·· 1
  1.1 创面护理的发展历史 ······················ 1
  1.2 现代创面的整体管理 ······················ 2
    1.2.1 传统的创面管理模式 ················ 2
    1.2.2 现代创面护理管理模式 ·············· 2
  1.3 创面的分类与分期 ························ 4
    1.3.1 创面分类 ·························· 4
    1.3.2 创面分期 ·························· 7
  1.4 创面治疗的新技术 ······················· 10
    1.4.1 湿性愈合理论及新型敷料的应用 ····· 10
    1.4.2 负压创面治疗技术 ················· 11
    1.4.3 超声清创技术 ····················· 14
    1.4.4 脉冲清创 ························· 14
    1.4.5 干细胞治疗技术 ··················· 14
    1.4.6 高压氧治疗 ······················· 15
    1.4.7 光疗 ····························· 15

2 创面护理管理 ······························· 16
  2.1 概述 ··································· 16
  2.2 整体评估 ······························· 16
    2.2.1 年龄因素 ························· 16

2.2.2　营养状况 …………………………………………… 17
　　2.2.3　目前用药情况 ……………………………………… 17
　　2.2.4　凝血功能 …………………………………………… 17
　　2.2.5　血管功能 …………………………………………… 17
　　2.2.6　神经功能 …………………………………………… 18
　　2.2.7　代谢性疾病 ………………………………………… 18
　　2.2.8　心理状态 …………………………………………… 18
　　2.2.9　患者个体情况 ……………………………………… 19
　2.3　创面局部评估 ……………………………………………… 19
　　2.3.1　创面类型及所处阶段 ……………………………… 19
　　2.3.2　创面发生的原因 …………………………………… 20
　　2.3.3　创面情况 …………………………………………… 20
　　2.3.4　创面疼痛 …………………………………………… 23
　　2.3.5　延续评估 …………………………………………… 27
　　2.3.6　创面建档 …………………………………………… 27
　2.4　创面细菌培养 ……………………………………………… 31
　　2.4.1　开放性创面采样法 ………………………………… 31
　　2.4.2　封闭脓肿取样法 …………………………………… 31
　2.5　创面床准备 ………………………………………………… 32
　　2.5.1　T(去除坏死组织) …………………………………… 32
　　2.5.2　I(控制感染和炎症) ………………………………… 32
　　2.5.3　M(湿润平衡) ………………………………………… 33
　　2.5.4　E(创面边缘) ………………………………………… 33

3　创面感染管理 ……………………………………………………… 35
　3.1　创面感染的演进过程 ……………………………………… 35
　3.2　创面感染的诊断 …………………………………………… 37
　　3.2.1　创面感染的临床诊断 ……………………………… 37

- 3.2.2 创面感染的微生物检测 …………………… 38
- 3.2.3 创面感染的诊断 …………………………… 41
- 3.3 创面细菌生物膜 ……………………………………… 41
  - 3.3.1 生物膜形成过程 …………………………… 42
  - 3.3.2 生物膜临床特征 …………………………… 42
  - 3.3.3 生物膜标记 ………………………………… 43
  - 3.3.4 生物膜管理 ………………………………… 43
- 3.4 创面冲洗 ……………………………………………… 44
  - 3.4.1 创面冲洗的功能 …………………………… 44
  - 3.4.2 创面冲洗的适应证 ………………………… 44
  - 3.4.3 冲洗液 ……………………………………… 44
  - 3.4.4 冲洗方法 …………………………………… 45
- 3.5 创面清创 ……………………………………………… 46
  - 3.5.1 清创前的评估 ……………………………… 46
  - 3.5.2 清创方法 …………………………………… 48
- 3.6 创面的抗菌治疗 ……………………………………… 74
  - 3.6.1 局部抗菌治疗 ……………………………… 75
  - 3.6.2 全身抗菌治疗 ……………………………… 78
  - 3.6.3 警惕恶性创面 ……………………………… 79
- 3.7 创面感染的整体管理 ………………………………… 80
  - 3.7.1 创面感染的风险因素 ……………………… 81
  - 3.7.2 创面感染的有效管理 ……………………… 82
- 3.8 创面护理环节的感染管理 …………………………… 83
  - 3.8.1 洗手 ………………………………………… 83
  - 3.8.2 手套和个人防护器械 ……………………… 84
  - 3.8.3 创面管理的环境 …………………………… 84
  - 3.8.4 创面管理的技术 …………………………… 85
  - 3.8.5 管理感染患者 ……………………………… 85

3.8.6 产品存储 ··· 85
　　3.8.7 组织架构支持 ·· 86

4 创面护理临床实践 ·· 87
4.1 急性损伤创面的护理 ··· 87
　　4.1.1 急性机械性损伤 ··· 87
　　4.1.2 咬蜇伤 ·· 100
4.2 冷热损伤的护理 ·· 105
　　4.2.1 烧烫伤 ·· 105
　　4.2.2 电击伤 ·· 111
　　4.2.3 冷伤 ··· 113
4.3 皮肤相关急性感染创面的护理 ··· 120
　　4.3.1 疖、痈及皮脂腺囊肿感染 ·· 120
　　4.3.2 甲沟炎、嵌甲及化脓性指头炎 ································ 128
　　4.3.3 急性蜂窝织炎 ··· 134
　　4.3.4 丹毒 ··· 137
　　4.3.5 坏死性筋膜炎 ··· 138
4.4 手术切口裂开创面的护理 ·· 144
　　4.4.1 手术切口裂开的原因 ·· 145
　　4.4.2 手术切口裂开的评估 ·· 147
　　4.4.3 手术切口裂开创面的个体化护理 ····························· 151
4.5 肠瘘的护理 ·· 175
　　4.5.1 肠瘘概述 ·· 175
　　4.5.2 肠瘘治疗与护理现状 ·· 178
　　4.5.3 肠瘘护理 ·· 179
4.6 糖尿病足的护理 ·· 193
　　4.6.1 糖尿病足部病变的评估 ··· 193
　　4.6.2 糖尿病足的分级分类 ·· 198

- 4.6.3 糖尿病足溃疡评估和护理 ……………………… 202
- 4.6.4 糖尿病足全程护理 ……………………………… 212
- 4.6.5 糖尿病足的综合管理 …………………………… 257

4.7 医源性损伤的护理 ……………………………………… 261
- 4.7.1 输液性静脉炎 …………………………………… 261
- 4.7.2 药物外渗性溃疡 ………………………………… 265
- 4.7.3 皮肤放射性损伤(放射性皮炎) ………………… 276
- 4.7.4 医用黏胶相关性皮肤损伤 ……………………… 282

4.8 压力性损伤的护理 ……………………………………… 286
- 4.8.1 压力性损伤概述 ………………………………… 286
- 4.8.2 压力性损伤的预防 ……………………………… 289
- 4.8.3 压力性损伤的分期 ……………………………… 291
- 4.8.4 压力性损伤的处理 ……………………………… 294
- 4.8.5 压力性损伤患者的健康教育 …………………… 304

4.9 下肢慢性溃疡的护理 …………………………………… 316
- 4.9.1 下肢静脉性溃疡 ………………………………… 317
- 4.9.2 下肢动脉性溃疡 ………………………………… 335

4.10 癌性创面的护理 ………………………………………… 351
- 4.10.1 癌性创面病因学 ………………………………… 352
- 4.10.2 癌性创面的评估 ………………………………… 353
- 4.10.3 癌性创面的治疗 ………………………………… 359
- 4.10.4 癌性创面的护理方法 …………………………… 360
- 4.10.5 癌性创面的健康教育 …………………………… 364

参考文献 ……………………………………………………… 370

中英文名词对照 ……………………………………………… 378

1 概论

1.1 创面护理的发展历史

早在远古时代,当机体发生创伤后,我们的祖先就会用树叶、香炉灰、蜂蜜、泥土等覆盖创面(wound surface;也称伤口,wound)。用现在的语言解释,即隔绝感染源,减轻疼痛,促进创面愈合。这就是最早期人类处理创面的方法。

公元前460—公元前377年,希腊人Hippocrates提出了创面需要保持清洁干燥的观点,将创面一期愈合和二期愈合的概念引出。公元129—199年,Galen提出创面愈合过程中必定会有脓液。13世纪,Theodoric提出反对Galen的意见,他认为脓液会延缓创面愈合,提出清洁创面、清除异物、缝合伤口后再给予敷料保护有利于创面愈合。18世纪末,Luyi提出无菌理念和细菌控制的观点,这在减轻创面感染及控制创面感染的发生上实现了新突破。在这一观点上,1867年,Joseph发明了纱布,用于隔绝空气中细菌对创面的侵袭,并且取得了很好的效果,随后100多年,"干燥透气"成为当时的标杆。人们逐渐发现创面在干燥的环境中愈合缓慢、纱布粘连、疼痛明显、瘢痕挛缩、功能受损等问题。

湿性理论在1962年被提出,英国动物学家Dr George在"幼猪皮肤浅表性的创面上上皮形成速度和瘢痕形成"的研究中发现,用聚乙烯膜覆盖猪的创面,其上皮化率增快了1倍。他首次证实了与暴露于空气中的干燥创面相比,湿润且具有通透性的创面敷料应用后所形成的湿润环境中,表皮细胞能更好地繁衍、增殖和爬行,从而加速了创面愈合过程。1963年,Hinman及Mailbach对湿性理论进

行了临床验证,均取得相同结论。目前该理念已深入应用于现代创面治疗中,均取得不错的效果。

1.2 现代创面的整体管理

1.2.1 传统的创面管理模式

在传统的创面管理模式中,医生治疗占主体,但是大部分医生由于诊疗工作量大,每天进行创面管理的精力和时间有限,大多都由实习生和进修生完成,常常缺乏对创面的动态管理和评估,严重影响创面的愈合质量。这样不仅给患者带来痛苦,也增加了医患矛盾。与此同时,护士的角色是被动的。

在传统的创面管理模式中,护士的角色处于辅助地位,缺乏自主性、独立性。①临床创面护理以"观察"为主;②为医生提供部分信息或汇报;③护士知识局限,护理方法相对单一。

1.2.2 现代创面护理管理模式

1.2.2.1 现代创面管理模式中护士的角色

随着现代创面治疗领域的发展,出现了创面专科护士的角色。在创面治疗中不再是医生做主导,专科护士承担着重要的工作。现代创面管理模式中创面专科护士是自主、独立、创新的专业技术型人才,在创面治疗领域中发挥越来越重要的作用:①将湿性愈合的观念引入创面治疗中;②创面新技术、新业务的开展;③新型创面敷料的使用;④创面专业人才的培养;⑤国际学术交流活动的开展等。这些必将推动创面护理专科的发展。

1.2.2.2 医护一体化共同管理创面,医护共同制订治疗方案

(1)医生 完成全身疾病、创面的初步诊断和评估;提供患者整体管理措施;实施外科清创、植皮及皮瓣移植、创面二期缝合等。

(2)创面专科护士 完成创面的治疗主体工作,对创面进行程

序化管理,包括患者的评估(患者的一般情况、体格检查、实验室检查、物理检查等)、创面评估[创面的面积、深度,渗出液的性质、量、气味,创面基底(简称创基)情况,周围皮肤有无浸润、疼痛,以及心理等],最后建立创面档案。

1.2.2.3 多学科合作模式

建立多学科合作(multi-discipline team,MDT)模式共同治疗创面(图1.1)。

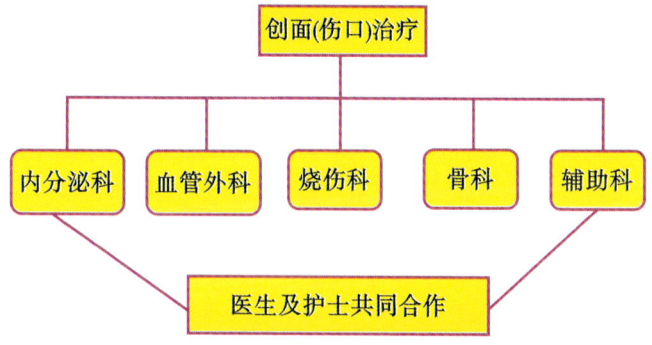

图1.1 创面治疗的多学科合作模式

1.2.2.4 将湿性愈合的观念引入创面护理管理

湿性愈合的观念更有利于创面愈合,多年来的临床实践证明,湿性环境可以加速上皮化。

1.2.2.5 新型敷料的使用

随着创面护理技术的不断进步,各种新型敷料也应运而生,新型敷料能减少创面粘连,不仅加速创面愈合,而且也减轻患者痛苦。近几年,生物活性敷料(如异种脱细胞真皮基质)的出现并应用,预示进入到创面主动愈合的新时代。

1.2.2.6 建立创面专科门诊

由于慢性创面病程长,愈合可达数月时间,公立医院不能承受压床负荷,为了满足创面治疗需要,提供延续治疗,创面专科门诊势在必行。创面专科门诊可以系统地管理患者创面,同时缩短患者的住院时间,降低住院费用,也使得医患关系融洽,提升患者的满意度。

1.3 创面的分类与分期

随着创面治疗的发展,在 19 世纪中期,Virchow 开始了组织病理学的基础研究,复杂的创面愈合机制逐渐被了解,人们才懂得如何正确有效地实施创面护理。近几十年,创面愈合的研究已经引入了生物化学、分子生物学、细胞生物学等,相对应创面的治疗和护理得到快速发展。因为人们生活水平的提高,寿命的延长,不易愈合的慢性创面也随之增多。面对新知识、新观念和新需求,创面护理的新观念应运而生。创面专科护士只有不断学习掌握新知识、应用新技术,并加强责任心才能为患者提供最好的创面护理,加速创面愈合。

1.3.1 创面分类

1.3.1.1 根据创面愈合时间的长短分类

创面是指正常皮肤(组织)在外界致伤因子(如外科手术、外作用力、电流、温度、化学物质等)及机体内在因素(如组织血液供应不足)等作用下所导致的损害。常伴有皮肤完整性损坏、正常皮肤组织缺失及皮肤正常功能损害。

创面可根据愈合的时间,分为急性创面(图 1.2)及慢性创面(图 1.3)。

(1)**急性创面** 一般来说,急性创面是指能在 4~8 周内愈合,符合创面愈合一般过程的一类创面(如手术切口、皮肤擦伤、烧伤、供皮区、切割伤等)。

(2)**慢性创面** 慢性创面是指由于某些因素(感染、异物、缺血等)导致创面愈合延迟或部分愈合或完全停止生长,愈合时间超过 1 个月。慢性创面愈合时间延长,不能正常愈合,需重新建立创面床(wound bed),并且需花费大量的时间和精力的创面治疗与护理才可能康复。常见的慢性创面有:糖尿病足、动脉性溃疡、静脉性溃疡、压力性损伤、医源性创面等。

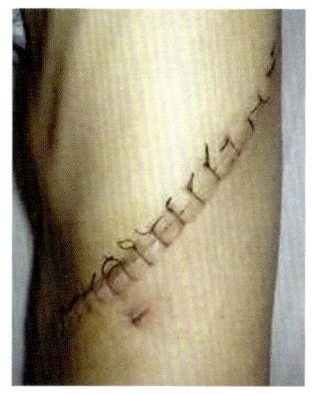
图1.2　手术切口（急性创面/伤口）

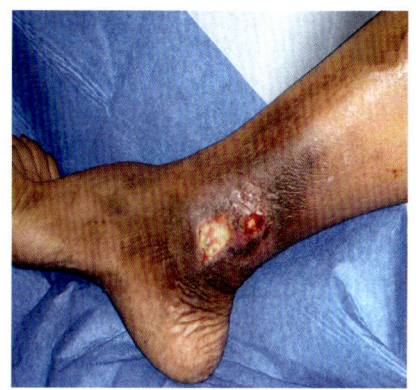
图1.3　慢性创面（静脉性溃疡）

1.3.1.2　根据创面的颜色分类

根据创面的颜色分类，可分为黑色创面（创面为缺血性黑色坏死组织或干的结痂）（图1.4）、黄色创面（创面为黄色腐肉、大量渗液，有感染迹象）（图1.5）、红色创面（包含粉红色期，创面处于红色肉芽期或上皮化期）（图1.6）。此方法是根据1998年美国护理学会杂志从欧洲引进的创面RYB（red-红，yellow-黄，black-黑）分类。

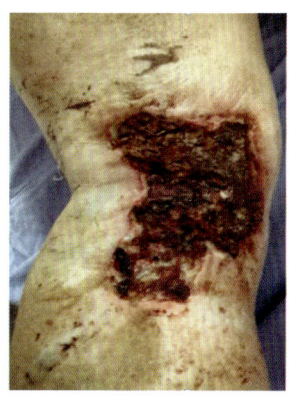
图1.4　黑色创面

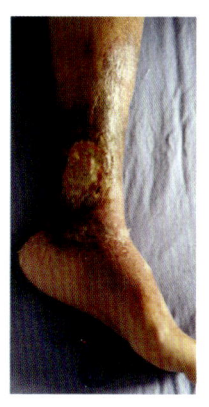
图1.5　黄色创面

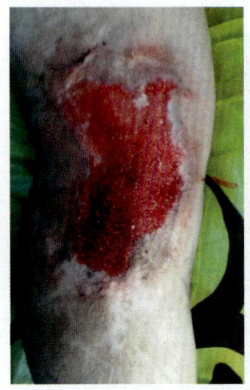
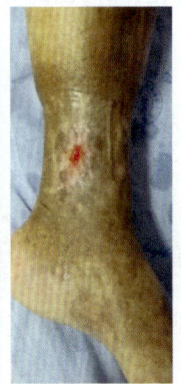

图1.6　红色创面

1.3.1.3　根据受伤的原因分类

根据受伤的原因分类：①物理因素导致创面；②电击或触电性创面；③电疗引起的创面；④化学性损伤引起创面；⑤温度引起的创面（冷伤或烧伤）；⑥缺血导致的创面（如动脉性溃疡，糖尿病足缺血型）。

1.3.1.4　根据创面被细菌污染的程度分类

（1）**清洁创面**　指未受到细菌感染，可达一期愈合的创面。

（2）**污染创面**　指沾染了异物或细菌而未发生感染的创面，早期处理得当，可达一期愈合。

（3）**感染创面**　包括继发性感染的手术切口，损伤后时间较长出现了感染的创面。通常需要外科充分引流，去除坏死组织，加强局部换药，控制感染，促进肉芽生长后愈合，属于二期愈合。

1.3.1.5　根据创面的愈合方式分类

创面是指机体组织的功能及完整性遭到破坏。创面愈合是一个复杂的修复过程，受到多种因素的影响，主要取决于损伤的程度和创面局部有无感染等。根据创面愈合的方式可分为3类（表1.1）。

表 1.1 创面的愈合类型及过程

愈合类型	创面表现	愈合时间	创面愈合的特点
一期愈合 (清洁创面)	见于组织损伤少,创面边缘整齐、无感染和异物,且皮肤组织层能严密对合的创面	2~3 周	愈合过程中肉芽组织形成少,完全愈合后仅留下一条线状瘢痕,不会导致功能障碍
一期延迟愈合 (污染创面)	创面被污染或有异物	延长 3~5 d	愈合过程中肉芽组织形成少,完全愈合后仅留下一条线状瘢痕,不会导致功能障碍
二期愈合 (感染创面)	创面过大或伴有感染,坏死组织多	根据创面的具体情况	表皮再生的时间延迟;创面愈合后遗留瘢痕较大;功能受损;愈合时间长,过程反复

1.3.2 创面分期

1.3.2.1 根据创面损伤的深度分期

（1）Ⅰ期　皮肤完整,血管受损,出现指压时不变白的红斑。

（2）Ⅱ期　表皮性损伤。损伤仅限于累及皮肤的表皮层,未超过真皮层,表现为表皮脱落,或者有水疱。当创面较小时,通过基底细胞的分裂、增生和分化后向上移行而实现创面愈合;如果创面较大,则愈合过程是从创面周缘残存的基底细胞开始分裂、增殖来启动的。通常于创面形成的 2~4 d 即可完全恢复其原有的结构和功能。

（3）Ⅲ期　真皮性损伤。损伤较深,达真皮层甚至皮下组织。

（4）Ⅳ期　全层性损伤。损伤深达脂肪层、筋膜、肌腱或肌层,常伴随着血管、神经甚至骨骼的断裂。

1.3.2.2 根据创面的愈合阶段分期

创面愈合是指由于致伤因子的作用造成组织损伤后,局部组织通过再生、修复、重建等进行修补的一系列病理生理过程。其本质是机体对各种有害因素的作用所致的组织细胞损伤的特有的一种防御性适应性反应。了解创面的基础理论有助于对创面进行最佳护理。

再生是对于组织和细胞的补偿,因此是创面愈合的基础。正常情况下,有些组织和细胞会不断地消耗、老化和死亡,又不断地由同种细胞分裂增生加以补充,称为生理性再生。如表皮脱落与更新,又如血细胞周而复始的凋亡与补充。其特征是再生后的细胞保持原有的结构和功能,称为完全性再生。而损伤所致的组织细胞丢失后的再生,称为病理性再生或修复性再生。当创面浅表、组织细胞丢失轻微的,会由同种组织细胞分裂增生来补充,使之具有同样的结构和功能,形成完全性病理再生,见于表皮基底膜完整的创面,如皮肤擦伤及一度烧伤等,称为再生性愈合。但当组织细胞缺失较多时,机体修复时会由结缔组织进行组织替代,不能恢复原有组织的结构和功能,形成不完全性病理性再生,称为修复性愈合。

创面一旦形成,机体就会迅速做出反应,启动愈合过程进行修复。然而不同的创面具有不同的特点,其愈合过程也有差异,这就导致了创面愈合的不同方式。创面愈合的基础是炎症细胞(如巨噬细胞、中性粒细胞)及修复细胞(如成纤维细胞、表皮细胞)等的一系列生物学活动,同时,细胞基质也参与其中。现代研究表明,创面愈合是一个复杂有序的生物学过程。从理论上说,创面愈合分为以下几个阶段:凝血期、炎症期(或称渗出期)、修复期和成熟期(图1.7)。临床实践中又分别称为清创期、肉芽期和上皮形成期。

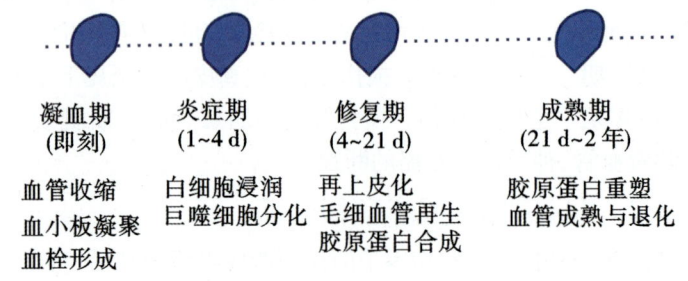

图 1.7　创面愈合的过程

(1) **凝血期**(clotting stage) 从创面形成的一瞬间开始,机体首先出现的反应是自身的止血过程。这一过程包括一些非常复杂的生物学反应:先是创面周围的小血管、毛细血管等反应性收缩使局部血流量减少,继之而来的是暴露的胶原纤维吸引血小板聚集形成血凝块;随后血小板释放血管活性物质使血管进一步收缩,血流减慢。最后,内源性及外源性凝血过程均被启动。凝血过程结束后,机体即开始进行创面的愈合。

(2) **炎症期**(inflammation phase) 自创面形成开始的前1~4 d,为创面愈合的炎症反应阶段,表现为局部温度增加、发红、肿胀。这个阶段主要是清除死亡细胞和细菌。由于局部血管的收缩,导致局部组织缺血,引起组胺(histamine)和其他血管活性物质的释放,使创面局部的血管扩张;同时,因坏死组织及可能的致病微生物的存在,引发机体的防御反应(炎症反应):免疫细胞如中性粒细胞、淋巴细胞、巨噬细胞等炎症细胞向创面移动和集中。一方面,粒细胞防止或吞噬入侵的细菌;另一方面,巨噬细胞吞噬消化坏死的组织细胞碎片。同时,这些炎症细胞组织破坏后释放出来的自身蛋白溶酶,即胶原酶,也可以消化溶解坏死的组织细胞碎片,使创面清洁,以便启动组织的修复过程。这一过程也被称为清创阶段(debridement phase)。同时,创面会反应性地出现收缩,以期减少创面面积。

(3) **修复期**(reconstruction phase) 这一时期是创面形成后的4~21 d,主要是上皮再生(epithelial regeneration)和肉芽组织形成(granulation tissue formation)。创面修复首先是创面周缘健存的基底细胞开始增生,并向中心部位移行。同时,基底细胞的增殖刺激创面基底部毛细血管和结缔组织的反应性增生,又称粉红色期。巨噬细胞释放的生长因子,如血小板衍生生长因子(platelet-derived growth factor,PDGF)等,加速肉芽组织的形成,随后,基底细胞的增生刺激肉芽组织的生长,对肉芽组织的形成有着重要的生物学意义。主要表现为填补组织的缺损、保护创面、防止细菌感染、减少出血、机化血块和坏死组织及其他异物,临床上又称为红色期。随着肉芽组织的不断形成,创面组织的缺失被填充,上皮细胞便从创面周缘向中心移行,最终使得创面得以完全被再生的上皮细胞覆盖。

(4)成熟期(maturation phase)　当创面被再生的上皮细胞完全覆盖后,创面的愈合过程并没有完全结束。这就是创面的成熟期。因为新生的肉芽组织和上皮细胞还需要进一步分裂分化、转型,使其力量增强,才最后使创面得以完全愈合。新形成的上皮细胞不断分裂,使表皮层增厚。肉芽组织内部转型,原来无序的胶原纤维重新排列,使新生的结缔组织力量增加;同时,毛细血管数目减少,使创面局部颜色减退,色素细胞慢慢恢复,接近于正常色。这一过程需要较长时间(21 d～2 年),常常超过 1 年。

1.4　创面治疗的新技术

临床上各种慢性创面病因复杂,有的甚至迁延不愈,医疗花费越来越高,同时也给患者带来了痛苦。近年来随着对创面治疗研究的深入,创面的治疗上也探索出一些新的技术和方法,在临床上使用效果显著。

1.4.1　湿性愈合理论及新型敷料的应用

(1)湿性愈合的优点　①有利于坏死组织的溶解;②维持创面局部微环境的低氧状态;③有利于细胞增殖分化和移行;④保留渗出液内的活性物质并促进活性物质的释放;⑤降低感染机会;⑥不会形成干痂,减少瘢痕,避免敷料干燥粘连导致的再次机械性损伤创面。

(2)新型敷料的优点　①安全无毒性;②完好的物理屏障作用;③吸收过度渗液,维持创面周围皮肤的干燥;④清除坏死组织,填塞无效腔(死腔);⑤止痛,止血,吸收异味,贴服稳固;⑥提供恒定温度,加速创面愈合;⑦提供细胞生长所需的 pH 值,促进血红素和氧的结合和释放;⑧使用方便、舒适,顺应性好。

传统敷料纱布的缺点有结痂、每天更换、粘连创面、疼痛、损伤新生肉芽组织。

（3）**常用新型敷料分类** 水凝胶敷料、水胶体敷料、藻酸盐敷料、含银抗菌敷料，改变创面愈合环境，属于被动性敷料；血小板凝胶、胶原蛋白敷料、异种脱细胞真皮基质敷料等，属于促进创面愈合的主动性敷料。

（4）**注意事项** 选择敷料时必须对各种类型敷料的原理、适用范围、应用条件及时机、使用方法等有清楚的认识，根据创面愈合的各期及创面本身的特点、患者经济状况及适应证选择合适的敷料。

1.4.2 负压创面治疗技术

20世纪80年代美国和德国同时开展了负压创面治疗（negative pressure wound therapy，NPWT）技术，到20世纪90年代NPWT已被视为临床常规治疗手段。

（1）**作用机制** NPWT主要是通过为创面提供密闭、湿性的愈合环境，促使创面快速上皮化，同时减轻疼痛，隔绝外界细菌，避免交叉感染。NPWT还可通过减少创面边缘的横向张力，缩小创面面积，增加局部血流量，刺激血管生成；并刺激成纤维细胞释放生长因子，增加细胞外基质的构建。此外，负压吸引可减少创面渗出，去除渗液中的基质金属蛋白酶、炎症因子，减轻组织水肿，从而促进肉芽组织生长，加快愈合。

（2）**分类** NPWT包括负压辅助闭合（vacuum assisted closure，VAC）和负压封闭引流（vacuum sealing drainage，VSD）两类，两者所使用的敷料、压力设置及吸引方式不同，因此适应证和作用机制也不同：VSD敷料为聚乙烯醇泡沫合成，提供高负压，持续吸引，压力为 $-80\sim-60$ kPa（$-600\sim-450$ mmHg），适用于大面积皮肤软组织撕脱伤和体腔引流；而VAC敷料为疏水性更高的聚氨酯，提供低负压（尤其是间歇负压），压力为 $-26.67\sim-6.67$ kPa（$-200\sim-50$ mmHg），适用于促进创面愈合和软组织生长。

（3）**注意事项** ①使用NPWT前须彻底清创，去除坏死组织及异物，消灭无效腔。②定期更换内层敷料。③保持创面有效的负压引流。④注意观察渗出物的色、质及量,根据病情决定停止或继续使用。⑤视创面情况配合抗感染治疗。⑥裸露的血管、神经,有出血倾向创面或癌性创面等为禁忌证。

负压创面治疗(NPWT)可分为负压封闭引流(VSD)和负压辅助闭合(VAC)两大技术。阮瑞霞在传统换药技术中引入封闭式负压引流,变开放性创面为封闭性创面并进行全方位持续的主动引流,有减少感染、改善创面微循环、促进肉芽组织生长、减轻组织水肿、清除液化坏死组织和各种毒性分解产物促进创面愈合的作用。通过近10年的临床实践与研究,根据负压治疗原理,选用不同敷料和负压方式,其创造性及个体化护理方法可以满足临床疑难复杂创面的管理需求,总结了针对不同创面类型的自制负压创面治疗规范(表1.2),为很多经济条件较差的患者提供了一种更高性价比的治疗方案,极大提升这一人群的生活质量,降低了国家医疗费用总支出。

表1.2 自制负压创面治疗技术

	自制创面负压引流技术		
	自制负压辅助闭合技术	自制负压封闭引流技术	自制负压封闭引流加冲洗
特点	吸引管放在创面敷料的表面,负压通过敷料传递	负压引流管放在创面内部,依靠脂质水胶体油纱传递压力,保护组织同时避免引流管堵塞	封闭、吸引的同时,融入冲洗技术,克服了感染创面不能进行负压封闭治疗的难题
使用敷料	生理盐水纱布或泡沫敷料	脂质水胶体油纱	脂质水胶体油纱

续表1.2

	自制创面负压引流技术		
具体方法	1. 生理盐水纱布一头放入创面窦道最底部，一头放入创面表面包裹有侧孔的一次性导尿管 2. 如果有脏器外露，用无黏性敷料覆盖脏器表面保护。用于开放性增生期创面的时候，负压介质选用泡沫敷料，负压引流管放在泡沫外面；如果选用湿纱布，创面表面首先覆盖脂质水胶体保护新生肉芽组织	把脂质水胶体油纱放入创面深部腔隙，外层包裹一次性导尿管侧孔放置创面浅部（肌肉脂肪层）持续吸引	自制双套管[把头皮针软管从一次性导尿管侧孔穿出拉出来，脂质水胶体油纱包裹后用弯钳协助把头皮针软管放入创面深部，包裹的导尿管放到创面浅部（肌肉脂肪层），创面外部管路用湿盐水纱布包裹，薄膜封闭]。头皮针连接输液器用生理盐水持续滴注冲洗，一次性导尿管持续负压吸引
压力设置（mmHg）	−6.67 kPa（−50 mmHg）是有效治疗负压值。−16.67 kPa（−125 mmHg）是标准治疗压力。首次负压从低负压开始[低于−13.33～−6.67 kPa（−100～−50 mmHg）]，负压可以逐渐增加，不超过−26.67 kPa（−200 mmHg）。对于脏器外露（食管瘘、肠瘘、尿瘘）−4.00 kPa（−30 mmHg）能达到有效引流保护脏器		
吸引方式	1. 持续吸引用于感染创面、大量渗出液创面和渗漏性创面 2. 间断吸引用于增生期创面、无感染、中量渗出液创面		
适合创面类型	开放的深部感染创面：如3、4期压力性损伤；糖尿病足溃疡深部组织感染；术后感染的开放性创面；渗漏性开放性创面等	外口小，创面内有大量积液或者持续有液体产生的创面：如淋巴液渗漏、移植肾周围积液、肾移植术后从引流管刺口漏尿、心脏术后纵隔积液等	外口小，深部腔隙感染，坏死组织多的创面：如心脏术后纵隔感染、肾移植术后肾周围感染、消化道术后各种管状瘘、糖尿病足溃疡深部组织感染脓腔形成等

1.4.3　超声清创技术

利用低强度特定波长的超声波加载冲洗射流应用于创面组织,产生空气空化作用,即超声声压在冲洗液中产生许多的微气泡,这些微气泡随超声振动而强烈地膨胀和收缩,气泡破灭时,产生强大的冲击力,使创面中的细菌、异物被软化、分散、脱离创面组织,有效去除创面的细菌及浅表坏死组织,避免损伤正常健康组织,促进创面愈合;同时,超声波能量的热效应可使创面组织温度升高,改善局部血液循环,促进组织修复。超声清创适用于各类污染创面及各类急、慢性感染创面。

1.4.4　脉冲清创

脉冲清创方法是利用脉冲振动原理,将特定生理安全交变压力下的冲洗液(生理盐水),通过脉冲清创枪喷射到创面,达到高效、无损伤清创的目的。每一个振动周期当中,异物、坏死组织和生物膜与机体组织结合处会产生瞬时脱离而出现微小开裂或缝隙,并使冲洗液浸入。通过整个冲洗过程,逐步扩大缝隙,直至分离而达到清除异物、坏死组织和生物膜的目的。在每一次脉冲的减压期,机体组织因减压而反弹,使组织产生蠕动,也有利于坏死组织和异物的清除。在对慢性创面的脉冲清创过程中,脓性分泌物、细菌及生物膜等都在脉冲冲洗下被去除。一次脉冲冲洗可去除近90%的异物、坏死组织和细菌,同时把对正常组织的伤害降到最小。在开始脉冲清创之前,敏感创面可能需预先用药以舒缓痛苦。对慢性溃疡而言,安全有效的冲洗压力范围是 4~15 Psi(1 Psi=6.895 kPa)。

脉冲清创的冲洗作用和脉冲式活动不仅能有效地进行创面的清创,而且可改善创面床微循环,促进肉芽组织生长。适用于各种开放性创伤和慢性溃疡,对缺血性溃疡的清创具有特有的优势。

1.4.5　干细胞治疗技术

慢性创面是临床治疗难点,机制复杂,涉及炎症反应、成纤维细

胞异常增殖、胶原的形成与沉积、创面血管化和皮肤再上皮化等过程，目前临床缺乏理想的治疗方法。近年来干细胞技术的应用在慢性创面的治疗方面取得了较大进展。干细胞治疗已应用于创面治疗，在血管化及治疗慢性创面方面体现出良好效果。初步临床报道显示，治疗后下肢血管的侧支循环有显著改善，显示出非常好的应用前景，多数接受干细胞治疗的患者达到避免截肢或降低截肢平面的效果。

1.4.6 高压氧治疗

高压氧治疗(hyperbaric oxygen therapy, HBOT)是指将身体置于至少1.4个绝对大气压(absolute atmosphere, ATA)的纯氧气之中。慢性创面组织再生对能量需求高，血管系统的破坏，导致创面经常因为局部缺血或组织灌注不足而处于缺氧状态，经久不愈，而高压氧能改善组织缺氧，促进血管生成，增加信号转导、生长因子与相关受体及抗炎效应等作用，从而促使创面愈合。

1.4.7 光疗

光疗是一种以光化学作用为机制的治疗方法。临床常用的是红光和蓝光。作用机制：光疗可使线粒体的过氧化氢酶活性增加，可以增加细胞的新陈代谢；使糖原含量增加，蛋白合成增加和腺苷三磷酸分解增加，从而加强细胞的新生，促进创面和溃疡的愈合；同时也增加白细胞的吞噬作用，提高机体的免疫功能。

（夏玉萍　阮瑞霞）

院内压疮管理

创面修复中心的建立与发展

2 创面护理管理

2.1 概述

无论是急性还是慢性创面,均是某种创伤、感染或疾病的结果。创面治疗并非单一的存在,而是一个系统化、全程、动态的管理过程。在创面治疗中,首要的是评估,在处理任何创面前,必须对患者的状况及创面局部进行客观评估,以判断创面的严重程度及预后。良好的评估对创面治疗及愈合至关重要。

创面管理的目标:①确定皮肤破坏的原因;②确定相关的危险因素;③纠正或治疗潜在的病因;④确定明确的治疗方案;⑤防止创面进行性损害;⑥确定患者预后;⑦提供心理支持,并增强患者的遵医观念。

不充分的创面评估导致:①无法寻找延迟愈合的因素;②不适合的治疗方案;③出现并发症;④愈合缓慢;⑤延误病情。

创面评估的4个关键点:①评估包括整体和局部,而不仅仅是创面;②创面的基础原因,可以帮助护士制订合适的治疗计划;③对于创面床的评估可以帮助护士选择治疗方法;④创面评估表(工具)对于准确记录创面状况有帮助。

2.2 整体评估

2.2.1 年龄因素

随着年龄增长,皮肤老化,组织细胞活性减弱,皮肤修复能力及创面愈合速度减慢(月经期女性及婴儿由于抵抗力低,当遇到外界刺激或损伤时,容易发生严重后果)。

2.2.2　营养状况

测量患者营养状况的方法如下。

(1)**主观评估**　①了解患者近期体重变化、饮食情况、病理因素;②观察患者毛发、皮肤、黏膜、肌肉等方面情况,给予初步的判断。

(2)**客观评估**

1)测量患者机体体重指数(body mass index,BMI):计算方法为:体重(kg)/身高(m)^2。BMI<19 为体重过轻。BMI 20~25 为正常。BMI>25 为超重。注意:BMI 不适合用于截肢患者的营养评估。

2)生化检查中的蛋白检测:评估患者是否有蛋白质缺乏。

3)血红蛋白检测:评估患者是否处于贫血状态。

4)尿酮检查:评估患者体内是否有热量缺乏。非糖尿病性酮尿症与感染性疾病、禁食等脂肪过度分解有关。

2.2.3　目前用药情况

一些药物对创面有直接的影响,比如激素、免疫抑制剂、非特异性治疗药物等过多地使用,会抑制毛细血管及新生肉芽组织的形成,创面的抗牵拉能力降低,不利于创面愈合。

2.2.4　凝血功能

了解凝血功能情况:①凝血功能障碍,会使得创面大出血,无法进行清创。②某些疾病(血友病、血小板减少、使用抗凝剂治疗或白血病等)患者的创面出血时间过长,影响愈合,甚至还会加重感染。

2.2.5　血管功能

血管功能障碍包括动脉供血不足和静脉功能不全。

（1）**动脉供血不足**　最常见的原因是下肢动脉硬化闭塞症（arteriosclerosis obliterans，ASO）。它可导致血管血流量下降→下肢血流动力学改变→造成下肢血液循环障碍→组织无法得到血液供应→形成溃疡。

（2）**静脉功能不全**　包括静脉反流和静脉阻塞。导致下肢静脉性溃疡最主要的原因是静脉高压，当静脉高压时，增加毛细血管后血管透壁压，引起皮肤毛细血管损伤、局部血液循环和组织吸收障碍、慢性炎症反应、代谢产物堆积、组织营养不良、下肢水肿和皮肤营养改变，最终形成溃疡。

2.2.6　神经功能

患者神经系统受损时，自主神经、感觉神经和运动神经都可能会受损。

（1）**自主神经受损**　皮肤汗腺分泌减少，导致皮肤萎缩、干燥。

（2）**感觉神经受损**　对刺激没有反应或反应性下降，无法自卫性地保护创面。

（3）**运动神经受损**　活动能力受限，患者血流速度减慢，甚至出现肢体肿胀，导致创面愈合速度减慢。

2.2.7　代谢性疾病

（1）**糖尿病**　导致创面难以愈合的原因有：周围神经病变，使得足部感觉不灵敏或麻木；动脉硬化闭塞，导致血运受阻，组织坏死；同时，血糖过高，导致白细胞功能失常，胶原的合成受阻及血液循环不良，增加创面感染机会。

（2）**肾功能衰竭**　全身废物和毒素排泄障碍，水、电解质失衡，红细胞生成障碍，患者营养不良等，导致创面愈合缓慢，同时增加创面感染的可能性。

2.2.8　心理状态

心理学家认为，适度的心理应激反应有助于调节机体免疫系统的功能,但若心理反应过于强烈,则会抑制机体免疫功能,创面康复过程漫长,尤其是慢性创面,很大程度需要患者配合(特别是周围血管性创面),慢性创面患者心理状态和干预措施见图2.1。创面专科护士在和患者及家属交谈时要预先制订一个交谈计划,明确方法、技巧、步骤,在半小时内完成。主要了解创面形成的原因、持续时间及在院外接受的治疗护理与效果。了解患者当时的心理反应、期望值、价值观、经济情况,以便有针对性地做好治疗和护理工作。

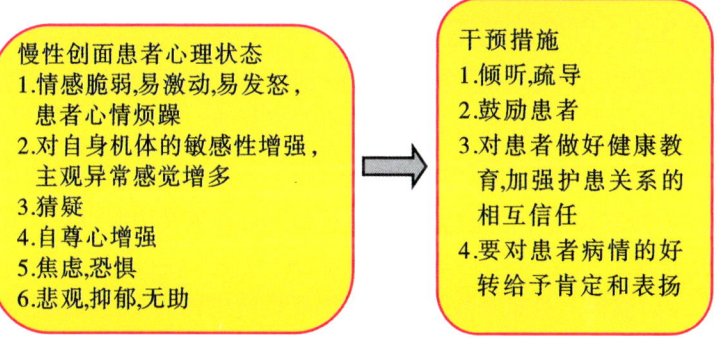

图2.1 慢性创面患者心理状态和干预措施

2.2.9 患者个体情况

如过敏史、手术史等个体化的诊断和检查等。

2.3 创面局部评估

2.3.1 创面类型及所处阶段

(1)创面分期 创面处于炎症期(渗出期)、修复期(增生期)、成熟期。

(2)创面颜色分类 如黑色创面、黄色创面、红色创面(包含粉红色期)。

(3) 创面污染程度　如清洁创面、污染创面、感染创面。
(4) 创面受损时间　如急性创面、慢性创面。

2.3.2　创面发生的原因

创面的病因(外伤、疾病或其他因素)，如机械性损伤、化学性损伤、电击伤、癌性创面等。

2.3.3　创面情况

2.3.3.1　创面的位置

主要以人体解剖部位进行描述，创面位置对于创面治疗方法的选择具有决定作用，如关节部位创面需要制动。

2.3.3.2　创面基底的状况

创面基底部评估包括创面组织的形态、颜色及肉眼可见坏死组织等情况。

(1) **腐肉**　是指炎症期细胞组织死亡所累积的湿性坏死组织。
(2) **基底为黄色松散黏稠坏死组织**　皮下脂肪死亡。
(3) **基底为黄色紧密黏稠坏死组织**　肌肉、筋膜组织受到损坏。
(4) **焦痂**　全层皮肤组织损坏后，胶原细胞死亡所形成，颜色为灰褐色。
(5) **肉芽组织**　为卵圆状，有光泽的红色健康组织，表示创面进入增生期。
(6) **上皮组织**　呈粉红色、小岛状，覆盖创面表面。因其脆弱，更换创面敷料时，动作要轻柔，避免二次损伤。
(7) **创面基底的描述**　可用创面床颜色所占的百分比四分法(25%、50%、75%、100%)来描述，如创面内红色组织占75%、黑色组织占25%等。

2.3.3.3　创面边缘

可提供创面持续时间及受伤原因等信息。通常创面边缘紧贴创面基底，若创面边缘与基底分离或向内卷，则表示创面可能发生变化;若创面边缘出现增生或瘢痕,则表示创面持续时间较长。

2.3.3.4 创面周围的皮肤

主要是记录其颜色、温度及皮肤完整性,包括皮肤干燥、浸渍、周围水肿、色素沉着,皮肤红、肿、热、痛及水疱等。如创面周围的皮肤长期浸渍,则会出现皮肤呈灰白色或苍白色;皮肤周围水肿,要区分是淋巴水肿、普通水肿还是脂肪水肿等。

2.3.3.5 创面渗出液

创面渗液量:临床主要根据 Mulder 描述为无渗出、少量渗出、中量渗出及大量渗出。

(1)**无渗出** 创面干燥,24 h 更换纱布。

(2)**少量渗出** 创面 24 h 渗出量少于 5 ml,每天更换 1 块纱布。

(3)**中量渗出** 创面 24 h 渗出量 5~10 ml,每天更换纱布不超过 3 块。

(4)**大量渗出** 创面 24 h 渗出液多于 10 ml,每天更换纱布超过 3 块。

2000 年,Falanga 提出将渗液从量少到量多分为 1~3 级。1 级表示渗液量无或少量,敷料可以维持 1 周以上;2 级表示中量渗液,敷料 2~3 d 更换 1 次;3 级表示大量渗液,敷料至少 1 d 更换 1 次。

2.3.3.6 创面渗出液颜色及性状

(1)**颜色** 如红色、黄色、褐色、绿色、白色、黑色等。

(2)**性状** ①脓性(黄色、褐色、绿色稠厚渗出);②血性(暗红色、褐色的陈旧性出血或鲜红色的活动出血);③浆液性(透明、清亮的血清样渗出)。

2.3.3.7 创面气味

正常创面无异味。创面散发异味提示可能有感染,如创面呈粪臭味提示可能有大肠埃希菌(大肠杆菌)感染;创面呈腐臭味可能伴有革兰氏阴性菌感染;创面呈腥臭味提示可能有铜绿假单胞菌感染;创面呈恶臭味可能有混合感染(准确结果以分泌物培养为准)。

2.3.3.8　创面异物

若开放性创面处出现异物,如缝线、沙粒等,会影响创面愈合。异物有利于细菌在创面繁殖,所以评估时一定要注意。

2.3.3.9　创面的感染体征

急、慢性创面的感染体征见表2.1。

表2.1　急、慢性创面的感染体征

急性创面感染体征	慢性创面感染体征
新出现的疼痛或疼痛加重	新出现疼痛、疼痛加重或改变
红斑	愈合延迟或停滞
局部温度升高	创面边缘水肿
肿胀	肉芽组织容易出血
脓液渗出	渗出增加或脓性渗出
体温升高(可能出现在术后7～10 d)	创面床颜色改变
脓肿	囊袋
异味	异味
愈合延迟	桥连

2.3.3.10　创面窦道腔隙

创面存在窦道腔隙,如不及时消灭无效腔,感染常沿着阻力最小的路径蔓延,创面难以愈合。可借助棉签、镊子探查创缘皮下组织及深部的腱膜,若发现组织松脆、易破则表明可能有感染。

2.3.3.11　创面的pH值

有研究证明,创面pH值的降低与创面愈合有关联性。完整皮肤组织为弱酸性(pH值=5.9)。开放性创面的pH值趋于中性或者碱性,创面pH值降低可以降低蛋白酶活性,增加成纤维细胞活性,增加氧气释放,从而有助于创面愈合。创面越严重,pH值会越高,随着创面愈合和渗液量的减少,创面的pH值会降低。因此,pH值的评估对于判断创面愈合和治疗效果有一定的指导作用。

2.3.4 创面疼痛

2.3.4.1 疼痛发生的原因

了解疼痛发生的原因:①直接创伤,受到刺激产生疼痛;②强力牵拉,如大面积撕脱伤;③继发原因,如创面水肿、继发感染等;④活动不当,如过度活动所致软组织及关节受损;⑤癌性疼痛;⑥中枢疼痛;⑦造成疼痛的病史。

2.3.4.2 疼痛的特点

评估疼痛的特点:①评估疼痛的部位;②评估疼痛的时间,疼痛出现的时间,呈持续性、间断性,治疗时或是夜间、白天,每次疼痛持续的时间,疼痛强度的变化;③疼痛的性质,不同的疾病产生的疼痛性质不同,可分为钝痛、闷痛、刺痛、绞痛、灼痛等。

2.3.4.3 使用工具评估疼痛的程度

(1)**数字评分法** 疼痛筛查和疼痛评估主要使用"数字评分法"(numerical rating scale,NRS)进行(图2.2)。

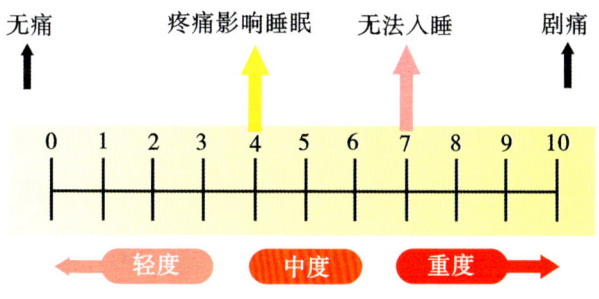

图2.2 数字评分法

(2)**Wong-Banker 面部表情测量法** 对于无法用数字分级进行疼痛自我评估的患者(如4岁以下幼儿、老人、文化程度较低者),则采用 Wong-Banker 面部表情疼痛量表(facespainmerical rating scale,FPS-R)(图2.3)。

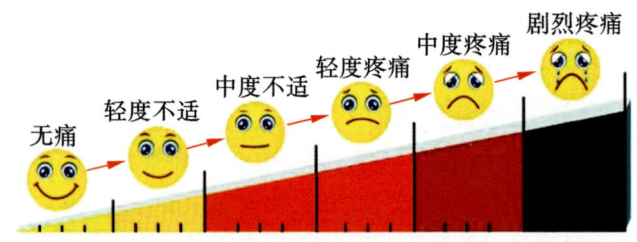

图 2.3 Wong-Banker 面部表情疼痛量表

疼痛评估脸谱:0,无痛;1~3 分,轻度疼痛(睡眠不受影响);4~6 分,中度疼痛(睡眠受影响);7~10 分,重度疼痛(严重影响睡眠)

(3)**FLACC 量表** 对昏迷等意识障碍患者的评估常用 FLACC 量表(表 2.2)。

表 2.2 FLACC 量表

项目	0 分	1 分	2 分
面部表情(face)	无特定表情和笑容	偶尔面部扭曲或皱眉	持续颤抖下巴,紧缩下颌,紧皱眉头
腿部活动(legs)	正常体位或放松状态	不适,无法休息,肌肉或神经紧张,肢体间断弯曲/伸展	踢或拉直腿,高张力。扩大肢体弯曲/伸展,发抖
体位(activity)	安静平躺,正常体位,可移动	急促不安,来回移动,紧张,移动犹豫	卷曲或痉挛,来回摆动,头部左右摇动,揉搓身体某部
哭闹(cry)	不哭不闹	呻吟或抽泣,偶尔哭泣,叹息	不断哭泣,尖叫或抽泣,呻吟
可安慰度(consolability)	平静的,满足的,放松,不要求安慰	可通过偶尔身体接触消除疑虑,分散注意	安慰有困难

评估总分:0=放松,舒适;1~3 分=轻微不适;4~6 分=中度疼痛;7~10 分=严重疼痛

(4)**其他评估工具** 如神经选择性电流知觉阈值测量法,这是自动定量电生理学诊断法的电流知觉阈值及疼痛耐受阈值评价表,是检测感觉神经功能的新方法。

2.3.4.4 疼痛的管理

疼痛不仅给患者躯体带来不适,而且对其精神和心理等方面也会产生不同程度的负性影响,直接影响其生活质量。严重的疼痛常导致患者睡眠不足、情绪低落、体重减轻、便秘、高血压、影响创面愈合,甚至还会加重原发病等。因为疼痛,患者必定长期依赖止痛药止痛,延长住院时间,浪费有效的医疗资源。创面患者都会存在不同程度的疼痛,创面相关性的疼痛管理不容乐观。很多创面专科护士在换药时意识到患者的疼痛,但少有采取必要措施来缓解患者的疼痛。提高创面专科护士对疼痛的管理认识和水平,才能够减轻患者疼痛,促进创面愈合,同时提高患者的生活质量。慢性创面疼痛模型如图 2.4 所示。

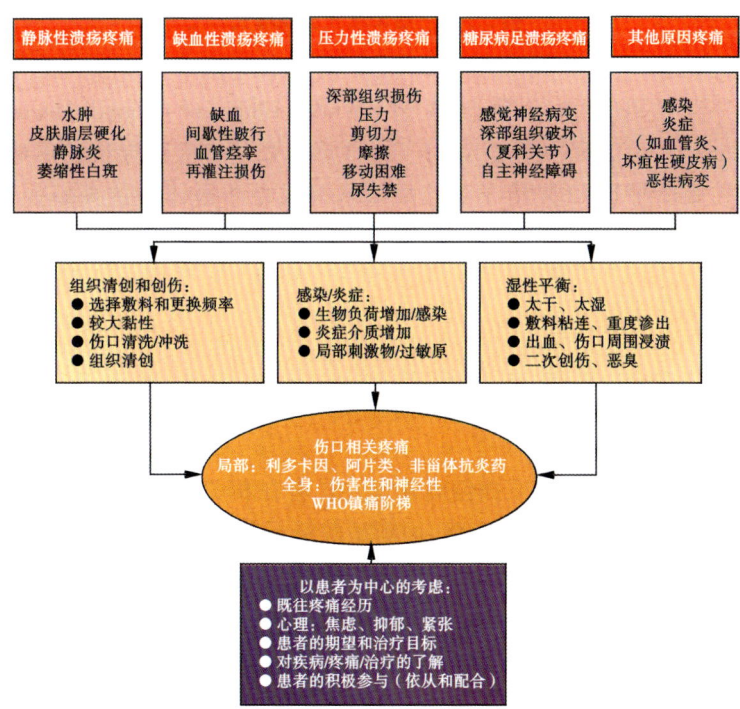

图 2.4 慢性创面相关疼痛模型:创面、疼痛原因、患者个体

(1) **药物镇痛**　镇痛药物是治疗创面疼痛的方法之一,也是常用的方法,2009年世界卫生组织(World Health Organization,WHO)制定了三级阶梯式镇痛模式。此模式也被欧洲创面管理协会(European Wound Management Association,EWMA)作为治疗创面相关疼痛的指导原则(图2.5)。

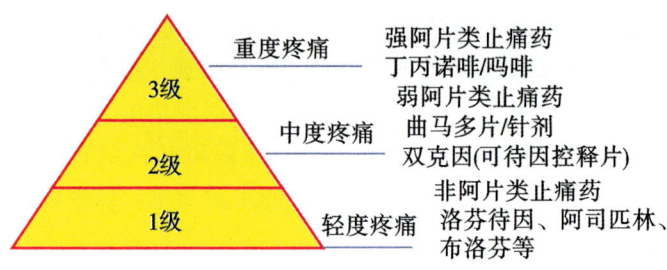

图2.5　三级阶梯式镇痛模式

世界创面愈合协会联盟(World Union of Wound Healing Societies,WUWHS)建议:①对于锐性疼痛如更换敷料导致的疼痛,可在操作前1～2 h给予对乙酰氨基酚或是非甾体类抗炎镇痛药物;②短效的阿片药物,如丁卡因,建议在操作前1 h使用;③比较剧烈的锐器清创操作可在口服镇痛药的同时配合使用局部麻醉药,最常用到的是利多卡因或丁卡因凝胶,在操作前10 min,局部创面给予湿敷局麻药,能起到较好的镇痛效果;④其他,操作前局部涂抹丙胺卡因乳膏也有较好的效果。

(2) **非药物镇痛**

1)敷料的选择:欧洲创面管理委员会在相关报告中指出,传统的纱布敷料更容易引发疼痛,而新型敷料不易导致创面疼痛。

2)心理干预:加强创面护士对患者的心理关注,通过心理疗法减轻换药的痛苦,可提高患者的满意度,减轻疼痛。

3)分散注意力:运用分散注意力法来缓解患者的疼痛是常常采用的方式之一。其形式多样:听音乐、虚拟现实、聊天、阅读等。

4)其他:在换药过程中给予患者"叫停"的权利,当患者疼痛难忍时,可以先暂停操作。有研究显示,温冲洗液能使创面疼痛减轻;短期红光照射治疗促进创面愈合和缓解疼痛。减轻创面患者疼痛的方式多种多样,需要选择适合患者的个性化方法,达到最佳效果。

2.3.5 延续评估

由于创面的愈合情况不断发生变化,因此评估不应该是一次性的。为证明治疗有效,创面护士应该对创面进行持续的评估。愈合的创面表现为:治疗2~4周后创面面积缩小20%~40%。因此建议根据创面类型和治疗条件,每周对创面进行再测量和评估或在每次更换敷料时评估。如果治疗4周没有愈合倾向,应考虑重新寻找病因或转诊其他科室。

2.3.6 创面建档

创面建档包括测量创面、拍照、创面评估表及创面愈合过程的记录。

2.3.6.1 创面测量的内容

(1)创面大小

1)用专业的创面尺(cm),沿人体纵轴测出创面最长处的长,沿横轴测出创面最宽处为创面宽(图2.6)。

2)用无菌棉签或探针放入创面最深处,去掉皮肤外面部分后放在专业创面尺上测量。

注意:对于不规则创面,应根据创面特殊情况分别测得不同的长、宽径,或根据创面的特点测一条长径、几条宽径,或者测量一条宽径、几条长径,分别记录。

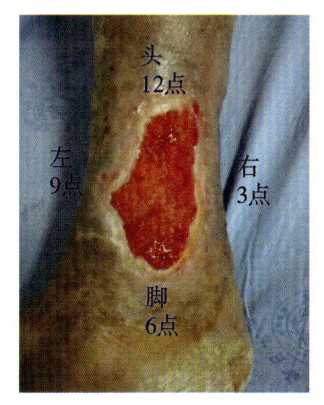

图2.6 沿人体纵轴测量创面

(2)测量创面的潜行、窦道和瘘管 潜行是创面边缘与创面床之间的袋状空穴,隐藏在创面皮缘下,肉眼不易直观看到,通常外表可见创面边缘有内卷,周围组织有局部或广泛的炎症反应。窦道是指创面周围皮肤和创面床之间形成的纵形腔隙。窦道基底有盲端,可使用探针测量较深的窦道。对于周围有大血管或脏器不便探查的可进行 B 超检查。瘘管是指 2 个空腔脏器之间或一个空腔脏器到皮肤之间的通道,瘘管至少有 2 个出口,无盲端,创面与体内脏器相通。

1) 潜行:使用钟表式描述,创面视为钟表,以创面与患者的头相对应的点为 12 点,相反方向为 6 点,12 点与 6 点相连接,此线的垂直平分线与钟表圆形外圈的交叉点为 3 点和 9 点。描述潜行为×点,长度×cm,或潜行为×点至×点,长度×cm 至×cm(图 2.7)。

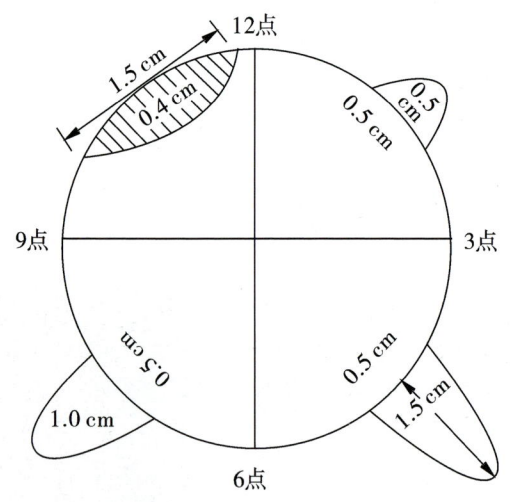

图 2.7 潜行使用钟表式描述

2) 窦道与瘘管:①窦道方向与深度,探测盲端时使用专用探针沿窦道方向深入,直到盲端,用镊子夹住外露皮肤处的探针再进行测量,同时记录窦道位置的变化(方法同潜行)(图 2.8);②瘘管,可以通过 B 超、造影等方式测量。

(3) **创面容积测量** 用于测量深、缺损大的创面。用无菌薄膜把创面贴合,再用注射器把生理盐水经透明薄膜注入创面,记录注入的生理盐水量,即为容积。此项测量方法临床使用不多。

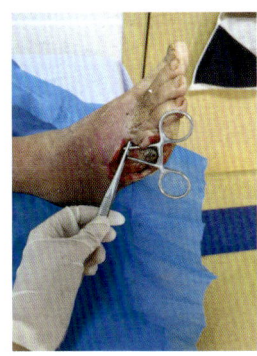
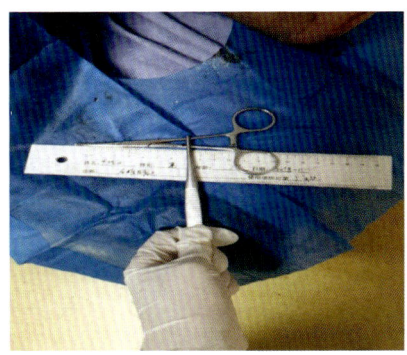

图 2.8 窦道测量

窦道:3 点到 12 点,深度 7 cm

2.3.6.2 照片存档

拍照片采用数码相机,像素大于 600 万,有条件的可采用计算机处理数据的方法来测量创面大小。

(1)**注意事项** 尊重患者隐私,经同意后再拍照,相片上只能出现病历号,不要出现患者的名字,取景时应包括测量尺和创面,测量尺尽可能靠近创面,让数据更真实。

(2)**测量工具** ①棒状工具:棉签或探针,用于测量创面深度;②测量创面工具,如厘米尺、专业创面尺、无菌的透明薄膜等;③照相机,直接拍摄创面照片;④各色的记号笔;⑤创面记录;⑥创面评估表(各医院制定的表格)。

(3)**创面拍摄的内容**

1)首次接诊时拍摄:①清洗创面前;②创面清洗后全景照片(看出创面部位、周围皮肤);③创面局部照片。

2)复诊时拍摄:①创面渗液情况(去除敷料);②创面清洗后全景照片;③创面局部情况;④创面治疗情况(使用敷料);⑤更换治疗方案情况。

注意:拍照可定期(1~2 周 1 次)。

附:表2.3 创面评估表

表2.3　创面评估表

姓名：　性别：　年龄：　病区/床号：　住院号：　评估日期：	
创面的类型	①手术切口；②动脉性溃疡；③静脉性溃疡；④压力性损伤；⑤神经性糖尿病足；⑥缺血性糖尿病足；⑦癌性创面；⑧擦伤,挫伤；⑨电击伤；⑩其他
创面的描述	
创面的测量、分期	①测量：
	②分期：
	压力性损伤： ①可疑深部组织损伤；②1期；③2期；④3期；⑤4期；⑥不可分期
	糖尿病足创面分期（根据Wagner分级）： ①0级；②1级；③2级；④3级；⑤4级；⑥5级
	创面愈合阶段分期：①炎症期；②肉芽期；③重塑期
	创面的清洁程度：①清洁创面；②污染创面；③感染创面
创面基底的颜色	①红色组织（％）；②黄色组织（％）；③黑色组织（％）
创面渗出量	①少量；②中量；③大量
创面渗液颜色	①清水样；②血性；③黄脓；④黄绿脓；⑤褐色；⑥其他
创面气味	①无味；②有异味；③有腐臭味
创面周围的皮肤	①红斑；②浸渍；③苍白；④色素沉着；⑤水肿；⑥坏死；⑦其他
疼痛	疼痛的评分（采用笑脸评分法）
	0：无痛；1~3分：轻度疼痛（睡眠不受影响）；4~6分：中度疼痛（睡眠受影响）；7~10分：重度疼痛（严重影响睡眠）
疼痛的表现	①触痛；②任何时间；③只在换药时；④其他
疼痛处理的方法	效果评价：①无效；②有效
支持疗法	①压力治疗；②减压治疗；③减压垫；④减压鞋；⑤其他
转诊科室：	
创面治疗护士签名：	

2.4 创面细菌培养

通过创面分泌物细菌培养,我们可以客观地了解创面细菌的数量(定量)、创面感染细菌的种类(定性),根据药敏结果针对性地使用抗菌药物,有利于创面恢复,同时也避免了抗生素应用不恰当导致耐药性增加。

2.4.1 开放性创面采样法

采样前先用生理盐水冲洗创面,去除表面失活组织,采用"十点法"取样,可按顺时针或逆时针旋转。采样时避免接触脓液、黑痂或硬痂处,避免接触创面周围的皮肤(图2.9)。

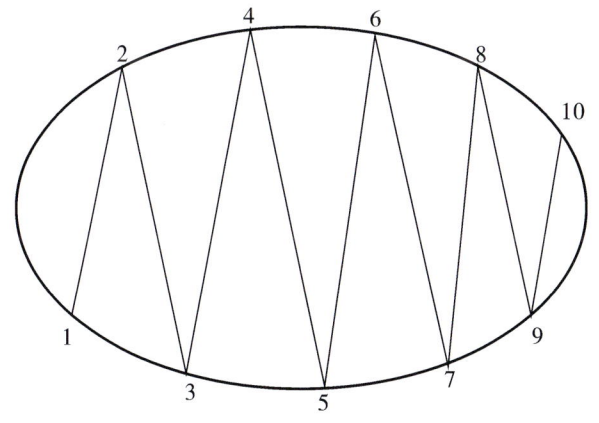

图2.9 "十点法"取样示意

2.4.2 封闭脓肿取样法

脓肿表面皮肤消毒,然后用无菌空针进行深部穿刺抽吸取样(如疼痛,可用局部浸润麻醉)。

2.5 创面床准备

创面床即创面表面。创面床准备(wound bed preparation, WBP)概念在 2000 年由国外学者提出,它为难愈合创面提供了全程、系统化的管理。创面床的准备是为了减轻感染、加速机体愈合及增强其他治疗手段疗效而进行的创面管理。一个完整的创面床准备过程包括清创、抗感染、渗液的管理和创面边缘的管理,按照 TIME 原则进行:T=去除坏死组织(tissuenonviable);I=控制感染和炎症(infectionorinflammation);M=湿润(moisture)平衡;E=创面边缘(edgeoftissue)。

2.5.1 T(去除坏死组织)

坏死组织一般包括坏死的细胞和碎片,它们可以为细菌生长提供良好的基床,细菌生长和繁殖又会加剧炎症反应和感染,坏死组织长期聚集,将会延长炎症反应,阻碍创面收缩和上皮细胞的爬行。因此,通过清创将坏死的组织和腐肉清除干净,才能使肉芽顺利生长。

(1)锐器清创 { 外科清创 / 蚕食法清创 / 护场法清创

(2)非锐器清创 { 自溶性清创 / 机械性清创 / 生物性清创 / 酶性清创

2.5.2 I(控制感染和炎症)

创面感染是影响创面愈合的重要因素,根据创面床细菌负荷情况可以分为污染、定植、局部感染和全身感染 4 个等级。如何选择预防和处理创面感染的措施取决于不同创面的情况。比如糖尿病足合并脓肿或坏死性筋膜炎,应充分切开减压、引流,局部使用抗菌剂,再配合全身使用抗生素,以此控制感染,加速创面愈合等。

2.5.3 M(湿润平衡)

1962年,Winter通过研究发现,创面在湿润密闭环境下愈合时间较暴露干燥创面缩短50%,指出适度的湿润环境有利于创面愈合。创面过度干燥或脱水可造成创面疼痛或者瘙痒,由于上皮细胞不能在干燥创面床上移行,导致创面延迟愈合。创面过度潮湿,过多的渗液将会导致创面周围组织的浸渍和脱皮,而且慢性创面的渗液中蛋白水解酶及基质金属酶升高,破坏细胞外基质蛋白和生长因子,使新生纤维细胞衰老或凋亡;渗液长时间接触皮肤还会使皮肤发红和发炎。因此,创面处理的目标在于选择合适的敷料,促进创面保持适度的湿润。比如:创面渗液较多时,可选藻酸盐或泡沫吸收渗液,同时也使创面处于湿润环境;创面干燥时,选水胶体、水凝胶湿润创面,有助于成纤维细胞的生长,促使创面上皮化。

2.5.4 E(创面边缘)

创面边缘的上皮生长可以对治疗效果起到指导作用,观察创面床边缘变化可以提示清创、抗感染和湿性平衡中存在的问题,为重新评估治疗措施,改进创面的管理方案提供依据。健康的创面边缘较为模糊且不均匀,上皮在创面床上展开,呈现粉红色。不健康的边缘可能会有感染、水肿或者肥厚,表面出现深红色、易碎的肉芽组织,细胞生长不稳定,创缘弹性差。提示可以再次联合运用清创术、控制炎症和保持湿性平衡,促进创面上皮细胞的生长迁移。对于慢性创面,在采用清创术、控制炎症和保持湿性平衡治疗方法的同时,可以辅助应用褐藻寡糖(保湿曼)来提高肉芽组织的生长速度,提高愈合率,保持创面的湿性环境。

(夏玉萍)

伤口评估的整体方法

3 创面感染管理

体表是人体接触外界的第一道屏障,也是最易损伤的部位。当皮肤破溃时,周围环境(如尘土、异物、手、衣物和设备器材)、创面周围皮肤和黏膜(如肠胃、口腔和泌尿生殖系统)的细菌就会进入创面。创面中微生物的存在可分为污染、定植、感染。污染和定植尚属于正常状态。当宿主抵抗不足以控制微生物的生长时,细菌大量增殖导致细胞组织坏死,出现创面感染。感染属于异常状态,可导致一系列临床症状。有报道认为,当细菌负荷达到每克组织 10^6 个集落形成单位(colony forming unit,CFU/g)时(定量),创面愈合通常会受阻。但高细菌负荷并非等于感染,宿主的抵抗力是感染的关键因素。另一方面,有些微生物(如 β 溶血性链球菌)毒性颇高,即便很少的量也会引起感染。创面感染风险取决于生物负荷和(或)细菌毒力与宿主抵抗力之间的平衡,而宿主的抵抗力(创面局部因素、全身因素、免疫功能)是感染最为重要的决定因素。急性创面炎症反应的经典表现有:创面部位血流增加,导致局部发热;血管通透性增加,血浆漏入组织间隙,引起组织肿胀;血管活性介质(如组胺)扩张血管,引起局部红斑;血浆内介质在神经末梢处被激活时可引起疼痛。这些创面正常愈合过程中出现的炎症反应不应与临床感染混淆。

3.1 创面感染的演进过程

创面治疗的目标是促进愈合、防止感染和获得最佳的愈合效果。识别和管理创面感染是创面护理的重要环节。国际创面感染学会(Nternational Wound Infection Institute,IWII)在 2008 年发表了第 1 版《创面感染相关临床实践共识》,简称《共识》。随着实践和知识的不断更新于 2016 年 11 月发表了新版的《创面感染相关临床实践共识》。《共识》中的创面感染演进过程体现了微生物毒性及数量在创面感染发展过程中的重要性,感染演进的阶段性反映了微生物数量和毒性的逐渐增加及宿主的不同反应。创面感染的演进模型作为一种概念框架,能帮助我们更好地理解微生物对创面的影响(图 3.1)。

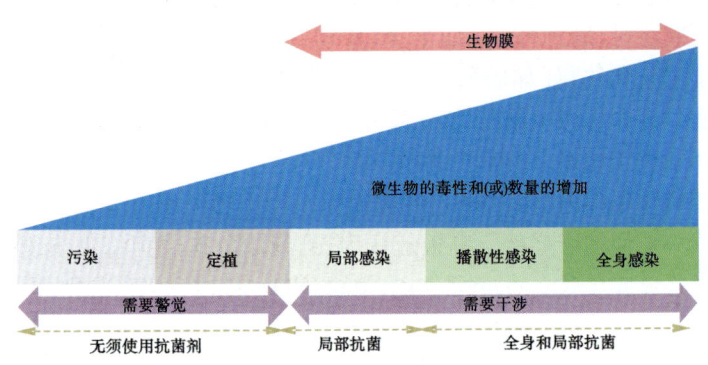

图 3.1　创面感染演进过程模型

　　创面感染演进过程依其微生物失衡状态可以分为 5 个递增的阶段:污染—定植—局部感染—侵袭性感染扩散—全身感染。①污染是指创面表面存在的微生物无自我复制。②定植是指创面表面存在可复制的但不会对宿主造成损害的微生物。③局部感染指创面生物负荷(微生物数量)增多引发身体局部的免疫反应(持续炎症反应,创面愈合停止或延迟),但不会引发全身的反应。有不易观察到的隐蔽的表现和显性的表现。④侵袭性感染扩散是指细菌负荷超过宿主免疫系统承受力,开始侵袭和损伤周围组织,引起深部更严重的感染。⑤全身感染是指细菌侵入创面床和周围组织,通过血流扩散至全身,出现菌血症或败血症的全身症状。创面感染演进的不同阶段的表现与症状见表 3.1。

表 3.1　创面感染演进的不同阶段的表现与症状

污染	定植	局部感染		感染扩散	全身感染
		隐蔽表现	显性表现		
微生物存在于创面,如果没有合适的营养和物理条件,或没能成功躲避宿主免疫防御系统,微生物不会扩增,而仅会短暂存在,不会影响创面愈合	微生物成功生长和倍增,但没有造成宿主损伤或引起创面感染	●肉芽组织过度增生、囊袋现象 ●肉芽脆弱、水肿、易出血 ●表皮桥连现象 ●创面破溃和扩大 ●延期愈合 ●新出现疼痛或疼痛加剧 ●异味加重	●红斑 ●皮温高 ●肿胀 ●脓性分泌物 ●坏死组织增加 ●创面延期愈合 ●新出现疼痛或疼痛加剧 ●异味加重	●硬结范围扩大+/-红斑 ●淋巴管炎 ●捻发音 ●创面破溃/开裂,+/-卫星病灶 ●全身不适/精神不佳,或无特定原因的全身状况恶化 ●食欲不振 ●区域淋巴结炎症、肿胀	●创面局部坏死组织和创面周围水疱快速增加 ●发热/寒战、精神错乱/谵妄、严重的败血症 ●心动过速、呼吸急促、低血压、感染性休克 ●器官衰竭 ●死亡

3.2　创面感染的诊断

感染的诊断在于确定创面的高微生物负荷和全面评估,在临床实践中,创面专科护士要具备观察和判断创面临床表现和症状的能力。当怀疑存在创面感染时需要做微生物检测,以便确认致病微生物和指导抗生素治疗。

3.2.1　创面感染的临床诊断

临床诊断就是根据临床表现和症状做出判断,并非所有创面感染的患者都有典型的症状和体征。影响因素有:①急性感染可能因为患者有其他的合并症、并发症或危险因素而无法启动正常的免疫反应,没有典型的感染表现,怀疑感染的阈值应该降低(例如患有慢性疾病的老年人、中性粒细胞减少症患者和长期接受激素或非甾体类抗炎药物治疗的患者;糖尿病患者因为血液灌注和免疫反应能力下降;免疫抑制患者的急性感染仅表现为疼痛)。②慢性创面感染可能会是一些细微的、不易察觉表现,如肉芽组织颜色改变、泡沫样肉芽组织、组织破溃(尤其是新生组织)和上皮桥连(即上皮化不完全)等。③慢性疾病(如糖尿病、外周血管疾病或自身免疫性疾病)患者的全身或局部炎症反应降低,也会影响慢性创面感染的诊断(如糖尿病足创面感染可能没有疼痛、缺血时皮温不高、糖尿病患者可能不会出现红斑、宿主可能不会发热、水肿可能是因为静脉回流而非感染)。④在临床实践中发现临床感染迹象也并非可靠(如化脓性渗出物、红斑、发热和水肿有时无助于诊断慢性创面感染;恶臭无法显著预测感染),而疼痛和伤口裂开被认为是最可靠的感染迹象。

3.2.2　创面感染的微生物检测

所有的创面都含有各种各样的微生物,只有根据临床迹象怀疑存在感染时,或需要对多重耐药微生物进行筛查时才需要进行创面的微生物检测。微生物的检测方法有定量、定性或同时定量与定性。要充分了解创面细菌培养的时机、最合适的方法和如何对培养结果进行解读,这对于确立正确的创面管理策略至关重要。

3.2.2.1　检测标本采样

标本来源分为创面组织采样、创面液体采样及创面拭子。

(1)创面组织采样　分为创面活检和针吸细胞两种方法。①创面活检是在清除创面表面腐肉或坏死组织后,对活性组织的边缘组织活检,是一种可靠的创面组织采样方法,包含了对活检组织培养以获得定量和定性的微生物学结果。创面活检被认为是金标准,可以提供关于致病菌类型和数量的最准确的信息,但是具有侵入性和较高的技术要求,在临床中使用受限。②针吸细胞是用 22 G 的针穿刺创面周围组织,和活检一样也具有侵入性和较高技术要求。

(2)创面液体采样　存在大量渗液的创面,以无菌针从创面床深部囊袋中抽取渗液进行采样。这种方法的准确性可能不如组织采样,然而其操作简单易行,结果可靠。

(3)创面拭子　是临床实践中最简单和最常用的标本采样方法。拭子采集时注意:①在临床感染的创面区域进行。②对干燥、健康的创面区域进行采样价值不大。③避免在创面床腐肉区域或渗液区域拭子采集(因为这些区域仅能采集到表面污染微生物信息,而不是引起感染的致病菌)。④在拭子采集前应先对创面进行清洗,除去肉眼可见渗液、组织碎屑、坏死组织,以便获得准确的微生物结果。⑤当具有明显感染表现的创面区域显得干燥时,使用生理盐水浸湿棉拭子以增加细菌的吸附。⑥采集时应360°转动拭子,与采集区域充分接触。⑦对于面积大于 5 cm^2 的创面,使用拭子在创面表面进行"之"字形滑动,同时对其旋转,以使得整个拭子头均与创面表面接触,采集轨迹从创面中部一直向外到创面边缘,给拭子施加足够的压力以挤压出创面组织内的液体(可能会疼痛),如果创面存在囊袋或窦道,可重复上述过程。⑧最常用的拭子取样方法是"Z"字法和 Levine 法。⑨"Z"字法是用拭子在创面表面行"Z"字形采样,从边缘到边缘,共取 10 点。⑩Levine 法在创面床上超过 1 cm^2 的区域使用足够压力转动拭子,看到拭子周围组织内液体溢出,留取进行定量拭子培养。Levine 法的结果最接近于创面活检,其定量检测可能有助于感染的诊断。

3.2.2.2　送检

标本采集完毕在申请表上填写相关的临床信息,例如创面所在部位和类型、进行拭子采集的适应证和患者正在服用的药物(如全身抗生素、局部抗菌剂、激素等)。样本应尽快送至实验室,最佳时间为 2 h 内,如果 2 h 内不能送达,样本应在 4~8 ℃或 20~25 ℃环境保存,48 h 送达(奈瑟菌 24 h 内送达)。

3.2.2.3　检测结果分析

微生物结果分析时注意:①可以识别存在于创面的特定细菌,只可用于辅助诊断。②对于存在多种微生物的创面,感染可能会因为微生物之间的协同效应而产生(协同效应可以增加微生物群的整体毒性)。③定量分析的结果并不一定能准确反映真实的微生物负荷,因为微生物在创面的分布是不均匀的。④创面表面拭子检测可能只是提供定植细菌信息,是否能提供关于致病微生物的准确信息常会被质疑。⑤临床上每周或每次更换敷料时常规采集创面拭子其实对临床并无帮助,而且不恰当的创面拭子可能会提供令人困惑和误导性的微生物结果。⑥拭子检测结果可能与临床特征并不一致,当返回的微生物学报告显示"没有生长"或"没有显著生长"的结果时解读应该慎重,不能轻易认为没有感染存在,尤其是当患者有临床感染表现和症状时,这种结果应该被认为是假阴性。⑦另外,微生物学结果可能会因为拭子质量和培养申请信息准确性而受到影响(如拭子采集操作不恰当有可能会出现假阴性的结果)。⑧真菌也可以从创面中分离出来,引起皮肤浅表感染及指甲和毛发等感染,很少成为创面感染的病因。⑨病毒通常不会造成创面感染。常见创面感染致病菌见表3.2。

表3.2 常见创面感染致病菌

微生物类别	常见致病菌(微生物)
革兰氏阳性球菌	Beta溶血性链球菌 肠球菌 葡萄球菌
革兰氏阴性需氧杆菌	铜绿假单胞菌(绿脓杆菌)
革兰氏阴性兼性杆菌	肠产气杆菌属 大肠埃希菌(大肠杆菌) 克雷伯菌 变形杆菌
厌氧菌	拟杆菌属 梭菌属
真菌	酵母菌 曲霉菌

3.2.3 创面感染的诊断

　　创面感染的诊断涉及对患者的整体评估与临床症状的观察,而不仅仅是依赖阳性的微生物学报告,只有对感染的临床表现有充分认识和理解,才能够做出准确评估。创面检测可以辅助诊断和指导恰当的抗生素治疗。创面的定性培养结果对有明显临床感染症状的患者有用,但对缺乏症状和体征的患者用处不大,除非能分离出特定的病原菌。当缺乏临床症状和体征时,定量培养是诊断局部创面感染的金标准。不建议对慢性创面进行常规细菌培养,愈合过程的"停滞"提示生物负荷和生物膜活性较高,发现生物膜并主动管理是慢性创面管理不可或缺的一部分。

3.3　创面细菌生物膜

　　2008年之前,当细菌高负载而干扰创面愈合时被称为严重定植,同年一个对生物膜与延迟创面愈合关系的假设的话题引发了10年来大量关于生物膜的研究。慢性创面临床感染率为10%～15%,但是几乎所有的慢性创面都有生物膜。创面愈合过程的"停滞"提示生物负荷(微生物数量)和生物膜活性较高。生物膜中的细菌可以躲避免疫攻击,难以被标准的诊断技术发现(生物膜是微观结构,肉眼不可见,只有电镜扫描下才可以看到),可避免被标准治疗手段破坏。慢性创面的环境非常适合机会致病菌形成生物膜,而生物膜的固有特性导致创面停滞在炎症期迁延不愈。形成生物膜后的细菌(包括那些在正常情况下对抗生素敏感的菌种)对抗生素耐药性比浮游细菌提高500～5 000倍,生物膜也成为微生物的储存库而不断造成周围组织的感染。

　　大量的证据也显示细菌生物膜在促进慢性炎症的同时,会导致愈合所必需的蛋白质的破坏,而导致创面无法愈合。生物膜会损害新生组织,而有时又会保护慢性创面不受致病菌的影响,防止败血症的发生。近期有研究显示,活体哺乳动物模型的生物膜的表现和活动,与体外环境中的情况完全不同。很多创面不愈合是因为基础病因没有得到解除,并不会因为含有生物膜而最终无法愈合。虽然大部分研究显示慢性创面均含有生物膜,但少有研究证实生物膜是导致创面"慢性化"的原因,很有可能生物膜仅仅是不愈创面状况不佳的自然结果,当创面环境改善后,身体有能力清除生物膜并使创面愈合。生物膜与慢性创面的关系仍然需要进一步的研究来探讨。

3.3.1 生物膜形成过程

创面细菌生物膜形成是一个动态的过程(细菌污染—定植—生物膜形成—成熟—碎裂播散)。浮游细菌在几分钟内就会附着于创面表面,在几小时内形成微菌落,而在 12 h 内即能够抵抗杀菌剂,已经牢固附着的生物膜社群成员开始互相交流,激发基因变化,以增加生物膜的稳定性和生存概率,保护性多聚糖包膜[生物膜的保护性包膜除了含有多聚糖外,还包含蛋白质、糖脂、活的和死的细菌脱氧核糖核酸(deoxyribontrcleic dciel,DNA)]已经完全形成。依据细菌种类和环境的不同,被破坏的生物膜能在 2~3 d 内迅速恢复。生物膜清除至完全恢复的时间仅需 24 h。生物膜会刺激创面出现慢性炎症反应,渗出增加,基质金属蛋白酶(matrix metalloproteinases,MMP)的分泌及活性氧自由基增加。成熟的生物膜不断释放游走的细菌集落和生物膜片段,继而附着于创面的其他部分,实现了生物膜的播散。生物膜能够妨碍抗生素的有效性。抑制免疫系统功能的疾病(例如缺血、营养不良、组织坏死等)或许支持生物膜的发展。

3.3.2 生物膜临床特征

生物膜可以被形容为生活在稠厚黏腻的由糖和蛋白质构成的保护屏障中的微生物。这一过程的持续和这些物质的不断分泌损害了正常的和愈合中的组织。与生物膜存在相关的 4 个常见的表现包括难以愈合的创面、创面表面黏液膜、感染/炎症迹象和渗液增加、抗菌治疗无效。识别生物膜的指征还包括创面表面物质去除的难易度、表面物质再形成的快慢、局部或全身抗生素治疗或抗菌敷料治疗效果、使用多重方法（清洗、清创、局部抗菌剂和敷料）后愈合是否改善。新版《2016伤口感染临床实践专家共识》中IWII专家认为下列因素可以作为判断生物膜存在的临床指征：①适宜抗生素治疗的失败；②适宜抗菌治疗反应不佳；③抗生素治疗停止后延迟愈合重新出现；④尽管有良好的创面管理和个体支持，创面仍然不愈合；⑤渗液/湿度增加；⑥低水平的慢性炎症；⑦轻度红斑；⑧肉芽生长不良或脆弱过度的肉芽增生；⑨继发感染的表现（慢性创面再次感染与生物膜的播散有关）。

3.3.3　生物膜标记

有一项简单经济的技术可以快速探测创面生物膜，这项"创面生物膜标记"技术，使用高吸附性膜覆压在创面，可以非特异性吸附生物分子（例如游离细菌DNA、多聚糖、蛋白质和脂质等，是细菌生物膜胞外多聚基质的主要成分），随后将吸附膜在高浓度阳离子染料（如钌红）中短时间浸泡，然后用生理盐水或稀释醋酸冲洗几分钟，吸附膜染料着色部分即对应创面床含有生物膜的部分。这一技术可以用于清创前/后探查创面床生物膜。生物膜清除彻底预示着更好的愈合（即显著的腐肉减少和炎症减轻）。生物膜诊断工具便于了解对生物膜清创是否彻底、敷料防止生物膜再形成的效能等，促进了基于生物膜的创面治疗概念的形成。

3.3.4　生物膜管理

以生物膜为基础的创面治疗强调，针对生物膜进行治疗性的创面清洗、清创和局部的抗菌治疗，预防生物膜形成或破坏和去除已经形成的生物膜。对于除动脉性溃疡（严重缺血ABI<0.5）外的所有创面类型通过清创尽可能去除感染的组织，破坏创面生物膜，清创方法的选择应该充分考虑临床情况和患者的舒适度。随后采用抗菌药物治疗，以防止新的生物膜形成。使用消毒抗菌剂广谱杀菌

(对生物膜上浮游细菌有效),同时提高换药频率(生物膜可在 10 h 内重建,可在 20~48 h 后对生物杀灭剂形成耐受性),清创期每天进行创面护理。含有洗涤剂的创面清洁液能破坏生物膜,并抑制其再生(如聚六亚甲基双胍盐酸盐)。有研究显示,通过使用物理及化学方法可以破坏或清除生物膜。物理性方法有脉冲清创。化学方法如使用泊洛沙姆表面活性剂(商品名普兰尼克,含有磺胺嘧啶银的普兰尼克凝胶)。随着对生物膜特性的了解,可以采取有效的方法管理生物膜,从而有效地管理慢性创面。

3.4 创面冲洗

创面冲洗是创面护理的第一步,是创面清创的前奏,配合清创并贯穿清创的整个过程。创面清洗方法有棉球擦拭、浸浴和冲洗。与棉球擦拭或浸浴相比,创面冲洗能更有效地清洁创面。创面冲洗的设施要求不高,可以在大部分环境下进行(如患者家中、门诊换药室和住院部床旁),冲洗时做好防护。

3.4.1 创面冲洗的功能

创面冲洗的目的是清洁创面,其功能有:①清除细胞碎屑;②去除表面细菌;③去除创面渗液;④去除局部用药和敷料的残留;⑤帮助医护人员更好地检查创面床。

3.4.2 创面冲洗的适应证

适用于活动性出血创面以外的所有类型的创面。创面冲洗与清创配合可以有效清除创面中的碎屑和病原体,帮助创面从炎症期过渡到增生期,可以促进创面从深部组织至皮肤表面的愈合,阻止在脓性囊肿或感染窦道表面的假性愈合。

3.4.3 冲洗液

选择合适的冲洗液是冲洗的关键步骤。可以用于局部冲洗的液体包括创面清洁剂、抗生素、抗真菌药物、消毒防腐剂、麻醉剂等。目前的文献普遍倾向于用生理盐水及可饮用自来水作为冲洗液。表面活性剂可以促进失活组织的分离和破坏，在高风险或感染创面清洗时可以使用。冲洗液的细胞毒性是应该予以考虑的，尤其是抗菌消毒剂（如碘制剂、氯己定、次氯酸盐溶液和过氧化氢等），可能对组织有毒性，对急性创面愈合不利。临床上常用的3%过氧化氢溶液（双氧水）是含氧的高效消毒剂，当它与皮肤、口腔和黏膜的创面、脓液或污物相遇时，立即分解生成氧，与细菌接触时，能破坏细菌菌体杀死细菌，也会造成活性组织的损伤。释放出的氧气产生的气泡效应可辅助创面碎片的机械清理，并有止血和逆转急性炎症作用（机制是在强氧化烧灼下相当于上万个电刀的作用，使小血管蛋白质变性自动止血）。通常用于细菌定植、感染及恶臭的湿性坏死创面（如糖尿病足湿性坏疽，以清除坏死组织，减轻臭味；癌性创面、大创面肉芽清理后的止血等）。窦道、深部创面不宜使用（因为气泡可能通过创面局部的小血管进入循环系统形成气栓），也不可在换药中常规使用（因为会损伤肉芽组织，延缓创面愈合）。对于严重污染和有活力的创面要最大限度地保留软组织的活力，所以不应该用过氧化氢冲洗，正确的处理方法是用生理盐水反复冲洗，降低细菌的负荷，同时开放创面充分引流，让细菌和炎性渗出液排出体外。

3.4.4 冲洗方法

向创面上倾倒生理盐水、自来水或使用注射器进行冲洗可能无法提供足够的压力来去除创面表面的致病微生物，建议冲洗压力为4～15 Psi。如果冲洗压力太大，可能损伤创面床，且可能将外源异物和病原体挤压至深部组织。冲洗可以单独使用，但常与其他治疗手段联合使用，如脉冲清创等。

3.5　创面清创

健康人受伤以后创面自然的清创速度与产生坏死组织的速度会保持同步,创面可以正常愈合。慢性创面通常因为全身因素(如营养不良、免疫缺陷、高血糖等)、局部因素(如血供不足、长期受压、反复污染)、创面持续的炎症反应和细菌侵害等导致创面坏死组织的累积,不仅可以阻碍创面愈合,还会成为细菌生长的天然营养基,而增加创面感染的风险,细菌对深层组织的侵入蔓延造成蜂窝织炎、骨髓炎,甚至可能引发败血症乃至死亡。清创是指任何可以协助机体去除创面中坏死组织、细胞碎片或异物的方法。生物膜被发现存在于慢性创面中,成熟的生物膜具有物理和代谢防御机制,序贯器械清创和脉冲清创可以破坏生物膜。清创是局部创面护理的必要步骤,清创的目标是使创面"恢复"急性状态,从而重新启动和加速创面的正常愈合过程。

3.5.1　清创前的评估

清创前需要了解创面产生的原因和关注患者身心的整体反应。清创时机和方法的选择也非常重要,不仅会影响创面愈合,还会影响受伤部位的形态和功能。清创前患者的教育应说明清创的目的、将采用的清创方法、清创的过程和预期的结果,以取得患者和家属的理解。

创面护理的首要事件是处理致伤因素和治疗病因,以患者为中心进行整体评估(包括个人认知、家庭照护、日常生活、疼痛及活动),判断其创面是"可愈合的""维持性的"还是"难愈合的"。慢性创面迁延不愈主要因素是细胞老化、细菌生物膜和组织缺血。血供是创面愈合的必要条件,如果血供充足,经过治疗病因(如糖尿病足溃疡,压力解除)创面可以愈合。"可愈合的"创面采取积极清创方法以减少或去除坏死组织(坏死组织不仅刺激炎症反应,也是细菌生长的培养基),减少创面的生物负荷,以预防和控制创面感染,促使创面尽快愈合。"维持性的"创面是指有愈合所需要的血液供应,但由于患者本身的疾病原因(如吸烟、免疫缺陷、老年糖尿病合并多脏器衰竭和营养不良等)影响创面的愈合,这类创面的清创需保守进行,采用"蚕食法"逐渐去除湿性坏死组织,通过消毒剂和抗菌敷料的应用来控制局部感染,减少渗液。随着全身和创面局部状况的改善,判断"护场"形成时候(创面好转有愈合趋势),采用"护场法"一次性去除创面可见的坏死组织,同时使用生物活性敷料(如异种脱细胞真皮基质)以促进创面愈合。"难愈合的"创面没有足够的血液供应来确保愈合,"蚕食法"清创局限于湿性的腐肉,局部应用抗菌剂(碘敷料,如聚维酮碘、安尔碘Ⅲ型皮肤黏膜消毒剂),以减少潮湿及细菌数量,变湿性腐肉为干性焦痂。

坏死组织是由于创面血供不足或感染而产生的,其外观具有多样性,有些表现为松软附着的腐肉,另一些可以是紧密结合的皮革样黑色焦痂。识别正常肌腱、骨头和脂肪组织,切不可把这些组织当作腐肉进行清创。稳定、完整的足跟处的焦痂(干燥、牢固附着、完整,没有红斑或波动)不应被去除。清创前识别坏死组织类型,选择恰当的清创方法(表3.3)。

表3.3 坏死组织的识别

项目	表皮	痂皮	肉芽组织	腐肉	焦痂	暴露结构(肌肉、筋膜、骨骼、肌腱)
颜色	淡粉红	褐色、黑色	粉红、红	黄、乳白、棕褐色	黑色	深粉红、褐色
质地	光滑、有光泽	硬皮、干燥、开裂	鲜红、失活、过度增生、生长不良	纤维蛋白、紧密黏附、松散湿滑	稳定、干燥、完整、坚硬、皮革样	干燥、柔软、塌陷
清创方法	—	自溶性、脉冲、锐器	管理生物膜:自溶性、锐器、脉冲	自溶性、酶、脉冲、锐器、生物、超声	自溶性、酶、脉冲、锐器	锐器、酶、自溶性、脉冲

3.5.2　清创方法

常用的清创方法有锐器清创、机械清创(脉冲清创、负压引流清创)、自溶性清创、酶清创及生物清创。近年来出现了很多新型的清创方法,例如水刀、超声清创技术和单丝聚酯纤维垫等,这些方法各具特点,可以在创面的整体治疗中相互取长补短,复杂创面的清创通常多种方法联合应用。临床实践中清创方法应基于患者个体、坏死组织损害的程度、可及性及操作者能力等综合评估后选择。

3.5.2.1　锐器清创

锐器清创是指在临床中使用锐器(如手术刀、剪刀、弯钳、镊子、刮匙)来清除创面坏死组织。锐器清创因使用方法不同可分为外科清创、蚕食法清创和护场法清创。外科清创是由外科医生在手术室,麻醉监护下,使用外科手段如手术刀、水刀、激光等,去除大量的坏死组织的清创方法。将创面床中坏死组织及部分健康组织一并清除,须侵入活性组织,是非选择性清创。通常用于合并有蜂窝织炎、创面相关败血症、坏死组织量较大的创面,以及在必须要对感染的骨骼等组织进行清除时使用。外科清创存在出血、感染等可能,在操作前需要权衡利弊。同时,麻醉对于很多患者也是存在的风险之一。

换药过程中的锐器清创只清除坏死组织,"点到为止",即到活性组织即止,是一种选择性清创方法,但同样是一种侵入性的清创方法,操作者需要具备安全和有效使用手术刀和剪刀的能力,对可能引起疼痛者使用利多卡因凝胶等表面麻醉。通常与其他清创方法如脉冲清创、自溶性清创、抗菌敷料等配合应用。换药中使用锐器清创时速度更快,而且一般不会造成出血,只要使用合适的无菌技术操作,在创面局部建立无菌区,就可以在任何地方进行清创,缺点是会在创面残留薄层的坏死组织,同时需要受过专业训练的护士才可以进行操作,而且往往需要反复、多次的清创操作才能达到理想的目的。换药中的锐器清创根据清除坏死程度分为"蚕食法"和"护场法"。蚕食法即逐渐清除坏死组织,护场法即一次性清除肉眼可见的坏死组织,暴露出新鲜肉芽创面。应把握好使用这些方法的时机。

(1)锐器清创原则　①坏死组织和正常组织界限不清楚时不宜使用。②坏疽性脓皮病(创面存在明显的活动边界时,如果锐器清创会使创面恶化,这是因为清创激发了炎症反应)不宜使用。不断扩大的组织坏死的钙化防御创面在清创前须完成硫代硫酸钠治疗,并确认坏死组织范围停止扩大、紫罗兰色边界消失且创面局限,坏死组织边界清楚。③创面周围蜂窝织炎和疼痛提示创面处于感染的进展期,清创同时需要全身抗感染治疗。有脓毒血症和败血症的症状时清创需要谨慎考虑,除非患者已经接受全身的抗菌治疗,否则不应进行清创。如果患者创面感染处于活跃时期,需要在全身抗感染治疗的同时进行清创,否则会加重感染或者引起感染的播散。④虽然保守性锐器清创一般不会引起出血,但出血的风险仍需要充分考虑。如患者有血小板减少症状、肝功能不全、维生素 K 缺乏、营养不良、贫血,以及有出血可能、凝血功能障碍或服用抗凝药物(阿司匹林停药 7 d 后才能从血液中完全清除),应当慎重考虑。⑤下肢缺血性溃疡因组织灌注差,在处理缺血肢体上的坏死组织时应谨慎,充足的血液供应是下肢溃疡清创的必要前提。⑥对潜在恶性病变部位进行锐器清创操作,可能增加出血和肿瘤增殖/扩散的机会。⑦谨慎用于免疫功能低下的患者(如使用免疫抑制剂和白血病),以免造成开放性创面或发生机会感染。⑧创面部位存在假体、透析瘘管或动脉旁路移植术等复杂结构时,会增加清创的难度,操作者必须清楚失活组织下面的解剖结构。⑨评估自身的能力,在任务超出能力之外时随时准备停止操作并寻求帮助。

(2)锐器清创步骤　①评估患者的一般情况,意识、情绪、反应及生命体征是否平稳,能否耐受操作。②清创前对患者的教育首要目的是减轻焦虑、了解期望值和改善治疗的效果。向患者解释手术过程和任何需要在清创中使用的局部镇痛或麻醉剂,例如利多卡因注射剂、局部凝胶、喷剂和膏剂可用于门诊或床边清创的镇痛。告知患者相关操作的内容,取得患者和家属配合,必要时填写清创知情同意书。③洗手,戴手套,必要时戴护目镜,穿防护衣。④准备清创用物,包括无菌的手术刀、镊子、剪刀等。⑤协助患者取舒适体位,建立创面局部无菌区。⑥使用安尔碘Ⅲ型或碘伏消毒溶液对创面及周围皮肤进行消毒,待干。⑦根据操作需要更换无菌手套。⑧用镊子或止血钳稍用力提起坏死组织,使得坏死组织和正常组织的界限清晰暴露,使用剪刀或手术刀将坏死组织轻柔地剔除,同时避免损害健康的组织结构。⑨用生理盐水(必要时选择过氧化氢和碘制剂)冲洗创面,最后选择合适的敷料覆盖创面,完成清创过程。

(3)锐器清创注意事项　①对于任何血管结构及难以区分其类型的组织,不应草率清除。②清创全程应当关注患者的反应,当患者有任何的不适感(如疼痛发生时)应当暂停操作。③对于较轻微的出血,可直接按压出血点或用硝酸银棒点灼出血点以终止出血;也可以使用藻酸钙敷料或者甲壳织敷料止血;开放暴露的创面渗血可以用过氧化氢纱布湿敷,外用纱布绷带包扎止血,云南白药也有很好的止血效果。④清创全程要对创面的状态及变化进行记录。⑤把握原则:不出血、不疼痛;多次进行,每次适量清除;仅清除坏死组织,不触及正常组织。

(4)锐器清创——蚕食法　蚕食法清创即分次逐步清除坏死组织而非大范围的彻底清除,主要针对干性坏死及混合性坏死的创面。组织局部血供中断(如压力性损伤、皮瓣坏死、化学药物治疗时药物外渗、血管炎、脉管炎)形成的创面多为黑色坏死,干燥的坏死组织可以作为天然的屏障保护创面不受细菌污染。在坏死组织变得不稳定(出现潮湿、渗出、附着疏松、肿胀、发红)的时候注意甄别,在局部血供不足以愈合创面时采取蚕食法清创。对于以干性坏疽(糖尿病足)为主的"脱疽"患者宜采用多次蚕食法,可以从坏疽远端开始,也可以沿坏死中心向周边方向切开,逐层分离,切除坏死组织。在应用蚕食法清创时需要注意,当肌腱裸露在外并失去活性而需要清除时,对尚未失去活性的肌腱清除时切勿拉至创面以外切断,以免肌腱回缩引起深层感染;对裸露在外的神经,应在麻醉下用利刀将其切除,令其自由回缩,这样可以减轻患者痛苦。蚕食法清创理论的核心是只取出完全坏死组织,保留无肉眼血运、有痛觉的组织,见血即停。目的是减少医源性创伤导致组织疼痛、水肿和炎症反应,以免影响血供,减少炎症吸收,避免全身反应。

【典型病例3.1】 蚕食法用于暴露肌腱的清创

患者男性,82岁。足踝上方热水烫伤皮肤破溃2周,创面感染加重,在医院门诊换药。既往有糖尿病、高血压、双下肢动脉硬化闭塞症。2016年9月21日接诊时见足踝上方溃烂处肌腱外露,有脓性渗液,膝关节以下红肿。首次换药在全身治疗同时采用蚕食法清除松软的坏死组织,安尔碘Ⅲ型纱布抗菌引流(图3.2)。9月22日下肢皮肤皱褶出现,肿胀明显减轻,皮肤发红,皮温低。探查创面近、远端潜行存在(图3.3),蚕食法清除创面及肌腱表面的坏死组织,使用聚六亚甲基双胍盐酸盐(polyhexamethylene biguanide hydrochloride,PHMB)凝胶局部保湿抗菌,隔周换药。10月8日肌腱周围肉芽新鲜并开始包裹肌腱(图3.4),创面远端潜行愈合,近端潜行缩窄成窦道。蚕食法清除肌腱表面坏死,继续用PHMB凝胶保湿,窦道用银油纱抗菌引流,隔周更换。2017年1月6日肉芽组织覆盖正常肌腱(图3.5),银油纱上端窦道抗菌引流并覆盖创面表面。2月10日上段窦道愈合(图3.6),创面用泡沫敷料覆盖。4月14日创面愈合(图3.7)。从接诊经历6个多月门诊换药,创面愈合。本病例成功有两点:首先是用PMHB凝胶保湿抗菌,最大限度保持外露肌腱的活性,同时延长换药间隔。其次把握蚕食法清创原则,做到适度地清除坏死的肌腱,促进肉芽组织尽快包裹正常肌腱,不仅创面愈合,肢体功能也得到保全。

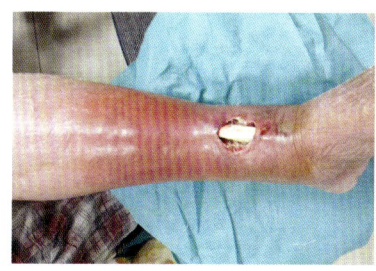

图3.2 足踝上方破溃,肌腱暴露,皮肤红肿

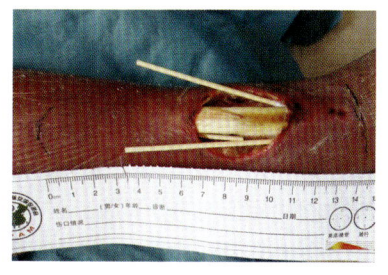

图3.3 创面近、远端有潜行存在

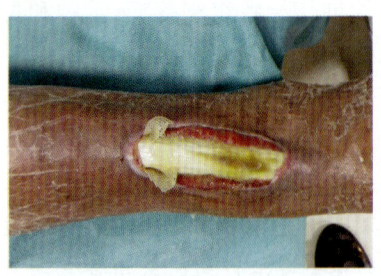
图3.4　肉芽逐渐包裹肌腱

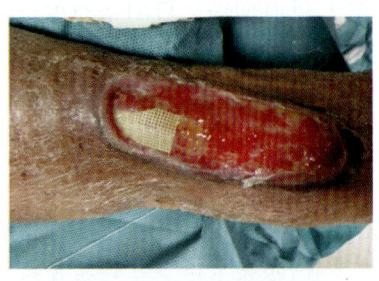
图3.5　肉芽完全覆盖肌腱

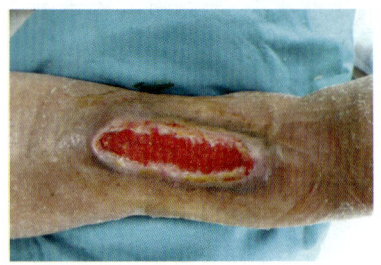
图3.6　窦道愈合

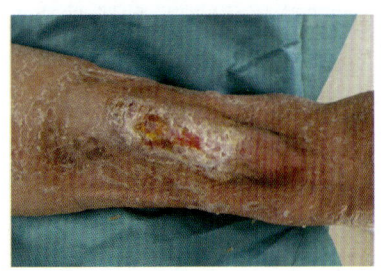
图3.7　创面愈合

（5）锐器清创——护场法　"护场"是中医外科学重要概念，所谓"护场"，"护"是指一种自身的防卫体系，"场"是指自身防卫体系在局部所形成的防御范围。当创面被局限在某一区域，坏死组织与正常组织之间出现较明显界限时，表示护场形成，可一次性清除坏死组织。护场形成的局部表现为创面周边皮肤向创面内部收缩塌陷，颜色变深，呈环形包绕创面。创面与皮肤之间有明显的红色分界线，新生肉芽组织红润，有光泽，可见粉色上皮生长，渗出较少、黏稠。而未形成护场的创面，创面内部肉芽水肿，颜色灰暗，并夹杂脓血，周围皮肤弥漫性肿胀，邻近创面的皮肤呈鱼口状外翻，边缘苍白，创面与皮肤之间无红色的分界线。护场形成提示，创面床有充足的血供，患者营养状况得到改善，免疫力增强，机体具备了愈合创面的能力，一次性清除坏死组织后创面为新鲜肉芽组织，能够快速愈合。

护场法用以指导缺血性坏死组织创面的清创（如术后皮肤坏

死、三度烧伤、压疮的不可分期、化学药物治疗时药物外渗、下肢缺血性溃疡等)。护场未形成时保持创面干燥是必要的,干性坏死组织不增加组织氧消耗,可以保护创面避免感染。过早清创会形成开放性创面,增加创面感染的机会,缺血性溃疡因为血供不足可出现创面扩大和增加患者的疼痛。创面愈合依赖于创面床血运的恢复和机体状况的改善,创面护理要顺势而为。首先调整机体状况,等机体发出可以愈合的信号,也就是观察到护场形成的时候再进行清创,创面才能顺利愈合,创面护理才能安全有效。

【典型病例3.2】 护场法用于移植肾坏死的清创

患者女性,29岁。肾移植术后第3天感到切口局部肿胀,疼痛明显,后疼痛逐渐加剧,术后第7天疼痛不能忍受,更换敷料时发现,切口有淡褐色液体渗出,拆除缝线,手术切口裂开,皮下脂肪、肌肉、筋膜坏死。细菌培养为人型支原体和铜绿假单胞菌感染,选择敏感抗生素抗感染。局部蚕食法清创,PHMB液体敷料抗菌引流。创面坏死组织逐渐清理干净,移植肾暴露(图3.8)。1周后突然无尿,确诊为移植肾血管栓塞,开始透析治疗。2周后创面新鲜,发现移植肾肿大,表面逐渐变紫色(图3.9)。3周后移植肾包膜缺血坏死(图3.10)。3周后移植肾坏死,和周围组织粘连紧密(图3.11)。3周后上皮覆盖新鲜创面,移植肾坏死,和周围组织界限清楚,用弯钳周边探查,已经完全分离,判断护场形成,用弯钳分离并清除坏死肾,创面快速愈合(图3.12~图3.14)。

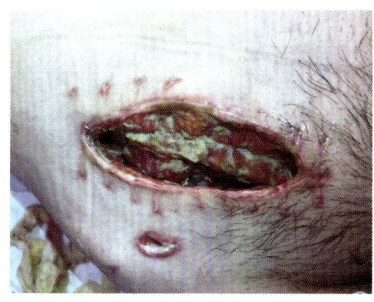 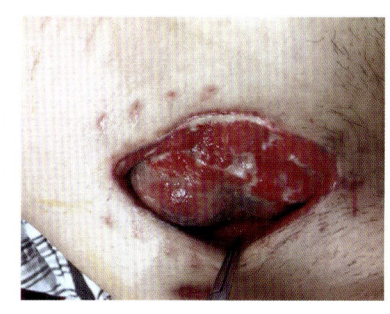

图3.8 肾移植切口感染裂开　　图3.9 移植肾缺血逐渐变紫

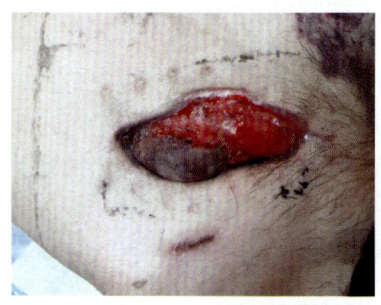

图 3.10　移植肾包膜缺血坏死

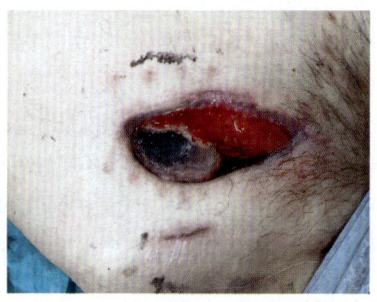

图 3.11　移植肾坏死和周围组织粘连紧密

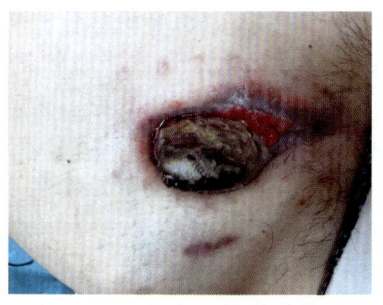

图 3.12　移植肾坏死和周围组织分离

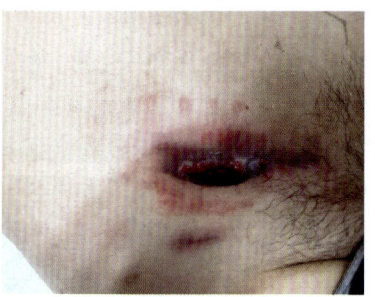

图 3.13　护场法清除坏死肾

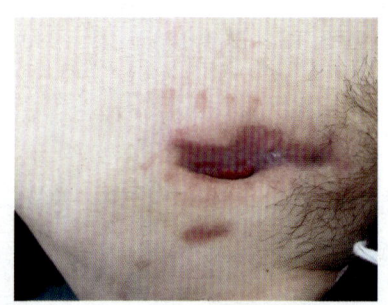

图 3.14　创面快速愈合

【典型病例3.3】 护场法用于糖尿病足趾坏疽的清创

患者男性,86岁。发现血糖升高4年,脑梗死后左侧肢体活动受限1年,左足疼痛溃烂6月余,入住内分泌科。患者因为左足第4足趾皮肤溃烂,足部疼痛,进行足部理疗,导致足背水疱破溃10 d。2016年5月2日接诊,可见第4足趾坏疽、足背溃疡干痂覆盖、足背红肿、膝关节以下水肿、皮肤发凉、足背动脉未触及。蚕食法清创,经足背溃烂处穿刺抽出淡红色液体,局部雷夫奴尔纱布湿敷后外用纱布覆盖包扎(图3.15、图3.16)。坏疽足趾用安尔碘湿敷后包扎,目的是抗菌,保持干燥。5月4日第2次换药,足背仍肿胀明显,经溃烂处穿刺抽出淡黄色液体(图3.17),蚕食清创后,发现溃烂处皮下有一个腔隙性的创面,放入磺胺嘧啶银(silver sulfadiazime,SSD)引流,外用雷夫奴尔纱布湿敷,纱布包扎,坏疽足趾处理同前。5月26日足趾坏疽部分和正常组织分离,界限清楚,用护场法从分界处清除坏死足趾,创面肉芽新鲜,使用异种脱细胞真皮基质,隔周换药(图3.18)。6月28日创面新鲜,覆盖异种脱细胞真皮基质(图3.19)。7月28日足趾创面愈合,足背敷料干燥,等待敷料自动脱落(图3.20)。8月16日门诊随访,溃疡无复发(图3.21)。从接诊到创面愈合时间3个多月。本病例成功有4点:①足背溃疡采取蚕食法清创;②足背肿胀有积液,穿刺后排除感染,避免盲目切开造成创面的扩大;③足趾坏疽等待坏死和正常组织界限清楚,新鲜肉芽生长,判断护场形成后用护场法去除;④使用异种脱细胞真皮基质,创面快速愈合。

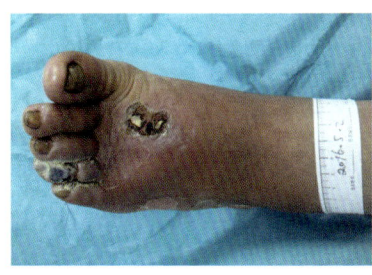

图3.15 第4足趾坏疽、足背溃疡

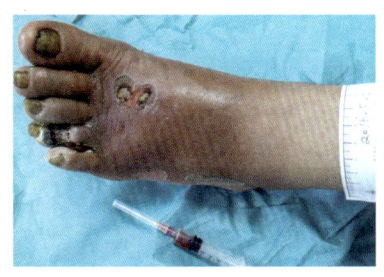

图3.16 足背肿胀、穿刺抽出淡红色液体

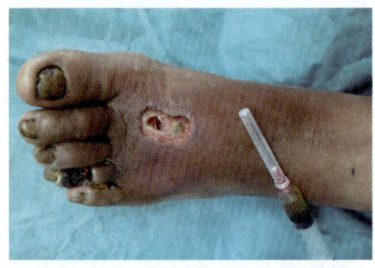

图 3.17 足背溃疡抽出淡黄色液体

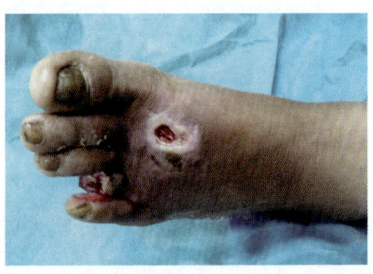

图 3.18 坏死足趾分离,护场法清创

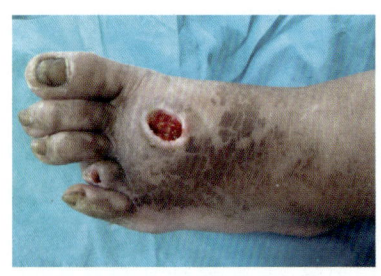

图 3.19 创面新鲜,异种脱细胞真皮基质

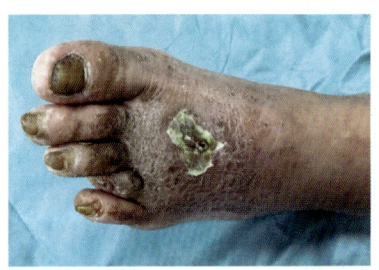

图 3.20 足趾创面愈合,足背敷料干燥

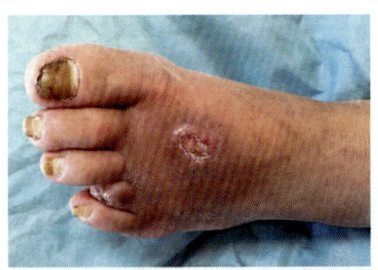

图 3.21 创面愈合后门诊随访

3.5.2.2 脉冲清创

20 世纪 60 年代,美国军队牙科研究中心首次提出将脉冲冲洗应用于战争创伤的清洗,随着研究的深入,该项技术被逐渐推广到

普通的创面清洗中。直到2004年有研究报道,开放式的脉冲冲洗有引发交叉感染的风险,预防感染的措施从而被提上研究日程。2008年美国研究者提出采用创面灌洗袋能够有效防止脉冲冲洗过程中引发的感染。至此,封闭式脉冲清创理念正式进入人们视线。

国内脉冲清创研究可追溯到20世纪80年代,现今脉冲清创已广泛应用于临床。面对患者创面形成原因的复杂性,如何实现安全、有效、经济、便捷的清创是目前广大医务工作者所面临的共同问题。脉冲清创技术首次将创面冲洗与脉冲清创相结合,应用一次性脉冲冲洗集污组件,首次实现了封闭冲洗加清创,做到医患的安全防护,保护环境,避免交叉感染。

脉冲清创能够有效清除异物、坏死组织和生物膜。一次性脉冲冲洗集污组件利用脉冲振动原理,将特定生理安全交变压力下的冲洗液通过脉冲清创枪喷射到创面,通过脉冲式冲洗,产生无菌的创面愈合环境,达到高效、无损伤清创的目的。人体组织可被视为弹性体,在交变外力(机械振动脉冲)的作用下,会产生对应频率的受迫振动(快速压缩与舒张)。由于创面附着的异物、坏死组织和生物膜与有活力的组织具有不同的弹性特征,故在惯性力的作用下,异物、坏死组织和生物膜有一个与活性组织振动同频但不同步(有相位差)的运动方式,在每一个振动周期当中,异物、坏死组织和生物膜与活性组织结合处会产生瞬时脱离,而出现微小开裂或缝隙,并使冲洗液浸入,通过整个冲洗过程,开裂缝隙逐步扩大直至完全分离。在每一次脉冲的减压期,活性组织因减压而反弹,使组织产生蠕动,也有利于异物等的清除。

在对慢性创面的脉冲清创过程中,细菌[包括耐药性强的耐甲氧西林金黄色葡萄球菌(methicillin resistant Staphylococcus aureus,MRSA)、铜绿假单胞菌等]、脓性分泌物等都在脉冲冲洗下被去除。一次脉冲冲洗可去除近90%的异物、坏死组织和细菌,并使对正常组织的伤害降到最小。清创压力范围:4~15 Psi[每平方英寸上4~15磅(pt)的作用力],相当于0.3~1.0个大气压。压力低于4 Psi时不能有效打破细菌生物膜,压力过高,大于70 Psi时会对创面周围组织造成伤害,且会将表面浮游细菌冲入周围组织,引起更广范围的感染;美国人类健康管理部门推荐使用的脉冲冲洗安全压力范围为 4~15 Psi。脉冲清创把冲洗和清创相结合,清除污染物和分泌物、消除臭味,清除坏死组织,降低微生物负荷,打破并清除生物膜,从而起到控制感染,促进创面快速愈合的作用。脉冲清创适用于糖尿病足、压力性损伤、血管性溃疡(动脉性痛性溃疡患者可能需预先用药以舒缓痛苦)、癌性创面及各种急慢性创面的清洁和清创。清创的同时收集清创所产生的废液(污染物),降低由于飞溅引起交叉感染的风险,创造干净清洁的清创环境,为患者及医护人员的安全提供保障。一次性脉冲清创集污袋,可以避免在清创时液体飞溅而引起的交叉感染的风险,具有安全性、有效性、便捷性及经济性,能改善患者创面愈合环境,提高患者生活质量,且对于推动国内创面清洗及清创方式的发展具有深远的意义。最大优点是使用简单、方便、安全和有效,在换药室、病床旁、社区及患者家里都可进行。脉冲清创是非侵入性的清创方法,操作简单,对操作者无特殊要求,普通护士、护理员和家属都可操作,很适合社区和家庭的延伸护理。

封闭脉冲清创是一种全新的安全的脉冲冲洗系统,为难愈合性创面提供一种选择性的水动力机械清创方法。该系统可通过1.5~3 L生理盐水提供低压(8~15 Psi)冲洗。整个冲洗过程利用无接触、无负压吸引技术将疼痛感和不舒适感降到最低,因此患者的可接受性极高。该方法可实现:①利用水动力机械清除坏死组织;②利用水动力机械清除生物膜,无须使用抗生素;③每次清创可除去 90% 的细菌生物负荷,且不损伤创面正常组织;④对正常组织产生生物刺激,以提高创面愈合速率。

该系统可从以下几个方面降低治疗难愈合性创面的花费:①缩短愈合时间;②降低入院概率,缩短住院时间;③减少抗生素的使用;④减少使用其他昂贵清创疗法的需求。该方法可封闭控制雾化传播,因此可以在患者病床甚至是患者家里使用。传统清创方法有传播致病菌的潜在风险,而全封闭脉冲清创有效、经济、便捷,可创造干净、放心的救治环境。

【典型病例3.4】 脉冲清创用于下肢缺血手术切口裂开创面的清创

(1)简要病史 患者男性,63岁。65 d前在心外科行心脏搭桥手术,术中出现心搏骤停,抢救后恢复。术后创面愈合欠佳,胸前创面50 d前(术后15 d)出现手术切口开裂,下肢创面皮缘坏死,40 d前(术后25 d)左下肢大腿手术切口裂开,15 d前(术后50 d)左小腿处手术切口裂开,渗出不多,有腥臭味,一般细菌培养结果为铜绿假单胞菌。既往有糖尿病、冠状动脉粥样硬化性心脏病、高血压病、2型糖尿病、双下肢动脉硬化闭塞症。查体:胸前可见2个玉米粒大小创面裂开,左小腿可见长33 cm左右开裂创面,黑色坏死、少量渗液,左侧大腿可见一长13 cm左右手术切口裂开,黑色,少量渗液,伴有疼痛,左下肢肌肉萎缩、较右下肢细。患者血糖控制不良,轻度贫血,低蛋白,营养状况差。

(2)创面处理过程 胸前创面给予自溶性清创,创面肉芽组织新鲜后给予薄膜敷料拉合,在接诊10 d后创面愈合。下肢血供差,皮肤冰凉,创面疼痛明显,腐肉难以清理(图3.22)。接诊后跟患者和家属充分沟通后,尝试采用密闭式脉冲清创,同时创面使用银离子凝胶局部抗菌和自溶性清创。第2次换药打开敷料,创面可见红色肉芽组织,进行第2次脉冲清创,大腿和小腿2个创面分开处理。首先冲洗小腿创面,然后把集污袋上移、固定,冲洗大腿创面。脉冲清创后创面洁净,新生肉芽健康有活力(图3.23~图3.28)。每周换药2次,每次先用脉冲清创,配合蚕食法清创和自溶性清创,后创面边缘坏死组织逐渐松脱,给予清除,肉芽生长,创面缩小(图3.29)。接诊3周后大腿创面愈合(图3.30)。第7次脉冲冲洗后创面缩窄,创面近端可见上皮爬行,给予薄膜敷料拉合(图3.31)。创面近端缩窄,远端有薄层坏死组织,第8次脉冲清创后,薄膜拉合(图3.32)。创面近端大部分创面接近愈合,继续薄膜拉合(图3.33)。远端创面新鲜水胶体油纱保护,创面愈合顺利。

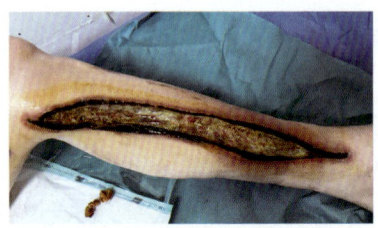

图3.22 创面边缘干性坏死、创面黄色腐肉

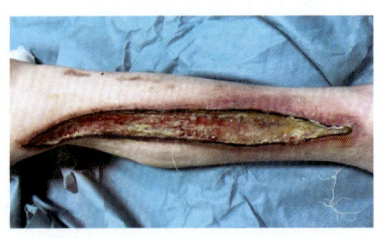

图3.23 第2次脉冲清创前

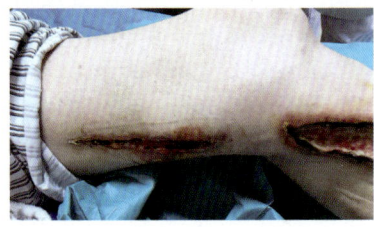

图3.24 第2次脉冲清创前大腿创面

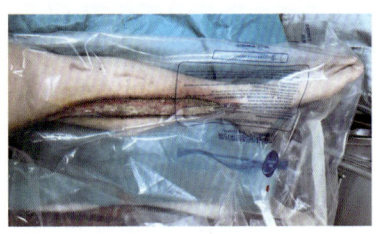

图3.25 粘贴集污袋

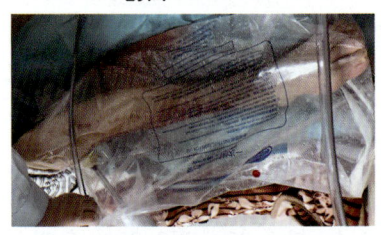

图3.26 小腿创面冲洗

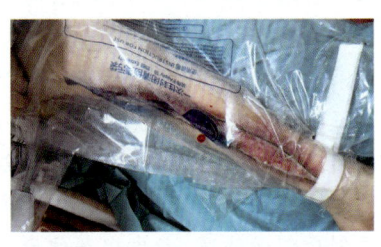

图3.27 集污袋上移冲洗大腿创面

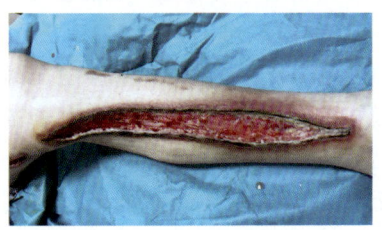

图3.28 第2次脉冲清创后

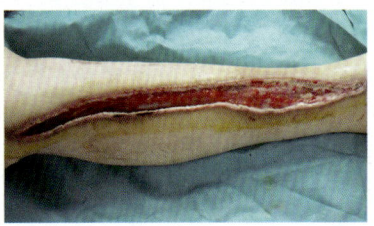

图3.29 第5次脉冲清创后边缘坏死松脱

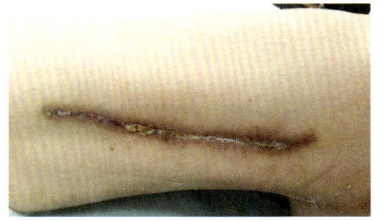

图 3.30　大腿创面愈合

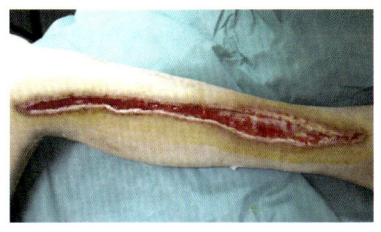

图 3.31　第 7 次脉冲清创后创面近端上皮爬行

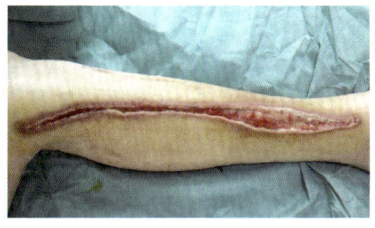

图 3.32　创面远端有薄层坏死组织,第 8 次脉冲清创

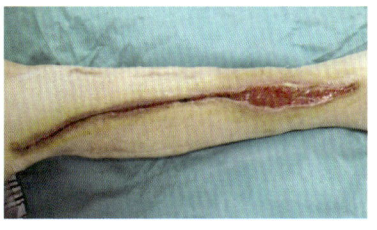

图 3.33　创面继续薄膜拉合

(3)经验总结　患者糖尿病、下肢动脉硬化闭塞症。血供差导致下肢创面局部缺血坏死。术后 25 d 大腿手术切口裂开,术后 50 d 小腿手术切口裂开。裂开创面均为黑色坏死组织。在门诊换药 40 d 没有改善,转诊过来的时候可见创面腐肉覆盖,铜绿假单胞菌感染,因为创面疼痛影响睡眠,患者和家属极度焦虑。经过充分沟通以后,尝试用了封闭式脉冲冲洗清创,冲洗过程中根据患者的耐受情况选择低挡压力冲洗,后逐渐提高到高挡压力。使用脉冲清创以后,创面洁净、腐肉清除、局部感染控制、肉芽生长,创面开始愈合。接诊 3 周后大腿创面愈合,接诊 4 周后小腿创面愈合。创面难愈的两个因素是感染和血供差。难愈合创面能够愈合在于感染的控制和创基微循环的改善。脉冲清创利用水动力机械清除坏死组织,不仅能有效清创控制感染,而且脉冲刺激还具有改善微循环的作用,对于血供差的创面有很好的治疗效果。整个冲洗过程利用密

闭式无接触、无负压吸引技术,将患者疼痛感和不舒适感降到最低,提高了患者生存质量,也有效保护了操作者。密闭式脉冲清创使用方便、简单、安全、有效,患者容易接受并配合治疗,这也是本案例成功的关键所在。

3.5.2.3 负压引流清创

引流与止血是外科的基本操作,传统的引流方法使用纱布引流条、橡胶引流片、烟卷引流管、橡胶引流管等进行引流,属于被动性的点状引流。封闭式负压引流变开放性创面为封闭性创面,并进行全方位持续的主动引流,是一种治疗急、慢性创面的新方法,有减少感染、改善创面微循环、促进肉芽组织生长、减轻组织水肿、洁净创面、加速坏死组织液化、清除液化坏死组织和各种毒性分解产物并促进肉芽组织生长,加速创面愈合的作用。负压创面治疗(NPWT)技术可分为负压封闭引流(VSD)和负压辅助闭合(VAC)两大技术。临床上应用简易负压引流,或者改良负压引流及缓慢滴注加负压吸引应用于复杂难愈合创面的辅助治疗,效果同样显著。作为医务人员需要有充分的知识和经验,选择对患者最合适的治疗策略,同时注重性价比,尤其是国内很多患者的经济条件较差,选择纱布或聚氨酯棉自制负压,是一种高性价比的方法。负压创面治疗技术介绍见表3.4。

表3.4 负压创面治疗技术

项目	负压辅助闭合(VAC)	负压封闭引流(VSD)
使用敷料	疏水性更高的聚氨酯	聚乙烯醇泡沫型合成,辅料内包埋的引流管口处布满密集的侧孔
压力设置	−26.67 ~ −6.67 kPa (−200 ~ −50 mmHg)	−80 ~ −60 kPa (−600 ~ −450 mmHg)
吸引方式	间歇低负压	持续高负压
适合创面类型	慢性创面愈合和软组织生长	大面积皮肤软组织撕脱伤和体腔引流

续表 3.4

项目	VAC 与 VSD
效果 PK	综述研究显示,VAC 技术能更有效、更迅速地促进糖尿病足创面愈合
常见问题	引流管堵塞、感染扩散
局限性	感染是 NPWT 治疗的禁忌证之一,需要频繁清创来保证创面床的清洁。而糖尿病足溃疡中感染的存在使 NPWT 的使用被局限;同时,NPWT 使用过程中,创面处于持续封闭状态,无法再对创面使用其他药物,基于上述两个方面的需求,创面灌注-负压治疗(negative pressure wound therapy with instillation,NPWTi)技术应运而生
发展史	20 世纪 80 年代,美国和德国同时开展了 NPWT 技术 20 世纪 90 年代,NPWT 技术被视为临床常规的慢性创面治疗手段 1998 年,Fleischmann 首次在杂志上发表了使用创面灌注-负压治疗(NPWTi)软组织及骨感染的报道,效果显著

(1)用纱布传导的简易负压引流　简易负压引流根据负压治疗原理,选用不同敷料(纱布、脂质水胶体油纱、泡沫敷料等)和负压方式(持续或间断),用中心负压作为负压源来提供负压。因为成本低廉,可以高频次地更换,再加上创造性及个体化的拓展应用,满足临床上大部分复杂创面的管理需求。

1)简易负压引流适应证:①可以用于清创期感染创面(费用低,当出现无效负压时候可以及时更换,甚至可以每日清创换药)。②适合于术后各种问题创面、糖尿病足湿性坏疽、压疮、慢性溃疡等创面类型(负压作用于创面能促进毛细血管增生,促进肉芽组织生长)。③管理大量渗出的创面,包括渗漏性创面(如淋巴液外漏、腹水外漏、肠瘘、尿液渗漏等)。④适用脓液存在于深部的感染性创面(如糖尿病足溃疡深部感染创面),糖尿病足深部感染仅仅依靠纱条引流存在很大困难,利用纱布的虹吸作用与中心负压持续负压吸引结合,变被动引流为主动引流,有效控制感染促进愈合。⑤适用范围广泛,减少临床护理工作量、提高患者舒适度、明显缩短病程。

2)简易负压引流的使用禁忌证:①活动性出血;②创面怀疑恶性组织;③坏死组织多、有焦痂、严重感染、骨髓炎;④血管及脏器暴露;⑤抗凝治疗或出血倾向时谨慎使用。

3)局限性:如果依赖中心负压源提供负压,只有住院患者才可以使用;同时会限制患者活动。

4)压力选择:-6.67 kPa(-50 mmHg)是有效治疗负压值。-16.67 kPa(-125 mmHg)是标准治疗压力。首次负压从低负压开始[低于$-13.33\sim-6.67$ kPa($-100\sim-50$ mmHg)],负压可以逐渐增加,不超过-26.67 kPa(-200 mmHg)。对于脏器外露(食管瘘、肠瘘、尿瘘)-4 kPa(-30 mmHg)能达到有效引流,不会损伤脏器。

5)吸引方式:持续吸引用于感染创面、大量渗出液创面和渗漏性创面。间断吸引用于没有感染、增生期及中量渗出液的创面。

6)换药频次:感染或清创期创面每日或隔日换药。增生期创面每周换药1~2次。

7)操作步骤:①准备必要的材料,包括纱布、生理盐水或抗菌剂、脂质水胶体油纱、引流管(一次性导尿管)、透明薄膜敷料、无菌手套等;负压收集瓶和管道,负压表,并连接中心负压,调整好压力。②清洁创面,清除创面表面的坏死组织、腐肉,对创面进行冲洗,用纱布轻轻吸干表面残留液体,使创面尽量干净。③创面周围皮肤用皮肤保护膜。④在创面上铺一层创面接触层敷料,选择网状的具有防粘连功能的接触层,保证引流通畅。⑤填充抗菌纱布(PHMB浸湿纱布)或生理盐水浸湿的纱布,铺满创面床,包括潜行(放入创面潜行窦道的最底部)。⑥放置引流管,可以根据创面尺寸,在引流管侧面剪多个侧孔,用纱布包裹后放置于创面表面。⑦覆盖第2层纱布。⑧用透明薄膜敷料封闭创面,皮肤脆弱者,贴膜前宜用皮肤保护膜或者水胶体敷料保护创面周围皮肤。注意引流管部的密封,引流管固定要高举平台。⑨连接创面引流管和负压装置,调整负压大小,初次$-13.33\sim-4.00$ kPa($-100\sim-30$ mmHg)。先调至高负压,如果能观察到敷料明显收缩,说明系统封闭良好;如果没有,则说明有漏气,检查并重新封闭,确认密封良好。⑩跟临床护士做好交班。密切监测,检查负压系统是否有漏气,记录引流液的性状和量,观察患者是否有感染迹象等。第一次更换的时间是 24~48 h,以后则根据患者情况而定,最长间隔 1 周更换。

8)评估创面,选择不同的负压方式:①简易负压辅助闭合(VAC)法,吸引管放在创面敷料的表面,负压通过敷料传递。用于开放的深部感染创面的引流,控制感染促进愈合(3、4 期压疮,糖尿病足溃疡深部组织感染,术后感染的开放性创面,渗漏性开放性创面等)。负压介质是湿纱布,用生理盐水纱布一端放入创面窦道最底部,另一端放入创面表面包裹有侧孔的一次性导尿管。如果有脏器外露,用无黏性敷料覆盖脏器表面保护。用于开放性增生期创面的时候,负压介质选用泡沫敷料(施乐会无粘贴泡沫最好用,背面剪几个孔,负压引流管放在泡沫外面)。如果选用湿纱布,创面表面首先覆盖脂质水胶体油纱保护新生肉芽组织。②简易负压封闭引流(VSD)法,适用于外口小,创面内有大量积液或者持续有液体产生的创面(如淋巴液渗漏、移植肾周围积液、肾移植术后从引流管刺口漏尿、心脏术后纵隔积液等)。把脂质水胶体油纱放入创面深部腔隙引流,外面包裹一次性导尿管,其侧孔放置创面浅部(肌肉脂肪层)持续吸引。操作特点是负压引流管放在创面内部,依靠脂质水胶体油纱传递压力,保护组织,同时避免引流管堵塞。③简易负压封闭引流加冲洗,适用于外口小,深部腔隙感染,坏死组织多的创面(如心脏术后纵隔感染、肾移植术后肾周围感染、消化道术后各种管状瘘,糖尿病足溃疡深部组织感染脓腔形成等)。自制双套管[把头皮针软管从一次性导尿管侧孔穿出,脂质水胶体油纱包裹后用弯钳协助把头皮针软管放入创面深部,包裹的导尿管放到创面浅部(肌肉脂肪层),用湿生理盐水纱布包裹创面外部管子,薄膜封闭]。头皮针连接输液器,用生理盐水持续滴注冲洗(30 滴/min),一次性导尿管连接负压装置,持续负压吸引。

【典型病例 3.5】 简易负压引流在 1 例糖尿病足深部组织感染的创面护理中的应用

患者男性,57 岁。因为糖尿病足感染,在当地换药半年余,创面无好转,2015 年 4 月 15 日前来就诊。既往诊断糖尿病、糖尿病周围神经病变、糖尿病血管病变。探查发现,感染窦道波及全足并互相贯通。在有效沟通的前提下,进行足底皮肤切开、扩创引流并配合简易负压引流治疗。创面分为前足部、中足和后足部上下两段,窦道交错复杂,为了保证有效引流,做了双负压,三通接头连接(图 3.34~图 3.36)。4 月 25 日在更换 2 次负压后,创面感染控制,创面肉芽组织新鲜,停用负压,患者出院门诊换药。深部坏死肌腱筋膜组织用蚕食法逐渐清除,用银油纱抗菌引流(图 3.37)。5 月 15 日交错贯通的窦道愈合、创面缩窄、创面新鲜,清洗后直接用薄膜敷料拉合(图 3.38),转回当地换药,随访 2 周后创面愈合。门诊复诊见创面愈合(图 3.39)。本案例成功点在于扩创后使用简易负压进行充分的主动引流,有效控制感染,同时促进肉芽生长,使得延续半年多的感染创面在 1 个月时间得到愈合,效果显著。

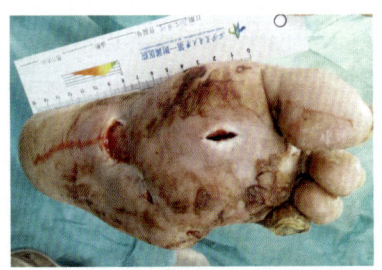

图 3.34 糖尿病足感染半年余

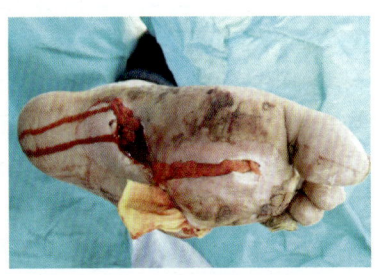

图 3.35 皮肤切开扩创引流

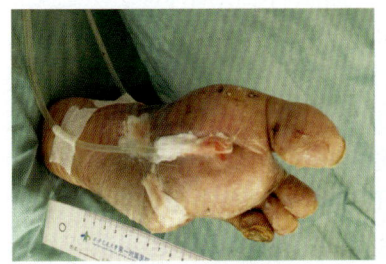

图 3.36 双负压引流

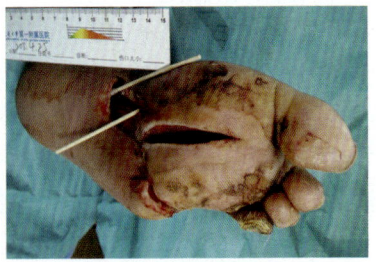

图 3.37 创面新鲜

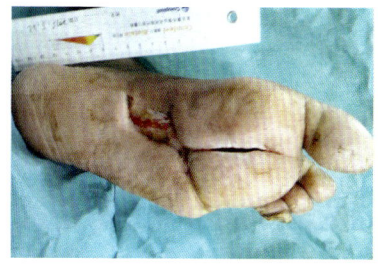
图 3.38 创面缩窄、窦道闭合

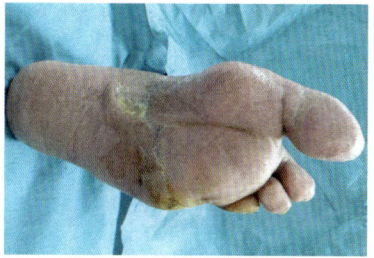
图 3.39 愈合后复诊

【典型病例 3.6】 简易负压引流用于 1 例小肠吻合口瘘腹腔感染创面的护理

患者女性,56 岁。因绞窄性肠梗阻,行小肠部分切除,回肠外置术。术后第 3 天感觉创面疼痛,逐渐加剧。术后第 10 天,创面下端有大量黄褐色脓液流出,诊断为腹腔感染。接诊后探查左侧潜行有 10 cm,棉球擦出黄色肠液,判断有小肠吻合口瘘(图 3.40)。自制冲洗及负压双套管,脂质水胶体油纱包绕引流管侧孔(图 3.41、图 3.42)。用于冲洗的头皮针软管放入切口深部腔隙(感染脓腔),用于吸引的引流管放入切口浅部(肌肉脂肪层),引流管露出皮肤的侧孔用盐水纱布包裹,外贴薄膜封闭。生理盐水 30 滴/min 持续滴注冲洗,−10.00 ~ −6.67 kPa(−75 ~ −50 mmHg)低负压持续吸引切口(图 3.43、图 3.44)。第 2 次换药时候腹部切口愈合,拆除切口缝线。棉球擦洗切口下端潜行未发现肠液,小肠吻合口瘘愈合。负压持续 10 d,共更换 3 次后潜行变浅缩窄成窦道,停用负压。患者出院门诊换药,10 d 后腹部切口愈合(图 3.45)。从接诊到愈合 20 d。本病例成功点在于深部脓腔持续冲洗和浅部负压主动引流结合,有效控制感染,切口快速愈合。

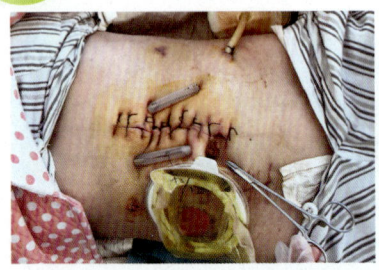

图 3.40　切口下端大量黄褐色脓液流出

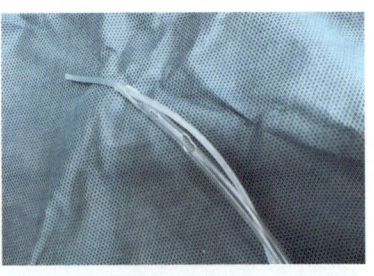

图 3.41　自制冲洗及负压双套管

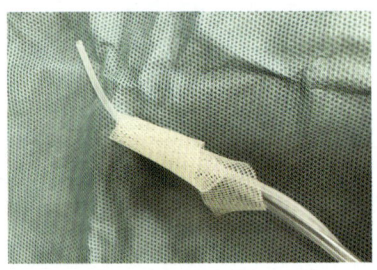

图 3.42　脂质水胶体油纱包绕引流管侧孔

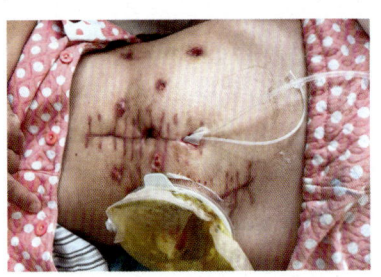

图 3.43　头皮针软管放入深部腔隙，引流管放入切口浅部

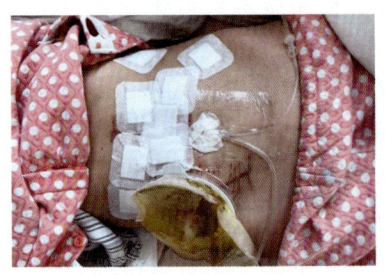

图 3.44　薄膜封闭、持续冲洗、负压引流

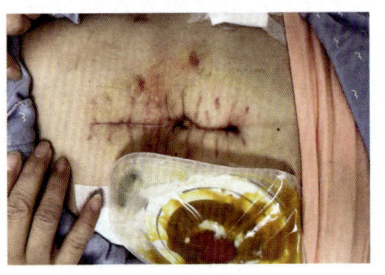

图 3.45　切口愈合

（2）用聚氨酯海绵传导的改良负压引流

1）准备必要的材料：包括聚氨酯海绵、生理盐水、75％乙醇、脂质水胶体油纱、引流管（胃管/吸氧管）、冲洗管（头皮针软管或输液延长管）、连接管、透明薄膜敷料、无菌手套等。负压装置包括负压

收集瓶、负压表,连接中心负压,调整好压力。

2)清洁创面:①清除创面表面的坏死组织、腐肉,对创面床进行冲洗,用纱布轻轻吸干表面残留液体,使创面床尽量干净。②创面周围皮肤用75%乙醇消毒,便于贴膜。创面周围皮肤如有浸渍或者皮肤破损,可使用造口护肤粉和皮肤保护膜来保护周围皮肤。

3)负压材料准备:①根据创面形状剪裁聚氨酯棉。②按创面的大小和形状设计修剪带有多个侧孔的引流管,修剪侧孔时注意孔径大小均匀,管道两侧的侧孔错位修剪。③按创面的大小和形状将引流管放入聚氨酯棉内,确认引流管的端孔和所有侧孔被聚氨酯棉包裹。遇到大面积的创面时管道可以设计成"U"形放置,同时在聚氨酯棉内放入冲洗管道。负压管道可选用吸氧管、胃管。冲洗管选用头皮针软管或者输液延长管。

4)负压材料在创面处的放置:在创面床上肉芽新鲜的地方放置脂质水胶体油纱(以保护肉芽组织),然后放置准备好的负压材料。感染创面可以在创面床上放置含银敷料(SSD)后再放置带有引流管的聚氨酯棉。

5)封闭和固定:用透明薄膜敷料封闭创面,负压管和冲洗管摆放方向要根据实际部位而定。在管道出口处注意系膜的技巧(高举平台法),距离出管处5~10 cm处用胶布或者透明薄膜敷料进行管道的二次固定,并定期更换负压管的方向,避免管道造成的皮肤压伤。

6)连接中心负压或者负压泵:缓慢调节负压值至所需要的大小,如果能观察到聚氨酯棉迅速塌陷,说明系统封闭良好;如果没有,则说明有漏气部位,听声音找到漏气部位并进行密封,密切观察,检查负压系统是否有漏气,记录引流液的性状和量,观察患者是否有感染迹象等,负压更换频率根据患者及创面情况而定,一般为48~72 h一次。和临床护士做好交接。

【典型病例3.7】 改良负压引流用于1例腰椎骨折术后切口感染合并压力性损伤创面的护理

(1)简要病史 患者女性,50岁,因腰椎骨折于2017年11月3日行腰椎手术,术后并发下肢深静脉血栓、切口感染、压力性损伤,于11月21日(术后第18天)转院普通外科,转入当天即行下肢静脉造影及滤器植入术。接诊当天,切口上段已愈合,下段感染裂开合并压力性损伤,创面大量褐色脓性渗出、恶臭。细菌培养:大肠埃希菌、摩氏摩根菌,给予敏感抗生素抗感染治疗。

(2) 局部创面处理过程　11月22日初次处理,创面基底为50%黑色组织、50%黄色组织,有大量脓性渗液,味臭,用乙醇消毒周边皮肤,过氧化氢、生理盐水冲洗创面,聚氨酯棉+胃管+冲洗管("U"形置管),负压值-26.67(-200 mmHg),生理盐水20~50 ml每日2~3次,间断冲洗,引流液混浊、稠厚。拟2~3 d换药1次(图3.46、图3.47)。11月24日,行第2次负压引流治疗,黑痂逐渐软化,创面坏死组织松脱很容易分离,基底部探查碰触到骨,12~2点方向潜行约3 cm,负压引流处理方法同第一次,"U"形置管+冲洗管(图3.48、图3.49)。12月6日,行第3次负压引流后,此时创面红色组织达到75%,创面变浅至1 cm,2点方向深度变浅为2 cm,暴露骨表面开始有肉芽生长,右下方创面边缘可见上皮爬行(图3.50)。12月18日,第5次负压引流后,创面新鲜(图3.51)。12月21日行臀大肌肌皮瓣转移术,术后缝合缘放置6个橡皮片引流条。为了促进引流,沿缝合缘设计负压棉形状,置双管,引流管剪多个侧孔穿入棉中,放置创面上,自制三通管连接,便于调整压力(图3.52~图3.54)。3 d后拔除引流条,更换敷料,持续负压引流3 d后停用负压。14 d创面愈合(图3.55)。

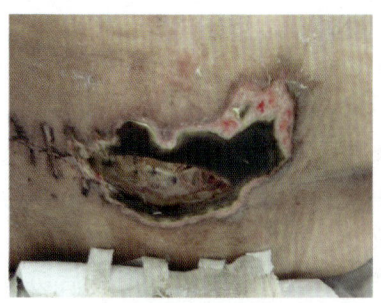

图3.46　腰椎术后下端手术切口裂开、皮肤坏死、创面黄色腐肉

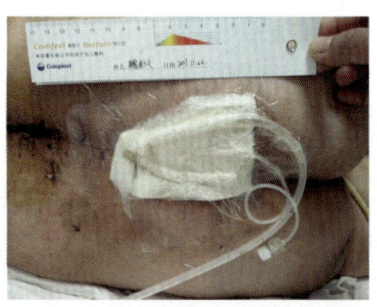

图3.47　蚕食法清创后首次负压引流

创面感染管理

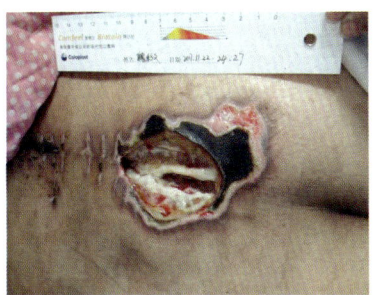

图3.48　创面红色肉芽生长

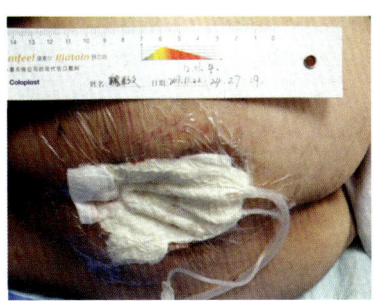

图3.49　蚕食法清创后第2次负压引流

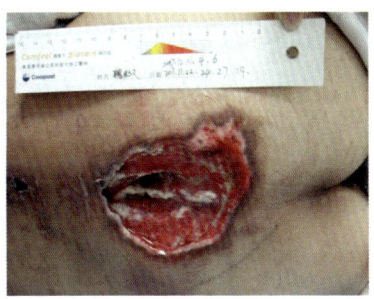

图3.50　第3次负压引流后创面转红

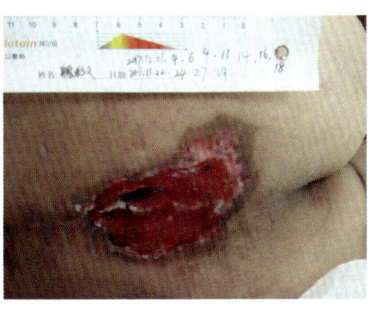

图3.51　第5次负压引流后创面新鲜

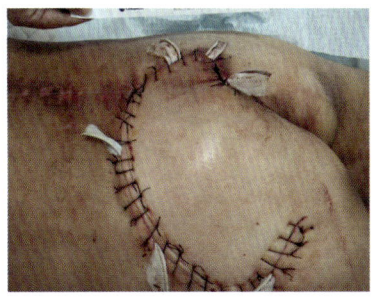

图3.52　皮瓣转移术后,皮片引流

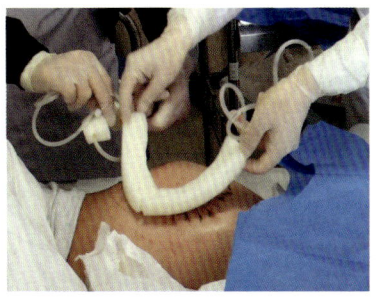

图3.53　皮瓣转移术后,负压制作中

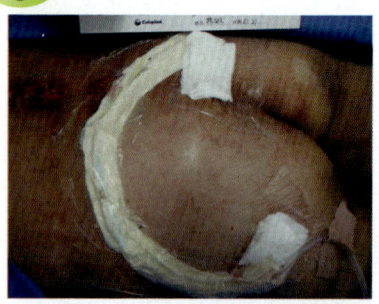

图3.54 皮瓣转移术后持续负压引流

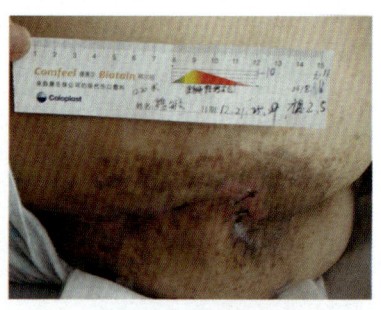

图3.55 创面愈合

(3)健康教育　患者因活动限制,上卫生间不方便,对病情不了解,情绪低落等原因导致食欲低下,精神不佳,健康教育从饮食、运动及心理指导等方面进行。本案例主要还是通过让患者了解病情,跟患者分享创面好转的图片,给其信心。医护人员的体贴关怀加上家属的支持等让患者情绪稳定,配合治疗。

(4)经验总结　接诊后采用改良式负压引流,配合蚕食法清创,经过5次负压引流,创面新鲜,转接给医生皮瓣转移手术,术后继续应用改良负压引流促进创面恢复。负压聚氨酯棉的剪裁、引流管、冲洗管植入方向,负压大小均应根据创面情况及时调整。整个创面护理过程中与医师、药师、主管护士共同商讨整个治疗计划,做到运动、营养支持、创面护理同步进行,医护合作促进创面最快的愈合。

3.5.2.4　自溶性清创

自溶性清创是机体利用创面渗液内的有效成分,包括各种内源性的酶、炎症细胞、生长因子、巨噬细胞等将坏死组织降解消除,通过使用创面敷料保持创面适度湿润来加强这一过程。使用的敷料可以分为主动增湿(可以主动向坏死组织提供水分)和吸收保湿(通过保持吸收的创面渗液来维持湿度),两种敷料都可以协助和增强自溶性清创的过程。水胶体和水凝胶由于本身含有一定的水分,可以向坏死组织提供水分加强自溶性清创,适用于渗液少的干燥创面。水凝胶敷料不仅可以用于清创,而且可以在清创后用于肉芽期,促进肉芽生长和保持创面床清洁。水凝胶在临床中的使用误区是在潮湿的创面也用,因为湿度过大而造成创面周围皮肤的浸渍。吸收保湿敷料有藻酸盐敷料、纤维素敷料和泡沫敷料,可以吸收过多的渗液避免创面周围皮肤发生浸渍。一些泡沫敷料具有特殊结构,即便在使用压力治疗时也可以很好地锁定渗液,但有些产品则无法在压力治疗下很好地锁定渗液。吸收性敷料会使创面变干,坏死组织更难去除,故不可以用于干燥创面。

自溶性清创的侵害性最小,对组织灌注充分的患者来说是无痛的,对于无法忍受激烈清创方法的患者可以选用此方法,例如年老体弱、卧床、患慢性病或终末期患者等。应用时注意:①起效较慢,可能比其他的清创方法耗时更长。②依赖于创面基底部足够的循环和营养而发挥作用,下肢缺血性溃疡由于血供有限,自溶性清创并不适合。③不应用于深部腔洞创面,也不能用于糖尿病足的坏疽或坏死的肌腱。④对于坏死组织较多的复杂创面或急性创面等需要用锐器或外科手术清创的创面不宜采用。⑤禁用于感染创面,容易发生或者加重感染,应对"创面气味""渗出增加或创面增大""创面周围红斑""水肿""温暖"或"疼痛加剧"等创面感染征象进行监测,一旦出现这些征象,应停止自溶性清创。⑥创面若存在较重的细菌负荷,组织会易于崩解,形成腐肉。可以通过降低细菌负荷来减少腐肉和促进健康肉芽生长,使用抗菌敷料例如蜂蜜、银敷料或PHMB凝胶、抗菌肽凝胶等更为安全稳妥。⑦自溶性清创的过程可以增加渗液,有可能危害创面周边皮肤,因此可以适当提高敷料更换的频率,并且使用适当的保护性产品例如皮肤保护膜或含锌软膏保护创面周围皮肤。

3.5.2.5 酶清创

酶清创依靠外源性的酶制剂使坏死组织液化,将创面中的失活组织降解去除,是一种选择性的清创方法,但是相比锐器清创费时较长。3种常用的外源性的酶包括蛋白酶、纤溶酶和胶原酶。针对特定创面选择溶解坏死组织的酶时,所依据的是经验和手中所有的产品,所能参考的相关研究的临床证据较少。多用于不能锐器清创或者非常疼痛的创面,可以与锐器清创配合使用,尤其适用于老年患者或接受长期照护的患者。该方法不可用于有深部组织暴露的创面、面部烧伤或其他任何需要快速清创的创面,不可用于正在接受自溶性清创的创面。

酶制剂的使用要遵照厂家使用说明,使用时需要把握时机,避免过度清创而破坏周围组织。焦痂区域在用酶清创之前需要在焦痂上交叉画线,以便帮助酶渗入深部。因为大部分酶在湿润环境下活性最佳,创面在应用酶制剂后,应予以覆盖。酶学清创过程中须密切关注是否有感染的迹象和症状出现,必要时给予预防性抗菌治疗。有些酶制剂不可与银离子敷料或碘制剂联合使用,否则酶的活力会丧失或下降。

3.5.2.6 生物清创

生物清创已经被证实是一种快速、高效和安全的清创方法。生物(蛆虫)清创机制被认为与蛆虫分泌的酶有关。这些物质属于蛋白酶,可以降解坏死组织。蛆虫也消化细菌,还能刺激肉芽组织增生来促进创面愈合。使用的方法是取用无菌环境下培育的蛆虫(丝光绿蝇的幼虫)置于特制的敷料或袋内,放置于创面上,限制蛆虫的活动范围,但要注意保持透气。蛆虫唾液内的酶可以分解坏死组织和致病微生物然后吞食,只会去除坏死组织,健康组织得以保留。

随着人口老龄化,慢性病(如糖尿病和肥胖等)和伴发疾病增加了麻醉的风险,同时很多高龄疾病终末期的患者拒绝接受外科手术清创,选择生物清创可以有效去除坏死组织,且不会让患者面对麻醉的风险。蛆虫几乎能用于所有创面,但患者心理抵触、出血异常及深的管道型创面不宜使用。

3.6 创面的抗菌治疗

创面抗菌治疗包括局部抗菌治疗和全身抗感染治疗。通常污染创面不使用,高生物负荷创面局部抗菌,感染性创面全身抗感染加局部抗菌。

3.6.1 局部抗菌治疗

抗菌剂具有广谱和窄谱,可作用于创面中常见的革兰氏阳性菌、革兰氏阴性菌,需氧、厌氧、浮游和固着细菌,真菌和芽孢。局部制剂在感染的治疗中非常有用,因为其可以在感染局部维持高浓度的抗菌剂,但全身吸收或毒性反应却非常有限。当创面生物负荷开始影响创面愈合或发生不良事件的风险增加时,应该考虑使用局部抗菌剂。局部抗菌剂的选择应该根据患者的需要,综合考虑其作用机制、敷料管理渗液能力、疼痛或异味等。在每次换药时均应对抗菌剂效果进行监测,且在应用2周时进行评估。局部抗菌剂包括消毒剂和抗生素两种。消毒剂是非选择性杀菌药剂,通常局部应用,细胞培养显示存在细胞毒性,未观察到耐药性,可能会引发皮肤刺激和皮炎。抗生素是自然或人工合成的能够杀死或抑制微生物的化学物质。抗生素通常作用于特定的细胞靶点,能够用于应对特定的病原菌。局部应用抗生素可能引发接触性皮炎,增强细菌的耐药性,局部使用应掌握好适应证。

3.6.1.1 局部消毒(抗菌)剂

抗菌剂在控制创面床生物负荷中扮演重要角色。局部抗菌剂的应用可以减少抗生素的使用和降低抗生素耐药的发生率。选择局部抗菌剂考虑的因素包括特异性、功效、细胞毒性及致敏性。使用抗菌敷料同时考虑敷料的吸水性、舒适性、持续抗菌活性、使用时长、湿性愈合环境、气味及疼痛的管理等。常用的局部消毒抗菌剂包括碘、银、蜂蜜、PHMB。百普瑞和抗菌肽凝胶是国内使用比较普遍的局部抗菌剂,百普瑞的主要成分是溶菌酶、溶葡萄球菌酶和醋酸氯己定,抗菌同时还有酶清创的作用。抗菌肽凝胶是一种从生物中提取的活性抗菌敷料,特点是使用安全,抗菌谱广,有自溶性清创和减少瘢痕形成的作用。

(1)**碘制剂** 碘的抗菌作用与其穿透细胞壁的能力有关。能辅助中性粒细胞对微生物的氧化杀伤,对革兰氏阴性菌、革兰氏阳性菌、分枝杆菌、真菌、病毒有疗效。碘在创面的脓液和渗出液中的活性降低。碘的产品形态有速溶型(如聚维酮碘溶液、安尔碘等),也有缓释制剂(如聚乙二醇网状结构所载的缓释聚维酮碘、卡地姆淀粉结构所载的缓释分子碘),缓释碘制剂具有低致敏、低细胞毒性和持续的抗菌作用。

对碘过敏、新生儿和半岁前婴儿、孕妇和正在哺乳的妇女、有严重肾脏疾病的患者不可使用。为了避免毒性或可能的与甲状腺相关并发症的风险,在儿童、大面积烧伤患者和需要长期治疗的大面积开放创面中谨慎使用。在使用放射碘诊断检查之前和之后均应避免使用含碘敷料。

(2) **蜂蜜** 蜂蜜不仅可以提供湿性愈合环境,而且具有抗菌、除异味、抗炎、抗氧化和清创的作用,不适合锐器和外科清创的创面可以选择。蜂蜜的酸性能预防多种细菌生长,并能有效对抗多重耐药菌,降低创面 pH 值,促进创面收缩。蜂蜜的氧合作用可以增加创面氧气,促进创面愈合。其高渗作用可将皮下组织的淋巴液吸引至创面表面,有助于清除坏死组织。蜂蜜可以通过创造湿性环境来辅助自溶性清创,也有报道说蜂蜜中的糖分参与了蛋白酶的激活,因此可以辅助清创过程。另一个促进自溶性清创的机制是蜂蜜引起酶的反应激活了纤溶酶原,然后把坏死组织黏附在创面床上的血栓分解。蜂蜜的高渗性、湿性环境和酸性环境,使其在辅助创面清洁和自溶性清创方面效果较佳。蜂蜜的多重作用机制同时解决创面的多种问题,而促进创面愈合。

作为抗菌药剂的替代品,蜂蜜被认为是一种安全和简单易用的治疗选择。临床使用时需要注意:①医用蜂蜜不可用于已知对蜂蜜过敏的患者。②尽管有人对于在糖尿病患者使用蜂蜜产品存有疑虑,但是没有证据显示使用后患者血糖会升高,建议使用期间还是要对血糖进行监测。③有些患者主诉有短暂的疼痛加重,是由蜂蜜的高渗作用和(或)低 pH 值引起的。如果疼痛持续存在就停止使用,并用无菌生理盐水轻柔冲洗创面。④蜂蜜没有毒性,可以使用 2 周以上。⑤使用期间须定期评估治疗效果,如果治疗 2 周后仍没有改善,应该考虑更换治疗方法。当治疗目标达到后,应停止使用。

(3) 聚六亚甲基双胍盐酸盐(PHMB) 又名聚盐酸己双胍,是一种常用消毒剂。有多种产品形式,包括创面护理敷料、隐形眼镜清洁液、围手术期清洁产品和游泳池清洁剂。PHMB 对浮游细菌和生物膜均有效,当创面/皮肤 pH 值为 5~6 时,PHMB 活性最高。PHMB 导致细胞质中钾离子和其他溶解离子的流失,从而导致细胞死亡。一旦进入细胞,有证据表明 PHMB 与 DNA 和其他核酸结合,显示其有可能导致细菌 DNA 损坏与灭活。普朗特液体和凝胶敷料的主要成分是 PHMB(抗菌剂)和甜菜碱(表面活性剂),低敏、无刺激,无细胞毒性,没有证据显示其有耐药性。可以用于感染风险较高的创面,去除碎屑和污染物,广谱抗菌并对创面局部生物膜的清除十分有效。液体敷料浸湿的纱布敷于创面 15 min 左右,起到清洁抗菌抵抗创面生物膜作用。凝胶制剂长效杀菌并有自溶性清创的作用。

(4) 银 银有固体元素,有银盐溶液,有银-抗生素化合物的乳膏和软膏。银杀菌的作用机制:①银离子与细胞壁结合,从而阻断细胞内外的运输。②银离子与 DNA 相互作用并抑制细胞分裂,阻止菌落形成。③银离子阻断细菌呼吸系统,破坏能量生成,最终导致细胞渗漏,细胞膜破裂。④除杀菌作用外,银还具有抗炎作用,并能促进血管形成,促进创面愈合。⑤银离子与抗生素有协同效应,银可以增强药物的抗菌活性,阻止生物膜形成。

近年来银被整合到各种类型的敷料中(如油纱、泡沫、藻酸盐、水胶体等),银敷料适用于:①降低感染创面或愈合迟缓的创面中的生物负荷。②用于具有高感染风险的创面,作为抗菌屏障来预防感染的发生。

在选择银敷料时应注意:①市场上的银敷料种类繁多,结构和特性可能差异很大,使用时务必要先了解其结构和特性。②了解银敷料的性价比和安全性。使用银敷料 2 周后,应对创面、患者和护理方法再次评估。如果创面有所改善,感染迹象持续,可以继续使用并定期评估,使用时间应限制在 4 周内。如果创面有改善,无感染迹象,可以停止使用银敷料。如果创面没有改善,停止使用银敷料,选择另一种抗菌剂或全身用药。

以下情况不宜使用银敷料:①感染风险低的外科创面。②怀孕或哺乳期妇女。③对银或金属敏感或过敏的患者。④正在用酶清创制剂进行治疗的创面。⑤没有任何局部或全身感染迹象和症状的创面。⑥愈合进展符合预期的慢性创面。⑦正在接受或曾经接受过放射治疗的部位或附近组织。⑧不太可能发生感染的小的急性创面。⑨存在腐肉或坏死组织的创面(银只有在有渗液的活性组织中才能发挥作用)。

3.6.1.2　局部抗生素

局部抗生素可有效地减少创面细菌负荷,但这些药物对某些患者可能产生不良反应。一般采用有限的,具有广谱抗菌作用的经验性抗生素,来治疗慢性创面的感染。临床常用局部抗生素有甲硝唑、多黏菌素复合剂、庆大霉素等。应该小心避免常规或长时间治疗。甲硝唑是一种抗生素,可以杀灭需氧菌和厌氧菌。甲硝唑凝胶对于革兰氏阳性和革兰氏阴性细菌具有高度活性,可用于厌氧菌感染的治疗。2%莫匹罗星(百多邦)是一种局部抗菌剂,由于以往频繁地使用导致了耐药细菌的增加,但其仍然对一些MRSA菌株有效,因此建议仅在当药敏试验显示MRSA存在时使用。对于扩散性或全身性感染进行全身抗生素治疗时,局部不应同时使用该抗生素。

3.6.1.3　中草药制剂

如四季青、毛冬青、黄连、黄柏等。传统中医药博大精深,针对细菌耐药特性,开发安全中药消毒剂和抗菌剂或许是一个方向。

3.6.2　全身抗菌治疗

全身抗生素选择和应用:①确认病原体对所用的抗生素敏感;②患者可能过敏,与当前用药发生潜在相互作用、存在合并症或并发症;③参照治疗特殊创面感染的相关指南(如糖尿病足);④感染严重程度(如扩散程度和全身症状),有无合并症或并发症(如中性粒细胞减少症、肾功能衰竭、细胞免疫缺陷症等);⑤抗生素的可用性、成本和安全性;⑥警惕耐药性。

全身使用抗生素的疗程:①软组织感染和浅表脓肿 5~7 d,尽可能在获得创面药敏试验结果后再使用,浅表感染通常使用一种抗生素,复杂创面可能需要多种抗生素;②骨骼感染抗生素使用时间目前没有确凿证据,存在坏死的骨头,使用 8~12 周;③如感染坏死骨头完全去除,使用 4~5 d;④如骨皮质炎,但在磁共振成像(magnetic resonance imaging,MRI)上未观察到骨骼感染扩散,则使用 4 周足够。

3.6.3 警惕恶性创面

当对急性创面的抗生素治疗开始 48~72 h 后,如果感染表现没有减轻,应进行拭子培养对创面菌群和敏感性再次评估。如果创面在开始治疗后 4~6 周仍没有愈合,此时应行进一步检查。慢性创面可能会恶性变,恶性创面有时会呈现为慢性创面(大约 3% 的恶性病变"伪装"成了慢性创面)。如果一个患者的溃疡在很短时间内形成,应考虑原发恶性病变的可能。此类恶性病变的典型例子是基底细胞瘤,典型的外观为"侵蚀性溃疡",珍珠光泽的抬高边缘和中心萎缩或溃疡。据估计大约 2% 的慢性创面会出现恶性变。最常与烧伤创面关联,也被报道出现于各种其他类型的慢性难愈创面,例如下肢溃疡。慢性溃疡通常存在超过 6 个月,但也可能已经存在数十年,缓慢地出现恶性转变。最常出现的恶性病变是鳞状细胞癌,是一种上皮细胞来源的缓慢生长的癌症。如果怀疑存在恶性病变,应进行创面组织活检;尤其是当创面存在超过 3 个月或发展迅速或对治疗没有反应,或治疗后创面扩大。如果怀疑恶变,活检部位应取创面边缘,必须包含创面床组织和周围未受损的皮肤。

【典型病例 3.8】 伪装成感染创面的恶性创面

患者男性,42 岁,2007 年 5 月 17 日首次就诊,自诉头顶疖肿破溃,在外院换药 1 年余不愈合,溃烂范围逐渐增大(图 3.56)。接诊后选择藻酸盐银敷料局部抗菌促进愈合,创面肉芽组织逐渐新鲜,无明显感染,创面持续扩大。5月26日换药发现创面周围皮肤也有破损,建议做创面活检(图3.57)。活检结果是鳞状上皮癌。建议去肿瘤科就诊进行治疗,患者流失。10月19日再次前来换药,创面扩大,肿瘤侵蚀颅骨,只能局部冲洗,用雷夫奴尔纱布湿敷后棉垫覆盖绷带包扎(图3.58)。11月3日患者最后一次前来换药,肿瘤从颅骨内长出(图3.59),同时患者因为全身衰竭行走困难。

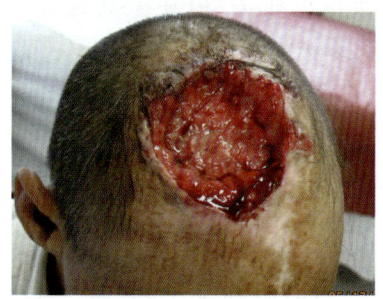

图3.56　头顶部溃疡

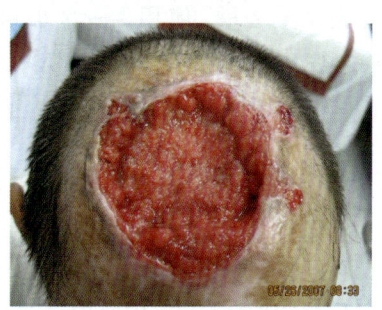

图3.57　创面新鲜、创面扩大

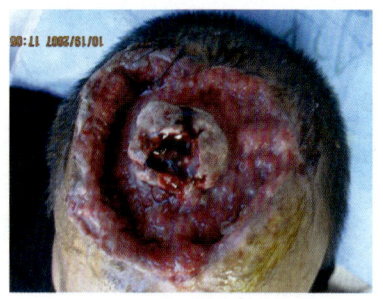

图3.58　肿瘤侵蚀颅骨

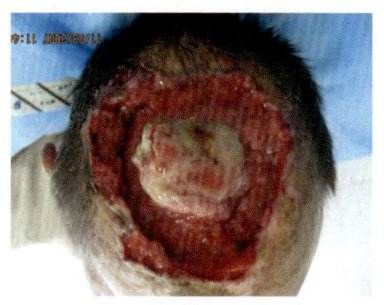

图3.59　肿瘤从颅骨内长出

3.7　创面感染的整体管理

创面感染的风险因素有创面因素、个体因素和环境因素。有效的创面管理需要对个体、创面及创面治疗环境进行整体评估,以优化宿主防御系统对感染的反应。很多创面患者存在多种基础疾病，在进行创面及感染的治疗时常需要多学科团队的合作。

3.7.1 创面感染的风险因素

（1）**创面因素** 见表3.5。

表3.5 创面因素

急性创面	慢性创面	急/慢性创面
污染或脏的创面	创面病程（时间长短）	异物（如引流条、缝线）
未得到及时治疗的创伤	创面面积大	血肿
创面发生前已存在感染或败血症	创面较深	创面床坏死组织
胃肠道溢出物	位于易污染区（如会阴部或骶尾部）	组织灌注不良
超过4 h的穿通伤		渗出或湿度增加
备皮（方法）不当		
手术因素（如时间长、低温、输血）		

（2）**个体因素** 个体因素包括：①糖尿病控制不佳；②外科手术；③放射治疗（简称放疗）或化学药物治疗（简称化疗）；④可能导致低氧和（或）组织灌注不良的疾病（如贫血、心脏或呼吸系统疾病、动脉或静脉血管疾病、肾功能受损、风湿性关节炎、休克）；⑤免疫系统疾病（如获得性免疫缺陷综合征、恶性肿瘤）；⑥不合理的预防性使用抗生素，尤其在急性创面治疗中；⑦营养不良；⑧酗酒、抽烟和滥用毒品。

（3）**环境因素** 环境因素包括：①住院（暴露于耐药微生物的风险增加）；②手部卫生和无菌操作不达标；③不清洁环境（如尘土、不洁表面、卫生间发霉）；④湿度、渗液和水肿管理不佳；⑤减压

(off-loading)不充分;⑥反复创伤(如不合理的敷料更换技术)。

3.7.2 创面感染的有效管理

创面感染的有效管理包括优化宿主反应、降低创面床微生物负荷、改善愈合环境和一般措施(表3.6)。优化宿主反应的措施可以增强个体对感染的抵抗力(例如优化血糖控制、使用改善风湿性关节炎症状的药物等)。局部的湿度管理、减压和水肿控制被认为是最大化改善创面愈合环境和减少生物膜的干预措施。为了防止进一步的污染和交叉感染,在创面治疗中严格执行无菌非接触技术非常重要。在相关临床操作(如换药)中执行无菌技术可以降低个体暴露于病原微生物的风险从而保护患者,同时也能减少交叉感染的风险。

表3.6 创面感染的有效管理

优化宿主反应	降低创面床微生物负荷	改善愈合环境和一般措施
优化合并症和并发症的管理,如糖尿病、组织灌注/供氧	通过执行一般预防措施和无菌技术防止交叉感染	在洁净环境中进行创面治疗操作
降低或消除感染发生的风险因素	改善创面引流	无菌技术的选择须基于对患者、创面和环境的风险评估
优化营养状况	确保创面周围清洁和保护	妥善储存耗材和器械
评估和管理其他解剖部位感染,如泌尿和呼吸系统	管理创面渗液	对患者和照护人员进行教育

续表 3.6

优化宿主反应	降低创面床微生物负荷	改善愈合环境和一般措施
治疗全身症状,例如疼痛、发热	优化创面床: -去除坏死组织、分泌物、异物、创面敷料残留物 -清创以破坏生物膜 -每次换药时清洗创面	定期检视机构管理制度和流程
提供心理社会支持	选择恰当的敷料管理渗液,可以考虑使用抗菌敷料	
给予合理的全身抗生素治疗	如果有必要,考虑短时间使用局部抗菌剂(如<2 周)	
确保患者参与到个性化管理计划的制订中		
由多学科创面管理团队向患者和照护团队提供培训教育		

3.8 创面护理环节的感染管理

精确估计创面感染的发生率很困难,手术切口感染因手术部位的不同而有巨大差异,最近的研究估计10%~12%的术后切口会发生临床感染。撕裂伤的感染发生率大约在5%,急性创面出现生物膜的比例约6%,所有的慢性创面表面存在细菌和生物膜。鉴于细菌耐药性的显著增加,院内创面感染已经引起广泛的关注。创面专科护士在创面管理中遵循感染控制流程是防止感染扩散的一线策略。

3.8.1 洗手

液体乙醇搓手,抗菌洗手液或肥皂和水可以用于洗手。当手部有肉眼污物的,使用肥皂和水洗手。在接触患者的前后均应洗手,不管是否戴手套,用力搓手至少 15~30 s。洗手过程应该充分并具有一定"强度"。医院提供可被医务人员接受的产品(例如高质量、低致敏的洗手液)有利于大家养成良好的洗手习惯。

3.8.2　手套和个人防护器械

　　手套是防止污染和交叉感染所必需的医疗用品。文献指出,戴手套的主要目的是防止患者和医务人员相互间的污染,或同一患者不同部位的交叉感染。当存在与体液或不完整皮肤接触风险、更换使用敷料和侵入性操作时建议使用手套。

　　手套的使用并不能替代常规洗手。操作之后须立即脱掉手套。外科无菌非接触技术、手术和侵入性无菌操作须使用无菌手套,非无菌操作和标准无菌非接触技术须使用清洁手套。无菌操作须使用无菌手套(无菌操作指侵入性操作、外科手术、无菌技术、无菌非接触技术、无菌药物输送),而换药、清洁操作和不需要直接接触关键部位的操作等使用清洁手套即可。穿戴适当的个人防护用品可以帮助降低由于暴露于体液(如血液飞溅)或空气传播污染等造成的交叉感染风险。

3.8.3　创面管理的环境

　　环境管理包括良好的通风和水供应、关窗(以减少空气传播的感染源)、减少走动、关闭风扇、缩短创面暴露时间及合理处理废物等。创面管理区域可以设在环境污染风险小的清洁环境。一旦设立,应避免外部污染物体的侵入。强调在清洁表面建立无菌操作区域的重要性。建立无菌区域的措施包括使用洁净的敷料车或用广谱消毒剂清洁表面。实践中可以设立严格的无菌区,即只允许无菌器材进入,例如做侵入性手术时;或一般无菌区,仅有关键部位被保护,如简单创面换药操作时。

3.8.4 创面管理的技术

创面管理技术分为无菌(外科无菌非接触技术)和清洁(标准无菌非接触技术)。严格的无菌操作对于慢性创面来说是不适宜的。低风险患者进行的简单的创面管理操作,可以使用非无菌但必须是清洁的器械、液体和手套。更加复杂的操作或对高风险患者进行的操作则需要外科无菌非接触技术,要求使用无菌手套和无菌器械及无菌冲洗液,在严格的无菌环境下进行。外科无菌非接触技术适用于高感染风险患者、需要外科清创的患者及侵入性操作、时间较长(>20 min)的操作。标准无菌非接触技术适用于常规的敷料更换和简单的操作(<20 min)。这个技术可以在清洁环境下进行,使用非无菌手套和清洁器械及冲洗液体(例如自来水),但也要确保所用产品经过了适当的灭菌和消毒。可使用乙醇制剂或擦巾对可重复使用的器械设备进行消毒。

在创面护理过程中,首先评估患者感染风险水平(健康状况,如免疫状况),其次创面评估(包括创面的病程、深度和位置),再次操作的复杂性(是另一个重要的影响因素,例如大范围清创、创面填塞和需要接触关键部位等,被认为更具侵入性,需要采取更多的措施以预防感染)。经过以上综合评估,选择恰当的创面管理技术(无菌或者清洁)进行操作。

3.8.5 管理感染患者

对于已知感染的患者,应采取额外的感染控制的预防措施。针对有已知感染(如MRSA)的患者,须采取彻底消毒表面、使用塑料铺巾、一次性器械等措施。重复使用的器械设备应用后立即清洁消毒。废弃物使用双层袋子或许可以减少交叉感染。勤洗手和使用个人防护器械等。

3.8.6 产品存储

医疗环境、器械的存储方法等都会影响其无菌的状态。创面管理产品应该储存在干燥、清洁的环境中,以减少污染的风险。冲洗液应标注开瓶日期,当发现肉眼污染时应立即弃用。清洗液和敷料尽量选用小包装,以减少浪费和降低污染风险。

3.8.7 组织架构支持

人员教育和培训,包括技能练习、模拟训练、理论知识更新和不同临床情况下的操作规范等,对于保证无菌操作和感染控制的实践是必需的。可通过定期的教育和培训(如模拟训练、视觉反馈、手把手训练和课堂教学)来不断强化知识和技能。无菌操作和感染控制流程的最佳实践可以通过制定机构政策和指南、定期风险监察、年度审核、强化员工和患者的参与及提供可接受的手部清洁产品来实现。定期的风险监测可以帮助医务人员主动发现风险因素,而根本原因分析可以提升工作质量。

(阮瑞霞 王 朋 郝改琳 周 晖)

简易负压引流的临床实用技术

改良负压引流操作技术

脉冲清创在慢性创面护理中的应用

脉冲清创在癌性创面护理中的应用

异种脱细胞真皮基在创面护理中的应用

4 创面护理临床实践

4.1 急性损伤创面的护理

急性损伤创面是指机体遭遇各种损伤因素(机械、物理、化学或生物等)作用后,造成的局部组织破坏、功能障碍及可能发生的全身反应。包括挤压伤、切割伤、火器伤、手术损伤、动物咬蜇伤及烧伤等。近年来,随着社会生产力的发展、工业化水平的提高,交通伤、工伤等意外损伤也在明显增加。急性损伤创面一旦形成,机体就会迅速做出反应,启动愈合过程进行修复,然而不同的创面因致伤原因、部位、程度的不同,其临床表现也有所不同,导致愈合过程也有差异。

4.1.1 急性机械性损伤

4.1.1.1 临床表现

(1)**局部症状和体征** ①疼痛:根据损伤程度和部位的不同,其疼痛程度也不一。疼痛一般在 2~3 d 后逐渐缓解,严重损伤并发休克时,伤员常不诉疼痛;内脏器官损伤所致的疼痛常定位不确切。若疼痛持续或加重,则可能并发感染。②肿胀:多因局部出血和损伤性炎症反应所致。可伴有红、青紫、淤斑或血肿,严重肿胀可致局部组织或远端肢体血供障碍。③活动和功能障碍:因解剖结构破坏、疼痛或炎症反应使神经或运动系统受损,导致活动和功能障碍。④创面出血:创面是开放性损伤特有的征象。创面的特点随损伤原因的不同而不同,出血量也因损伤的部位和程度而异。

(2) 全身症状和体征　①生命体征不稳定:重度损伤或伤及大血管者可发生大出血或休克。伤及重要脏器时可致呼吸循环功能衰竭。②发热:中、重度损伤后导致出血、组织坏死分解及损伤产生的致热因子可使机体产生吸收热。一般不超过38.5 ℃,但中枢性高热体温可达到40 ℃,发热时伴有脉搏和呼吸频率的增加。③全身炎症反应综合征:损伤后,由交感神经-肾上腺髓质系统兴奋,大量儿茶酚胺及其他炎症介质的释放、疼痛、精神紧张和血容量减少等因素引起体温、心血管、呼吸和血细胞等方面的异常。

全身炎症反应综合征主要表现:①体温>38 ℃或<36 ℃;②心率>90 次/min;③呼吸>20 次/min 或过度通气,$PaCO_2$<4.3 kPa(32 mmHg);④血白细胞计数>$12×10^9$/L 或<$4×10^9$/L,或未成熟红细胞>0.1%。⑤其他:因失血、失液,患者可有口渴、尿少、食欲减退、疲倦、失眠甚至月经异常等症状。

4.1.1.2　急性损伤的评估

首先要对患者进行全身评估,了解其生命体征、意识状况,其次要评估创面情况,根据患者的受伤原因及程度给予辅助检查,同时还要评估患者的心理和社会支持情况。

(1) 生命体征评估　观察患者的精神状态,是否有意识障碍;语言对答或对疼痛刺激是否出现反应迟钝;观察患者呼吸频率是否正常,有无呼吸困难、呼吸过浅或发绀等情况;触及患者的脉率是否正常,有无加快或减慢;测量患者血压及毛细血管充盈时间是否在正常范围内。

(2) 创面评估　根据创面情况进行适时评估,了解患者受伤的原因、时间、地点、部位、创面类型,创面大小、深度、污染程度、是否有血肿或留有异物;有无出血,出血量,以及有无合并症或并发症,如骨折及其他器官损伤等。对于有进行性出血、开放性气胸及腹部肠管脱出的开放性创面,应先行止血、堵塞和覆盖等紧急处理,待手术时再做评估。

(3) 辅助检查　①实验室检查:血常规和血细胞比容是否降低或升高,以判断有无感染及失血过多;尿常规检查是否见红细胞,以判断有无肾损伤;血或尿淀粉酶是否升高,以判断有无胰腺损伤;血电解质和血气分析检查判断有无电解质、酸碱平衡紊乱。②诊断性穿刺和置管检查:怀疑有脏器损伤时可行诊断性穿刺,如胸腔穿刺有血胸或气胸,表明有肺和胸部损伤;腹腔穿刺有血液、胆汁、气体或污物,表明有血管、胆道、肠管或其他脏器损伤;心包穿刺可查出心包积液或积血。怀疑膀胱或尿道损伤时可放置导尿管或灌洗;对于血容量和心脏功能的判断可采用留置中心静脉导管检测中心静脉压的方法。③影像学检查:怀疑有骨折、脱位、异物存留、胸腹腔有积液、积气等可选择X射线检查。对于一些实质性器官损伤或积液可选择超声检查,过于肥胖、肠积气或腹壁有损伤时不宜选用。对于颅脑、脊髓、骨盆等处损伤时可选用X射线计算机断层成像(X-ray computed tomography,CT)和MRI进行诊断,但有金属异物存留时禁用。④心理和社会支持情况:评估患者及家属对突受打击的心理承受程度及心理变化情况,有无紧张、焦虑、恐惧等。同时了解患者对损伤的认知程度及对治疗的信心。

4.1.1.3 急性损伤的治疗

(1)全身治疗 发生损伤后应首先保证患者的生命安全,给予呼吸和循环功能的支持、镇静止痛、预防感染和破伤风,加强营养。①呼吸和循环功能的支持:保持呼吸道通畅,清理口鼻腔,给氧,必要时行气管插管呼吸机辅助呼吸等;及时建立静脉通路,恢复循环血量,纠正电解质及酸碱平衡紊乱。②镇静止痛:剧烈的疼痛可诱发或加重病情,因此在不影响病情观察的情况下,合理使用镇静止痛药物。同时患肢正确的包扎、固定、抬高也可有效地缓解疼痛。③预防感染:有开放性创面者,根据创面感染情况在伤后12 h内注射破伤风抗毒素1 500 U,以预防破伤风感染,感染严重者,除破伤风抗毒素剂量加倍外,还应给予合适的抗生素控制感染。④营养支持:重度损伤后,患者呈高代谢状态,极易造成负氮平衡,机体抵抗力降低,应根据患者的全身状况给予高蛋白、高能量、高维生素、清淡易消化饮食,少量多餐。经口摄入不足者,可经肠内或肠外补充营养,以保证机体需求。

(2)局部治疗

1)闭合性损伤的治疗:对于单纯的闭合性损伤患者,给予局部抬高、制动,有软组织损伤及血肿形成的损伤可冷敷和加压包扎,减少组织的出血和肿胀,12 h 后改为热敷或红外线治疗,以促进血肿和炎症的吸收。伴有骨折和脱位者,需由医生进行复位、固定;合并重要脏器、组织损伤者行手术探查及修复。

2)开放性损伤的治疗:根据创面情况选择合适的治疗方法。①清洁创面,指未受细菌感染,直接缝合可达一期愈合。②污染创面,指沾染了异物或细菌而未发生感染的创面,采用清创术早期充分清除异物、血块、失活组织等,尽可能将已污染的创面变为清洁创面,争取为创面早期愈合创造良好的局部条件。③感染创面,包括继发性感染的手术切口,损伤后时间较长已发生感染化脓的创面,须外科手术、换药治疗,以充分引流、减轻感染,促进创面肉芽组织生长,属于二期愈合。

4.1.1.4 急性损伤的护理

(1)急救护理

1)生命支持:发生损伤后应立即进行现场评估,一旦发现有心搏呼吸骤停、窒息、大出血、张力性气胸、休克等危及患者生命的危险信号,应及时给予相应的急救措施。①通气:立即解开衣领,清除呼吸道异物,防止舌后坠,置管通气,给氧等。②心肺复苏:心搏呼吸骤停者应立即给予胸外心脏按压及口对口人工呼吸。③止血及封闭创面:根据出血情况采用指压止血、肢体加压包扎、加垫屈肢止血、止血带或器械迅速控制大血管止血等止血法,立即封闭胸部开放性创面。④恢复循环血量:条件允许的情况下及时建立静脉通路,恢复循环血量。

2)包扎与固定:其目的是保护创面,减少疼痛,防止污染与感染,保护血管、神经,有效止血。其材料可选择一些绷带卷、三角巾、四头巾等,也可就地选择一些毛巾、衣服、手帕、布单等。

3)搬运与后送:将伤员搬运至安全地带,防止二次受伤,待生命体征平稳后将其后送至医院行进一步治疗。

(2)创面护理

1)清创术的护理:①清创前须全面评估、谨慎选择,有出血倾向、服用抗凝血药物、组织灌注不足、免疫功能低下、全身情况差且创面深(深达肌腱、肌肉及骨骼)的患者应慎行清创,或在无菌手术室进行。②通常在伤后 6~8 h 内清创可预防由无活性及受细菌感染的组织引致创面或全身感染,可达一期缝合。但在污染轻,或局部血液循环丰富的情况下可延长至 12 h,甚至 24 h 进行清创。③创面较深、污染重或二期缝合的创面清创后应酌情放置合适的引流物,如引流条、引流管等,并予以妥善固定,密切观察引流是否通畅有效。④一次清创不彻底的创面,需分多次进行,避免伤及正常组织或破坏血管导致出血。⑤密切观察创面有无出血,发现出血,可采用直接压迫、抬高肢体、电凝或结扎等方法。⑥疼痛也是清创常见的并发症,往往需要镇痛治疗。需要注意的是,感染可增加疼痛感。如果发生感染,需要做好创面细菌培养及局部或全身应用合适的抗菌药物。

2)创面换药护理:①严格执行无菌操作技术。换药者应戴口罩、帽子、手套。各种无菌棉球、敷料等物品从容器内取出后,不得再放回原容器内。污染的敷料应立即放在医疗废物桶内,不得随便乱扔。②换药频次应根据感染情况而定,一期缝合的创面在术后 2~3 d 换药 1 次,直至创面拆线;分泌物不多,肉芽组织生长良好的创面每日或隔日更换 1 次,可以选择新型的水胶体敷料 3~7 d 换药 1 次,感染重的创面每天换药 1 次或每天 2 次,甚至每天多次,可选择抗感染、吸收渗液较好的含银敷料或藻酸盐敷料,以减少换药次数,减轻患者不适。③密切观察创面愈合情况及分泌物的气味、颜色、性质和量等,如有脓性分泌物等异常情况,应及时报告医生,并做创面细菌培养。根据培养结果选择合适的消毒、抗菌清洗液由外向内清洗,再用生理盐水清洗干净创面,选择合适的新型敷料或生物活性敷料。④换药中注意患者的保暖和隐私保护,维持输液及各种导管的通畅,以及受压部位的保护,换药过程中持续观察患者的病情变化,发现异常应停止换药,及时处理。⑤换药后监测患者的体温和观察病情变化,如出现高热,给予物理降温同时报告医生;做好外层敷料的保护,防止大小便污染,敷料如受污染或被渗液浸湿要及时更换。⑥特殊感染创面如炭疽、气性坏疽、破伤风等应就地处置,严格隔离。

(3)并发症的观察及护理　①创面出血:常发生于损伤后 48 h 之内或修复期的任何时间段,应密切观察创面敷料情况,发现有大量血液渗出、患者表现异常时,应及时通知医生,做到有效止血,建立静脉通道,补充循环血量。②创面感染:若发现开放性创面出现红、肿、热、痛,患者体温升高、脉速及白细胞计数明显增高,表明创面发生感染,应给予物理或抗菌药物治疗,促进炎症吸收;如有脓肿形成者,应及时报告医生,做好脓肿切开引流的准备,并做细菌培养及药敏试验。③挤压综合征:肢体或躯干受到重物长时间挤压致肌肉组织缺血、缺氧,继而引起肌红蛋白血症、肌红蛋白尿、高钾血症和急性肾功能衰竭为特点的全身性改变,称为挤压综合征,又称 Bywaters 综合征。当解除患者局部的压力后,肢体会出现肿胀、压痛、主动活动或被动牵拉活动引起疼痛、皮温下降、感觉异常、弹性减退,并在 24 h 内出现茶色尿或血尿等,常提示并发了挤压综合征,应及时报告医生并协助处理。首先在早期应禁止患者抬高肢体、按摩及热敷;协助医生切开减压,清除坏死组织;遵医嘱给予碳酸氢钠及利尿剂,防止肌红蛋白阻塞肾小管,行腹膜透析或血液透析治疗的肾功能衰竭患者应做好相应的护理。

(4)心理护理　损伤后患者可出现不同程度的心理问题,如焦虑、恐惧,甚至发生损伤后压力综合征等,应随时观察患者的心理变化、耐心倾听患者的感受,给予真诚的安慰和劝导,取得患者信任,耐心解释病情和各项治疗的必要性和安全性,使患者了解病情及创面治疗的过程,消除顾虑,积极合作;同时可利用社会支持系统的力量,鼓励患者树立战胜疾病的信心,减轻压力,促进康复。

4.1.1.5　健康教育

宣传安全知识、教育患者及社区人群日常生活中加强安全意识,避免发生意外损伤。宣传普及损伤的相关知识及急救知识,各项治疗护理的必要性,指导患者一旦受伤,无论是开放性还是闭合性损伤,都要及时到医院就诊,对于开放性损伤者应根据受伤情况尽早接受创面处理并注射破伤风抗毒素。指导患者加强营养,积极配合治疗,以促进组织和器官功能的恢复。指导并督促患者坚持功能锻炼,防止因制动引起关节僵硬、肌肉萎缩等并发症,以促使身体各部位功能得到最大程度的康复。

【典型病例4.1】 1例头皮撕脱伤创面的护理

(1)简要病史 患者女性,50岁。头发卷入压面机导致整个头皮撕脱,入住神经外科,急诊行撕裂头皮缝合,头顶部头皮缺损,创面开放。接诊时撕脱伤术后第5天(图4.1)。

(2)创面处理过程 接诊后充分消毒清创,创面选用藻酸盐银敷料,有止血、抗菌、吸收渗液促进愈合作用,间隔5~7 d换药,后游离头皮逐渐贴合,创面爬皮期选用水胶体油纱保护创面,后创面逐渐愈合(图4.2~图4.5)。

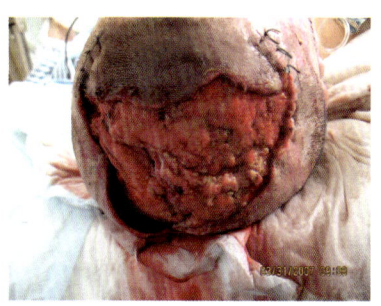

图4.1 头皮撕脱伤

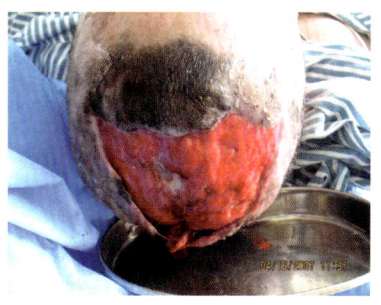

图4.2 局部保湿抗菌促进愈合

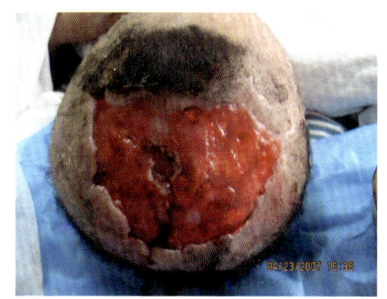

图4.3 头皮贴合

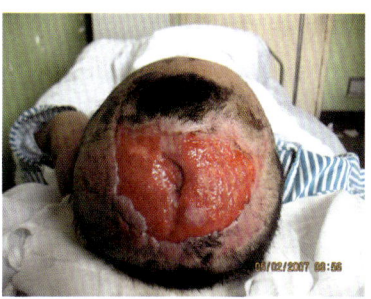

图4.4 上皮爬行

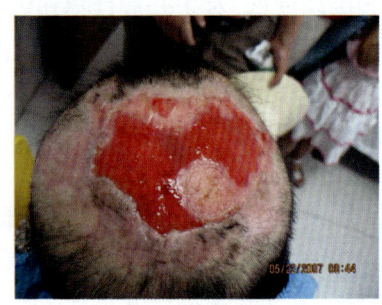

图 4.5　愈合顺利

(3) 健康教育　患者意外受伤,头皮撕脱,头顶皮肤缺损,除了身体上的伤害,也造成心理创伤,恐惧、失眠、焦虑不安。除了心理疏导外,必要时请精神科医生给予镇静和抗焦虑治疗。随着创面的好转,精神心理逐渐恢复正常。

(4) 经验总结　急性损伤开放性创面,早期处理原则是预防感染、局部保湿促进愈合。本例病例早期局部使用藻酸盐银敷料,保持创面适度的湿润,有效预防感染,促进创面愈合,延长换药间隔。上皮爬行期使用水胶体油纱保护新生的上皮。创面新鲜后曾建议植皮封闭创面,患者因为受伤导致恐惧、焦虑,拒绝手术,只能保守促进愈合。从接诊到创面愈合 2 个月时间,效果满意。

4.1.1.5　急性皮肤擦挫伤创面的护理

急性皮肤擦挫伤是由外伤中复合力所致的急性皮肤损伤,是擦伤和挫伤的合并症或并发症,较皮肤捻挫伤轻,亦属于皮肤溃疡的范畴,临床上此非重症,但其因发生率高,创面多为易暴露处,污染重,传统治疗方法一般是保持创面干燥,促进结痂,其结果患者疼痛明显,创面易感染,愈合时间长。作者根据保持创面湿润的"湿性创面愈合"理论,把银凝胶和泡沫敷料结合用于皮肤擦挫伤的创面换药,有效缓解疼痛,提高患者舒适度,缩短愈合时间,延长换药间隔,减少换药次数。

对接诊时创面已经结痂的患者,对创面采取"无痛"清创方法。

擦挫伤创面结痂后疼痛明显,首次处理用多层湿盐水纱布湿敷30 min,软化结痂,配合锐器清创,清除坏死痂皮,能够有效缓解疼痛。皮肤坏死焦痂附着紧密不能去除时,局部涂抹银凝胶,覆盖湿生理盐水纱布,用薄膜敷料覆盖保湿,隔日换药,目的是促进自溶性清创。对深的创面可以重复采用上述方法直到创面新鲜。清创完成仍未愈合的创面,局部涂抹银凝胶,覆盖泡沫敷料,隔周更换。浅二度创面换药一次即可愈合。

对受伤当日接诊的患者创面的局部处理:使用止痛剂后30 min开始清创。创面污染严重的依次用过氧化氢溶液和生理盐水冲洗,安尔碘黏膜消毒剂消毒后,仔细检查、清除创面内异物,用生理盐水充分冲洗,无菌纱布擦干。创面涂抹银凝胶,外用泡沫敷料,5~7 d更换。浅二度创面换药一次即可愈合,损伤严重,全皮层损伤的创面均在1个月内愈合。

经验总结:因为急性创面有较高的感染风险性,使用银凝胶,有抗感染的作用,同时保持湿润,有利于损伤的上皮组织细胞的再生,抗菌作用持续3~7 d,减少换药次数。选用聚氨酯泡沫,其结构具有多孔性,它对创面渗出液有良好吸收性,同时又可为创面提供保护屏障和保持创面湿性愈合环境。对损伤急性期组织的渗出液,泡沫敷料吸收多余渗出并能把渗出液锁在其中,保持局部的湿润,有利于细胞修复。浅二度的创面换药一次创面愈合,无结痂,换药过程无疼痛,治疗期间患者感觉舒适。这种换药方法创面不结痂,对部分病例跟踪观察,无明显的色素沉着。但对于严重擦挫伤,创面愈合后预防瘢痕也非常重要。这种换药方法同样用于二至三度小面积烫伤的患者,原理相同,可减轻疼痛,缩短创面愈合时间。

【典型病例4.2】 1例背腹部擦挫伤患者创面的护理

患者男性,56岁。车祸造成背腹部擦挫伤1周。接诊时患者自诉疼痛明显,需要服用止痛药止痛,受伤1周来因为疼痛夜间不能入睡。首次处理用多层湿生理盐水纱布湿敷30 min,锐器清除软化的痂皮,创面涂抹银凝胶,外用泡沫敷料、自粘性绷带妥善固定,隔周更换(图4.6~图4.8)。第2次换药时大部分创面愈合,未愈合的创面处理同前,嘱患者1周后去除(图4.9、图4.10),随访创面愈合。一共换药2次,愈合时间2周。接诊前因为创面干燥结痂,患者疼痛明显,夜间休息差。在无痛换药处理后,疼痛明显减轻,夜间睡眠好,生活质量得到提高。

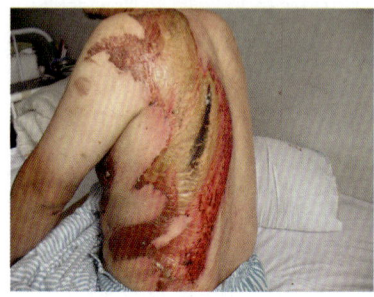

图4.6　背腹部擦挫伤

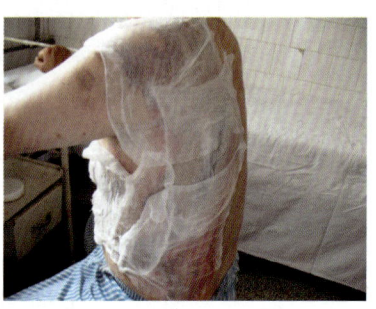

图4.7　生理盐水纱布湿敷

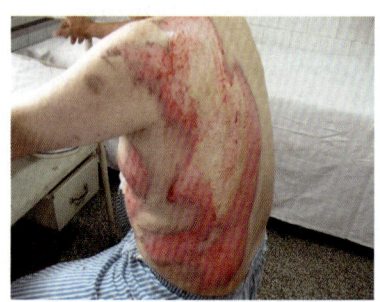

图4.8　锐器清除松脱痂皮

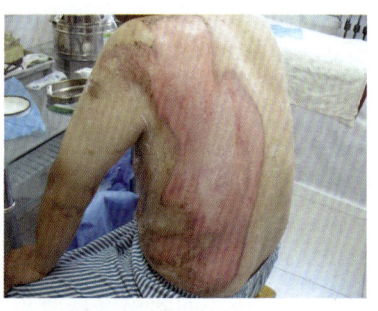

图4.9　第2次换药大部分创面愈合

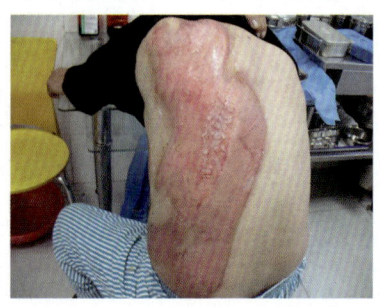

图4.10　未愈合创面涂抹银凝胶

【典型病例4.3】 1例胸部及左上臂外侧擦挫伤患者创面的护理

患者男性,20岁。胸部及左上臂外侧擦挫伤2周。接诊后首次无痛清创法,多层生理盐水纱布湿敷30 min,左胸部和左上臂外侧创面湿敷后去除痂皮,涂抹银凝胶后外用泡沫敷料覆盖并妥善固定,隔周换药。右胸部创面深,皮肤坏死焦痂不易去除,局部涂抹银凝胶,湿盐水纱布覆盖,外用薄膜敷料封闭保湿,促进自溶性清创,隔日更换。1周后左胸壁和左臂外侧去除敷料后创面愈合,右侧胸壁局部经过保湿3次,创面新鲜,涂抹银凝胶外贴泡沫敷料,隔周换药(图4.11~图4.16)。右侧胸壁第5次换药创面缩小,上皮爬行,改用自粘性泡沫敷料。第6次换药创面接近愈合,敷料同前。随访患者1周后创面愈合(图4.17~图4.19)。

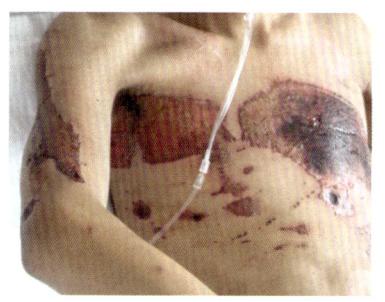

图4.11　胸壁擦挫伤

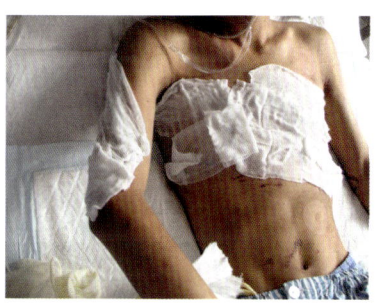

图4.12　多层盐水纱布湿敷

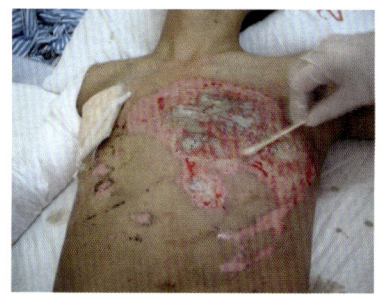

图4.13　涂抹银离子凝胶

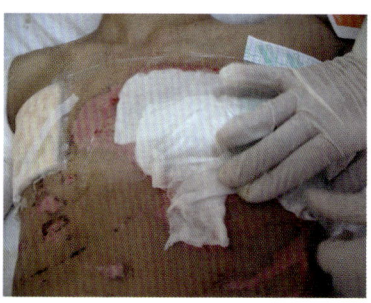

图4.14　盐水纱布外薄膜保湿

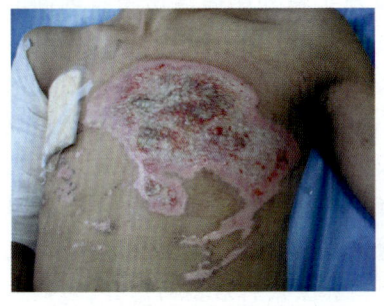

图 4.15　第 3 次保湿自溶性清创

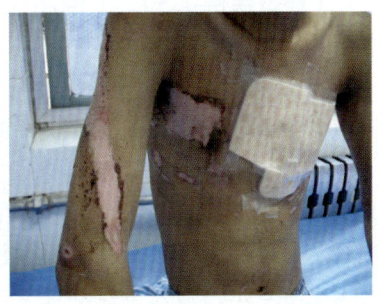

图 4.16　第 4 次外用泡沫

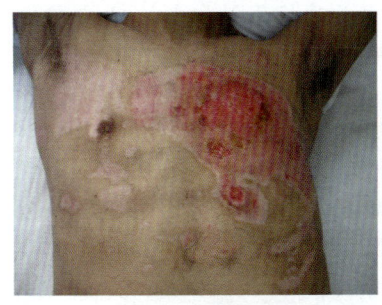

图 4.17　第 5 次换药上皮爬行

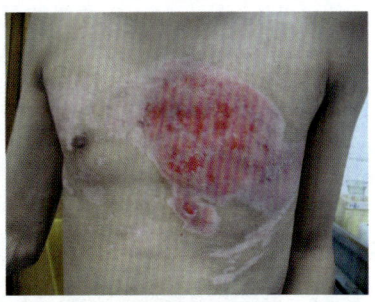

图 4.18　第 6 次换药创面大部分愈合

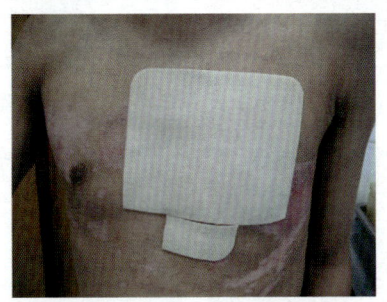

图 4.19　使用自粘性泡沫敷料

【典型病例 4.4】　1 例全身多处大面积擦挫伤患者创面的护理

患者女性，18 岁。接诊时车祸外伤 8 h，面部、前胸、四肢多处擦挫伤。胸部皮肤条状撕裂，左侧面部划痕，左耳根部撕裂。在全身镇静止痛基础上进行创面清创,先用3%过氧化氢冲洗,生理盐水冲洗,安尔碘黏膜消毒剂擦洗,仔细检查裂开皮肤,在面部、耳后和胸部撕裂的创面中找出碎玻璃渣26块。用生理盐水充分冲洗,干纱布压迫止血后,创面上涂抹银凝胶,泡沫敷料覆盖,妥善固定,换药间隔5~7 d(图4.20~图4.22)。1周后第2次换药,浅表创面愈合,敷料同前(图4.23)。隔周第3次换药,除过撕裂的几处深的部位未愈合外其余创面全部愈合,选用了自粘性泡沫敷料覆盖(图4.24、图4.25)。患者回家,1个月后门诊复诊,创面全部愈合,胸部和手腕处有瘢痕增生,转接给美容科进行瘢痕治疗。对于擦挫伤严重的病例,创面愈合后进行后续预防瘢痕治疗。

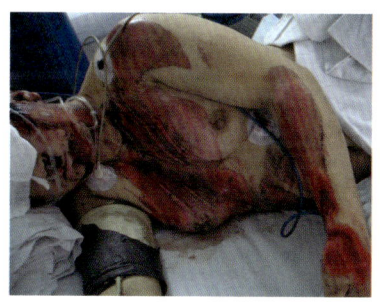

图4.20　胸部、面部、四肢多处擦挫伤

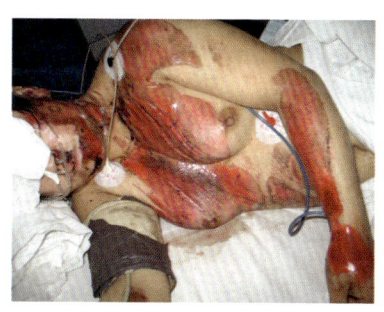

图4.21　清创后

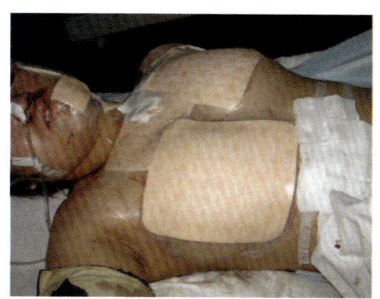

图4.22　涂抹银凝胶、泡沫覆盖

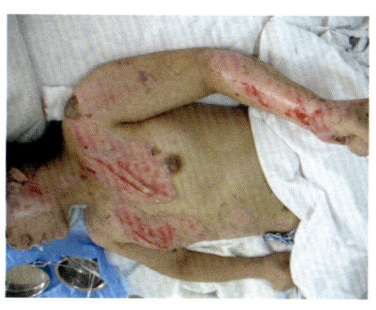

图4.23　第2次换药创面大部分愈合

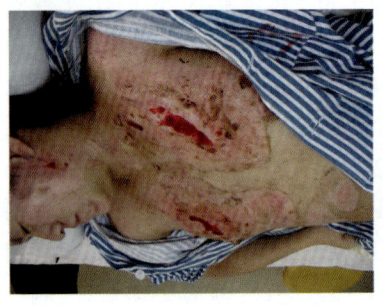

图4.24 第3次换药仅有撕裂创面未愈合

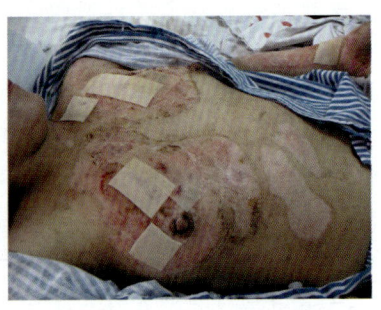

图4.25 使用自粘性泡沫敷料

4.1.2 咬蜇伤

动物咬伤是一种常见的外伤,特别是在农村,尤以犬、猪、马、猫等咬伤多见。咬伤时对组织有切割、撕扯作用,常伴有不同程度的软组织挫裂伤。同时动物口腔中有大量的细菌进入创面,且可将传染病传播至人。

4.1.2.1 人、犬咬伤

(1) 人、犬咬伤的临床表现　人、犬咬伤时常出现广泛的组织水肿、疼痛、皮下出血,伴有齿痕,创面深而不规则或伴有严重的撕裂。

犬咬伤损伤则更易感染狂犬病病毒。被咬伤者感染狂犬病病毒后是否发病与潜伏期的长短、咬伤的部位、入侵病毒的数量及机体抵抗力有关。潜伏期短者10 d,多数1~2个月。咬伤越深、越接近头面部,其潜伏期越短,发病率越高。发病初期创面麻木、疼痛,逐渐扩散到整个肢体;继而出现发热、烦躁、乏力、恐水、怕风、咽喉痉挛;最后导致肌瘫痪、昏迷、循环衰竭甚至死亡。

(2) 人、犬咬伤的处理原则　表浅而小的创面可不清创,用消毒溶液清洗后包扎即可。深的创面应先进行清创,彻底清除异物和坏死组织,在依次用生理盐水、0.1%苯扎溴铵(新洁而灭)、3%过氧化氢溶液冲洗。原则上不做创面一期缝合。清创术前预防性应用抗生素。犬等动物咬伤者需注射狂犬疫苗等,以防狂犬病发生。凡需清创的创面,均应常规预防性注射破伤风抗毒素。

4.1.2.2 蛇咬伤

蛇咬伤分为有毒蛇咬伤和无毒蛇咬伤。被毒蛇咬伤后蛇毒经牙齿进入人体。蛇毒是多肽的复杂混合物,其中一些多肽毒性很强,有特定化学和生理受体部位。同时,蛇毒中有磷脂酶A、透明质酸酶、腺苷三磷酸酶、5-核苷酸酶、二磷酸吡啶核苷酸酶等,可促进毒液的毒性作用。另外,人体中毒后会释放出组胺、血清素等具有自体药理作用的物质,使毒性作用更加复杂。

(1)蛇咬伤的临床表现 无毒蛇咬伤,有1排或2排细牙痕,除局部损伤和合并感染外,无全身中毒症状;毒蛇咬伤,有1对或1~4个大而深的牙痕,局部与全身中毒症状严重,可致患者死亡。临床上通常将蛇毒分为3类:①神经毒,主要作用于延髓和脊神经节细胞,引起呼吸麻痹和肌肉瘫痪。对局部组织损伤较轻。全身症状常在伤后0.5~2 h出现,表现为头昏、嗜睡、恶心、呕吐、乏力、步态不稳、视力模糊、语音不清、呼吸困难、发绀,以致全身瘫痪、惊厥、昏迷、血压下降、呼吸麻痹、心力衰竭,甚至死亡。②血液毒,有强烈溶组织、溶血、抗凝作用,可致组织坏死、感染。局部症状出现早且重,表现为伤处剧痛、流血不止、肿胀、皮肤发绀,并有皮下出血、淤斑、血疱,以及明显的淋巴管炎和淋巴结炎表现,甚至严重组织坏死、化脓感染等。同时血液毒对心、肾等重要脏器具有严重破坏作用,甚至导致功能不全。③混合毒,兼有上述两种作用,局部和全身症状均严重。

(2)蛇咬伤的治疗

1)局部处理:立即于创面近端5~10 cm用止血带或手帕等加压绑扎阻断静脉血和淋巴回流,防止毒素扩散。待急救处理结束或服蛇药半小时后去除绑扎。迅速将伤肢浸于冷水中(4~7 ℃为宜,注意防止冷伤)3~4 h,再改用冰袋,以减轻疼痛、减缓毒素吸收速度、降低毒素中酶的活力和局部代谢。用1∶5 000高锰酸钾溶液、

3%过氧化氢溶液、生理盐水反复冲洗创面。以牙痕为中心切开创面,挤出或吸出毒液;由于蛇毒的吸收较快,切开或吸吮均应及早进行,否则效果不明显。如创面流血不止,禁忌切开。以胰蛋白酶 2 000 U+0.5% 普鲁卡因 10 ml 于创面周围做深达肌内的浸润注射,以破坏残留的蛇毒。必要时 12~24 h 后重复注射。

2)全身治疗:①服用蛇药,根据蛇毒种类或临床表现选用蛇药。②注射单价或多价抗蛇毒血清,注射前须做马血清过敏试验。③注射破伤风抗毒素血清和广谱抗生素,防治感染。④注意补液维持水、电解质、酸碱平衡,给予支持治疗,必要时输注血浆、红细胞。⑤出现呼吸困难者,给予吸氧,必要时行气管切开,或用呼吸机辅助呼吸。同时注意保护全身脏器功能。

4.1.2.3 蜈蚣咬伤

蜈蚣咬伤时毒液从它的一对中空"利爪"中排出,注入皮下。其毒液成分和黄蜂等昆虫的毒液成分相似,可引起局部组织的损害和过敏反应。

(1)蜈蚣咬伤的临床表现 局部有红、肿、痛、痒,有红线自创面上延,淋巴结肿痛。重者可出现发热、头痛、眩晕、恶心、呕吐、抽搐、昏迷等症状。蜈蚣越大其注入的毒液越多,症状越严重。一般经数月后症状多可消失,但儿童反应剧烈,甚至可以致命,应加强注意。

(2)蜈蚣咬伤的治疗

1)局部处理:用小针挑拨或胶布粘贴,取出蜇刺,注意勿挤压,以免毒腺囊内毒液进入皮内引起严重反应。根据毒液的性质选择合适的中和溶液清洗。局部红肿处可外用炉甘石洗剂、皮质类固醇制剂等。

2)全身治疗:有全身反应者予以补液,用肾上腺皮质激素和抗组胺药物,可注射葡萄糖酸钙等药物。有低血压者,皮下注射 1∶1 000 肾上腺素 0.5 ml。有血红蛋白尿者,除应用碱性药物碱化尿液并适当增大输液量以增加尿量外,可采用 20% 甘露醇利尿。如已发生少尿或无尿,则按急性肾功能衰竭处理。此外,局部症状严重时需局部应用抗生素。

4.1.2.4 毒蜘蛛咬伤

毒蜘蛛有神经蛋白毒,局部创面不痛,毒液进入人体后引起局部损害和全身反应,严重者似毒蛇咬伤。

(1)**毒蜘蛛咬伤的临床表现** 伤处剧痛,经数日后逐渐消退;重者可出现寒战、高热、恶心、呕吐、舌和肌肉强直、流涎、头晕、头痛、昏迷等症状,进而出现胃肠道和肺出血、肺水肿、胰腺炎、末梢神经麻痹、抽搐,严重者可因呼吸中枢麻痹、循环衰竭而死亡。儿童反应剧烈,甚至可以致命,应特别注意。

(2)**毒蜘蛛咬伤的治疗** 局部冷敷降温,使血管收缩,减少毒素吸收扩散。用氨水或高锰酸钾稀释液冲洗,挤出或吸出毒液,若为肢体被咬伤,则立即于近端上止血带,每隔30 min放松1次,局部用氯乙烷喷雾,剧痛者于创面周围行局部封闭。严重者需补液、抗过敏治疗,用抗生素预防继发感染。肌肉痉挛严重者,可注射新斯的明或箭毒。

4.1.2.5 蜂蜇伤

由蜂类的尾针刺伤皮肤时将毒囊液注入皮内所致。常见的有蜜蜂蜇伤和黄蜂蜇伤。按蜂数目可分为单蜂蜇伤和群蜂蜇伤,以黄蜂蜇伤和群蜂蜇伤最为严重。

(1)**蜂蜇伤的临床表现** 局部剧痒、肿痛。群蜂蜇伤者可于半小时之内出现过敏症状,表现为头晕、发热、恶心、呕吐、胸闷、四肢麻木等症状,严重者出现脉搏细弱、面色苍白、冒冷汗、血压下降、过敏性休克等。

(2)**蜂蜇伤创面的治疗**

1)局部处理:用小针挑拨或胶布粘贴,取出蜂刺,注意勿挤压,以免毒腺囊内毒液进入皮内引起严重反应。蜜蜂毒物为酸性,可用弱碱溶液(3%氨水、5%碳酸氢钠液等)湿敷中和毒素。黄蜂为碱性,可用醋酸、0.1%稀盐酸中和。局部红肿处可外用炉甘石洗剂、皮质类固醇制剂、鲜马齿苋、蛇药等药物。

2)全身治疗:有全身反应者予以补液,用肾上腺皮质激素和抗组胺药物,注射葡萄糖酸钙等药物。有低血压者,皮下注射1∶1 000 肾上腺素 0.5 ml。血红蛋白尿者,除应用碱性药物碱化尿液并适当增大输液量以增加尿量外,可采用 20% 甘露醇利尿。如已发生少尿或无尿,则按急性肾功能衰竭处理。此外,局部症状严重时需局部应用抗生素。

4.1.2.6 蝎蜇伤

蝎蜇伤是人体被蝎尾针刺入所致的损伤。蝎尾节内有毒腺,尾部有尖锐的钩刺,当刺入人体皮肤后,毒液随即注入体内,蝎毒是一种神经毒,可以引起局部与全身毒性反应。

(1) 蝎蜇伤的临床表现　伤后局部红肿、剧痛,蜇伤部位出现水疱,甚至局部组织坏死。轻者经数日后逐渐消退。重者有烦躁不安、头痛、头晕、发热、流涎、腹痛等全身症状。严重者有呼吸急促、肺水肿、消化道出血等表现。儿童被蜇,严重时可以因呼吸、循环衰竭而死亡。

(2) 蝎蜇伤的治疗　①若伤及四肢,应立即用绷带、止血带、布条等绑扎在伤口上(近心端)2～3 cm 处,每 30 min 放松 1～2 min。同时用镊子或针头小心挑去伤口中留下的毒钩,或切开伤处皮肤,取出残留的钩刺。用抽吸器或拔火罐等吸出毒液。②蝎子的毒呈酸性,可以用碱性液体,如碱性肥皂水(勿用香皂)、3% 苏打水或1∶5 000 高锰酸钾溶液清洗伤口。伤口清洗干净后,用蛇药调成糊状,在距伤口 2 cm 处环敷一圈,勿使药物进入伤口内;或将明矾研碎,用醋调成糊状,涂敷伤口;也可用泡开的冷茶叶(碱性)敷上。③包扎伤口,若伤口周围红肿,可进行冷敷。④若疼痛严重,应适当服止痛片。剧痛者可用 2% 普鲁卡因做局部封闭;或以 30% 依米丁 1 ml 溶于 5 ml 注射用水后做伤处注射。⑤口服蛇药片,多喝水。⑥症状较重者应到医院治疗。给予补液、地塞米松静脉注射、肌内注射抗蝎毒血清,并给予对症支持治疗。局部组织坏死或有感染时可使用抗生素。

(周　琴　王　青　阮瑞霞)

皮肤擦挫伤　　　　手背部挤压伤创面的护理　　　　外伤致颅骨外露

4.2 冷热损伤的护理

冷、热损伤是指热力、化学物质、电能、放射线及低温等引起的皮肤、黏膜,甚至深部组织的损害。其中,皮肤热力烧伤(如火焰、开水等)最为多见。据统计,每年因意外伤害的死亡人数中烧伤仅次于交通事故,排在第2位,而且在交通事故伤害中也有大量伤员合并烧伤。因为皮肤是身体最大的器官,一旦遭受到严重烧伤,就会使其重要的保护身体内环境稳定的功能受到破坏或丧失,并导致人体发生一系列的应激反应,产生全身病理生理、生物化学、免疫、代谢等一系列复杂改变,可造成全身各个内脏和系统不同程度的功能、代谢和形态上的变化,从而引起烧伤患者出现诸如休克、感染、多器官功能不全等危及生命的严重并发症。

4.2.1 烧烫伤

4.2.1.1 烧烫伤的临床表现

(1)一度烧伤　又称红斑性烧伤。局部干燥、疼痛、微肿而红,无水疱,无渗液。3~5 d后,局部由红转淡褐色,表皮皱缩、脱落,露出红嫩光滑的上皮面而愈合。

(2)二度烧伤　①浅二度烧伤又称水疱性烧伤,局部红肿明显,有大小不一的水疱形成,内含淡黄色(有时为淡红色)澄清液体或含有蛋白凝固的胶状物。将水疱剪破后,可见红润而潮湿的创面,质地较软,疼痛敏感,并可见大量扩张、充血的毛细血管网,表现为颗粒状或脉络状,伤后1~2 d更明显。这是因为在正常皮肤结构中,乳头层与网织层交界处有一血管网,称为皮肤浅部血管网,并由此发出分支伸入每个乳头内。浅二度烧伤时,它们扩张充血,故临床表现为颗粒状或脉络状血管网。②深二度烧伤局部肿胀,表皮较白或棕黄,间或有较小的水疱。将坏死表皮去除后,创面微湿、微红或白中透红、红白相间,质较韧,感觉迟钝,温度降低,拔毛痛。并可见粟粒大小的红色小点,或细小树枝状血管支,伤后1~2 d更明显。这是因为皮肤浅部血管网已凝固,所见红色小点为汗腺、毛囊周围毛细血管扩张充血所致。因此烧伤越浅,红色小点越明显;越深,则越模糊。少数细小血管支,系真皮血管丛充血或栓塞,常表示深二度烧伤较深。

(3)三度烧伤　又称焦痂性烧伤。局部苍白、黄褐或焦黄,严重者呈焦灼状或炭化,似皮革状。创面干燥、无水疱、丧失知觉、发凉、针刺无痛觉、拔毛不痛。透过焦痂常可见粗大血管网,与深二度细而密的小血管支迥然不同。此系真皮下血管网充血或栓塞凝固所致。多在伤后即可出现,但有时需待1~2 d或更长,特别是烫伤所致的三度创面,需待焦痂稍干燥后方显出。以四肢内侧皮肤较薄处多见。

4.2.1.2　烧烫伤创面的评估

对烧伤患者的评估,首先要对其进行全身评估,了解患者的生命体征、意识状况;其次要评估创面情况,根据患者的受伤程度给予辅助检查,同时还要评估患者的心理和社会支持情况。烧伤深度的分类方法较多,目前普遍采用三度四分法,即根据烧伤的组织学依据及不同的临床表现,将深度分为一度、浅二度、深二度和三度(表4.1)。

表4.1 临床对各度烧伤的鉴别评估方法

深度	损伤深度	外观特点及临床特征	感觉	拔毛试验	温度	创面愈合情况
一度（红斑性）	伤及角质层、透明层、颗粒层等，基底层健在	局部似红斑。轻度红、肿、热、痛，无水疱，干燥，无感染	微过敏，常为烧灼感	痛	微增	2~3 d内症状消退，3~5 d痊愈，脱屑、无瘢痕
浅二度	可伤及基底层，甚至真皮乳头层	水疱较大，去表皮后创面湿润，创基鲜红、红肿	剧痛、感觉过敏	痛	温度增高	如无感染1~2周痊愈，不留瘢痕
深二度	伤及真皮层网状层	表皮下积液或水疱较小，去表皮后创面微湿，发白，有时可见许多红色小点或细小血管支，水肿明显	疼痛、感觉迟钝	微痛	局部温度略低	一般3~4周后痊愈，可遗留瘢痕
三度（焦痂性）	伤及全皮层，甚至皮下脂肪、肌肉、骨骼	创面苍白或焦黄呈炭化，干燥、皮革样，多数部位可见粗大栓塞静脉支	疼痛消失感觉迟钝	不痛、易拔除	局部发凉	3~4周后焦痂脱落，需植皮后愈合，遗留瘢痕或畸形

4.2.1.3　烧伤创面的非手术治疗

创面处理和护理贯穿烧伤治疗的整个病程，烧伤创面处理的好坏，是关系烧伤预后的重要因素。因此，正确处理和护理创面，可加速创面修复，缩短疗程，预防内脏并发症的发生，达到减少残废、畸形和提高治愈率的目的。在创面护理过程中，辩证地认识创面局部和全身病情变化的关系，了解其变化规律，认真仔细地观察创面变化,及时发现问题,有助于临床判断病情和确定治疗方案。

(1)一度烧伤创面 保持烧伤局部清洁,减轻疼痛,防止再损伤。

(2)二度烧伤创面 浅二度烧伤主要为防止创面感染,减轻疼痛,促进其尽早愈合;深二度烧伤要防止创面感染,保护残留的上皮组织,清除坏死组织,促进愈合,防止和减少瘢痕形成。

(3)三度烧伤创面 防止感染,尽早去除坏死组织,早日封闭创面。

4.2.1.4 早期创面的护理

(1)一度烧伤护理措施 一度烧伤主要为表皮角质层、透明层、颗粒层以及棘细胞层发生损伤。局部轻度红肿,干燥无水疱,灼烧感、疼痛,2~3 d 红斑消失,3~5 d 痊愈。脱屑、不留瘢痕。①迅速脱离致伤因素,尽可能地保护好损伤的表皮,以免加深创面。②立即用冷疗法处理创面(除生石灰烧伤外)。冷疗法是烧伤后用冷水对创面淋洗、浸泡或冷敷,达到减轻创面疼痛、阻止热力的继续损害、减少渗出和水肿的目的。多数认为水温以 10~20 ℃为宜,在可以耐受的前提下,温度愈低,效果愈好。冷疗持续时间应以冷源去除后不痛为准,一般应在 0.5~1 h,甚至数小时。③保持创面清洁、无污物,防止表皮脱落,保护烧伤部位。④一度创面患者疼痛剧烈,做好与患者的沟通,嘱患者保护局部,防止再损伤,以利于创面早日恢复。

(2)二度烧伤护理措施 二度烧伤分为浅二度和深二度。浅二度创面的特点是肿胀明显,有水疱,渗液多;深二度创面特点是局部肿胀,表皮较白或呈棕黄色,间或有较小的水疱。若水疱已破,应剪除皱缩的水疱皮;小水疱予以保留;大水疱应表面消毒后,在低位剪小口引流或用注射器将疱液吸出。完整的水疱皮不要去除,疱皮对创面有良好的保护作用,能减少水分蒸发,减轻疼痛,保护创面不易被污染,也减少了细菌感染的机会。①患者可能会出现创面疼痛,尤其是浅二度烧伤患者,要做好心理护理,必要时根据情况按医嘱予以止痛药。②处理前先剃除创面及周围的毛发,手足烧伤的应剪除指（趾）甲。③取掉粘在创面上的异物，用大量的清水冲洗，污染较重时，用肥皂水加适量的过氧化氢，以利于去污清洗。④将患者妥善安置，创面下铺好无菌单及消毒的防水布，用生理盐水清洁创面。⑤清创后根据情况采取暴露或包扎疗法。⑥肢体烧伤者应注意抬高肢体，以促进静脉及淋巴回流，减轻肿胀。及时观察末梢血液循环情况，一旦出现指（趾）端青紫、发凉、麻木感、淤血等，应拆开包扎绷带看是否缓解，如仍不能缓解，立即报告主管医生，及时处理。⑦手和脚的包扎应注意固定于功能位，各指（趾）应以敷料分隔包扎，防止粘连，手心垫纱布块，保持手的功能位和舒适度。⑧表皮脱落者，可用人工皮或新鲜猪皮覆盖，以减少创面水分蒸发和保护残余上皮，以利于早期愈合。

(3)**三度烧伤护理措施** 三度烧伤又称焦痂性烧伤，创面特点是局部苍白、黄褐或焦黄，严重者呈焦灼状或炭化，质韧似皮革状。创面干燥、无水疱、丧失知觉、发凉、针刺无痛觉、拔毛不痛。保持焦痂完整、干燥，控制创面感染，为早期切痂、削痂、植皮或自然脱痂等处理创造有利条件。①按时换药，保持焦痂干燥，防止感染。②一切接触创面物品均应消毒，如纱布、纱布垫、换药用品等，被褥如被浸湿应及时更换，患者物品应专柜放置，以防交叉感染。③观察痂下有无积脓，如有溶痂、积脓，应消毒后及时剪开引流，清除脓液，防止创面感染。

4.2.1.5 健康教育

(1)**烧伤的早期急救措施** ①迅速脱离热源，如是烧伤或热液烫伤，迅速用冷水浸湿的布类盖住受伤部位，用以局部降温，再及时脱掉贴身衣服。②四肢烧伤者迅速用冷水降温，烫伤或火焰烧伤者尽量用大量冷水浇洒伤处（包括衣服及皮肤），缩短与热物接触时间，以减轻组织损伤程度。头面、躯干部不适合长时间冷水冲洗，可用冷敷的方法；小范围烧烫伤还可用冰水或冰块冷敷。开始冷疗的时间愈早愈好，伤后立即冷疗可使损伤程度减轻。一般来说，伤后 6 h 之内都有一定作用，疗程为 1~3 h。冷疗以小面积二度烧伤为主，以不超过 20% 总体表面积（total body surface ared,TBSA）为度，以免因体温骤降而寒战。③保护创面,小面积烧伤可用湿敷料或布类包盖后就医治疗。大面积烧伤可用被单将创面及肢体包盖后急送医院。切忌用任何药物或油类涂抹创面,更不能自行除去或撕破水疱。④迅速转送医院,严重烧伤最好转送有烧伤专科的医院。休克及呼吸困难的危重患者应及时送往就近的医院救治,运送过程中应持续救治并注意患者的神志、呼吸、脉搏、血压及尿量等情况。⑤维持呼吸道通畅,患者头面部烧伤早期往往水肿严重,甚至因肿胀压迫气管引起呼吸困难。当发现头面部烧伤,特别是环形烧伤时,应尽早行气管切开术。

(2)小儿烧伤的预防 由于小儿(尤其是5岁以下者)烧伤大都是照顾不周造成的,因此只要加强小儿的管理教育,提高人们的文化科学水平,普及烧伤预防知识,小儿烧伤是可以减少的。①广泛发展托儿所、幼儿园等集体福利事业,把小儿妥当地管理起来,并加强对小孩、家长和保育人员的烧伤预防教育。②家长要带好孩子,也是防止烧伤的重要措施。③由于绝大多数受伤小儿都是在家庭中受伤的,因此,对家庭中易于引起烫伤的物品,如热水瓶、开水壶、汤盆、火炉、电烤炉等应放置妥当,防止小儿拉翻。给小儿洗澡时,先将冷水倒入盆中,然后再加入热水混合,不要在中途由于取冷水等将小儿单独留在房中,尤其不要把小孩单独放在热水盆、热水瓶或热水壶边,以防打翻而烫伤。④使用烘炉、炭盆、火炉、电炉、煤气等取暖、烹调或烘烤衣服物品时都要加保护架。不要让小儿单独留在厨房或放有上述物品的房间内,以免小儿衣服着火或小儿跌入火中烧伤。用热水袋取暖时水温不宜太高,并要用衣服或包布包裹起来,不要直接贴放在小儿皮肤上,以免烫伤。教育小儿不要玩火或玩易燃易爆物品。对煤、汽油、火柴和打火机要加强保管。⑤加强安全用电教育,严格检修线路,执行安全用电措施,特别是农村,更要普及用电知识,防止触电事故。⑥加强防火和灭火急救教育,防止火灾发生。掌握火灾发生时的急救措施与方法,一旦烧伤,应尽快灭火,减轻伤情,中小面积烧伤及时用冷水浸泡或淋洗,有止痛和减轻烧伤程度的效果。

4.2.2 电击伤

人体与电源直接接触后所引起的组织损伤称为电损伤。因电热效应可造成人体皮肤、皮下组织及深层肌肉、血管、神经、骨关节及内脏等组织的广泛性烧伤,所以多数学者称此为电烧伤。随着各行业及生活用电的剧增,人与电接触的机会越来越多,可能会由于缺乏安全意识,违章操作和意外事故等不慎造成电烧伤。

4.2.2.1 电击伤的临床表现

(1)**全身症状、体征** 电烧伤早期出现"电休克"样表现,可有恶心、心悸、头晕或者短暂的意识障碍,甚至昏迷,呼吸、心搏骤停。伤后一般会立即出现昏迷,可持续 1~30 min,经抢救多可恢复。电流对心脏的损害,心电图表现为窦性心动过速或过缓、心律不齐、室性期前收缩、ST 段压低、T 波低平,也可发生心律失常。心肌酶谱升高。对肝的损害,临床表现为肝功能异常。对肾的损害,特别是合并有大面积深部组织损伤时,可出现血红蛋白尿及肌红蛋白尿,若存在肾小管沉淀及堵塞,可继发肾功能衰竭。如伴有大面积烧伤,可出现血容量不足表现。

(2)**局部症状、体征** 电流通过人体有入口和出口。入口多在上肢或手,出口多在下肢;入口多为一处(也可以有一处以上),出口常为多处。入口处常炭化,形成裂口或洞穴,局部感觉麻木,温度低。烧伤常深达肌肉、肌腱、骨骼,损伤范围常为外小内大;浅层组织尚可,但深部组织可夹心坏死,没有明显的坏死层面;局部渗出较一般烧伤重,包括筋膜腔内水肿;由于邻近血管的损害,经常出现进行性坏死,伤后坏死范围可扩大数倍。在电流通过的途径中,肘、腋、膝、股等屈面可出现跳跃性创面。

4.2.2.2 电击伤的治疗护理

(1)**全身治疗护理** ①现场急救,发现电烧伤的患者时,应在保护自身安全的同时立即帮助脱离电源。切勿徒手去拉伤员或电缆,以免触电而造成不必要的伤亡,可先用绝缘物(木棒、竹签等)

挑开导电线,再把触电者拖离电源,切断电源线。出现呼吸、心搏骤停者,应立即施行心肺复苏术,进行抢救。在坚持现场心肺复苏的同时,应火速向医院呼救,让医护人员尽快赶到现场做进一步生命支持。②补液与复苏,电烧伤的补液量不能根据其体表烧伤面积计算,对深部组织的烧伤应该充分估计,同样面积的烧伤,电烧伤时受损组织量较一般烧伤多很多。电烧伤后红细胞及肌肉的损害常伴有血红蛋白尿和肌红蛋白尿,所以输液量应比单纯的烧伤多。补液复苏量应在一般烧伤的基础上根据具体情况予以调整,一般输液量比体表热烧伤预计公式高4倍以上,尿量维持在70~100 ml/h,如有血(肌)红蛋白尿,在血容量恢复的同时,可用甘露醇或呋塞米(速尿)利尿并注意碱化尿液,使尿量达200~300 ml/h,防止血红蛋白或肌红蛋白沉积于肾小管,导致急性肾功能衰竭。在补液的同时要严密监护,防止输液过多。③防止感染,电烧伤局部坏死组织多,有利于细菌及厌氧菌繁殖。局部可采用暴露疗法。注射破伤风抗毒素及抗生素。

(2)局部治疗护理 ①电弧烧伤创面的处理同一般火焰烧伤。②切开减张,电烧伤后深部组织损伤重,体液大量渗出,筋膜间隙张力可迅速增高,可造成肌肉坏死。四肢的环形烧伤,还容易导致远端的血运受阻,发生继发性组织坏死,及早地切开减张可改善局部血液循环,减轻组织的坏死程度,有利于改善间生态组织的活力。减张的时间应在伤后48~72 h内,切开范围要足够大,应切开深筋膜。减张切开口可用碘伏纱布或生物敷料进行覆盖,适当缝合固定。③创面清创,清创时机一般在伤后1~10 d。高压电烧伤早期坏死范围不易确定,仍应尽早做彻底的探查,清除变性、失活的肌肉组织。清创后根据创面的情况给予对应的游离植皮或皮瓣修复等。对于特殊部位的电烧伤,如头颅部、手部、足部等根据情况给予对应的处理。④早期创面不宜包扎,应采用暴露疗法,观察创面情况,肢体水肿程度、肢体循环及皮肤颜色的变化情况,抬高患肢。如肢体肿胀严重,应及时报告医生,尽早切开减压,以改善肢体远端的血液循环,尽量挽救肢体。搬动受伤肢体时应轻慢,尽可能平行移动。

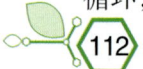

4.2.3 冷伤

冷伤是低温寒冷侵袭所引起的损伤,冷伤分为两类:一类为非冻结性冷伤,由10 ℃以下至冰点以上的低温和潮湿条件所造成,如冻疮、战壕足、水浸足、水浸手等。另一类为冻结性冷伤,由冰点以下的低温(一般在-5 ℃以下)所造成,分局部冷伤和全身冻僵。全身性冷伤一般情况下极少发生。

4.2.3.1 冷伤的临床表现

在冻融以前,伤处皮肤苍白、温度低、麻木刺痛,不易区分其深度。复温后不同深度的创面表现有所不同,依损伤程度可分为三度。①一度损伤在表皮层。受损皮肤表现为红肿、充血,自觉热、痒或灼痛。症状多在数日后消失。愈合后除表皮脱落外,不留瘢痕。②二度损伤达真皮层。除上述症状外,红肿更显著,伴有水疱,疱内为血清样液,有时可为血性。局部疼痛剧烈,但感觉迟钝,对针刺、冷、热感觉消失。1~2 d后疱内液体吸收,形成痂皮。如无感染,2~3周后脱痂愈合,一般少有瘢痕。除有时对寒冷较敏感外,无其他后遗症。如继发感染,常形成溃疡,经久不愈。③三度损伤达全皮层,严重者可深至皮下组织、肌肉、骨骼,甚至使整个肢体坏死。开始复温后,可表现为二度冷伤,但水疱为血性,随后皮肤逐渐变褐、变黑,以致明显坏死。有的一开始皮肤即变白,逐渐坏死。一般多为干性坏死,但如有广泛血栓形成、水肿和感染时,也可为湿性坏死。④四度身体全层坏死,包括肌肉和骨组织坏死。皮肤呈紫蓝色,表面感觉消失,疼痛难忍。可出现干性及湿性坏疽。

全身冷伤开始时有寒战、苍白、发绀、疲乏、无力、打哈欠等表现,继而出现肢体僵硬、幻觉或意识模糊甚至昏迷、心律失常、呼吸抑制、心搏呼吸骤停。患者如能得到及时抢救,其心跳、呼吸虽可恢复,但常有心室颤动、低血压、休克等,呼吸道分泌物多或发生肺水肿,尿量少或发生肾功能衰竭,其他器官也可发生功能障碍。

4.2.3.2 冷伤的治疗

(1)急救和复温　迅速使患者脱离低温环境和冷冻物体。衣服、鞋袜等冻结不易解脱者,不可勉强,可立即用温水(40 ℃左右)使冰冻融化后脱下或剪开。迅速复温是急救的关键,但勿用火炉烘烤。快速复温方法为:用40～42 ℃的温水浸泡肢体或浸浴全身,水量要足够,要求在15～30 min内使体温迅速提高至接近正常。温水浸泡至肢体转红润、皮温达36 ℃左右为宜。浸泡过久会增加组织代谢,反而不利于恢复。浸泡时可轻轻按摩未损伤的部分,帮助改善血液循环。如患者感觉疼痛,可用镇静止痛剂。全身冻僵浸泡复温时,一般待肛温回复到32 ℃左右为宜。立即停止继续复温。因为停止复温后,体温还要继续上升3～5 ℃。及时复温,能减轻局部冷伤和有利于全身冷伤复苏。对心搏呼吸骤停者要实行心脏按压和人工呼吸。

(2)局部冷伤的治疗　一度冷伤创面保持清洁干燥,数日后可治愈。二度冷伤经过复温、消毒后,创面干燥者给予保护性包扎。有较大水疱者,应及时给予抽吸或引流,保持疱壁的完整性,必要时给予无菌敷料覆盖或包扎;小水疱可自行吸收,不做处理。及时进行细菌培养,创面已感染者局部使用抗生素,采用包扎或半暴露疗法。三度冷伤多用于暴露疗法,保持创面清洁干燥,待坏死组织边界清楚后予以清创。若出现感染,则应充分引流;坏死组织脱落或切除后的创面应及早植皮,对并发湿性坏疽者要手术治疗。三度冷伤和广泛二度冷伤还需要全身治疗:①注射破伤风抗毒血清;②冷伤常继发肢体血管的改变,可选用改善血液循环的药物;③抗生素防治感染;④补充高热量、高蛋白和高维生素饮食。

(3)全身冷伤的治疗　复温后首先要防治休克和维护呼吸功能。防治休克主要是补液、选用血管活性药、除颤等。为防治脑水肿和肾功能不全,可使用利尿剂。保持呼吸道通畅、给氧和呼吸兴奋剂、防治肺部感染等。其他处理包括纠正酸碱和电解质失衡、维持营养等。全身冷伤常合并局部冷伤,应加强创面处理。

4.2.3.3　冷伤的护理

(1)复温护理　尽快使伤员脱离寒冷环境,去除潮湿的衣服、鞋袜,尽早进行全身和局部复温。轻度冷伤者置于一般室温下,加

盖被服保暖;全身性冻僵复温至肛温 32 ℃时即可停止。能进食者可给予热饮料,如牛奶、热豆浆、热菜汤等,但不可饮酒,以免增加散热。

(2)**妥善处理创面** 复温后的创面开始起水疱或血疱,不能剪破疱皮,在伤后 48 h 将疱皮低位剪破并复位;对于已分离的污染疱皮应剪除,用无菌纱布将创面的深处的渗液、分泌物等吸净。创面清洁后行半暴露疗法,或外加敷料包扎,并抬高患肢。

(3)**减轻疼痛** 在复温过程中及复温后,冷伤肢体会出现剧烈的疼痛,可口服或肌内注射镇痛剂等。

(4)**心理护理** 对患者态度和蔼,耐心倾听重度冷伤患者对预后的担忧等不良感受,给予真诚的安慰和劝导,取得患者的信任;耐心解释病情,以消除顾虑;利用社会支持系统的力量,鼓励患者树立战胜疾病的信心。

(5)**防治并发症** 冷伤患者常见并发症有休克、多器官功能衰竭等,在护理中应注意:①保持呼吸道通畅、吸氧。②维持水、电解质、酸碱平衡。③改善局部血液循环,遵医嘱给予低分子右旋糖酐、肝素等避免血细胞凝聚和血栓形成。④给予维生素 C、乳清蛋白粉等,减少水肿,促进损伤细胞修复。⑤必要时给予抗菌药物、破伤风抗毒素血清或气性坏疽抗毒素血清防治感染,并注意观察药物的不良反应。

4.2.3.4 健康教育

宣传预防冷伤的知识,在寒冷环境中要注意防寒、防湿及避免长时间静止不动而引起冷伤。平时锻炼身体,增强耐寒能力,补充营养,提高机体抵抗力。一旦发生冷伤,首先要脱离危险环境,积极采取复温措施,避免冷伤进一步加重。

【**典型病例 4.5**】 1 例双下肢热液烫伤患者创面的护理

(1)**简要病史** 患者女性,63 岁。因"热液烫伤双下肢"在当地使用中药"家传秘方"外敷治疗 20 d,症状未缓解,且呈进行性加深,为请求进一步治疗,于 2018 年 7 月 10 日就诊于医院创面中心。主诉有高血压，长期口服降压药，与家人同住，经济困难，文盲，焦虑，对目前的疾病和创面情况表示理解，愿意配合治疗，依从性较好。就诊后查体：左下肢创面大小 38 cm×16 cm，基底 75% 黑色组织，25% 红色组织；右下肢创面大小为 13 cm×8 cm，基底 50% 黑色组织，50% 红色组织。两处创面渗液均为少量，黄色透明，无异味，创面边缘不规则，无浸渍，疼痛评分为 3 分(NRS 评分量表)，周围皮肤无浸渍，无色素沉着，无潜行窦道。

(2) 临床诊断　热液烫伤双下肢。

(3) 治疗过程　接诊当天首次创面处理：生理盐水清洗创面，并用多层湿纱布湿敷创面 30 min，采用锐器蚕食法清除附着的黑痂及坏死组织，纱布沾干，创面内层敷料用水胶体敷料，外用绷带固定。换药间隔 1 d(图 4.26～图 4.28)。

接诊后第 1 天创面处理：用生理盐水冲清后纱布沾干创面，内层敷料用银锌抗菌霜，外层聚氨酯泡沫敷料，绷带固定。换药间隔 2 d(图 4.29)。接诊后第 3 天，创面残留少量坏死组织，处理方法同前(图 4.30)。

接诊后第 6 天左下肢 33 cm×15 cm，右下肢 13 cm×9 cm，基底 100% 红色组织，有散在皮岛形成，周围皮肤无浸渍、无色素沉着，疼痛评分为 2 分(NRS 评分量表)。处理方法同前(图 4.31)。

接诊后第 9 天左下肢 25 cm×11 cm，右下肢 12 cm×8 cm，基底 100% 红色组织。创面处理：用生理盐水冲清后纱布沾干创面，左下肢创面未见上皮生长处用银锌抗菌霜和聚氨酯泡沫敷料，已有上皮组织生长处用水胶体油纱覆盖保护，绷带固定。右下肢用水胶体油纱覆盖保护，无菌纱布覆盖，绷带固定。换药间隔 3 d(图 4.32、图 4.33)。接诊后第 12 天创面粉色，上皮细胞再生愈合中，油纱保护，换药间隔 3 d(图 4.34)。

接诊后第 15 天左下肢 9 cm×10 cm，右下肢 2 cm×2 cm，基底 100% 红色组织，疼痛评分为 1 分(NRS 评分量表)。创面处理：用生理盐水冲清后纱布沾干创面，水胶体油纱覆盖，外层泡沫敷料绷带固定。换药间隔 1 周(图 4.35)。

接诊后第 21 天左下肢 9 cm×7.5 cm,基底 100% 红色组织,创面及边缘上皮组织生长良好。右下肢创面愈合(图 4.36)。接诊后第 28 天患者创面愈合,给予健康教育,定期随访(图 4.37)。

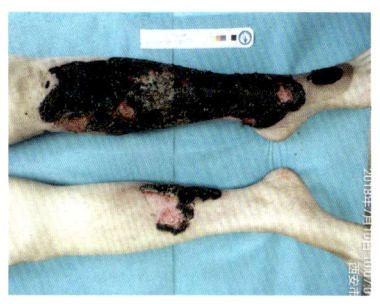

图 4.26　接诊当天黑痂覆盖创面

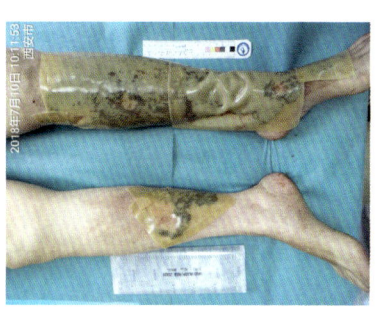

图 4.27　自溶性清创

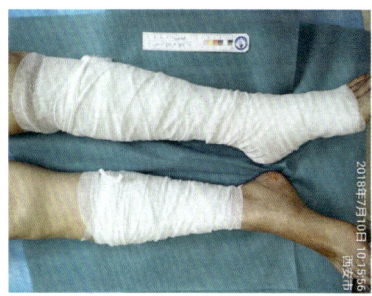

图 4.28　绷带固定

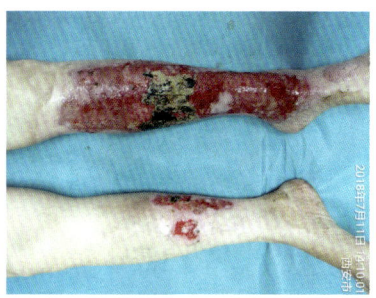

图 4.29　接诊后第 1 天坏死组织减少

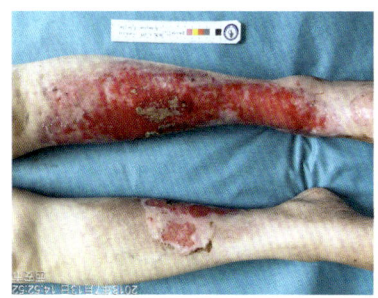

图 4.30　接诊后第 3 天

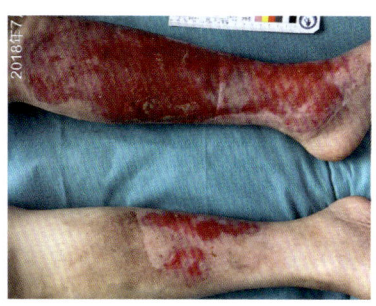

图 4.31　接诊后第 6 天创面新鲜

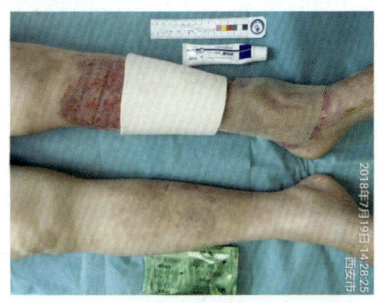

图 4.32　表浅创面用油纱，深创面用银锌霜加泡沫

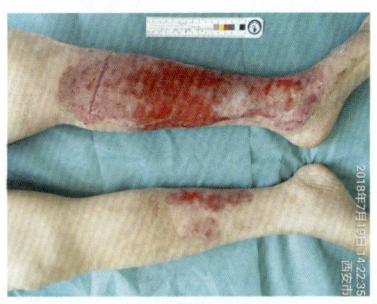

图 4.33　接诊后第 9 天

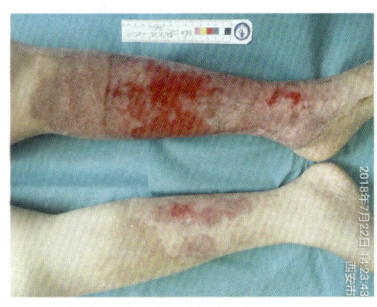

图 4.34　接诊后第 12 天

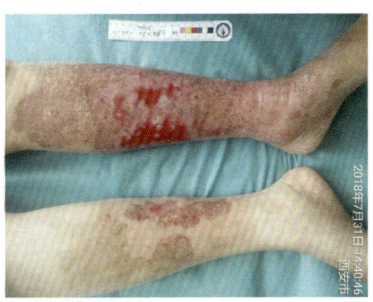

图 4.35　接诊后第 15 天

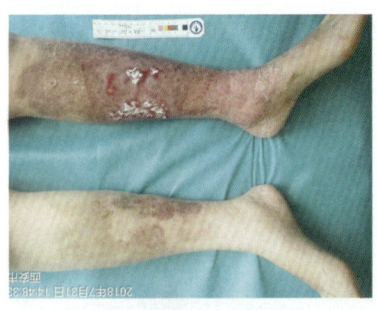

图 4.36　接诊后第 21 天右侧愈合

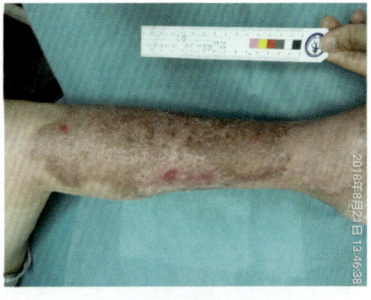

图 4.37　接诊后第 28 天左侧愈合

(4) 健康教育 患者就诊时焦虑,担心愈后瘢痕。给予疾病知识讲解,介绍成功病例,增强信心。指导其换药期间患肢抬高,合理饮食,进易消化少渣的食物,忌用引起胃肠胀气和刺激性的食物;感染期应给予高蛋白、高维生素的饮食;康复期要补充足够的蛋白质和糖类,要多吃水果、肉类、蛋类、糖类;如有并发症发生,根据不同并发症给予的食谱应及时做出相应调整。

(5) 经验总结 接诊时患者创面结痂干燥,疼痛明显。选用湿盐水纱布湿敷 30 min 软化痂皮,缓解疼痛,配合锐器清创清除松软痂皮。由于创面残留坏死组织多,创面干燥,选用水胶体敷料保湿自溶性清创。第 2 次换药创面中等渗出,选用银锌抗菌霜,其释放银离子和锌离子可预防感染,外层覆盖聚氨酯泡沫敷料对创面渗出液有良好吸收容量,同时又可为创面提供保护屏障和保持创面湿性愈合环境。清创完成以后选用水胶体油纱保护新鲜的创面,加用泡沫敷料延长换药间隔。全程根据创面阶段选择合适的敷料,患者舒适度高,愈合效果满意。

(周 琴 王 青 马宁侠)

烧伤及烫伤患者的护理

化学烧伤

4.3 皮肤相关急性感染创面的护理

4.3.1 疖、痈及皮脂腺囊肿感染

4.3.1.1 疖

疖(furuncle)中医称为疔疮,是指单个毛囊及其所属皮脂腺的急性化脓性感染。常好发于皮脂腺丰富的部位,如头、面、颈项、背部等。如果患者同时不同部位多发,或在一个阶段内反复发生,则称为疖病,常见于婴幼儿、营养不良及糖尿病患者。疖的发生与皮肤不洁、局部擦伤或摩擦、环境温度较高或机体免疫力低下有关,致病菌以金黄色葡萄球菌多见。

(1)**临床表现** 疖于初期局部皮肤出现红肿、疼痛的小硬结,随后增大呈锥形隆起。化脓后,结节中央组织坏死、软化,肿痛范围扩大,中心处呈现黄白色脓栓,触之有波动感;脓栓脱落后破溃流脓,炎症逐渐消散后愈合。部分疖无脓栓,后自行破溃。面部,特别是危险三角区的疖受到挤压时容易发生颅内感染。

(2)**处理方法** 该类创面通过及时切开引流会很快愈合,但临床中可见患者引流时间过长,创面经久不愈的现象。因此,在创面引流彻底,炎症控制的情况下尽快拉合促其愈合,从而防止延期形成慢性创面。

4.3.1.2 痈

痈(carbuncle)指邻近多个毛囊及其周围组织的急性化脓性感染,多个疖融合也会形成。中医称之为"疽",颈后痈俗称"对口疮",背部痈为"搭背";多见于老年患者、免疫力低下及糖尿病患者。好发于皮肤组织较厚的颈部和背部。痈的发生与皮肤不洁、局部摩擦和机体免疫力低下有关,临床多见于糖尿病患者。致病菌多为金黄色葡萄球菌。

(1)**临床表现** 局部表现起初为不连续的小片皮肤硬肿,呈暗

红色,可见多个凸起点或脓点,疼痛不明显。随着感染的发展,皮肤硬肿范围扩大,皮肤周围出现水肿,疼痛加剧,全身症状加重。继而脓点增大增多,中央破溃流脓,组织坏死脱落,创面呈蜂窝状,局部皮肤坏死呈现深紫色。患者可伴有寒战、发热、食欲减退、乏力等全身症状。严重者可因脓毒症或全身化脓性感染而危及生命。

(2)处理方法 该类创面应当在确诊后尽早切开引流(图4.38)。手术方法:局麻下"十"字切开,切到脓肿边缘,弯钳游离皮肤,打开皮下感染间隔,充分引流,避免大范围组织坏死发生(图4.39、图4.40)。感染控制,创面新鲜后可以薄膜敷料拉合创面(图4.41~图4.43)。痈多见于颈、枕和背部,皮肤厚韧,临床中可见到因为初次切开引流不充分,从而导致病情恶化,组织大范围坏死情况,操作时应当警惕发生此类现象。对已经发生组织坏死的创面,尽早清除皮下坏死组织,可选用抗感染敷料如银离子敷料、PHMB液体敷料等控制感染。当创面渗出减少时应当尝试尽快使皮下窦道或潜行闭合,避免皮缘内卷造成的愈合时间延长。

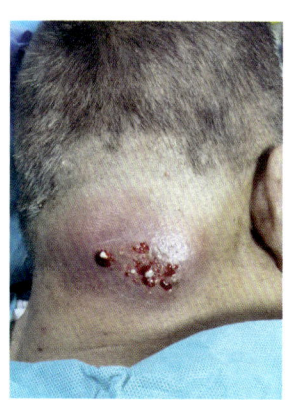

图4.38 颈痈

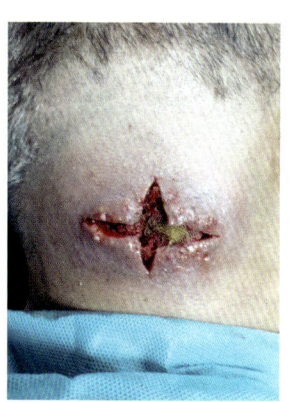

图4.39 局麻下"十"字切开引流

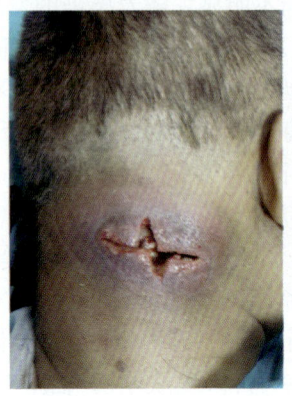

图 4.40 术后第 1 天红肿减轻

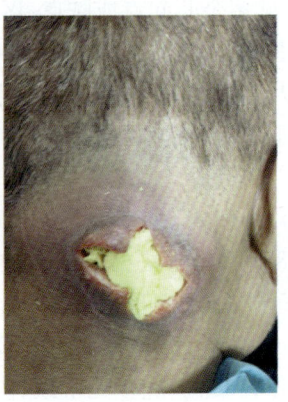

图 4.41 雷夫奴尔纱布抗菌引流

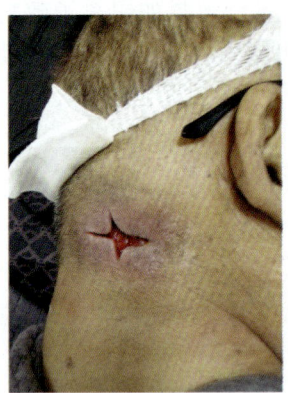

图 4.42 术后第 7 天创面新鲜

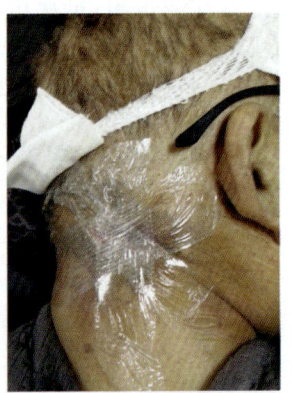

图 4.43 薄膜拉合

【典型病例 4.6】 1 例糖尿病颈枕部痈创面的护理

(1)病史简介　患者男性,54 岁。以"颈后部红肿、脓性渗出伴疼痛 7 d"主诉就诊并收住皮肤科。7 d 前无明显诱因颈枕部出现一个米粒大小丘疹,伴轻度疼痛,丘疹逐渐增大至樱桃大小,疼痛明显,给予外用"拔脓药膏",静脉滴注"消炎药"治疗,疗效欠佳,红肿面积增大,周围组织出现数枚类似丘疹,中央可见多个脓头,并出现发热,最高体温38.8 ℃。白细胞计数$13.58×10^9$/L,中性粒细胞81.2%;白蛋白33.1 g/L,空腹血糖12.8 mmol/L,餐后血糖14.4 mmol/L;糖化血红蛋白10.6%;创面分泌物细菌培养,金黄色葡萄球菌阳性,对苯唑西林敏感。

(2)临床诊断　①痈;②2型糖尿病。

(3)治疗过程

1)综合治疗:①糖尿病饮食,监测生命体征;②口服二甲双胍及阿卡波糖等降糖治疗,监测血糖;③根据细菌培养药敏结果,针对性选择敏感抗生素美洛西林钠-舒巴坦钠抗感染治疗;④补充电解质,加强营养。

2)创面处理过程:创面诊断为糖尿病颈枕部痈。8月11日接诊,颈枕部皮肤红肿、破溃流脓。全身用止痛药,局部利多卡因湿敷后,扩创引流,"十"字切口(图4.44、图4.45),用雷夫奴尔浸湿纱布引流并覆盖红肿区域皮肤15 min后棉垫覆盖固定。8月12日,用弯钳分离红肿区域皮肤打开脓肿间隔,有黄色稠厚脓液引出(图4.46)。8月15日换药,创面内有坏死筋膜组织,使用银离子凝胶抗菌自溶性清创(图4.47)。8月17日皮肤红肿减轻,疼痛减轻,感染控制,继续蚕食法清创(图4.48)。8月19日,创面新鲜(图4.49)。8月24日,创面周围游离皮缘贴合,潜行消失(图4.50)。8月27日上皮爬行,使用水胶体油纱保护创面(图4.51)。9月22日,最后一次换药,创面接近愈合,敷料同前(图4.52)。10月19日,门诊复诊,创面愈合(图4.53)。

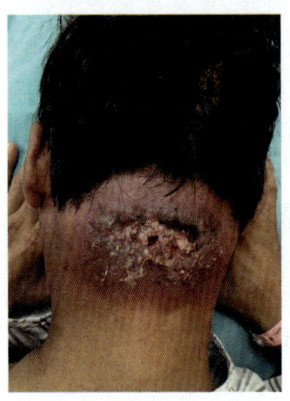

图 4.44　颈枕部皮肤红肿破溃流脓

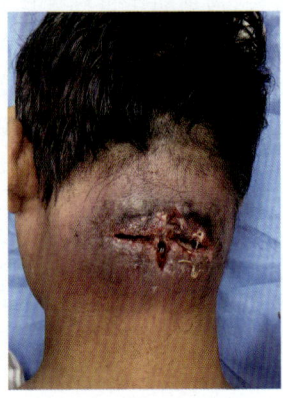

图 4.45　"十"字切开扩创引流

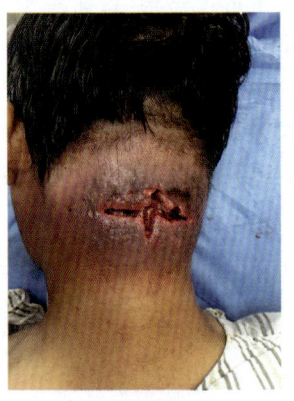

图 4.46　用弯钳分离打开脓肿间隔

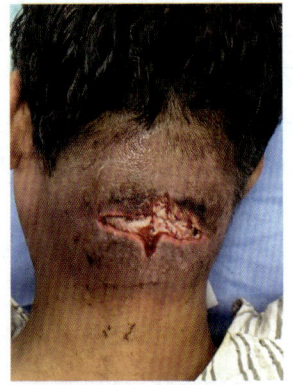

图 4.47　创面内有坏死筋膜

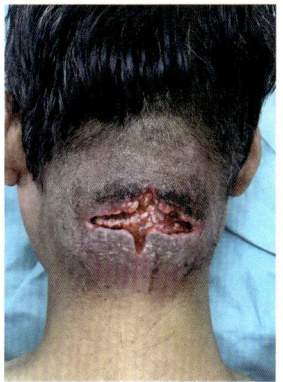
图 4.48　蚕食法清创

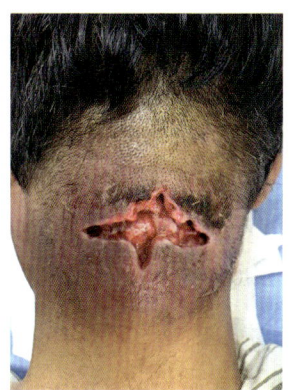
图 4.49　创面新鲜

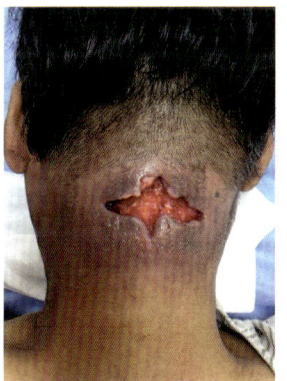
图 4.50　潜行贴合

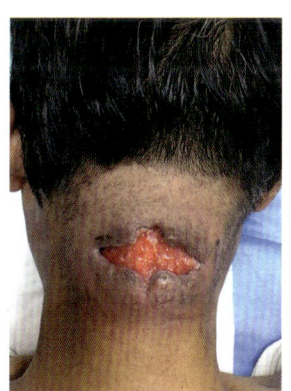
图 4.51　上皮爬行

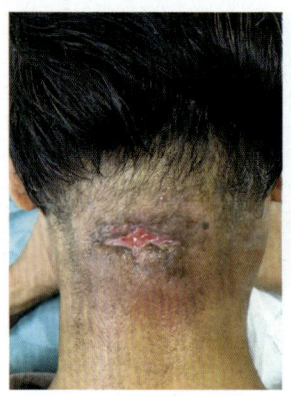 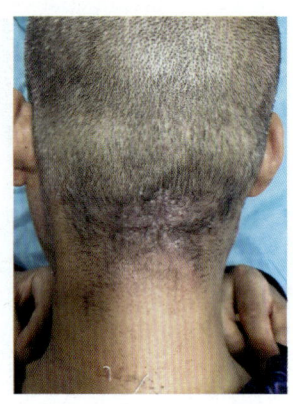

图 4.52　最后一次换药　　　图 4.53　复诊创面愈合

（4）健康教育　首次诊断糖尿病，给予糖尿病相关知识的健康教育，饮食指导、运动指导、用药指导和高危足的预防。保持皮肤清洁，出现皮肤异常问题时，避免擅自处理，及时门诊就医。

（5）经验总结　患者因为颈枕部痛就诊，入住皮肤科，发现血糖增高，疼痛明显，精神紧张。换药前充分交流和心理疏导，给患者信心，配合治疗。经过切开扩创引流，局部抗菌，自溶性清创配合蚕食法清创，创面肉芽新鲜后，给予薄膜敷料拉合，愈合时间1个多月，复诊时创面对合良好，无增生瘢痕，效果满意。

4.3.1.3　皮脂腺囊肿感染

皮脂腺囊肿（sebaceous cyst）俗称"粉瘤"。主要由于皮脂腺排泄管阻塞，皮脂腺被逐渐增多的内容物膨胀所形成的潴留性囊肿。其特点为增长缓慢，患者皮肤可见一有黑点的硬结数月或更久，是一种良性病变。可发生于任何年龄，但以青壮年多见，好发于头面、颈项和胸背部。

（1）临床表现　皮脂腺囊肿突出于皮肤表面，一般无自觉症状，继发感染后局部肿块迅速增大，有典型的红、肿、热、痛，脓肿形成后可切开引流，可见脓液、包膜及白色豆渣样内容物。

（2）处理方法　未感染的皮脂腺囊肿可直接外科手术切除。

感染的皮脂腺囊肿可在局部麻醉下切开引流,去除皮脂腺囊壁,待炎症消散后尽早拉合,以促进愈合。皮脂腺囊肿的囊壁是否完整去除是其愈合的一个关键因素。

【典型病例4.7】 1例肝移植患者臀部巨大皮脂腺囊肿感染创面的护理

患者女性,67岁。因臀部巨大皮脂腺囊肿感染破溃,于2015年2月2日前来换药,可见臀部巨大肿块,肿块上有小的破溃,有脓性渗出,有臭味(图4.54)。患者肝移植术后5年,臀部发现肿块3年,逐渐增大,曾多次外科就诊,因为患者是器官移植术后,医生建议保守观察,臀部肿块逐渐增大。此次肿块破溃就诊,诉疼痛,局麻下进行扩创引流,可见大量豆腐渣样内容物(图4.55、图4.56),清理内容物及包膜后给予生理盐水冲洗并用雷夫奴尔纱条抗菌引流。待引流彻底之后用银离子油纱抗菌引流,并加压闭合创面,促进皮肤回缩,脓腔逐渐缩小(图4.57)。于2015年5月11日经过3个月换药,创面完全愈合(图4.58)。

经验总结:皮脂腺囊肿感染后及时切开引流是避免其加重的唯一方法,切开后需要彻底清除内容物及包膜,方可使创面顺利愈合,并避免复发。豆腐渣样的内容物是诊断皮脂腺囊肿的重要标志。患者长期服用免疫抑制剂,全身营养状况差,经过3个月换药创面愈合,局部皮肤恢复正常状态,临床效果满意。

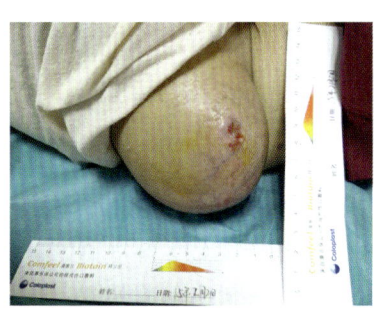

图4.54 皮脂腺囊肿破溃

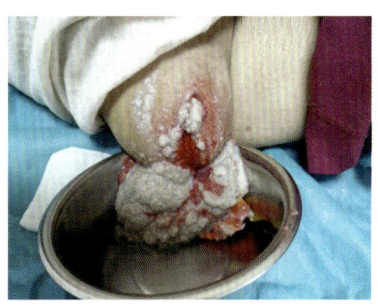

图4.55 局麻下扩创引流

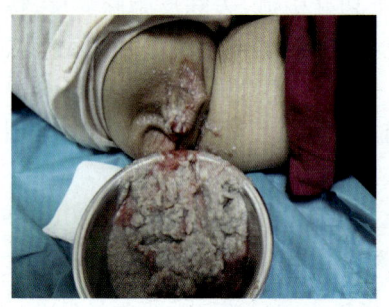
图 4.56　清理内容物

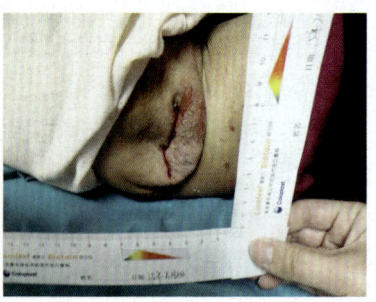
图 4.57　脓腔充分冲洗后放引流条

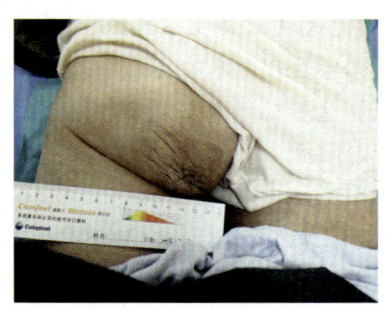
图 4.58　创面愈合

4.3.2　甲沟炎、嵌甲及化脓性指头炎

4.3.2.1　甲沟炎

指（趾）甲除了游离缘以外，其余三边均与皮肤皱褶相接，连接部形成沟状，称为甲沟。甲沟炎即在甲沟部位发生的感染。甲下脓肿即指（趾）甲与甲床间的感染。两者可相互转化或同时存在。甲沟炎多因甲沟及其附近组织刺伤、擦伤、嵌甲或拔"倒皮刺"后造成。甲下脓肿常由甲沟炎蔓延发生，或甲下刺伤引起感染，或指（趾）端挤压伤而致甲下血肿继发感染，临床可见指（趾）甲下出血或脓肿。致病菌主要是金黄色葡萄球菌。

（1）**临床表现**　初起时一侧甲沟发生红肿、疼痛，短时间内可化脓，感染可扩散至指（趾）甲根部和对侧甲沟，形成指（趾）甲周围炎，也可扩散至甲下，形成甲下脓肿。此时疼痛加剧，肿胀明显，在指（趾）甲下方可见到黄白色脓液，将指甲漂起，如不及时处置，可发展成脓性指（趾）头炎，甚至引起指（趾）骨骨髓炎，也可变为慢性甲沟炎，经久不愈。甲沟炎或甲下脓肿，因感染较表浅，故全身症状往往不明显。

（2）**处理方法**　早期可采用患指（趾）热水浸泡或热敷、贴敷药膏、理疗、抬高患肢等疗法，一般可以消退。已有脓液时，则应及时切开引流。可采用指（趾）根部指（趾）神经阻滞麻醉或局部麻醉，然后施行手术。单侧甲沟炎，从甲沟皱襞处切开，打开脓腔充分引流。如感染已扩散为指（趾）甲周围炎或甲下脓肿，应视感染范围，切除部分指（趾）甲或拔除全部指（趾）甲。拔甲或切除部分指（趾）甲时，避免损伤甲床。当指（趾）甲充分游离后，即用止血钳沿指（趾）的纵轴方向将甲壳拔出，详细检查拔出的指（趾）甲是否完整，如发现有缺损，应将遗留的甲碎片取出，以免影响创面愈合。拔甲后，7～10 d 甲床上皮化，一般 3～4 个月后新生指（趾）甲即可完全覆盖甲床，甲床未损伤者新长指（趾）甲一般不发生畸形。

4.3.2.2　嵌甲

嵌甲是一种常见病，甲板侧缘长入附近的软组织中，像异物似的插入甲沟而引起疼痛。引起嵌甲的原因较多，主要为：①遗传因素，甲的曲度和轴向与嵌甲的发生有关。②机械性损伤，碰撞、挤压等，使甲板侧缘更接近甲沟软组织而形成嵌甲，多见于青年学生。③某些疾病引起的畸形甲，如先天性踇趾外翻、甲营养不良、厚甲症或甲真菌病等。④穿鞋不当、穿鞋过紧，多由穿尖头高跟鞋挤压足趾引起，趾甲侧缘受压迫而向甲沟软组织内生长，并摩擦软组织使之肿胀，使嵌甲加重继发感染。⑤修甲过度过深为最常见的病因。甲侧缘没有剪齐，剪得过短、过深，使趾甲像硬刺般地刺向甲沟里的软组织。⑥嵌甲症与职业也有一定关系，多见于站立工作的服务性工作者。

(1) 临床表现 嵌甲为甲侧缘嵌入甲沟,容易继发感染,引起甲沟炎,伴持续疼痛,严重时可影响患者的工作与日常生活。绝大多数嵌甲发生于拇趾甲,尤其以外侧多见(约为内侧的3倍),部分患者拇趾双侧嵌甲或双拇趾双侧嵌甲。

(2)处理方法 治疗主要是避免修甲过短、过深和甲外伤,穿较宽松的鞋。及时纠正甲畸形,尽量避免长久站立。对于炎症轻、病程短者,可用碘伏或用乙醇湿敷甲沟部位,或外用抗生素药膏、鱼石脂软膏后包扎。对局部已化脓者,可适当口服抗生素。对于大多数嵌甲保守治疗效果欠佳者,可选择手术疗法,如部分或全部切除或拔除甲板。

无创拔甲术是作者的临床经验,操作步骤:①准备麻药利多卡因(根据医嘱稀释);②趾根神经阻滞麻醉,两针四点(趾根两侧分别进针至趾腹皮下推注麻药1 ml,退回至趾背皮下推注麻药1 ml);③分离甲床(用剪刀尖指向指甲背面,抵住甲板内层紧贴指甲向两侧分离,避免剪刀尖端刺向甲床造成其损伤);④分离甲根上皮(抵住甲板外层分离);⑤翻卷拔甲;⑥拔出甲板,检查有无残留。

(3)健康教育 ①平时爱护指甲周围的皮肤,不使其受到任何损伤,指甲不宜剪得过短,更不能用手拔"倒刺";②防患于未然,木刺、竹刺、缝衣针、鱼骨刺等是日常生活中最易刺伤甲沟的异物,参加劳动或忙于家务时,应格外小心;③平时注意手指的养护,洗手后、睡觉前擦点儿凡士林或护肤膏,可增强甲沟周围皮肤的抗病能力;④手指有微小损伤时,可涂擦碘伏后用创可贴包扎,以防止发生感染;⑤甲沟炎早期可用热敷、理疗,涂抹抗生素软膏,必要时服用磺胺药或抗生素;⑥如已化脓则应到医院及时切开,将脓液引流出来,防止感染蔓延引起指骨骨髓炎;⑦如果甲床积脓,应将指甲拔除,以利于充分引流和彻底治愈。

【典型病例4.8】 1例嵌甲引发甲沟炎患者的趾甲拔除术

患者右足第1足趾内侧因嵌甲引发甲沟炎(图4.59),保守治疗1周无效,疼痛明显就诊,遵医嘱行拔甲术。

(1)消毒麻醉 ①准备麻药利多卡因(根据医嘱稀释);②给予

安尔碘皮肤黏膜消毒剂消毒(图4.60);③趾根神经阻滞麻醉,两针四点(趾根两侧分别进针至趾腹皮下推注麻药1 ml,退回至趾背皮下推注麻药1 ml)(图4.61、图4.62)。

(2)拔甲术　痛觉消失后实施拔甲术。①分离甲床(用剪刀指向指甲背面,抵住甲板内层紧贴指甲向两侧分离,避免剪刀尖端刺向甲床造成其损伤)(图4.63、图4.64);②分离甲根皮缘(抵住甲板外层分离);③翻卷拔甲(图4.65);④拔出甲板,检查有无残留(图4.66);⑤检查甲床与甲板是否完整(图4.67);⑥清除甲沟炎性肉芽及残存趾甲(图4.68);⑦3%过氧化氢湿敷创面,消毒止血,生理盐水清洗创面,安尔碘湿敷3 min后,使用油纱类敷料覆盖保护甲床(图4.69);⑧纱布包扎(图4.70)。

(3)术后处理　拔甲后休息20 min,确认没有出血,无麻药不良反应后离开。隔日换药,通常7~10 d甲床创面愈合。

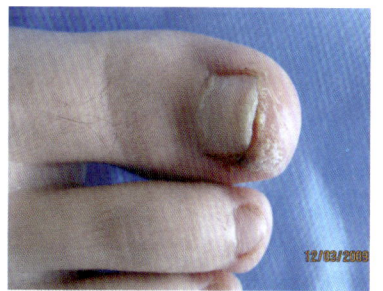

图4.59　嵌甲、甲沟炎

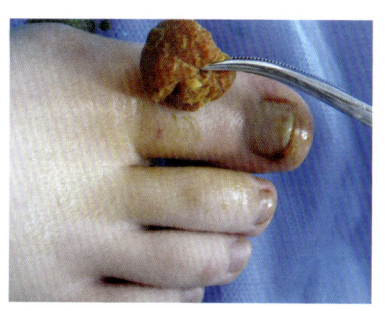

图4.60　消毒

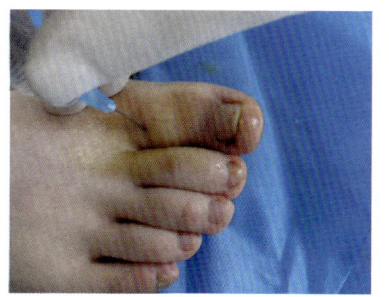

图4.61　趾根麻醉(内侧)

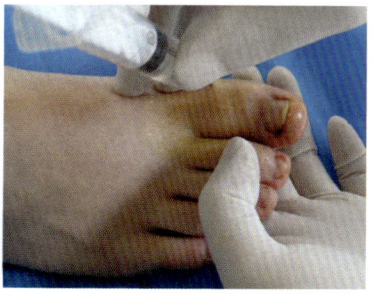

图4.62　趾根麻醉(外侧)

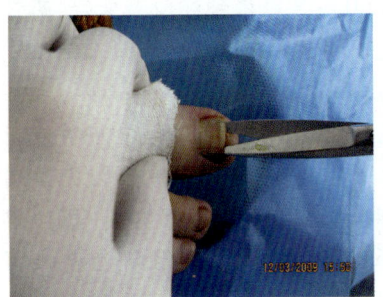
图4.63 分离甲床(1)

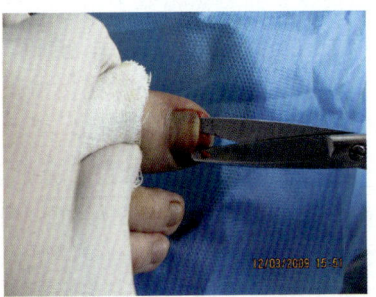
图4.64 分离甲床(2)

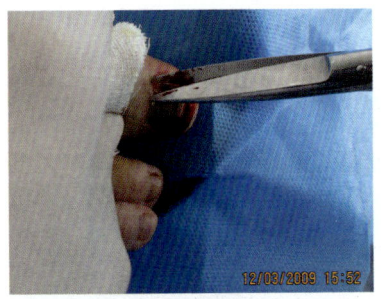
图4.65 分离甲根

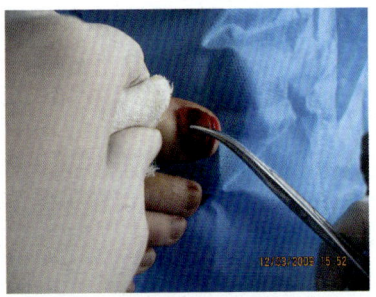
图4.66 翻卷拔甲

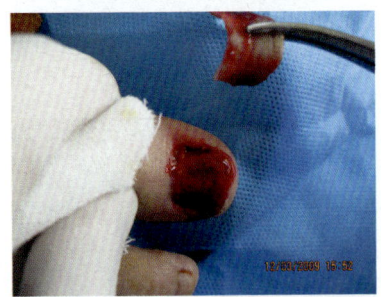
图4.67 检查趾甲

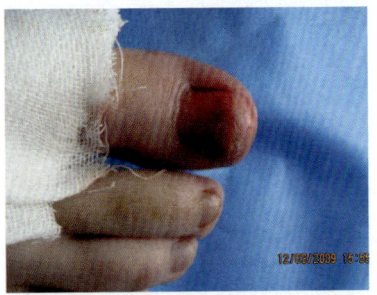
图4.68 清除甲沟炎症肉芽及残存趾甲

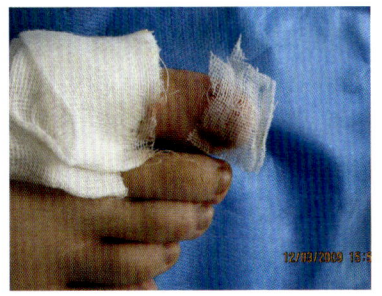
图4.69　油纱保护甲床

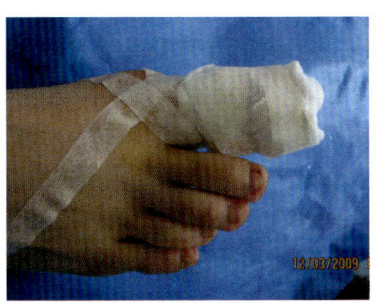
图4.70　纱布包扎

4.3.2.3　化脓性指头炎

化脓性指头炎是发生在指末节的皮下化脓性感染。多为指端异物刺伤后所致,亦可继发于甲沟炎。主要致病菌是金黄色葡萄球菌。手指末节掌面的皮肤与指骨骨膜间有许多纵形纤维索,将软组织分为许多密闭小腔,腔中含有脂肪组织和丰富的神经末梢网。在发生感染时,脓液不易向四周扩散,故肿胀并不显著。但脓腔内压力很高,不仅可以引起非常剧烈的疼痛,还能压迫末节指骨的滋养血管,引起指骨缺血、坏死。此外,脓液直接侵及指骨,也能引起骨髓炎。

(1)临床表现　因指腹皮下组织排列十分紧密,故在感染初期,组织就很肿胀,同时腔内张力明显增高,疼痛剧烈,末节指骨的血供受到阻碍。发病初,指头轻度肿胀、发红,刺痛。继而指头肿胀加重,皮肤张力明显变大,患者常感剧烈跳痛,难以安眠。并有恶寒发热、全身不适等症状。脓肿期,微血管内血栓形成,局部组织趋于坏死,整个指腹可高度肿胀,形同蛇头。脓肿形成后,指头疼痛反而减轻,皮色由红转白,皮肤破溃溢脓,脓肿期因纤维隔的作用,感染可直接向深层发展,极易形成末节指骨骨髓炎,化脓性关节炎或腱鞘炎等,此时皮肤破溃溢脓后,病灶仍难好转。典型表现为肿胀、发红、刺痛、恶寒发热。疾病早期局部症状较重,脓肿形成后很难检出感染区的波动感,也是本病的重要特征。

(2)处理方法

1)局部治疗:①手指平置、制动,以减轻肿胀和疼痛。②早期可给予热敷、高锰酸钾浸泡、碘伏涂擦,积极抗感染治疗可使炎症消退。脓肿形成前,可用如意金黄散敷贴患指。③尽早切开引流,因感染区很难查出波动感,故根据感染的时间,在出现跳痛或影响睡眠时即行切开引流,不能等待。即使切开后没有许多脓液,对缓解症状,控制炎症向纵深发展也是有益的。

2)切开引流:①在指神经阻滞麻醉下,于末节指侧面,甲沟皱褶处切口(因为甲沟自然皱褶,愈合后无瘢痕),切口不可过大,引流通畅即可。术中清除坏死组织,彻底打开已发生感染的纤维隔,但应保护深层骨膜和鞘管的完整,以免炎症扩散。置入水胶体油纱或乳胶片引流。②一般术后引流3~5 d即可拔除引流条。待红肿消退,疼痛减轻后,即应开始做手指功能锻炼,以免肌腱粘连、瘢痕挛缩而造成功能障碍。③术中应避免行两侧对口引流,更不要做指端的鱼口状引流切口。前者常在指腹下留有较大瘢痕,使持物、捏物时疼痛敏感,影响功能。后者则因瘢痕回缩使指端不平,影响功能与外形。治疗及时,处理措施得当,一般不影响手指功能。

3)抗生素治疗:选青霉素类药物肌内注射,过敏者宜用头孢菌素类。

4)健康教育:注意劳动保护,积极治疗手指皮肤外伤。

4.3.3 急性蜂窝织炎

急性蜂窝织炎(acute cellulitis)是皮下、筋膜下、肌间隙或深部疏松结缔组织的急性、弥漫性、化脓性感染。常见致病菌为金黄色葡萄球菌,有时为溶血性链球菌,少数由厌氧菌和大肠埃希菌引起。近年随着微生物学的发展和检测手段的提高,厌氧菌感染和混合感染受到广泛的重视。多因皮肤、黏膜损伤后,皮下疏松结缔组织受病菌感染所致。也可由局部化脓性感染直接扩散或经淋巴、血液传播而发生。在免疫缺陷患者中,偶见革兰氏阴性菌引起的蜂窝织炎。

4.3.3.1 临床表现

(1) **局部表现** 病变局部红、肿、热、痛,并向周围迅速扩大。红肿的皮肤与周围正常组织无明显的界限,中央部颜色较深,周围颜色较浅。感染部位较浅、组织较松弛者,肿胀明显且呈弥漫性,疼痛较轻;感染位置较深或组织较致密时,则肿胀不明显,但疼痛剧烈。病变局部红肿,有明显的压痛。病灶较深者局部红肿多不明显,常只有局部水肿和深部压痛。捻发性蜂窝织炎多发生在会阴部、腹部创面处,查体时可查到捻发音。疏松结缔组织和筋膜坏死,水肿严重并伴有进行性皮肤坏死,脓液有恶臭。

(2) **全身症状** 患者多伴有程度不同的全身症状,如畏寒、发热、头痛、乏力和白细胞计数增高等。一般深部蜂窝织炎、厌氧菌和产气菌引起的捻发性蜂窝织炎,全身症状多较明显,可有畏寒、高热、惊厥、谵妄等严重症状。口底、颌下和颈部的急性蜂窝织炎,可发生喉头水肿和压迫气管,引起呼吸困难,甚至窒息。有时炎症还可以蔓延到纵隔,引起纵隔炎及纵隔脓肿。并发中毒性休克可出现全身炎症反应综合征,表现为高热或体温不升,心率>90 次/min,呼吸急促或过度通气,$PaCO_2$<4.3 kPa,白细胞计数>$12×10^9$/L 或<$4×10^9$/L,或未成熟的白细胞>0.1% 等。脓毒血症骤起寒战,继以高热可达 40~41 ℃,或低温。神志异常,脉细速,肝脾可增大,严重者出现黄疸或皮下出血。

蜂窝织炎有典型的局部全身表现和体征,注意与丹毒、坏死性筋膜炎和气性坏疽鉴别。①丹毒,溶血性链球菌侵入皮肤及网状淋巴管引起的感染。感染蔓延迅速,但不化脓,很少有组织坏死,易反复发作。下肢反复发作者,可有皮下淋巴管阻塞。②坏死性筋膜炎,常为需氧菌和厌氧菌混合感染。发病急,全身症状重,而局部症状不明显。感染沿筋膜迅速蔓延,筋膜与皮下组织大量坏死。患者常有贫血、中毒性休克。皮肤可见溃疡、脓液稀薄,脓培养可有多种菌生长。③气性坏疽,产气性蜂窝织炎应与气性坏疽鉴别,后者病前创伤较重,常深及肌肉,伴有伤肢或躯体功能障碍,创面分泌物有某种腥味。脓液涂片检查可大致区分病菌形态。

4.3.3.2 治疗

(1) 局部治疗　①早期局部无波动时,可用50%硫酸镁溶液做局部湿热敷,或用金黄散外敷。②物理治疗:早期应用紫外线、红外线可促进脓肿局限,消炎;脓液排出后可选择透热法,如超短波、微波等,促进局部血液循环,肉芽组织生长,加快创面愈合。③切开引流:一旦脓肿形成,应切开引流。对于口底及颌下的蜂窝织炎,经短期积极抗感染治疗无效时,应及早切开减压,以防喉头水肿压迫气管造成窒息。手指部的蜂窝织炎,亦应早期切开减压,防止指骨坏死。对于捻发性蜂窝织炎,应做广泛切开引流,切除坏死组织,用3%过氧化氢溶液冲洗创面。若有大量皮下组织坏死,待坏死组织脱落后可植皮以促愈合。

(2) 全身治疗　①抗休克治疗,对感染性休克患者应给予积极的补液扩容,改善微循环状态及相应的对症治疗,密切注意患者的尿量、血压、心率及末梢循环情况。对低血压者选用多巴胺静脉滴注效果好。②全身支持疗法,保证患者充分休息。感染严重者应适当加强营养,补充热量及蛋白质,适量输入新鲜血或血浆。人血丙种球蛋白可增强患者抗感染能力。③应用抗生素,抗生素是治疗蜂窝织炎的最重要措施之一。使用原则是根据细菌培养及药敏试验结果选用有针对性、敏感的药物。药敏结果出来前,可根据脓液涂片检查选择相对有针对性的广谱抗生素。对金黄色葡萄球菌、链球菌感染,首选青霉素和磺胺甲噁唑。严重者选用头孢菌素类药物;对革兰氏阴性菌采用阿米卡星,因其耐药菌株少,临床效果也好;对厌氧菌感染者,甲硝唑列为治疗厌氧菌感染的首选药物。

(3) 健康教育　应以清淡食物为主,注意饮食规律。重视皮肤的清洁,防避损伤。皮肤受伤后应及时处理,积极治疗身体的某些化脓性疾病。糖尿病患者要严格控制血糖。若无严重并发症,经积极、规范治疗后,预后较好。糖尿病等机体免疫力低下者有再发的可能。

4.3.4 丹毒

丹毒(erysipelas)是发生于皮肤和黏膜网状淋巴管的急性炎症,病原菌常为A族β型溶血性链球菌,亦可由B、C和G型链球菌所致。通常起病急,蔓延快,好发于下肢和面部,局部可出现界限清楚的片状红疹,颜色鲜红,并稍隆起,压之可褪色,可有烧灼样痛。很少有组织坏死或化脓,可伴高热畏寒及头痛等全身反应。治愈后容易复发。致病菌多由皮肤或黏膜的破损处侵入,也可由血行感染,患者常先有皮肤或黏膜的某种病损,如皮肤损伤、足癣、口腔溃疡、鼻窦炎等,发病后淋巴管网分布区域的皮肤出现炎症反应,常累及引流区淋巴结,病变蔓延较快,常有全身反应,但很少有组织坏死或化脓。

4.3.4.1 临床表现

好发部位以小腿多见,头面次之,婴儿多见于腹部。局部皮肤呈片状红疹,颜色鲜红,中间较淡,边缘清楚,略隆起。用手指轻压,红色即可消退,放松后红色即很快恢复。在红肿向四周蔓延时,中央红色消退、脱屑,颜色转为棕黄。红肿区有时可发生水疱,局部有烧灼样痛,附近淋巴结常肿大、疼痛。足癣或血丝虫感染可引起下肢丹毒反复发作,有时还可导致淋巴水肿,甚至发展为象皮肿。患者常有头痛、畏寒、高热、乏力、食欲减退和全身不适等。多次复发者,称为复发性丹毒。患病时间长,可引起慢性淋巴肿。发于小腿的慢性淋巴水肿,称为"象皮肿"。婴儿及年老体弱者可继发肾炎及败血症,皮损消退后可遗留色素沉着。常见并发症有脓肿、坏死性筋膜炎、血栓性静脉炎、坏疽和转移性感染。应注意与其他类型的蜂窝织炎、坏死性筋膜炎、深静脉血栓形成、接触性皮炎、昆虫咬伤、带状疱疹、类丹毒和急性痛风等相鉴别。

4.3.4.2 治疗

(1) 全身治疗 积极抗菌,早期、足量有效的抗生素治疗。抗生素治疗首选青霉素,过敏者可选用红霉素,并在全身和局部症状消失后仍继续应用 3~5 d,以免丹毒复发。

(2)局部治疗　50% 硫酸镁溶液湿热敷或碘伏湿敷;乳酸依沙吖啶湿敷;外用抗生素类软膏,如百多邦软膏等。对于复发性丹毒,可小剂量 X 射线照射,0.5~1.0 Gy/次,每 2 周 1 次,共 3~4 次。

(3)健康教育　卧床休息,抬高患肢,注意隔离,防止交叉感染。积极治疗局部病灶如手癣、足癣等。提高洁肤护肤意识,勤洗澡,保持皮肤清洁。保持皮肤完整,避免抓挠,护理好每一个小创面。及时治疗皮肤病,对皮肤容易皲裂的人,在洗浴之后,可在全身或者局部涂抹保湿霜。对于患有皮肤干燥症等皮肤敏感人群,尤为重要。与丹毒有关的足癣、溃疡、鼻窦炎等应积极治疗以避免复发。在接触丹毒患者或者换药后,应当洗手消毒,以防止医源性传染。

4.3.5　坏死性筋膜炎

坏死性筋膜炎是一种广泛而迅速的以皮下组织和筋膜坏死为特征的软组织感染,常伴有全身中毒性休克。本病感染只损害皮下组织和筋膜,不累及感染部位的肌肉组织是其重要特征。坏死性筋膜炎常为多种细菌的混合感染,包括革兰氏阳性的溶血性链球菌、金黄色葡萄球菌,革兰氏阴性菌和厌氧菌。随着厌氧菌培养技术的发展,证实厌氧菌是一种重要的致病菌,坏死性筋膜炎常是需氧菌和厌氧菌协同作用的结果。坏死性筋膜炎常伴有全身和局部组织的免疫功能损害,如继发于擦伤、挫伤、昆虫叮咬等皮肤轻度损伤后,空腔脏器手术后,肛周脓肿引流、拔牙、腹腔镜操作后,甚至是注射后(多在注射毒品后)均可发生。长期使用皮质类固醇和免疫抑制剂者好发本病。起病急,早期局部体征常较隐匿而不引起患者注意,24 h 内可波及整个肢体。

4.3.5.1　临床表现

(1)局部表现　①片状红肿、疼痛:早期皮肤红肿,呈紫红色片状,边界不清,疼痛。此时皮下组织已经坏死,因淋巴通路已被迅速破坏,故少有淋巴管炎和淋巴结炎。感染 24 h 内可波及整个肢体。个别病例可起病缓慢、早期处于潜伏状态。受累皮肤发红或发白、水肿,触痛明显,病灶边界不清,呈弥漫性蜂窝织炎状。②疼痛缓解,患部麻木:由于炎性物质的刺激和病菌的侵袭,早期感染局部有剧烈疼痛。当病灶部位的感觉神经被破坏后,则剧烈疼痛可被麻木或麻痹所替代,这是本病的特征之一。③血性水疱:由于营养血管被破坏和血管栓塞,皮肤的颜色逐渐发紫、发黑,出现含血性液体的水疱或大疱。④奇臭的血性渗液:皮下脂肪和筋膜水肿,渗液发黏、混浊、发黑,最终液化坏死。渗出液为血性浆液性液体,有奇臭。⑤坏死广泛扩散,呈潜行状,有时产生皮下气体,检查可发现捻发音。

(2) **全身中毒症状** 疾病早期,局部感染症状尚轻,患者即有畏寒、高热、厌食、脱水、意识障碍、低血压、贫血、黄疸等严重的全身性中毒症状。若未及时救治,可出现弥散性血管内凝血和中毒性休克等。局部体征与全身症状的轻重不相称是本病的主要特征。

4.3.5.2 诊断标准

皮下浅筋膜的广泛性坏死伴广泛潜行的窦道,向周围组织内扩散。中度至重度的全身中毒症状伴神志改变。未累及肌肉。创面、血培养未发现梭状芽孢杆菌。无重要血管阻塞情况。清创组织病检发现有广泛白细胞浸润,筋膜和邻近组织灶性坏死和微血管栓塞。细菌学检查对诊断具有重要意义,培养取材最好采自进展性病变的边缘和水疱液,做涂片检查,并分别行需氧菌和厌氧菌培养。测定血中有无链球菌诱导产生的抗体(链球菌释放的透明质酸酶和脱氧核糖核酸酶 B,能产生滴度很高的抗体),有助于诊断。

4.3.5.3 治疗

坏死性筋膜炎是外科危重急症,其治疗原则是:早期诊断,尽早清创,应用大量有效抗生素和全身支持治疗。

(1) **抗生素** 坏死性筋膜炎是多种细菌的混合感染(各种需氧菌和厌氧菌),全身中毒症状出现早、病情重,应联合应用抗生素。

(2) **清创引流** 病变组织及周围存在着广泛的血管血栓,药物常难以到达,故积极、大剂量抗生素治疗 1~3 d 无明显效果时,应立即手术治疗。彻底清创,充分引流是治疗成功的关键。手术应彻底清除坏死筋膜和皮下组织,直至筋膜坏死的边缘。常用方法:清除坏死筋膜和脂肪组织,以3%过氧化氢、甲硝唑溶液或0.5%～1.5%高锰酸钾溶液等冲洗创面,造成不利于厌氧菌生长的环境;然后用浸有抗菌药液的纱条引流。换药时需探查是否存在皮肤、皮下组织与深筋膜分离情况,以决定是否需要进一步扩大引流。手术操作中应注意健康筋膜的保护,筋膜损伤后易造成感染扩散。皮肤缺损较大,难以自愈时,应待炎症消退后,择期行植皮术。

(3)**支持治疗** 积极纠正水、电解质紊乱。贫血和低蛋白血症者,可输注新鲜血、白蛋白或血浆;可采用鼻饲或静脉高营养、要素饮食等保证足够的热量摄入。在治疗全程中均应密切观察患者的血压、脉搏、尿量,做血细胞比容、电解质、凝血机制、血气分析等检查,及时治疗心、肾功能衰竭,预防弥散性血管内凝血与休克的发生。

【典型病例4.9】 1例下肢坏死性筋膜炎患者创面的护理

(1)简要病史 患者男性,19岁。于1周前突发左下肢肿胀、大腿红肿、皮肤溃烂,疼痛并发热,最高体温39.2 ℃。在当地医院输液治疗后无明显好转,继而出现左大腿皮肤大面积坏死,留观急诊观察室。左足跟慢性溃疡5年未愈合。辅助检查:血红蛋白88 g/L,中性粒细胞90.9%,白细胞$16.2×10^9$/L。一般细菌培养及鉴定:金黄色葡萄球菌。左足X射线片示:左侧胫腓骨远端局部骨质破坏,边缘毛糙,考虑感染性病变;关节间隙显示不清;左跟骨未见确切显示。

(2)临床诊断 ①左下肢坏死性筋膜炎;②左足跟慢性溃疡;③脑脊膜膨出后多发压力性溃疡。

(3)治疗过程

1)综合治疗:监测生命体征,抗感染,营养支持治疗。

2)创面处理过程:2016年5月2日接诊,见左下肢肿胀,左大腿外侧创面基底呈灰白色,小腿肿胀明显,恶臭,使用3%过氧化氢、生理盐水清洗创面,清除坏死组织。探查可见足跟创面和小腿创面相通,小腿创面和大腿创面相通,大腿创面周围潜行,上极潜行深至大腿根部。安尔碘皮肤黏膜消毒剂浸湿纱布填塞引流并覆盖创面,每日换药(图4.71)。5月4日清除窦道潜行坏死组织,用生理盐水经引流管冲洗创面潜行窦道,创面红色肉芽组织增多,雷夫奴尔纱布抗菌引流(图4.72)。5月6日换药臭味消失、创面变红,雷夫奴尔纱布湿敷填塞(图4.73)。5月12日发现大腿肌肉间隙脓肿,扩创引流,并经引流管对脓腔进行充分冲洗后,放置引流管持续引流,敷料同前(图4.74)。5月13日创面新鲜,创面潜行充分冲洗后用纱布擦干,直接自然贴合,创面使用活性炭敷料覆盖,绷带加压固定,促进潜行愈合(图4.75)。5月16日换药大腿潜行闭合,使用异种脱细胞真皮基质覆盖创面,外用活性炭敷料(图4.76),延长换药间隔。5月23日创面渗出不多,只更换外敷料(图4.77)。5月26日发现所有窦道潜行闭合、创面新鲜,敷料同前(图4.78)。6月10日,创面上皮开始爬行,创面缩小,敷料同前(图4.79、图4.80)。6月23日换药创面周围上皮生长良好,创面基底为新鲜肉芽,跟家属沟通后转接给医生植皮(图4.81)。7月20日患者用手机传回创面愈合后的照片(图4.82)。

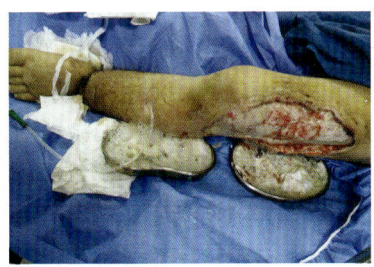

图4.71 清除大量坏死组织、3%过氧化氢溶液冲洗

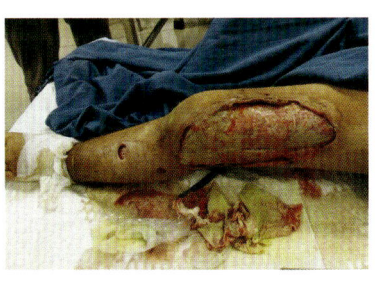

图4.72 窦道潜行清创、雷夫奴尔纱布引流

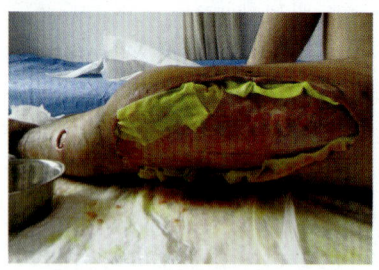
图 4.73　创面变红

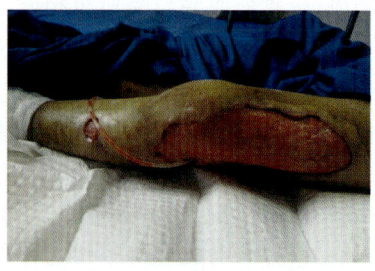
图 4.74　大腿肌肉间隙脓肿充分冲洗引流

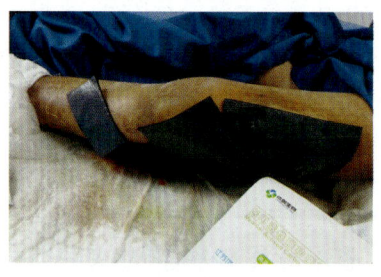
图 4.75　创面窦道潜行充分冲洗后自然贴合覆盖活性炭敷料

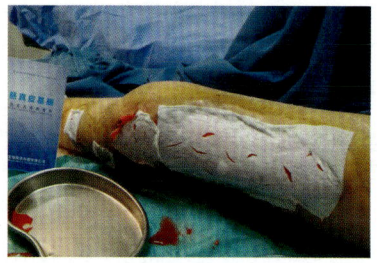
图 4.76　大腿潜行闭合，使用异种脱细胞真皮基质

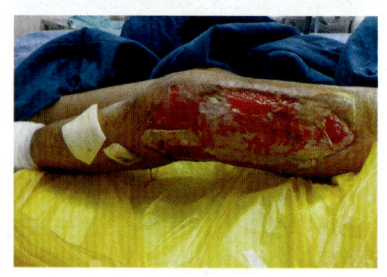
图 4.77　更换外敷料

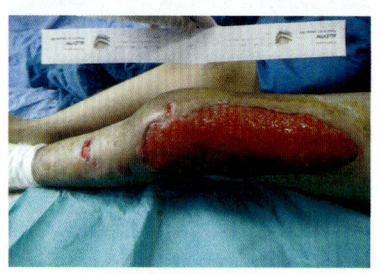
图 4.78　创面新鲜所有窦道潜行闭合

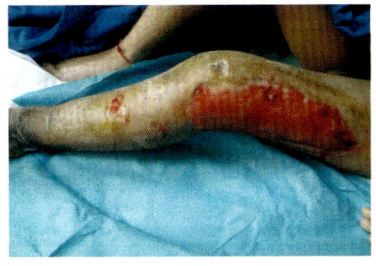
图 4.79 上皮爬行

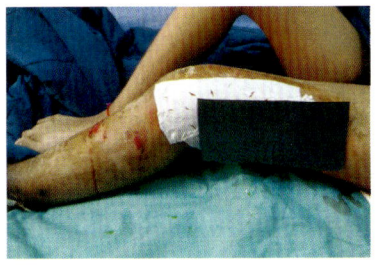
图 4.80 使用异种脱细胞真皮外活性炭敷料

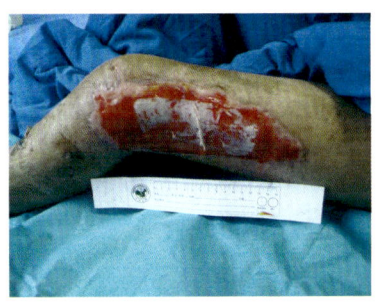
图 4.81 大腿创面缩小、小腿创面愈合

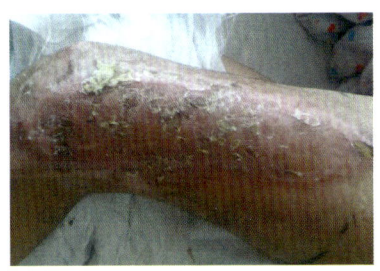
图 4.82 随访创面愈合

(4)健康教育 患者病情重,不能自主翻身,日常生活中注意经常变换体位,预防压疮的发生。换药期间加强营养。创面愈合后近期注意抬高患肢,避免长时间下垂引起肿胀,依靠轮椅活动。左足跟溃疡表面愈合,注意观察,预防溃疡复发。

(5)经验总结 此患者是足跟慢性溃疡引起的严重感染,感染蔓延迅速,中毒症状重。接诊时已经出现大范围组织坏死。有效引流,彻底清创,控制感染是创面处理的重点。本病例换药过程中,首次处理因为创面有大量坏死组织,恶臭,使用3%过氧化氢溶液冲洗创面,生理盐水冲洗创面,安尔碘黏膜消毒剂局部抗菌。清创期每天换药,生理盐水充分冲洗,雷夫奴尔纱布抗菌引流。感染控制,创面新鲜后及时促进潜行窦道闭合。由于创面缺损大，故使用异种脱细胞真皮基质促进愈合并延长换药间隔。患者家住外地，为了缩短病程，跟家属协商后，转接给医生植皮封闭创面，出院后随访创面愈合良好，下肢活动能力尚可。

（阮瑞霞　李　豹　牛建瑞）

颈枕部痈-1　　颈枕部痈-2　　急性感染创面

坏死性筋膜炎

4.4　手术切口裂开创面的护理

外科切口裂开（surgical wound dehiscence,SWD）是指闭合的外科皮肤切口边缘分离,伴(或不伴)皮下组织、器官或植入物的暴露。切口裂开可能发生在单个或多个区域,或涉及整个切口部位,并可能影响部分或全层组织。裂开的切口可能显示感染的临床体征和症状。大量关于SWD风险因素的研究主要是关于腹部和胸部手术后的报道,其他手术部位的研究报道较少。导致SWD最主要的危险因素为:肥胖(BMI≥35 kg/m^2),糖尿病,既往或现在吸烟,急诊手术,年龄大于65岁,手术时间长,不恰当的切口闭合,围手术期低温,创面感染。不同外科手术的SWD发生率有相当大的差异,例如胸外科为0.65%,藏毛窦手术为41.8%。一项前瞻性研究分析开腹手术后,不同外科创面类别(即清洁创面,清洁污染创面,污染创面或感染创面)SWD发生情况,发现手术切口裂开更多发生在污染或感染的创面中。而在社区环境中,最有可能发生SWD的部位是腹部、下肢和胸部(表4.2)。

表4.2 不同部位手术切口裂开发生率

手术类型	术后切口裂开发生率
开腹手术	0.4% ~ 3.8%
心胸手术(胸骨切开术)	0.65% ~ 2.1%
骨科手术	1.1% ~ 3.6%
剖宫产	1.9% ~ 7.6%
乳腺癌再造术	4.6% ~ 13.3%
隐静脉制备	8.9%
藏毛窦手术(一期缝合)	16.9 ~ 41.8%
减肥术后腹部成形术	18.7% ~ 21.5%

4.4.1 手术切口裂开的原因

4.4.1.1 与切口闭合有关的技术性问题

如果切口闭合方法失败或不够牢固,不能使切口两侧闭合在一起,就可能发生SWD。例如,缝线打滑或松解,缝线断裂、拉伸,或缝线切割,因缝线太靠近切口边缘,缝线距离太远和(或)承受过大的张力。

4.4.1.2 机械力

创面缝合过程中张力过大或周围组织水肿都可产生机械力,会破坏缝合材料和(或)撕裂愈合组织,从而导致手术切口裂开。组织水肿可能发生在创面愈合的炎症阶段或感染应答阶段。下肢手术切口水肿尤其常见,例如下肢外伤术后,患者有心力衰竭或低蛋白体液过多。常见的原因:强迫的张力缝合;炎症、感染导致的局部水肿,切口位于解剖依赖区域;全身水肿;切口血肿或皮下积液;外部创伤。

腹部和心胸手术后,因恶心、呕吐、咳嗽、打喷嚏和提举重物等会突然增加腹压及(或)胸内压可导致缝线断裂,缝线移除或再吸收后切口裂开。腹部手术后可能会导致腹内压升高,如果足够高,还可损害器官功能(腹部筋膜室综合征),导致切口裂开。因此建议患者避免对手术切口施加过大的压力,应适当活动,避免过度用力,用胸腹带支撑或夹板固定切口,处理水肿,防止切口裂开。

4.4.1.3 愈合受阻

合并症和并发症及切口感染均会导致愈合受阻。一些并发症会增加切口裂开的风险,例如切口感染、皮下积液和血肿。相反地,切口裂开也会增加切口感染、延迟愈合、愈合后皮肤质量差和切口疝的风险。手术切口的再上皮化通常在 24~48 h 内完成,切口裂开通常在术后 4~14 d 发生。即使切口愈合进展正常,手术切口愈合后的组织也永远无法恢复术前的牵拉力。切口在 1 周时的牵拉力仅为术前水平的 3%,3 周为 30%,3 个月为 80%。

4.4.1.4 手术切口感染

切口感染(surgical site infection,SSI):当创面中的微生物增殖到产生局部或全身免疫应答时,感染就会发生。感染会使免疫细胞和细菌产生降解酶,破坏愈合,削弱创面组织。外科手术切口的感染可增加 SWD 风险,其局部和全身性症状及体征见表 4.3。

表 4.3　手术切口感染的局部和全身性症状及体征

局部性症状及体征	全身性症状及体征
局部红斑或扩散(蜂窝织炎)	不适
脓性或脓性渗出物	食欲减退
脓肿	体温过低
肿胀/硬化	心动过速
皮温高	呼吸急促
恶臭	C反应蛋白升高
捻发音	白细胞计数升高或降低
伤口裂开	脓毒症
突然的疼痛或敏感	脓毒性休克

48 h内的发热不太可能是SSI引起的。取样和微生物培养在SSI诊断中的作用仍存在争议。原因包括表面取样可能只反映表面存在细菌而不是深部组织存在的细菌,而这与深部手术切口感染密切相关。在对创面样本进行微生物分析时,应结合临床症状和体征来解读结果,注意结果"阴性"不一定代表没有感染。

4.4.2　手术切口裂开的评估

4.4.2.1　手术后创面观察

SWD可发生于手术后任何时间,可以在没有迹象的情况下发生,但一般发生在术后第4~14天。切口处有急性炎症反应,如发热、红斑、水肿和疼痛,在手术后的前几天是正常的,不一定表明感染。有裂开危险的切口可能表现为急性炎症反应超出了正常愈合所需的时间和范围,如术后5 d出现更为严重的切口发红、肿胀、发热和疼痛。触诊切口和周围区域可能皮温较高和波动感(皮下积液、血肿或脓肿)。疼痛突然增加或切口液体流出可能预示SWD。术后切口愈合良好与愈合受阻有不同的表现,见表4.4。

表 4.4 切口愈合良好与愈合受阻的表现

指标	与 TIME 原则的联系	切口愈合良好的表现	愈合受阻的表现
切口颜色	组织	1~4 d:红色 5~14 d:粉白色 15 d~1 年:淡粉色,肤色较深的患者则为白色或银色	1~4 d:可能为红色,切口线存在张力 5~9 d:可能为红色,张力持续存在 10~14 d:如果没有发生 SWD,保持红色或进展到粉红色,最终形成增生性瘢痕
愈合脊		5~9 d:可感受到组织的增厚愈合脊,表明新形成胶原蛋白,愈合脊持续到重塑阶段	无愈合脊
切口周围区域	感染/炎症	炎症的迹象: -第 5 天,出现轻微水肿、红斑、发热或皮肤变色 -疼痛	术后前几天可能没有炎症的迹象 较长时间存在炎症和持续疼痛的迹象
渗液	潮湿	1~4 d:渗液量由中度降至最小,由血染(血液)转变为血性(血液和血清的混合物)至浆液(透明琥珀色血清)	渗出物持续超过术后 1~4 d 渗出液可为血性、浆液性或脓性(例如:混浊、绿色、黄色或棕色)
创面边缘	边缘	术后第 4 天,沿着整个切口可见上皮闭合	上皮可能只部分出现或完全没有 SWD 可于术后 14 d 出现

4.4.2.2 手术切口裂开的评估

SWD 发生的迹象:创面边缘分离可能表现为微小的针刺状到较大的裂口,可能涉及切口整个长度和深度。如果切口与体腔相通,SWD 可能导致内脏外露。缝线等可能在分离的区域可见,也可能断裂。在有腹部或胸骨切口的患者中,可能因为恶心、呕吐或咳嗽后出现切口裂开。患者可能会描述在创面区域有拉扯或撕裂的感觉。

在评估SWD前,应确定导致切口裂开的事件,例如咳嗽、呕吐、外伤、缝合线断裂或切割、化脓性感染。还应确定裂开时间;发生在术后不久以及近期发生SWD的可能适合再次缝合。裂开不能缝合的创面,专家建议使用TIME原则对SWD进行评估(表4.5)。一个较短的开裂区域不一定只在表面,也可能影响内部。虽然确定裂开区域的深度很重要,但任何探测都应小心谨慎地进行,以免无意中裂口扩大或造成深部外伤和脏器损伤。

如果对诊断、裂开深度不确定,或者尽管经过了治疗,但切口裂开范围增大或没有改善,此时可以考虑进行影像学检查。在许多情况下,超声扫描是最合适的检查方法。磁共振成像除了评估组织外,也可用于检测和评估浆液瘤、血肿和脓液,并评价裂开创面与植入物的接近程度,如假关节。所有的全身和局部创面的评估、进一步的检查、干预措施都应该被记录下来。

表4.5 使用TIME原则对SWD进行评估

指标	评估	特性
组织	裂开的位置与范围	切口位置 受影响的切口范围 裂开切口数目 缝线等情况(完整还是断裂)
	裂开深度	部分皮层还是全皮层 受影响的组织 器官/骨骼/植入物暴露 潜行或窦道 腹部SWD是否有内脏外露
	组织活力	外露组织情况 创面床的组织类型和比例(例如坏死组织、腐肉和肉芽组织)
	尺寸	裂开尺寸:最大长度、宽度、深度
感染或炎症	局部感染或炎症	临床症状及体征 急性和慢性感染的体征 在免疫抑制的患者中,感染体征和症状可能不那么明显

续表 4.5

指标	评估	特性
潮湿度	渗出物颜色、黏稠度、类型和气味	脓性(奶油色、黄色或绿色)或脓血性(红色、棕色)可能表明感染 淡黄色或棕色渗出物可能提示尿瘘或肠瘘 异味可能提示感染或瘘管
	渗液水平	可从敷料情况以及创面床的外观判断渗液量(即干敷料表示分泌物含量低;饱和或泄漏的敷料提示渗液量大)
边缘	裂开创面边缘	长时间裂开的创面,创缘下可能有潜行
	裂开创面周围皮肤颜色与状况	可能影响愈合的皮肤病,例如放射性皮炎 感染扩散的迹象,例如红斑扩散、发热和水肿 创面周围浸渍可能表明渗出液/引流液量多和(或)敷料吸收渗液量低

4.4.2.3 手术切口裂开的分级

SWD 分级或分类通常与特定类型的外科手术有关(例如胸外科或腹部外科手术)。

在临床上需要一个适用于所有手术类型,易于使用,适用于所有护理环境(包括社区),能够表示严重程度,并可指导合适的管理策略的分级系统。国际创面愈合联盟(world umion of wound healing societies,WUWHS) SWD 评分系统只有在全面评估患者和手术切口后才可采用,有时需要具备适当能力的临床医生探查裂开部位。尽管大多数 SWD 发生术后 4~14 d,但是评分系统包括 30 d 的周期。不管切口裂开多长,涉及切口深层的 SWD 都比涉及表层的 SWD 问题更严重(表 4.6)。

表 4.6　手术切口裂开分级

WUWHS 分级		描述
往下严重度增加	1	仅涉及真皮层；没有可见的皮下脂肪；无感染症状与体征
	1a	1 级伴感染临床症状与体征
	2	皮下组织暴露；筋膜不可见；无感染症状与体征
	2a	2 级伴感染临床症状与体征
	3	皮下层和筋膜暴露；无感染症状与体征
	3a	3 级伴感染临床症状与体征
	4	有器官、内脏、植入物或骨外露的筋膜裂开切口；无感染症状与体征
	4a	4 级伴感染临床症状与体征

注：评分应在允分评估后进行，包括由具有适当能力的临床医生酌情探查受影响的部位；如果不止一处出现分离，应按照分离最深处进行分级；4 或 4a 级裂开的腹部切口又被称为"腹部破裂"（burst abdomen）

4.4.3　手术切口裂开创面的个体化护理

4.4.3.1　切口脂肪液化的创面

切口脂肪液化多见于肥胖患者，裂开创面累及皮下脂肪层，大量脂肪细胞破裂，脂肪颗粒外溢并分解后形成油脂积聚于创面内，从而导致创面大量渗出，出现切口裂开。其中造成脂肪组织破坏、液化的原因包括皮下组织广泛游离、大块钳夹、结扎或缝合脂肪组织，电刀应用不当，引起热烧伤范围过大等。其临床表现主要为切口延期不愈合，伴有切口裂开、大量油性渗出液，开放创面后可见大量坏死的脂肪组织。

其发生机制可能是由于电刀所产生的高温造成皮下脂肪组织的浅表烧伤及部分脂肪细胞因热损伤发生变性，同时脂肪组织内毛细血管由于凝固作用而栓塞，使本身血运较差的肥厚脂肪组织血液供应进一步发生障碍,术后脂肪组织发生无菌性坏死,形成较多渗液,影响切口愈合,甚至发生切口裂开。

脂肪液化尚无统一的诊断标准,一般认为具有以下表现者可以诊断。①术后 5~7 d 多发,大部分患者主诉大量渗液外无其他特殊症状;部分患者创面敷料上可见淡黄色渗出,皮下积液较多。②切口呈间断裂开,皮下组织游离,渗液中可见漂浮的脂肪滴。③渗出液涂片镜检可见大量脂滴,连续 3 次培养无细菌生长。

脂肪液化创面护理重在去除变性的脂肪组织,若引起脂肪液化的原因是创面缝线,应当拆除缝线;若为感染,应当控制感染。初期引流量可能会很大,可以考虑简易负压引流治疗;若创面渗出不多则可以使用藻酸盐类吸收性敷料,效果较好。待创面渗出控制,坏死脂肪组织清理完毕,创面基底部新鲜时可尽快采取拉合或缝合的方法闭合创面,以免造成延期愈合。

4.4.3.2 切口感染的创面

切口感染是各类手术最常见的并发症之一,而相对容易发生切口感染的创面主要是污染或感染的手术。手术切口受到不同来源的致病菌的侵袭,患者自身的防御能力不足以将其消灭时更加容易发生感染。而局部如缝合切口时残留的无效腔、异物,线头遗留过长、局部形成血肿等也会增加切口感染的风险。

感染所致切口裂开,局部处理重在有效引流,控制感染。初期创面渗液管理可选择简易负压引流治疗等,若存在坏死组织和坏死骨时应当尽早去除。对于创面感染较重的患者在全身抗感染治疗基础上增加局部抗菌敷料的使用,如 PHMB 液体敷料、银离子敷料等,在局部抗菌的同时预防细菌生物膜的产生。若创面在 2 周内没有明显变化,应当进行新的评估及多学科会诊。

4.4.3.3 渗漏性创面

渗漏性创面的管理重点在于渗液的收集和处理,有效管理渗漏液体,同时促进创面愈合。临床中常用的护理方法有简易负压引流,造口技术的应用及负压吸引结合造口技术的应用。

(1) 淋巴液渗漏创面　腋窝或腹股沟区手术后出现淋巴液渗漏较为常见,主要为恶性肿瘤淋巴清扫所致的淋巴循环途径破坏或中断。该术后并发症的原因尚不明确,有学者认为由以下几个原因造成:①术者对局部解剖不熟悉,术中组织分离时损伤末梢淋巴组织;②血管分离时,对伴行的淋巴管形成损伤,破坏后没有进行彻底结扎;③过度牵拉组织;④恶性肿瘤淋巴清扫所致。淋巴液渗漏尚无统一诊断标准,临床中常根据其具体表现,结合漏出液检查及造影剂进行诊断。其主要临床表现为创面周围组织发生坏死,大量清亮渗出液,创面周围皮肤发生浸渍甚至发红。

淋巴液渗漏创面的护理在于有效管理渗液,局部加压促进瘘口愈合。作者经验,开放性创面通常采用简易负压引流,闭合性的创面定期穿刺抽积液,并配合局部加压。

(2) 漏尿　漏尿是盆腔手术或泌尿系统术后并发症之一,其主要原因是手术过程中对膀胱、输尿管等器官的损伤或各类吻合口处发生的渗漏。较为常见的为肾移植术后,有文献报道其发生率为3%～6%。如果处理不及时,极易造成盆腔感染或肾功能的损伤。漏尿创面护理在于对渗漏到创面中尿液的有效管理,简易负压引流有很好的效果。

【典型病例4.10】　1例移植肾切除术后漏尿切口裂开、肾移植术后血肿切口裂开患者的创面护理

(1) 简要病史　患者男性,47岁。尿毒症血液透析8年。2周内经历4次手术,分别为右侧腹膜外肾移植术、右侧腹膜外移植肾切除术、左侧腹膜外肾移植术、移植肾血管吻合口出血手术止血。2014年8月11首次接诊,距离第1次手术28 d,第4次手术后14 d。右侧创面漏尿10 d,量3 000～4 000 ml,每天更换10条垫单。血红蛋白76 g/L,白蛋白26 g/L。创面细菌培养为鲍曼不动杆菌。

(2) 临床诊断　慢性肾炎、慢性肾功不全(尿毒症期)、切口裂开。

(3) 治疗过程　①综合治疗:输血纠正贫血,输入白蛋白纠正低蛋白血症,改善营养状况(静脉补充脂肪乳、复方氨基酸等)。敏感抗生素抗感染治疗。②创面护理过程:创面诊断为肾移植术后切

口裂开、膀胱创面瘘。2014年8月11日首次接诊,创面位于下腹部,右侧创面11 cm×5 cm,下端向膀胱潜行10 cm;左侧创面12 cm×5 cm,创面上端向腹膜后方向潜行18 cm。右侧创面锐器清创后简易负压引流,负压压力-16.67～-10.00 kPa(-125～-75 mmHg)。左侧创面首次清创清除血凝块一弯盘,坏死组织下可见移植肾暴露,首次用美盐(高渗盐)敷料引流(图4.83、图4.84)。8月12日第2次换药,右侧负压引出淡黄色尿液3 500 ml。左侧继续蚕食清除脱落血凝块及坏死组织。双侧分别负压引流治疗,左侧有移植肾存在,给予低负压-6.67 kPa(-50 mmHg)持续吸引(图4.85、图4.86)。8月13日第3次换药,有效负压持续吸引,右侧漏尿纱布白色,左侧血凝块溶解脱落纱布为暗红色(图4.87)。创面坏死组织松软脱落后,可见新鲜肉芽组织生长(图4.88)。左侧创面发现输尿管支架,为右侧输尿管支架脱出经膀胱瘘口到右侧创面中。蚕食清创后双侧分别简易负压持续吸引。8月25日第7次换药,发现右侧漏尿减少到200 ml。肉芽组织生长良好,潜行缩小,坏死组织蚕食清创,双侧简易负压持续吸引(图4.89)。9月5日换药创面肉芽新鲜,右侧负压连续5 d未引出引流物,无漏尿,盐水纱布不再放入腔隙,只是表面覆盖,简易负压持续吸引(图4.90)。9月19日右侧创面向下潜行闭合、上皮爬行,左侧腹膜后潜行存在(图4.91)。双侧负压持续吸引。9月27日泡沫敷料封闭创面潜行腔隙配合负压吸引,促进上皮爬行(图4.92)。10月4日出院门诊换药,停用负压引流治疗。经过门诊换药,创面顺利愈合(图4.93～图4.95)。

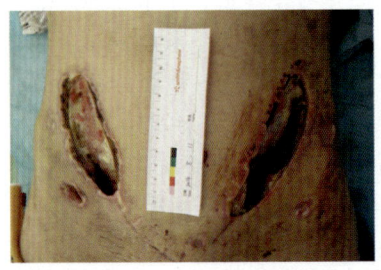

图4.83　首次接诊清创后

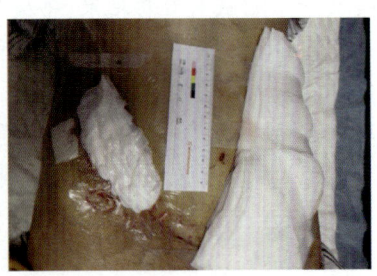

图4.84　右侧漏尿简易负压引流

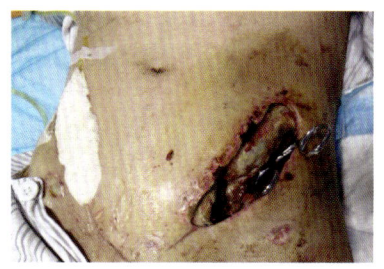

图4.85　第2次换药右侧负压引流3 500 ml,左侧清除血凝块探查腹膜后潜行

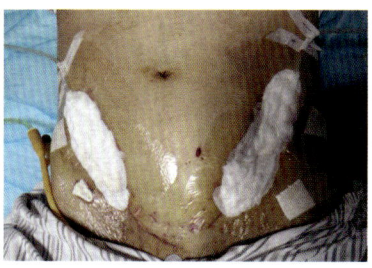

图4.86　双侧创面分别简易负压持续吸引

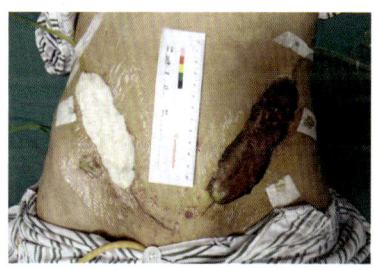

图4.87　第3次换药前右侧漏尿,左侧陈旧性血性液

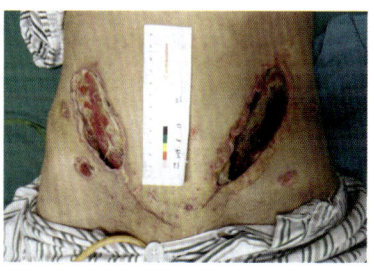

图4.88　创面坏死组织松脱肉芽生长

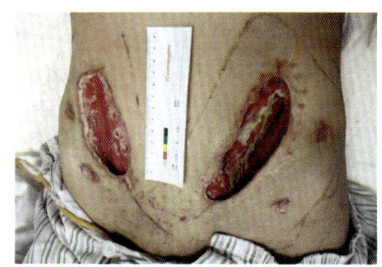

图4.89　第7次换药右侧漏尿减少到200 ml

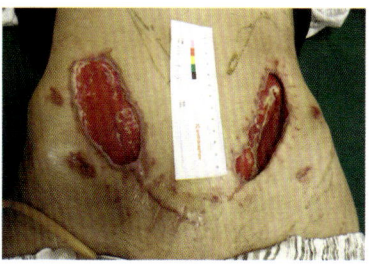

图4.90　第8次换药右侧膀胱瘘口愈合

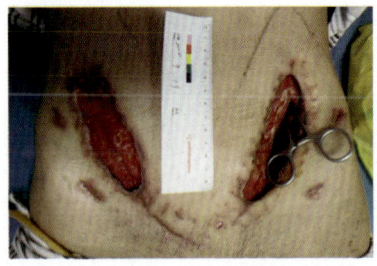

图 4.91　第 9 次换药右侧潜行闭合

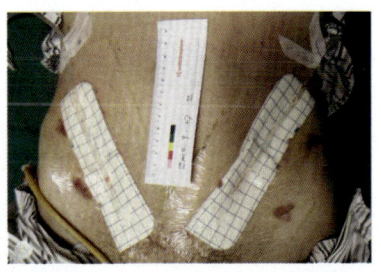

图 4.92　泡沫敷料传递负压促进潜行闭合

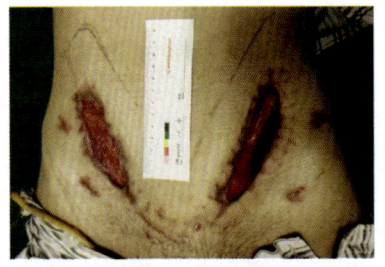

图 4.93　第 10 次门诊换药停用负压引流

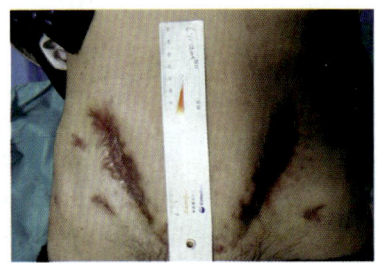

图 4.94　右侧创面愈合

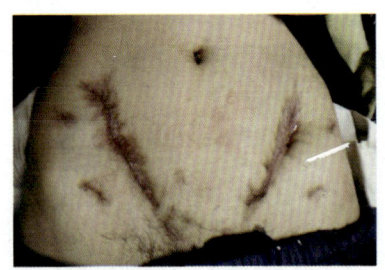

图 4.95　复诊创面愈合

(4)健康教育　患者 2 周经历了 4 次手术,腹部两侧切口裂开,身体和精神遭遇双重打击,及时有效沟通,缓解焦虑症状,同时积极争取家属配合,从心理上和行动上多给予关心及鼓励,帮助患者树立战胜疾病的信心及争取良好的配合。病房定时通风,每天 2～3 次,空气净化消毒机消毒每次 30 min 以预防感染。各种诊疗前洗手并消毒,严格无菌操作,减少人员出入,限制探视,避免交叉感染。肾移植后长期大量服用免疫抑制剂致机体抵抗力较低,应加强营养,指导患者摄入易消化、富含营养的食物,如鸡汤、鱼汤等以提高机体免疫力。

(5) 经验总结　本病例下腹部两侧创面,右侧漏尿,左侧大量血凝块和坏死组织,移植肾外露。经过锐器蚕食法清创,配合简易 VAC 治疗,右侧创面从接诊时漏尿 3 500～4 000 ml,经过不到 1 个月时间漏尿停止,膀胱瘘口愈合。潜行肉芽新鲜后,采用泡沫敷料传导负压以促进潜行闭合,整个愈合时间 2 个月,效果满意。

(3) **肠外瘘**　肠外瘘(enterocutaneous fistula)指肠道与体外相通的瘘。根据瘘管的形态,可将肠外瘘分为:①管状瘘,肠壁瘘口与体外瘘口之间有一段瘘管。为最常见的肠外瘘,通过干预可能会自行愈合。②唇状瘘,肠瘘口黏膜外翻,与皮肤愈合形成唇状。多因肠壁切口裂开或有缺损,排出量较大,自行愈合可能性较小。③完全瘘,亦称断端瘘,指肠管全部或近乎全部断裂,肠内容物几乎全部经此通道排出。

肠外瘘的创面重在有效管理肠瘘液,促进创面愈合。管状瘘可以通过简易负压引流配合持续冲洗,有效管理肠瘘液的同时促进瘘口的愈合。唇状瘘注意瘘口和创面隔离,简易负压引流促进创面愈合。造口袋收集肠瘘液避免污染创面。完全瘘的创面肠瘘液量大,涉及全身治疗和局部护理,后面小节做专门的介绍。

【**典型病例 4.11**】　1 例腹部创面感染裂开、空肠吻合口管状瘘患者创面的护理

(1) 简要病史　患者男性,59 岁。因"腰部疼痛 4 d"于 2018 年 5 月 18 日收住心外科。临床诊断:①主动脉夹层;②右输尿管结石。于 6 月 3 日全麻下行胸腹主动脉置换术,术后胃肠功能恢复较差,出现恶心、呕吐、腹胀等症状,考虑存在肠梗阻可能,6 月 19 日 CT 示,部分小肠位于左侧肾后间隙,肠管扩张积气,肾左前移位,降结

肠右前移位,空回肠积液并少量积气,考虑中段回肠疝入腹膜后肾后间隙,致小肠梗阻。术后应用抗生素有舒普深、万古霉素、奥硝唑、氟康唑。于6月20日急诊全麻下行肠粘连松解+空肠部分切除+空肠吻合术。术后第2天开始,患者诉切口疼痛明显,持续高热,第4天创面敷料有渗出,考虑创面感染更换敷料,按压创面边缘,有大量黄褐色混浊液体流出,引流液培养结果为屎肠球菌、产酸克雷伯菌阳性。痰培养结果为鲍曼不动杆菌阳性。根据药敏结果停用舒普深,加用美罗培南抗感染治疗,继续用万古霉素及奥硝唑。

(2)治疗过程

1)综合治疗:禁饮食、持续胃肠减压、肥皂水通便灌肠、针灸理疗促进肠功能恢复,抗感染,静脉外营养支持。7月9日肠功能恢复,拔除胃管,逐渐进食。

2)创面处理过程:2018年6月25日接诊,胸腹主动脉置换术后22 d,全麻下行肠粘连松解+空肠部分切除+空肠吻合术后4 d,创面愈合不良。打开外敷料,切口发红,有大量黄褐色液体渗出,有臭味。探查创面皮下空腔,脂肪肌肉坏死,创面左侧潜行延伸至腹膜后15 cm,纱条擦洗有黄褐色的肠液,判断空肠吻合口瘘。右侧潜行8 cm。切口中段和下端分别拆除两针缝线,脂质水胶体油纱一端放入潜行底部,另一端包裹头皮针软管和引流管侧孔放入创面浅层(脂肪肌肉层),生理盐水纱布覆盖后薄膜封闭,生理盐水30滴/min,持续冲洗。另取第2根引流管剪多个侧孔,用生理盐水纱布包裹后放置腹部切口表面,薄膜封闭。三通接头连接双引流管持续负压吸引(图4.96)。6月27日换药,大量坏死组织松脱,拆除部分缝线,清除坏死组织后创面基底为腹膜,左侧潜行纱条擦出黄色肠液,脂质水胶体油纱放入潜行底部,平铺创面上并包裹头皮针软管,取两根引流管分别剪多个侧孔,生理盐水纱布包裹后分别放入切口下端和切口表面,持续冲洗,双负压持续吸引(图4.97~图4.100)。7月5日缝线切割松脱予以拆除,创面肉芽组织新鲜,右侧潜行愈合,左侧潜行缩小,空肠吻合口瘘愈合。创缘用薄膜拉合,冲洗负压同前(图4.101~图4.103)。7月9日换药,创面新鲜,左侧潜行缩小成5 cm

的窦道，使用异种脱细胞真皮基质，外用活性炭敷料，薄膜拉合固定，隔周换药（图4.104～图4.106），嘱腹带固定，避免负压过高。8月13日潜行消失、上皮爬行，创面缩小，处理同前（图4.107）。9月11日换药创面顺利愈合（图4.108）。10月22日创面接近愈合（图4.109），11月12日保留敷料等待自然脱落（图4.110）。随访，敷料脱落后创面愈合。

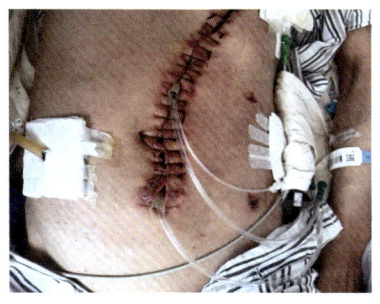

图4.96 摆放冲洗管和负压引流管

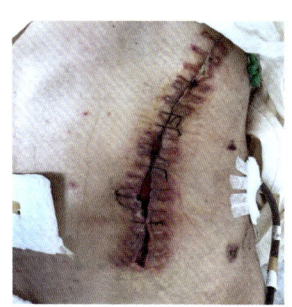

图4.97 创面基底为腹膜

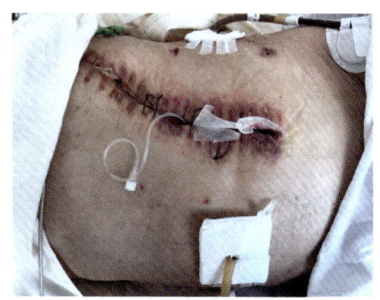

图4.98 脂质水胶体油纱放入创面潜行最深处

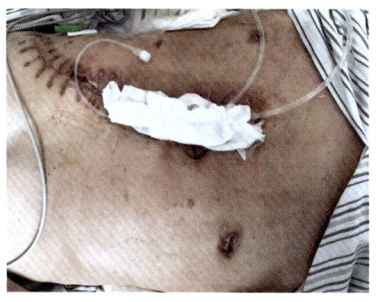

图4.99 两条引流管分别放置创面浅部和切口表面

第 25 册 创面的护理

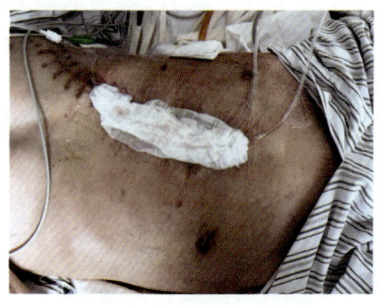

图 4.100　持续冲洗加双负压持续吸引

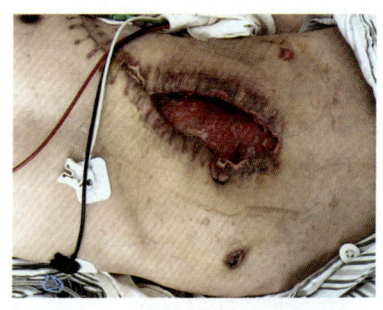

图 4.101　创面新鲜,右侧潜行愈合

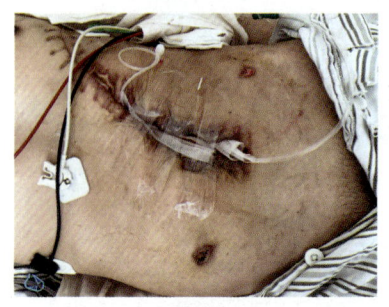

图 4.102　放置冲洗管和引流管后薄膜拉合

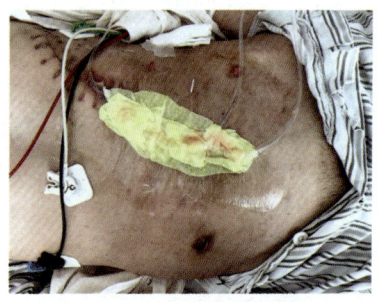

图 4.103　持续冲洗加双负压吸引

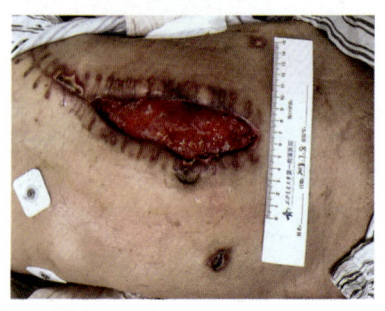

图 4.104　左侧潜行缩小至 5 cm 窦道

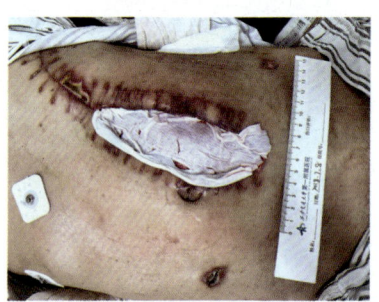

图 4.105　异种脱细胞真皮基质

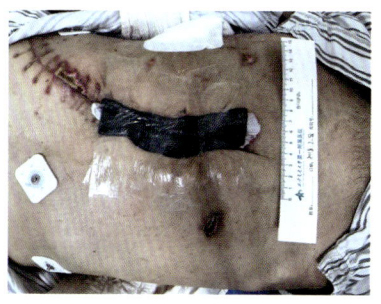
图4.106　活性炭敷料覆盖薄膜拉合

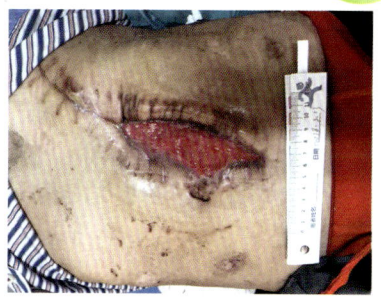
图4.107　潜行愈合上皮爬行

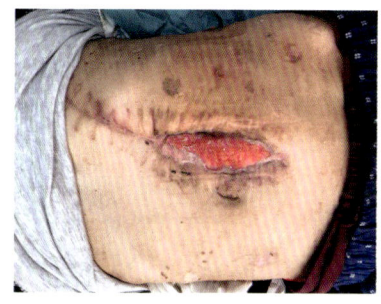
图4.108　创面愈合顺利

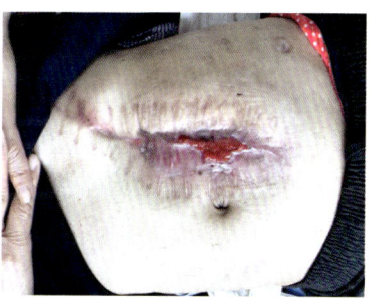
图4.109　最后一次换药

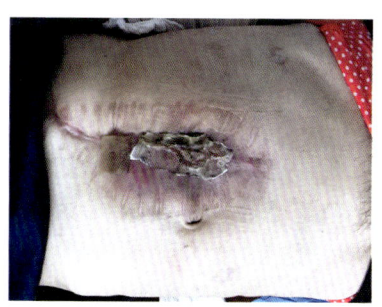
图4.110　敷料保留待自然脱落

（3）健康教育　患者病情危重急诊入院,短时间内连做2次大手术,身体虚弱,营养状况差,患者焦虑,家属思想负担重,有效沟通和心理疏导非常重要。腹部肌肉大范围坏死,腹膜肠管暴露,换药过程中使用腹带保护支持。卧床期间预防压疮。出院后保持大便通畅,及时治疗咳嗽,避免提重物等以免负压突然升高,长期使用腹带支持保护。

(4)经验总结　患者病情危重,精神萎靡,接诊时候夜间发热,长时间未进食致营养不良。创面感染严重,腹部脂肪、肌肉、筋膜大范围坏死。清创后创面基底部为腹膜,左侧潜行延伸到腹膜后,有肠液渗出,考虑空肠吻合口瘘。采用持续滴注冲洗和持续负压吸引,头皮针软管将生理盐水滴入创面,通过脂质水胶体油纱引导进入创面腔隙,在创面内停留后被其引流至创面表面被引流管负压吸出,有效控制感染并预防残渣堵管,促进创面快速愈合。经过10 d内3次换药清创,创面新鲜,左侧潜行愈合,右侧潜行缩小,空肠吻合口瘘愈合。停用负压,创面使用异种脱细胞真皮基质,出院门诊隔周换药观察。后换药间隔延长到2~3周。经过5个月时间创面愈合。

【典型病例4.12】　1例回肠末端双腔造口术后腹部切口裂开、造口旁唇状瘘患者创面的护理

(1)简要病史　患者女性,75岁。以"右下腹疼痛2周,加重伴发热1 d"主诉急诊入院。既往患高血压20年,糖尿病15年,长期服用降压药及降糖药。急诊行回肠末端双腔造口术,腹腔冲洗术。

(2)临床诊断　①急性弥漫性腹膜炎;②感染性休克;③阑尾周围脓肿;④急性呼吸窘迫综合征;⑤急性肾损伤;⑥高血压病3级(极高危);⑦2型糖尿病。

(3)治疗过程

1)综合治疗:抗感染、营养支持、降糖降压。

2)创面处理过程:2015年2月16日接诊,术后第24天,创面造口评估:腹正中偏右部有一纵向创面,长约15 cm,皮缘呈黑色,表面干燥,创面床被一层黄色坏死组织覆盖,恶臭。外置肠管颜色红润,拆除凡士林油纱后在造口底部9、11和12点位置有3个瘘口,每日粪便及肠液流出约1 500 ml,漏入创面内,导致创面污染严重。创面冲洗,蚕食法清创后尝试用凡士林纱布隔离创面和瘘口,以减少创面污染(图4.111)。2月18日创面感染严重加上肠液污染不能有效管理,外置肠管水肿颜色变苍白,跟主管医生协商,拆除缝线。

缝线拆除后手术切口全部全层裂开,清除坏死脂肪肌肉筋膜,可见创面基底为肠管,使用 PHMB 湿敷 15 min,用脂质水胶体油纱覆盖创面处外露的肠管,做简易负压引流后粘贴造口袋收集肠液(图 4.112)。3 月 6 日创面感染控制,外置肠管恢复正常。继续蚕食清创,创面冲洗后简易负压引流,防漏膏封闭负压并隔离肠液,粘贴造口袋(图 4.113～图 4.115)。3 月 27 日创面缩小肉芽新鲜(图 4.116)。4 月 10 日创面中段愈合后形成上下两个创面。上下创面分别负压引流,用三通接头连接,防漏膏封闭后粘贴造口袋(图 4.117～图 4.119)。5 月 18 日下端创面愈合,上端创面变浅。患者身体状况恢复良好,出院回家,创面贴银离子泡沫敷料,直接粘贴造口袋,指导家属学会更换敷料(图 4.120、图 4.121)。门诊复诊创面愈合(图 4.122)。患者 1 年后择期行肠还纳手术,术后排便恢复正常。

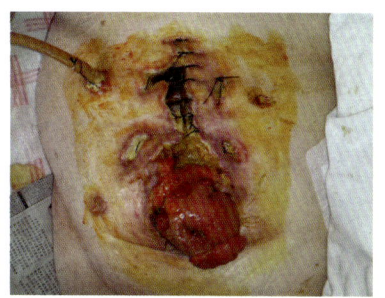

图 4.111　创缘皮肤坏死、肌层坏死

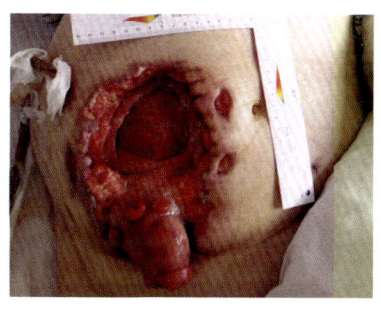

图 4.112　创面基底为肠管、外置肠管根部唇状瘘

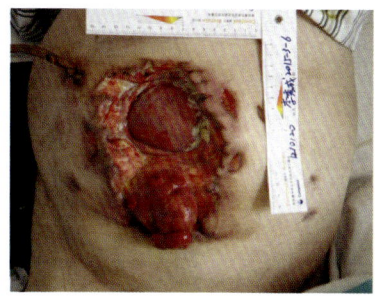

图 4.113　蚕食清创

图 4.114　创面简易负压引流、防漏膏隔离封闭

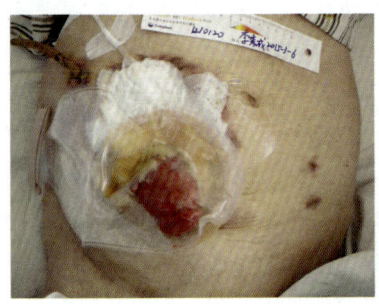

图4.115　粘贴造口袋

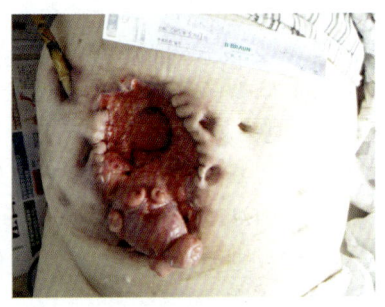

图4.116　创面缩小,肉芽新鲜

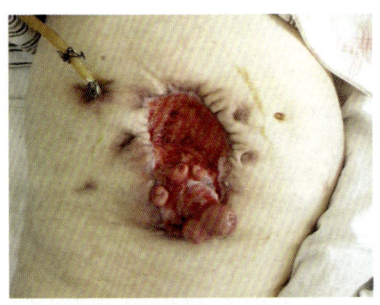

图4.117　创面中段愈合,分为上下两个创面

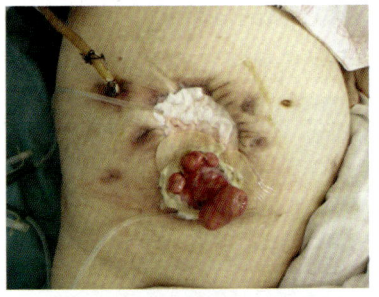

图4.118　双负压引流

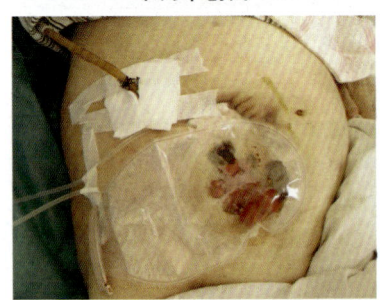

图4.119　粘贴造口袋

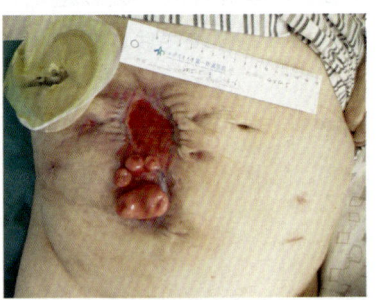

图4.120　下端创面愈合

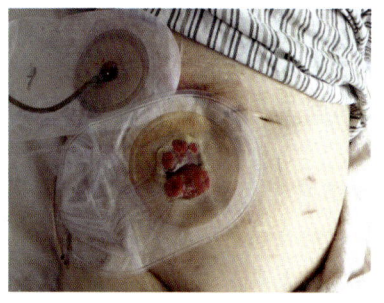
图 4.121　粘贴造口袋

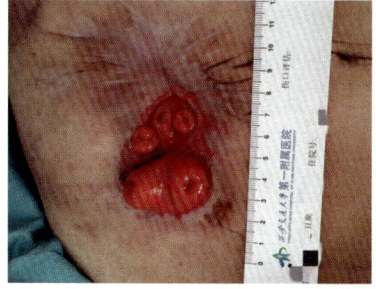
图 4.122　门诊复诊

（4）健康教育　患者病情重，思想负担重。家属配合遵医行为好。给患者和家属提供心理支持，加强营养，卧床期间预防压疮。身体状况恢复后床边活动，注意安全。

（5）经验总结　患者急诊入院，病情危重，术后创面感染，手术切口全层裂开，基础疾病多，营养状况差。在全身综合治疗基础上，创面局部用 PHMB 抗菌，脂质水胶体油纱覆盖外露肠管，生理盐水纱布传导负压，薄膜封闭。负压［−6.67 kPa（−50 mmHg）］吸引以后，用防漏膏进行创面和瘘口之间负压的密闭，同时隔离创面和瘘口，最后粘贴造口袋收集肠液。发现渗漏时及时更换，基本上每周更换 1~2 次。经过 3 个月的护理，创面愈合。本病例成功在于简易负压和造口袋联合应用，有效管理肠液，避免创面污染，控制创面感染同时促进创面愈合。

4.4.3.4　移植物外露创面

（1）金属物外露　金属物固定在骨科手术中应用广泛，心脏外科手术、脑外科手术中也经常使用。但金属物作为移植物，极易发生移植物排异或由于其他原因造成切口裂开移植物外露。处理金属物外露的最好方法是去除，但多数患者因病情需要不能将其去除，在无感染或感染较为局限的情况下尽量保留，感染严重或有骨髓炎、骨缺损时均应去除。

金属物外露创面处理重在控制局部感染。去除局部的感染坏死组织，控制感染和破坏细菌生物膜或防止其形成，可用脉冲清创、

PHMB局部抗菌、简易负压引流等。感染控制以后可使用生长因子、异种脱细胞真皮基质等生物活性敷料诱导组织生长,促进创面愈合。

【典型病例4.13】 1例踝关节内固定术后钢板外露患者创面的护理

(1)简要病史　患者男性,75岁。有糖尿病、高血压病史。外踝骨折内固定术后皮瓣坏死,创面难以愈合,请会诊。

(2)创面处理过程　2015年11月3日接诊,外踝骨折术后56 d、钢板外露(图4.123)。创面涂抹表皮生长因子,外泡沫敷料,泡沫背面剪孔放置引流管、薄膜封闭,4 h后开始负压间断吸引(图4.124)。11月6日负压引流3 d后第2次换药,发现钢板被肉芽组织覆盖,停用负压引流出院门诊换药,继续用表皮生长因子加泡沫敷料,隔周更换(图4.125)。12月18日门诊复诊创面愈合(图4.126)。从接诊到愈合45 d。

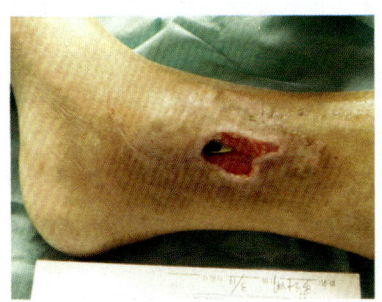

图4.123　外踝骨折术后56 d、钢板外露

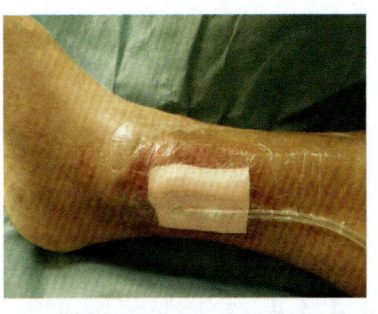

图4.124　表皮生长因子、外泡沫敷料、间断负压吸引

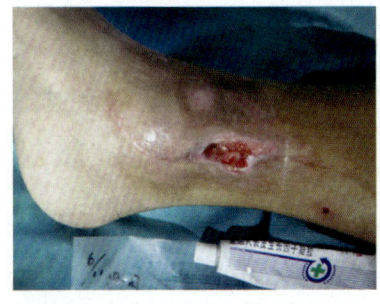

图4.125　肉芽覆盖钢板

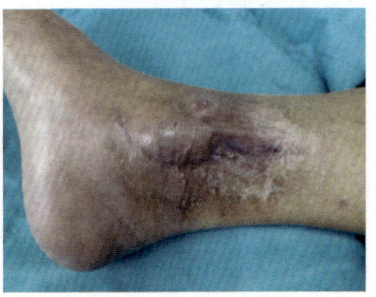

图4.126　创面愈合

(3) 经验总结 术后 56 d,创面肉芽老化,创面偏干,钢板外露。使用表皮生长因子促进肉芽生长,同时保湿,间断负压引流促进肉芽生长。经过一次换药肉芽覆盖外露钢板,出院门诊共换药 3 次,创面愈合,效果满意。

(2) 人造血管外露 人造血管自 1953 年被运用到临床中后,已经被广泛运用于全身各个部位。人造血管外露或感染较为少见但危害严重,有文献报道称其发生率为 1%～6%。而人造血管外露的主要原因有局部感染、切口缺血及张力过大。

人造血管的外露重在预防,当血管外露发生时充分引流,控制局部感染,清理坏死组织是创面处理的关键。待局部坏死清除,感染控制后,可考虑手术闭合创面。

术后切口裂开造成移植物外露创面重在早期处理,在清创完成感染控制后尽快封闭创面。对于移植物排异的创面,如颅脑术后金属钛外露、疝修补术补片外露、骨科术后钢板外露、起搏器外露等,在清创和控制感染的同时,可尝试使用生物活性敷料促进肉芽组织的生长,但大多不能达到预期,若创面难以愈合时,可与医生商议是否去除移植物。

【典型病例 4.14】 1 例移植肾切除、人工血管置换术后患者创面的护理

(1) 简要病史 患者男性,53 岁。以腰痛伴恶心头晕 18 年,血液透析 1 年之主诉入住肾移植科。患者 18 年前查体发现肾功能异常,伴有轻度腰痛、恶心、头晕,1 年前行血液透析治疗。2016 年 5 月行异体肾移植术,术后尿量偏少、肌酐逐渐下降,间断血液透析治疗;术后 1 周发生心房颤动,给予胺碘酮复律。术后 16 d 出现髂外动脉破裂,患者出现低血容量性休克,急诊行移植肾切除术,术后给予 CRRT、营养支持治疗,并行右髂外动脉人工血管置换术,术后切口感染裂开。一般细菌培养及鉴定(引流液):MRSA、产酸克雷伯菌。

(2) 临床诊断 ①慢性肾炎;②慢性肾脏病 5 期;③肾移植术后;④移植肾动脉破裂;⑤移植肾切除术后;⑥右髂外动脉人工血管

置换术后;⑦腹部裂开创面清创负压引流术后;⑧肺部感染;⑨创面感染、愈合不良;⑩心房颤动;⑪粒细胞缺乏症;⑫膀胱漏尿;⑬血液透析状态。

(3)治疗过程

1)综合治疗:①密切监测生命体征,低盐优质蛋白饮食,限制水分摄入;②针对性抗感染,输注红细胞、血浆及人血白蛋白等支持治疗。

2)创面处理过程:2016年6月16日接诊,移植肾切除、人工血管置换术后创面感染裂开,人工血管外露,膀胱漏尿2周。创面位于右髂部,外腹膜暴露,肌层坏死组织蚕食清创,戴无菌手套分开外腹膜,可见髂窝内人造血管游离、周围附着有坏死组织,有清亮液体渗漏到创面中。使用PHMB液体敷料湿敷15 min,戴无菌手套把异种脱细胞真皮基质放入腹膜外腔隙最底部并覆盖人造血管,创面表面腹膜用脂质水胶体油纱保护,上面覆盖生理盐水纱布,将一次性吸痰管包埋于纱布中,最外层使用透明薄膜敷料封闭创面(图4.127~图4.129),连接中心负压装置,压力调节在-13.33 ~ -6.67 kPa(-100 ~ -50 mmHg)。6月27日换药,负压抽出清亮液从第一日200 ml减少到50 ml。创面表面较前新鲜,更换表面脂质水胶体油纱(图4.130),继续行负压引流治疗。7月4日换药负压抽出液体减少到20 ml。创面可见人工血管已逐渐与周围组织粘连固定,周围仍有坏死组织,处理同前(图4.131)。7月22日换药,异种脱细胞真皮基质已经与创面贴合,给予保留,只更换创面外层敷料,继续负压引流治疗(图4.132、图4.133)。8月10日换药创面肉芽组织长入异种脱细胞真皮基质中并融合一起,腹膜外腔隙闭合(图4.134),转介给医师,使用牵张器缝合创面(图4.135),9月10日拆除牵张器,创面闭合(图4.136),出院回当地换药,随访创面愈合。

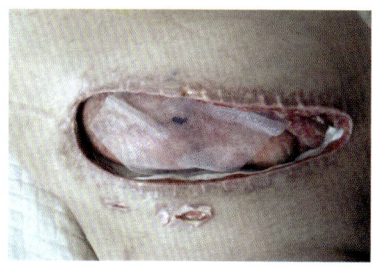

图4.127 异种脱细胞真皮基质放入腹膜外腔隙

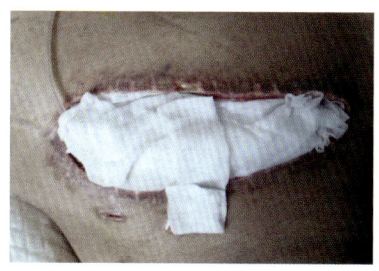

图4.128 用纱布传导负压

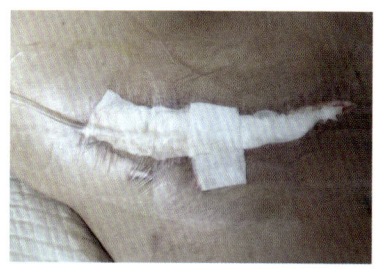

图4.129 薄膜敷料封闭创面,连接中心负压

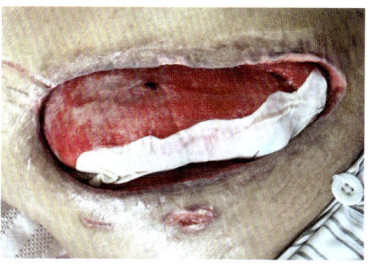

图4.130 更换创面表面脂质水胶体油纱,继续负压引流

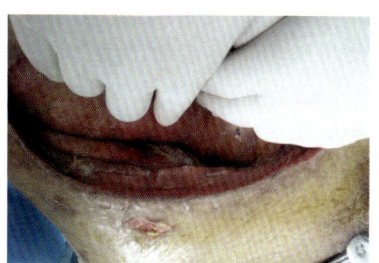

图4.131 人工血管和周围组织粘连固定

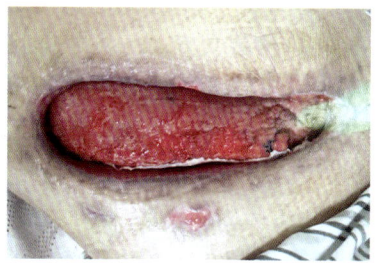

图4.132 异种脱细胞真皮基质和外腹膜贴合

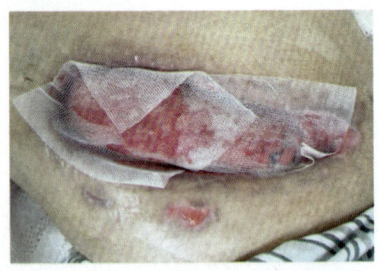

图4.133　更换表面敷料继续负压引流

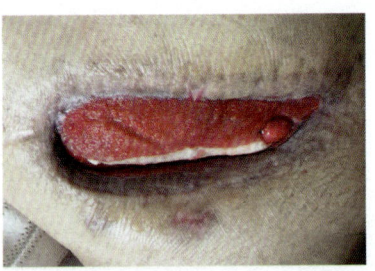

图4.134　脱细胞真皮基质和创面融合,腹膜外腔隙闭合

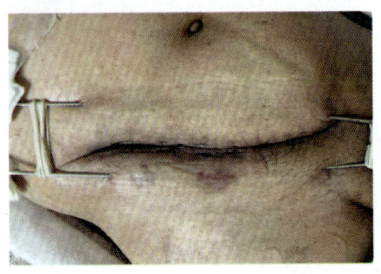

图4.135　用牵张器缝合

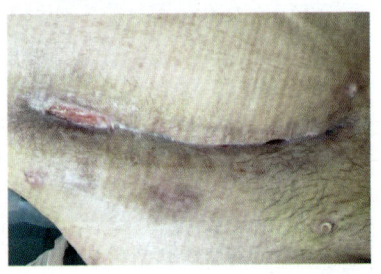

图4.136　拆除牵张器,创面接近愈合

(4)健康教育　简易负压引流使用限制了患者的活动,嘱床旁活动,卧床期间注意翻身,预防压疮。人工血管移植后和血液透析需服用抗凝药物,注意低负压吸引,创面要严密观察,以防创面出血的发生。病情的反复,使患者思想负担极重,换药过程中给予安慰和精神支持也十分重要。

(5)经验总结　此病例患者病情危重,创面情况十分复杂,耐药菌感染,膀胱漏尿,腹膜外腔隙人工血管外露,周围大量坏死组织。患者严重贫血,营养不良,服用多种药物,影响创面愈合。把异种脱细胞真皮基质与负压联合应用,通过负压的主动引流,有效管理膀胱漏尿,促进瘘口愈合。每次换药使用PHMB液体敷料湿敷

15 min,控制感染。异种脱细胞真皮基质保护人工血管,促进了肉芽的生长,最后和外腹膜贴合,肉芽长入,使腹膜外腔隙闭合。因为创面缺损大,转接医生用皮肤牵张器封闭创面,创面接近愈合。回当地继续换药,随访创面愈合。

4.4.3.5 乳腺癌术后淋巴漏及皮瓣坏死性创面

手术后切口因缺血发生皮瓣坏死是各类手术都要预防的手术并发症之一。乳腺癌是女性常见恶性肿瘤之一,乳腺癌根治术是乳腺癌最主要的治疗方法,由于手术创伤大、皮肤与其下的动静脉血管被直接切断、术中皮瓣游离较薄、术后皮瓣张力过大等原因,导致术后皮瓣坏死。皮瓣坏死是乳腺癌术后最常见的并发症,国外报道皮瓣坏死发生率在10%~60%。虽然不会直接影响患者生命,但是增加了患者的精神压力,影响术后辅助治疗的正常进行。皮瓣坏死往往表现为以手术切口为中心的切口边缘坏死。电刀使用的不科学、手术切口的大小、皮瓣内积液、创面感染等均为乳腺癌根治术后皮瓣坏死的诱因。皮瓣坏死与压力和张力、血管因子、缺血-再灌注等有关。

乳腺癌根治术后常见的创面问题有淋巴漏、皮瓣坏死、创面感染。单纯的淋巴漏通过皮肤加压,根据漏出液的多少定期穿刺抽液,可逐渐愈合。单纯皮瓣坏死不要急于清创,特别是对于需要术后化疗的患者。坏死组织保持干燥,可以保护创面避免感染。化疗过程影响创面愈合,早期清创形成开放性创面会增加患者不适和创面护理的成本。干燥的坏死皮瓣等待护场形成后清除,根据创面的大小决定换药或者植皮愈合。对于淋巴漏合并感染和(或)皮瓣坏死情况,早期充分引流,控制感染,促进愈合。创面尽早愈合可为后续化疗和放疗赢得时间。

【典型病例4.15】 1例乳腺癌术后切口感染裂开伴淋巴漏患者的创面护理

(1)简要病史 患者女性,40岁。乳腺癌术后21 d,切口裂开,皮缘坏死,大量淡红色液体渗出,细菌培养为金黄色葡萄球菌。

(2)创面诊断 术后切口感染、切口裂开、切口皮缘坏死、淋巴漏。

(3)治疗经过 拆除缝线,皮下空腔15 cm×30 cm,创面表面不新鲜。早期大量渗出,选择美盐(高渗盐敷料)抗菌引流,每日更换(图4.137、图4.138)。渗出减少后改用藻酸盐敷料,延长换药间隔(图4.139、图4.140),创面新鲜、潜行闭合,转接给医生手术闭合创面(图4.141)。

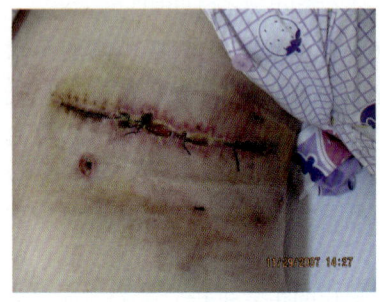

图4.137　切口裂开、大量渗出

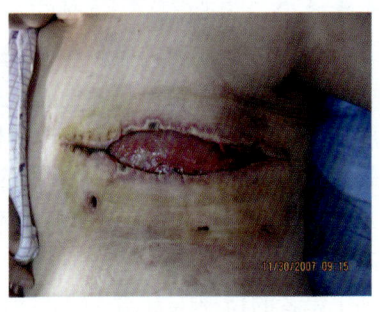

图4.138　拆除缝线、美盐抗菌引流

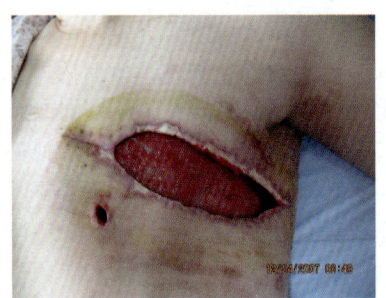

图4.139　创面新鲜,渗出减少

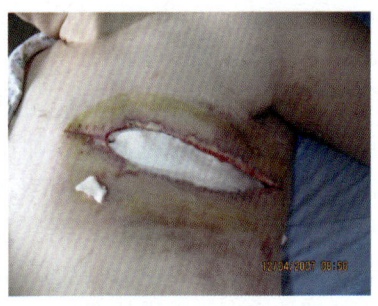

图4.140　藻酸盐敷料

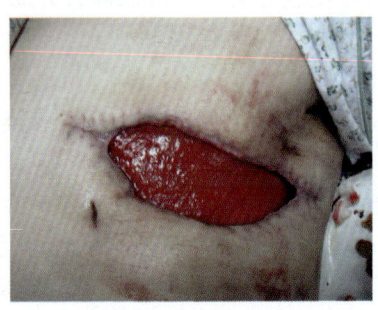

图4.141　潜行贴合

(4)经验总结　乳腺癌术后淋巴漏,如果是单纯的淋巴漏,可根据漏出液多少定期穿刺,尽量不开放创面;如果合并感染,皮瓣坏死,切口裂开时尽早开放,有效引流控制感染,促进愈合。本病例早期用了美盐(高渗盐)敷料,有清创、控制感染、消肿作用,换药1周时间创面新鲜淋巴瘘口愈合,选用藻酸盐敷料延长换药间隔,潜行贴合后转接给医生手术封闭创面。医护协作缩短病程,为患者后续放化疗赢得时间。

【典型病例4.16】　1例乳腺癌术后切口感染皮瓣坏死创面的护理

(1)简要病史　患者女性,52岁。以"右侧乳腺癌根治术后切口愈合不良"来换药中心就诊。首次接诊时术后18 d,皮瓣坏死,切口裂开,有大量褐色黏稠液渗出,有腥臭味。既往有糖尿病和高血压病史。

(2)治疗过程　清洁创面,探查坏死皮瓣下已游离,有积液,锐器清除坏死组织,创面下端窦道有褐色积液流出。首次选择美盐(高渗盐)敷料抗菌引流,控制感染,每日更换(图4.142、图4.143)。3 d后创面新鲜,渗出减少,清洁创面,窦道自然贴合。创面选用藻酸盐敷料,延长换药间隔(图4.144)。换药2次后窦道愈合,创面新鲜(图4.145),选用银油纱保护新生肉芽,隔周换药,创面愈合顺利(图4.146),最后一次换药后返回当地,随访创面愈合。

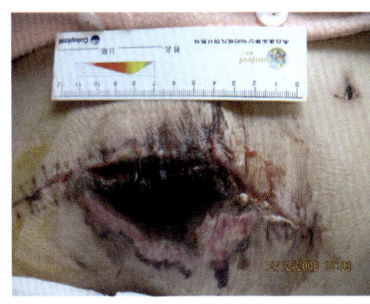 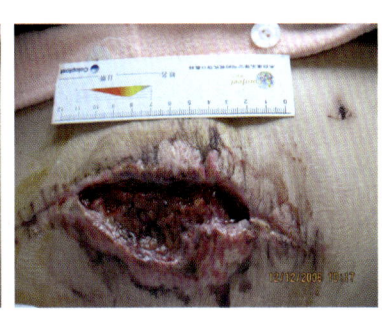

图4.142　手术切口感染,皮瓣坏死　　图4.143　清除坏死组织,抗菌引流

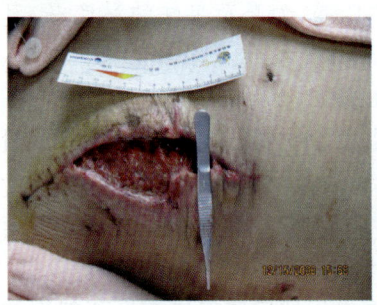
图 4.144　创面变新鲜,窦道自然贴合

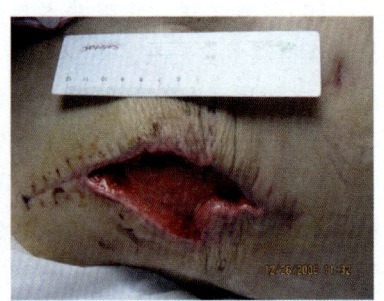
图 4.145　窦道愈合

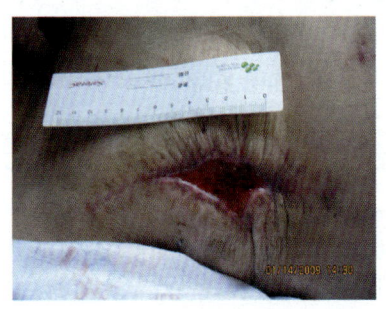
图 4.146　上皮爬行,创面缩小

(3)健康教育　患者因为疾病而焦虑,了解其顾虑和心理需求,注意耐心交流,提高依从性。加强营养以加速创面愈合。指导患者按时服用药物,把血糖、血压控制在正常范围。

(4)经验总结　患者术后切口感染、皮下积液、皮瓣坏死,清除坏死组织有利于引流和控制感染。感染控制后选择合适敷料促进创面愈合。本病例经过 1 个月换药,创面愈合顺利,效果满意。

(阮瑞霞　乔莉娜　金鲜珍)

4.5 肠瘘的护理

4.5.1 肠瘘概述

肠瘘是腹部外科术后严重并发症之一,因肠内容物流出肠腔,从而引起感染、体液丢失、营养不良等一系列病理生理改变。近年来,随着营养支持治疗和重症监护技术的进步,肠瘘患者的死亡率虽明显降低,但高位高流量小肠瘘的病死率仍高达30%,肠瘘患者的护理因为存在肠液收集、腹腔冲洗、营养支持、腹腔开放等特殊性护理操作,护理难度大大增高。

4.5.1.1 定义

肠瘘(intestinal fistula)是指肠管与其他脏器、体腔或体表之间存在的病理性通道,肠内容物经此通道进入其他脏器、体腔或至体外,引起严重感染、体液失衡、营养不良等改变。肠瘘分为内瘘和外瘘,肠内瘘是指肠腔通过瘘管与腹腔内其他脏器或肠管的其他部位相通,肠外瘘(enterocutaneous fistula)较多见,指肠腔与体表相通的瘘。本节主要介绍肠外瘘。

4.5.1.2 分类

（1）按肠腔是否与体表相通分类　分为肠外瘘和肠内瘘。

（2）按肠道连续性是否存在分类　分为侧瘘(仅有部分肠壁缺损,肠道仍保持其连续性。瘘口与体表有窦道称为管状瘘;瘘口黏膜外翻呈唇状,直接暴露创面表面,叫唇状瘘)和端瘘(肠道连续性完全中断,其近端与体表相通,肠内容物经此全部流出体外。此类多为治疗性瘘)。

（3）按瘘管所在部位分类　分为高位瘘(位于十二指肠悬韧带100 cm范围内空肠上端的瘘)和低位瘘(距离十二指肠悬韧带100 cm的远端空肠下段、回肠与结肠的瘘)。

（4）按肠瘘的日排出量分类　分为高流量瘘(每日消化液排出量在500 ml以上)和低流量瘘(每日排出的消化液在500 ml以内)。

4.5.1.3 病因

（1）先天性　与胚胎发育异常有关。

（2）后天性　占肠瘘发生的95%以上,常见病因有腹部损伤、腹腔感染或肠道疾病、腹腔内脏器或肠道的恶性疾病、腹部手术损伤等。

（3）治疗性　因治疗需求施行的人工造瘘,如空肠造瘘、结肠造瘘等。

4.5.1.4 病理生理

（1）水、电解质及酸碱平衡失衡　正常成人每日分泌消化液约8 000 ml,大多数经肠道回收,仅有150 ml液体随粪便排出体外。当发生肠外瘘时,大量肠液丢失,严重时导致循环衰竭和肾功能衰竭。

（2）营养不良　消化液中大量消化酶和蛋白质的丧失,以及炎症、创伤的额外消耗,均可导致蛋白质分解代谢增加,引起负氮平衡以及多种维生素的丢失。若未及时处理,可因恶病质死亡。

(3) **消化液腐蚀及感染** 消化液中的大量消化酶可引起瘘管周围组织及皮肤糜烂、出血并继发感染。若消化液流入腹膜腔及其他器官内,还可以引起弥漫性腹膜炎、腹腔脓肿等。

4.5.1.5 临床表现

(1) **症状** 由于肠液外漏,对周围组织器官产生强烈刺激,可有腹痛、腹胀、恶心、呕吐或麻痹性肠梗阻。腹壁瘘口可有肠液、胆汁、气体、食物或者粪便排出。继发感染者体温升高,为38 ℃以上,患者可出现电解质紊乱及低血容量性休克。

(2) **体征** 腹壁可有1个或多个瘘口。瘘口排出物的性状与瘘管位置有关。如高位小肠瘘时漏出液常含有胆汁、胰液等。肠液有较强腐蚀性,导致瘘口周围皮肤糜烂、红肿、疼痛。

4.5.1.6 辅助检查

(1) **实验室检查** 血常规示血红蛋白、红细胞计数下降;严重感染时白细胞计数及中性粒细胞比值增高。

(2) **特殊检查** 口服染料或者药用炭是最简便实用的检查手段。通过口服或者胃管内注入亚甲蓝等染料后,观察从瘘口排出的情况,可初步判断瘘的部位和瘘口大小。

(3) **影像学检查** 瘘管造影(适用于瘘管已形成),有助于明确瘘的部位、长度、走向、大小等,还可以了解其周围肠管与其他相通的肠管情况。

4.5.1.7 处理原则

(1) **非手术治疗**

1) 补液及营养支持:纠正水、电解质及酸碱平衡失调和营养失调。

2) 控制感染:根据肠瘘的部位及常见菌群或药敏试验结果选择抗生素。

3) 药物治疗:生长抑素制剂的使用,可显著降低肠液分泌。

4)瘘口局部处理:①负压冲洗引流;②暴露肠管的保护;③周围皮肤的保护;④封堵处理。

(2)手术治疗

1)瘘口造口术:适用于瘘口大、腹腔污染严重、不能耐受一次性彻底手术者。

2)肠切除肠吻合术:对经以上处理不能自愈的肠瘘均需进一步手术。

3)肠瘘局部楔形切除缝合术:适用于瘘口较小且瘘管较细的肠瘘。

4.5.2 肠瘘治疗与护理现状

4.5.2.1 背景

20世纪70年代前,肠外瘘发生后主张早期实施手术。但由于腹腔内感染严重,肠袢组织不健康而愈合不良,早期手术失败率高达80%。失败的主要原因是营养不良与腹腔感染。同时发现,肠外瘘瘘口局部有随炎症、感染的发展而逐渐扩大,再随感染、炎症的被控制与组织修复而又逐渐缩小的过程,在适宜的条件下还可自行愈合。即瘘口"由小到大和由大到小"的病理生理过程。所以在70年代以后,肠外瘘的治疗原则变成了先引流,待感染消退,营养状态得到改善后再行确定性手术。

所以肠外瘘的护理从之前的手术后护理转化为"引流+择期手术"的护理。治疗的难点为控制腹腔感染和全身感染,以及给予患者充分的营养支持。

4.5.2.2 腹腔感染的控制

在以往的治疗经验中,多采用双套管负压引流。国外近年亦采用负压引流,如感染得到控制成局限病灶,亦可采取经皮穿刺引流。对于严重的腹腔感染,因其感染范围较广,且有腹腔高压的风险。近年来采用损伤控制性原理,将腹腔开放,结合充分负压冲洗引流,以达到控制感染的目的。随着患者腹腔的开放,护理难度也随之增高,需做好暴露的肠管的保护、不断外溢的肠液的收集以及有效的负压冲洗引流。

4.5.2.3 营养支持方面

20世纪70年代,肠外营养是肠外瘘的主要营养支持方式,但肠外营养虽有补充营养的功效,但存在明显不足:①有血行感染的风险;②可造成肝功能损害、淤胆;③引起肠黏膜失用性萎缩。原南京军区南京总医院在1978年提出肠外瘘患者的营养支持"以肠内为主,肠外为辅"的原则。有效的肠内营养支持,可以维持肠黏膜的完整性,对肠道的屏障功能和免疫功能有较好的作用。所以近年来,肠瘘采取的营养支持方式是"分阶段式营养",在肠瘘发生早期,营养途径为完全胃肠外营养(total parenteral nutrition, TPN)支持,并逐渐过渡到胃肠外营养(parenteral nutrition, PN)与胃肠内营养(enternal nutrition, EN)结合,再过渡到完全胃肠内营养(total enternal nutrition, TEN),最终恢复经口进食。随着治疗策略的改变,护理的难点变为肠内营养支持途径的建立以及肠内营养支持的护理。

4.5.3 肠瘘护理

4.5.3.1 控制感染

(1)抗生素使用　合理应用抗生素,需依据患者感染的特点及药敏试验结果正确选择抗生素,避免长期使用抗生素产生耐药性及肠道菌群失调。

(2)腹腔冲洗,充分引流　经手术切口或者瘘管内放置双套管行腹腔灌洗并持续负压吸引,以充分稀释肠液,保证引流通畅,减少肠液的溢出。

1)引流部位合理:双套管应放置在腹腔固有的潜在间隙及感染源处。①针对腹腔开放的患者,冲洗管放置在瘘口周围,负压吸引管道应放置在创面低位(图4.147)。②变被动引流为主动引流。目前国内普遍使用乳胶引流管,属于被动引流,易导致肠液的聚积,肠瘘口始终处于肠液的浸泡之中,组织难以愈合。应用双套管持续冲洗的同时给予吸引,不但可以将肠液及时吸出,还可对瘘口周围进行冲洗,促进肠瘘逐渐自行愈合。③注意引流管材质的选择,需柔软且流量符合引流需求,避免管道损伤肠管及周围皮肤。

2) 负压冲洗引流的护理:①负压大小,一般以 $-20 \sim -10$ kPa ($-150 \sim -75$ mmHg) 为宜,具体根据肠液黏稠度及日排出量调整。避免负压过大造成肠黏膜损伤、出血。②保持引流管通畅,确保引流效果,需定期检查引流管各处连接是否紧密,可通过灌洗声音判断引流效果,正常的吸引声为流水声与负压吸引声交织在一起形成"呼呼"声,而当发出细而尖的"鸣笛声"时则可能是吸入了纤维组织或导管周围的肉芽组织,可适当调整内吸管;当听不到吸引声时,说明双套管已阻塞或不通畅。③调节冲洗量及速度,一般每日冲洗量为 2 000~4 000 ml,速度为 40~60 滴/min,若引流量多且黏稠,可适当增大冲洗量及速度。冲洗液一般选择生理盐水,若腹腔内感染严重,可选择加入敏感抗生素。④观察和记录,观察并记录引流液的量及性状,并减去冲洗量,以计算每日肠液量。⑤应预防引流管的阻塞、打折、出血、导管移位、脱落等不良事件的发生,引流期间,加强对腹腔双套管管理,保证其引流效果。⑥腹腔开放时,负压吸引管道不可直接接触肠管,应放置于油纱或其他保护性敷料上。

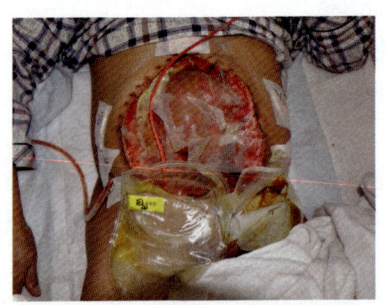

图 4.147　负压吸引管道放置于创面低位

(3) 腹腔开放的护理　有研究显示,腹腔开放术用于肠瘘患者效果显著、患者疼痛减轻,且生存质量明显提高,应临床推广应用。早期腹腔开放,可以迅速控制感染,是腹腔减压的有效措施。肠瘘合并腹腔开放时,护理困难。它也具有体液丢失、低蛋白血症等负面作用,更有出现肠空气瘘的风险。待腹腔感染得到控制,肠瘘得到有效引流后,应及时关闭腹腔。因此,得出一个"早开早关"的原则。

肠道空气瘘(endoatmospheric fistula,EAF)是肠腔瘘口直接暴露在空气中,没有皮肤、皮下组织、其他肠管或组织覆盖,区别于有连接胃肠与腹壁皮肤的瘘管的传统肠外瘘,也称暴露性肠瘘(exposed fistula)。见于严重创伤实施损害控制性剖腹术后、腹腔间隙综合征(abdominal compartment syndrome,ACS)开放腹腔术后、腹壁缺损、腹部手术后切口感染或裂开等情况。

腹腔开放后,会引起第三间隙体液的丢失,肠管暴露于空气中,可能诱发新的空气瘘。有文献建议用聚氟乙烯网状物覆盖敞开的腹腔,可起到湿润保护作用。既往使用的肠管保护方法:①肠管覆盖无菌全合一营养袋。但全合一营养袋虽可以保证肠管的湿润状态,却透气性差,长期覆盖易导致感染,且全合一营养袋不透明,无法直接观察肠管情况。②使用凡士林油纱覆盖暴露肠管。由于凡士林纱布油层易干涸而使局部细胞处于脱水状态,而且凡士林无抗菌性,创面易感染,同时因油性凡士林的存在,易导致透气性差,从而影响肉芽组织的生长。油性物质同时容易黏附分泌物,导致护理困难。③使用普通纱布覆盖。普通纱布易导致敷料和肠管的粘连,在换药时易导致机械性的撕拉伤,从而导致肠管的损伤,严重时可导致再发肠瘘。

近年来,随着新型敷料的使用,临床将美皮贴应用于肠管保护,取得较好效果。美皮贴敷料含有多个气孔,柔软亲肤,具有轻微黏性,临床上多用于烧伤后创面的保护,美皮贴去除时,几乎无痛,不损害新生的脆弱组织;开放性的网状结构可使渗出液透过,被上层二级敷料所吸收;美皮贴黏着在皮肤周围上,对周围皮肤起到了密封作用,可以减少浸渍;美皮贴使渗出液自由通过,网孔不被阻塞,可在创面上停留数天,减少了换药次数。

(4)开放创面的护理　①根据湿性愈合理论,通过不间断注入生理盐水,使创面保持湿润状态,形成有利于细胞增殖活动的微环境,以促进肉芽组织生长,保持创面新鲜、健康、清洁。②观察分泌物是否堵塞气孔。③随时观察创面敷料是否活动移位,是否有效覆盖肠管,有效覆盖创面边缘。④负压冲洗管可放置于美皮贴上,冲洗管放置于高位,负压吸引放置于低位。⑤观察患者肠管情况,是否湿润、颜色红润,观察蠕动情况。⑥每日记录测量创面的面积。严格按照创面测量原则测量记录。⑦观察创面愈合情况。⑧在进行吸痰、翻身等会引起腹压增高的操作时,用无菌治疗巾覆盖保护裸露肠管,避免膨出。

(5)肠液收集　随着腹腔开放后,创面增大,患者常因创面大、不规则、体位变换等因素,导致肠液无法有效收集,从而引起瘘口周围皮肤粪水性皮炎。①正确摆放吸引管位置,保证引流管通畅有效。②联合应用造口袋的异形裁剪,来有效收集肠液。注意评估造口袋的使用情况,及时更换,避免渗漏(图4.148、图4.149)。

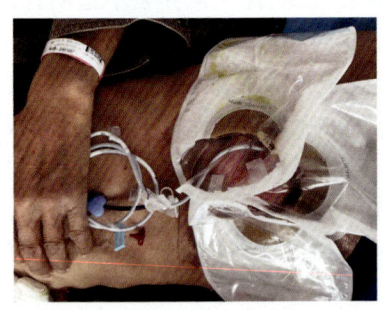

图4.148　造口底盘拼接避免渗漏

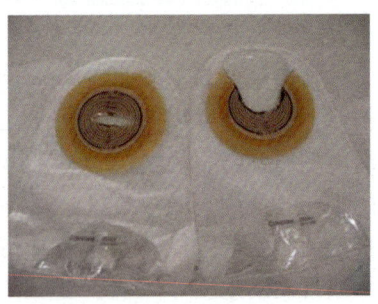

图4.149　造口袋的异形裁剪

(6)局部皮肤护理　①减少疼痛感。在护理工作中,要利用生理盐水,针对患者的瘘口处进行清洗,然后使用无菌纱布,进行擦拭,并且要观察患者的皮肤状况。②使用皮肤保护膜、造口粉、氧化锌软膏、透明贴等护理用品阻断患者皮肤继续受到损害。③充分吸引,保证周围皮肤干燥,有效收集渗液。④要对患者的贴身衣物及时更换。⑤注意避免瘘口以外的全身皮肤风险,如骶尾部压力性损伤等。⑥若周围皮肤发生糜烂,可考虑红外线或超短波等进行理疗。

4.5.3.2 营养支持

肠瘘患者的营养支持遵循"TPN—PN+EN—TEN"的过程。黎介寿院士主张在肠瘘液得到控制,溢出肠液能有效地引流至腹腔外时,即应从肠内补充营养,虽有部分溢液但仍有部分可以吸收,简称之"边吃边漏"。总之,"肠道有功能时应尽早利用"。

(1)**肠外营养支持护理** 早期使用完全胃肠外营养(TPN),同时给予奥曲肽注射液,以达到减少肠液分泌的目的。因长期TPN易出现肝胆淤积,严重者发生肝硬化或肝衰竭,应定期行肝功能检查,补液过程中注意监测血糖变化,防止出现低血糖并发症。营养的补充,常规给予卡文注射液(1 440 ml),并加用多种微量元素及维生素等。

(2)**肠瘘患者肠内营养途径** 肠瘘患者的营养支持途径包括鼻空肠营养管、胃造瘘、空肠营养造瘘、经瘘口置管等方式,后期肠瘘得到充分外引流,腹腔感染已得到控制,有足够的小肠(>50 cm)可供营养的消化吸收,且远端肠管无梗阻时,可考虑"经口服+经瘘口"联合的营养支持方式。患者(图4.150)为鼻肠管经过瘘口处喂养。

1)经瘘口置管具体方法:①做好解释工作后,协助患者取仰卧位。②戴一次性检查手套,液状石蜡润滑手指,缓慢置入肠管内,探查肠管方向,若患者瘘口较小无法探查时,考虑内镜辅助下置管。③依据患者肠管大小选择合适的导尿管或空肠营养管。④润滑导管前段,缓慢将导管依据探查方向插入肠管内5 cm处。向水囊内注入生理盐水5~10 ml,回拉有阻力后,戴无菌手套,将两手指伸入肠管内,探查水囊对肠壁的压力,判断水囊内注入的量是否合适,若压力较大,可将水囊内的液体少量抽出,若压力较小,可在气囊内少量注入生理盐水,直到确定合适的注水量。⑤将水囊抽空,依据患者术后远端小肠剩余长度,将导尿管再插入 10~15 cm,重新注入生理盐水,量为试注时探查压力后判断得出的数值(图 4.151)。

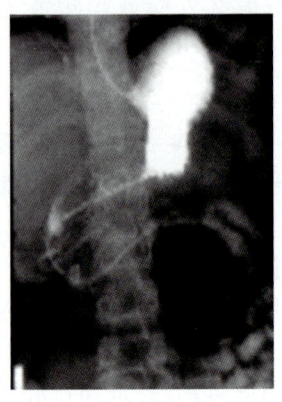
图 4.150　鼻肠管经瘘口处置管

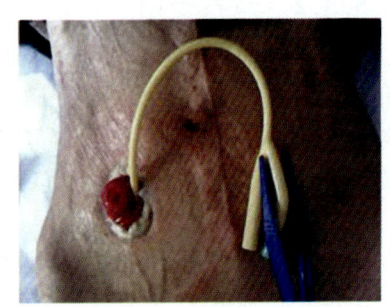
图 4.151　经造瘘口置管

2)经瘘口置管护理要点:①有研究表明,16 号气囊尿管气囊最佳注入量为 15~20 ml,最大注水量不超过 120 ml;18 号、20 号气囊尿管最佳注入量为 20 ml,最大注水量不超过 120~130 ml。在推荐注水量范围外时,气囊可因注水量少而成偏心形水囊,即尿管不在水囊球形的轴心上,则不能有效防止肠液的反流。同时,注水量过大,则会因压力过大而影响肠壁的血液循环。因此,肠道置管注水量应以患者的肠道实际情况为准,应在观察水囊压力、肠蠕动情况及肠壁血运情况后确定最终注水量。推荐患者置入小肠的尿管注水量为 8~10 ml。②肠道置管不同于尿道置管,肠道是有明显蠕动的,在插管过程中若有肠道的逆蠕动,不可强行置管,应待蠕动停止时,再行置入。

3)经瘘口置管后管道固定方法:尿管底盘联合固定采用一件式造口袋,将尿管从造口袋底盘中穿出,底盘粘贴方法同造口护理,在造口袋上开一小孔,将导尿管从开孔处穿出。在尿管穿出造口袋处缠绕一圈胶布,然后将造口袋开孔处缠绕尿管收紧,用一根手术缝线缠绕造口袋收紧处系紧即可(图 4.152)。

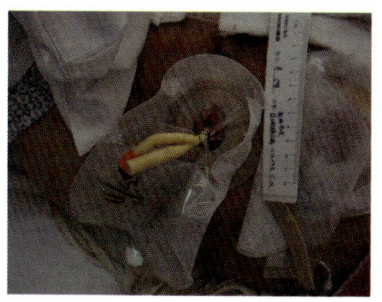

图 4.152　尿管底盘联合固定

4)置管后观察要点:①血运观察,密切观察肠壁的颜色是否红润,如肠壁出现苍白、暗红为缺血、缺氧的表现,防止水囊压力过大压迫肠壁影响肠壁血运。②每天监测水囊压力,确定水囊压力合适,水囊压力过小则会出现肠内容物反流,影响肠内输注效果。③每班检查尿管外留长度,如出现管道滑出,可将尿管随肠道走行,慢慢插入后,适当增加水囊压力,防止再滑出。④每班记录肠液的反流量,若反流量较大,则需调整水囊的充水量。⑤监测患者的腹部症状,有无腹胀、腹痛等情况。⑥导管固定的方向应以患者的创面位置、体位决定,尽量减少患者对管路的不适感。

(3)肠瘘患者营养制剂的选择

1)肠瘘患者应尽可能使用短肽类和整分子模式的肠内营养液,尤其是含膳食纤维的。

2)完全丧失消化液的患者可给予纯单质形式的要素膳食,以达到不消化即可吸收的目的,但难以满足营养需求且很难改善肠黏膜屏障。

3)消化液部分丢失的可给予短肽类如白普素。若消化功能完整可给予整分子模式的营养液,同时兼顾结肠黏膜的营养,如能全力。

4)肠液回输:将近端肠管引出的肠液回收,经双层纱布过滤后,然后灌入无菌的收集瓶中,用输液器向远端造口进行回输,也可与肠内营养液通过不同的输液瓶借助三通管相连同时输入远端肠管,每 4 h 输注 1 次。朱晋国等认为,肠液回输是一种经济、有效、简单的营养支持模式,可以有效促进患者对肠内营养物质的吸收,明显地减少机体消化液的丢失,有助于机体内环境的稳定。

5) 采用"肠内+肠外"联合的方式,当肠内不能满足身体需求时,给予肠外营养支持。

(4) **肠内营养的护理**

1) 经口肠内营养,口服肠内营养粉剂每日 2 次,以全流食为主,每日 6~8 次,依据患者喜好增加果汁、豆浆、牛奶、汤类等。

2) 经管饲肠内输注前检查患者置管的外留长度,保证管道的有效性;检查患者是否处于半卧位,以减少反流。

3) 控制肠内输注的浓度、速度以及温度。给予 EN 时,可首先给予 5% 葡萄糖氯化钠 250 ml,20 ml/h,待 1~2 d,当患者无不适感觉,即可过渡到肠内营养,依次增加浓度、速度、剂量,达到机体需要量 1 000~1 500 ml。速度由慢到快,温度控制在 37~39 ℃,以减少对胃肠道的刺激。

4) 于患者床头建立肠内营养评估表,每 2 h 评估一次患者的情况,观察患者有无腹胀、腹痛、腹泻、恶心、呕吐等消化系统症状,若无,则可增加肠内输注速度;若存在不适,则及时处理,给予减慢肠内输注速度,必要时暂停输注。

5) 观察反流:及时观察造口袋中有无反流的肠内营养液,若有,应及时调节导尿管置入深度及检查水囊压力,并观察患者的腹胀情况,及时调整肠内输注速度。

4.5.3.3 肠瘘患者的基础护理

(1) **心理护理** 肠瘘患者因病程长,病情反复,患者容易产生悲观、失望情绪。同时因患者腹腔开放,创面大,易产生恐惧心理。护士应加强交流,介绍愈合良好的康复患者,消除顾虑,增强信心。

(2) **卧位护理** 因患者出现肠瘘,部分肠液聚集于腹腔,在体位的选择上,嘱患者取半坐位,可使腹水聚集于盆腔,使其更容易局限,减少毒素的吸收,便于引流。

（3）一般护理　严密观察患者生命体征、精神、皮肤温度及弹性，了解肠蠕动及腹胀程度，有无恶心、呕吐等。严密监测24 h腹腔冲洗量及引流量，及时给予水、电解质等相关检查，了解病情变化。

（4）基础护理　患者长期卧床，需要协助其按时翻身及按摩受压部位，鼓励患者有效咳嗽，定时给予翻身叩背，协助排痰，预防肺部感染。应注意口腔护理，保持口腔清洁。

肠瘘是导致患者外科术后死亡的主要因素之一，有效的护理措施可以降低肠瘘的死亡率。综上所述，术后肠瘘患者的护理要点是有效控制感染、保证充分引流、保护暴露肠管、建立肠内途径、做好皮肤管理，实施人性化护理，密切观察病情，是提高护理质量、降低死亡率、保障患者治愈的关键。

【典型病例4.17】　1例复杂肠瘘患者的护理

（1）简要病史　患者男性，54岁。肠破裂修补术后2周肠瘘。患者因高处坠落、钢管穿体在外院行肠破裂修补术，术后2周发现肠瘘且病情危重，急诊于2017年10月5日转院治疗。患者本次入院，体重指数（BMI）评分为21.4 kg/m^2，疼痛评分为4分，血栓风险评估为9分（应用Caprini量表），营养状况筛查NRS2002评分为5分。患者高代谢、重感染、应激反应强、营养状况差，既往身体健康，无其他疾病史。入院时共两处创面，分别位于右侧腹部及右侧髋部，创面巨大伴有恶臭，可见肠液流出。给予抗感染、营养支持、腹腔开放治疗、创面局部冲洗、负压引流等治疗。自发病以来，精神差，焦虑。右侧腹部创面（图4.153），呈"倒L"形，大小20 cm×6 cm×4 cm，基底为50%黑色，25%黄色，25%红色组织，创面可见肠液溢出，伴有恶臭。创面存在问题有感染、周围皮肤浸渍、皮温高。右侧髋部创面（图4.154），呈"Y"形，大小11 cm×26 cm×4 cm，基底为100%黑色组织，大量肠液渗出、创面严重感染、周围皮肤粪水性皮炎，无色素沉着。患者疼痛评分为4分。创面存在巨大潜行，患者左上腹、右腹、右下腹、右侧髋部、右侧臀部皮下均形成贯通，即从右侧腹部创面冲洗，则会从右侧髋部创面流出，创面严重感染。

(2)临床诊断　①肠瘘;②腹腔感染;③电解质紊乱;④小肠破裂修补术后;⑤右半结肠切除术后;⑥腹壁破损修补术后;⑦肝挫裂伤;⑧左肾挫伤;⑨右髋关节、右臀部分皮肤坏死;⑩贫血;⑪低蛋白血症;⑫肝功能不全;⑬右侧多发肋骨骨折;⑭右髂骨骨折;⑮右侧第4腰椎横突骨折;⑯胆囊结石。

(3)治疗过程

1)综合治疗:①严密观察患者生命体征、精神、皮肤温度及弹性,了解肠蠕动及腹胀程度,有无恶心、呕吐等。②严密记录出入量,及时给予水、电解质等相关检查。③补液,纠正水、电解质失衡及电解质紊乱。④输血及白蛋白,纠正贫血及低蛋白血症。⑤控制感染,根据肠瘘的部位及其常见菌群或药敏试验结果选择抗生素,并使用益生菌制剂避免长期使用抗生素带来的菌群失调。⑥药物治疗,生长抑素制剂的使用,可显著降低肠液分泌。⑦建立肠内营养通路,内镜引导下行鼻空肠营养管置入术,每日给予肠内营养制剂联合肠液回输,给予充分营养支持。⑧给予疼痛管理,非甾体类镇痛剂氟比洛芬酯微球注射液 50 mg 静脉注射 3 次/日。⑨健康教育及心理支持,患者创面大,严重感染,全身状况差,给予患者心理疏导,增强康复信心。

2)创面局部处理

ⅰ.控制感染:依据损伤控制原则,入院后给予拆除创面全层缝线后,腹腔开放。

●创面每日给予机械清创,以去除失活组织、同时对创缘做必要的修正,以促进新鲜肉芽组织的生长,清创前(图 4.155)及清创后(图 4.156)。

●创面每日给予 3 000~4 000 ml 生理盐水 24 h 不间断冲洗,并给予负压吸引,准确记录肠液量及冲洗量。腹腔开放后,冲洗管放置在瘘口周围,负压吸引管道应放置在创面低位(图 4.157、图 4.158)。

●患者创面粪便及肠液污染,严重感染。为增强创面局部抗感染效果,局部每日给予百克瑞(复合溶葡萄球菌酶消毒剂)冲洗 2

次/日,同时配合臭氧水创面冲洗 1 次/日,除能抗菌消炎促进创面愈合外,还可以预防空气痿的发生。

ⅱ.肠液收集:患者局部创面给予开放后,创面巨大,初期使用造口袋,利用造口袋的异型裁剪粘贴于创面边缘,但因肠液量大,同时有冲洗液外流,造口袋解决效果不理想(图 4.159)。如后综合考虑患者创面引流需求——右侧髋部、大量渗出,将床垫右侧髋部裁剪为"U"形并配合便盆使用,从而有效解决肠液收集问题(图 4.160)。

ⅲ.暴露肠管保护:腹腔开放后,创面暴露于空气中,干燥结痂,阻碍新鲜肉芽组织生长,同时肠管暴露于空气中,易诱发新的空气痿。评估暴露创面的需求——湿润的愈合环境,所用敷料不易粘连、不能阻碍新鲜肉芽组织生长。最终选择将美皮贴覆盖于暴露肠管表面。美皮贴为硅酮敷料其敷料含有多个气孔,利于肠液的渗出,同时去除时几乎无痛,不损害新生的脆弱组织;给予患者创面使用美皮贴,每 2 d 更换 1 次(图 4.161)。

ⅳ.全身皮肤管理:患者全身多处骨折,右侧髋部巨大创面,大量肠液渗出,造成患者被迫体位(图 4.162),在关注患者局部肠痿创面的同时,应关注创面以外的全身皮肤风险。左侧骨隆突处、骶尾部有压力性损伤可能,周围皮肤肠液浸渍有粪水性皮炎的可能。给予多层泡沫敷料保护骨隆突处,协助患者体位变换 2 h/次,做好肠液收集。定期检查患者全身皮肤状况。

持续给予患者以上治疗 1 个月后,感染得到控制,病情明显好转后,转下级医院继续康复治疗。可以看到创面面积明显缩小,可见新鲜肉芽组织生长(图 4.163、图 4.164)。出院后 3 个月,创面已完全愈合(图 4.165、图 4.166)。

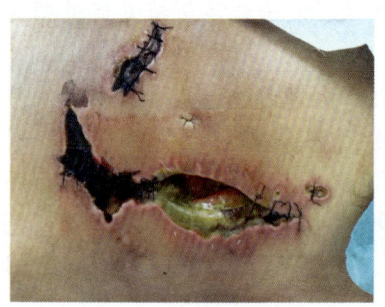

图 4.153　右侧腹部创面

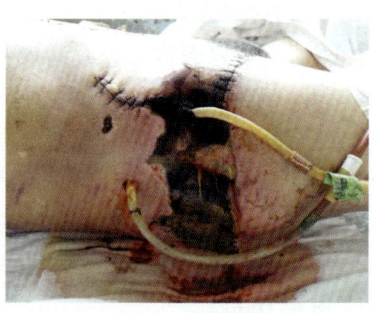

图 4.154　右侧髋部创面

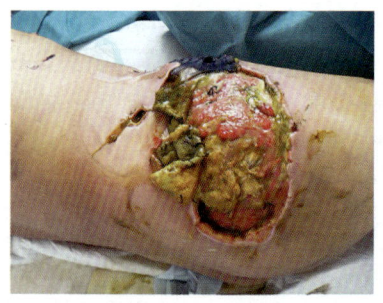

图 4.155　清创前

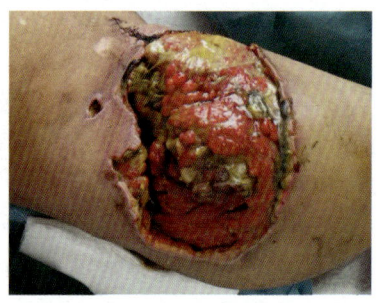

图 4.156　清创后

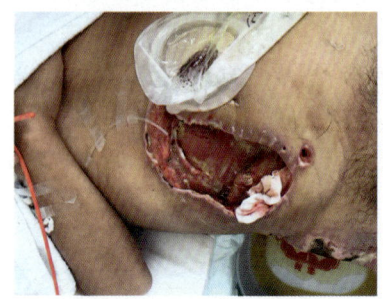

图 4.157　创面生理盐水冲洗

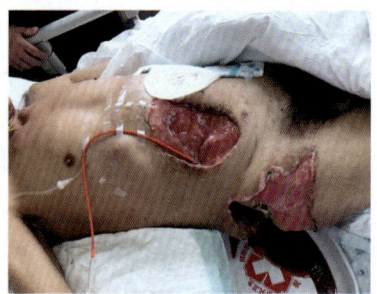

图 4.158　右侧腹部创面冲洗，从右侧髋部创面流出

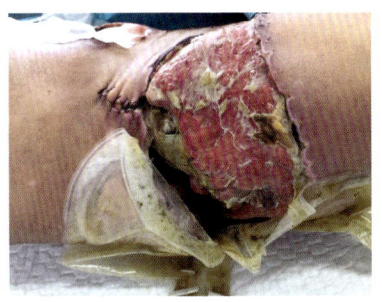

图 4.159 造口袋收集肠液无效

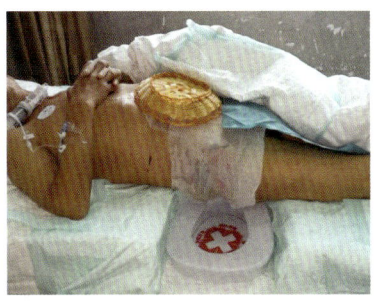

图 4.160 裁剪床垫满足引流需求

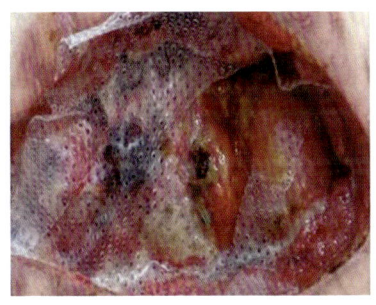

图 4.161 创面覆盖美皮贴

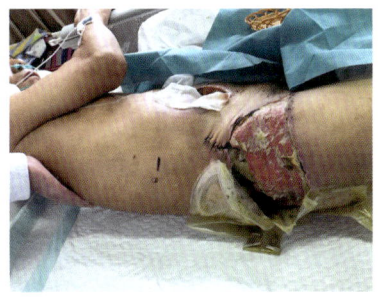

图 4.162 定时翻身

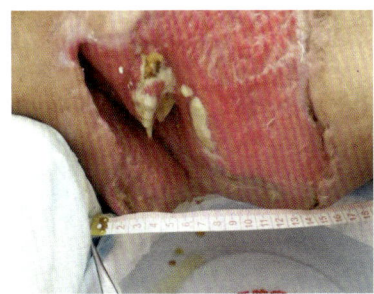

图 4.163 髋部创面新鲜肉芽组织生长

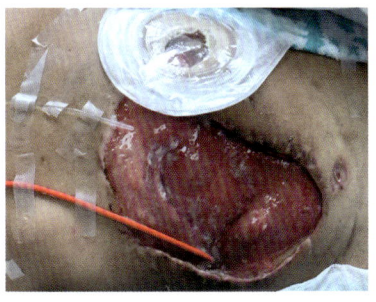

图 4.164 腹部创面新鲜肉芽组织生长

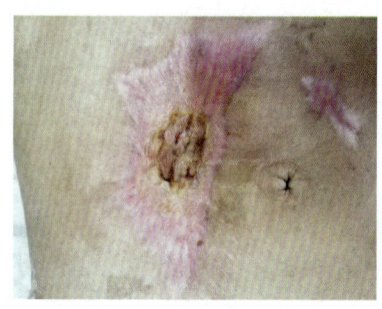
图 4.165 右侧腹部创面愈合

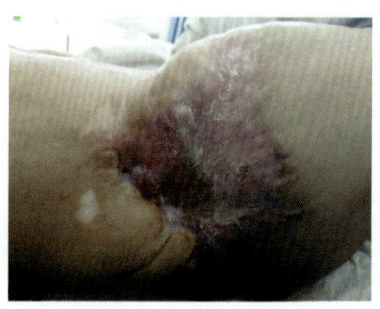
图 4.166 右侧髋部创面愈合

(4) 健康教育 ①告知患者及家属需及时清除外溢肠液,避免肠液侵蚀周围皮肤,需协助做好皮肤护理。②每日进行呼吸功能锻炼,有效咳嗽排痰,以防止肺部并发症的发生。③注意各种引流管的保护,若引流不畅时及时报告。④患者出现腹痛、腹胀等不适时需及时告知。⑤可经口进食后,需逐步增加一些蛋白质与脂肪。食物宜低渣、切细、煮烂,量应由少量逐步增加,防止消化不良。必要时遵医嘱补充特殊医疗配方制剂。⑥早期活动,鼓励患者床上活动,指导进行被动和主动的活动。避免肌肉萎缩,增强肌肉收缩力,同时预防静脉血栓的发生。满足下床活动条件后,鼓励患者早期下床活动,以促进肠功能的恢复,注意活动安全及创面的保护。

(5) 经验总结 肠瘘患者因肠液丢失致电解质紊乱、营养不良、全身状况极差;同时因肠液外溢造成创面严重感染。因此,针对肠瘘创面,应注重给予全身干预,控制感染,准确评估创面需求,从而制订个体化的治疗护理方案,促进患者的快速康复。

(李 琴)

复杂肠瘘

4.6 糖尿病足的护理

糖尿病足(diabetic foot,DF)定义为(1999年WHO)与下肢远端神经异常和不同程度的周围血管病变相关的足部感染、溃疡和(或)深层组织破坏。从皮肤到骨与关节的各层组织均可受累,严重者可以发生局部的或全足的坏疽,需要截肢。糖尿病足是最严重而且治疗成本最高的糖尿病并发症之一。糖尿病足以及截肢均会对患者生活造成重大影响,会削弱个体独立性,造成与社会隔绝,并且导致精神焦虑抑郁。如果有糖尿病足护理团队来为患者制订有效的防治计划(包括妥善的糖尿病控制以及患者充分了解相关情况后的自我护理),并能全方案落实,可减少85%的截肢。

糖尿病是终身性慢性疾病,长期管理涉及饮食管理、运动指导、药物治疗及足部护理等,这需要一个专业护理团队的共同努力,通过专业护理来预防和控制糖尿病足从而避免截肢的结局。做好糖尿病足护理不仅需要各种临床专业知识,还需要跟多学科团队协作,包括糖尿病的内科医生、糖尿病教育护士、营养专家、糖尿病足病师、感染专家、血管外科医生、整形外科医生、矫正医生、心理医生及社会工作者。

4.6.1 糖尿病足部病变的评估

糖尿病足是由多因素交互作用引起的周围神经病变、周围血管病变、神经骨关节病(沙尔科关节)。糖尿病病程超过10年、视网膜病变、肾病、年龄超过 45 岁、脑血管疾病、冠状动脉疾病、血糖控制不佳、男性、吸烟、高血压等是糖尿病足的重要的危险因素。目前公认,糖尿病足是由下肢神经病变、下肢血管病变和感染 3 种主因构成的,神经病变和血管病变是糖尿病足的基础,感染则是促发因素,故其临床表现可不同,病变可以是单一的,也可能是混合的。

4.6.1.1 神经病变

各种类型的外周神经病变包括:①自主神经病变,汗液过多,或者缺乏汗液导致开裂的干燥皮肤及胼胝,脉搏搏动有力通常被错误解释为良好的血液循环。②运动神经病变,造成胫前肌群萎缩,导致足部的异常弯曲畸形,对足部形成异常应力,骨骼突出部位承受异常压力。③感觉神经病变,对于振动的感知减弱或者丧失,疼痛以及热刺激缺失。保护性感觉缺失让溃疡风险增长幅度达到 7 倍之多。感觉缺失通过以下方法检查。

(1)压力觉(深触觉) 10 g 尼龙单丝于第 1 足趾及第 1、3、5 跖骨头底部皮肤 2 s 内加压至单丝弯曲 2 次,每个点测 3 次,其中有一次假测,询问患者有无感觉。如上述部位有溃疡、坏疽、茧或瘢痕,则在其周边皮肤进行测试。答错 2 次保护性皮肤感觉异常。

(2)振动觉 将 128 Hz 音叉放在患者手部(或肘部或前额),让患者感受一下音叉正常振动的感觉。敲击音叉,垂直接触第 1 趾远端趾骨背侧,同一部位检测 3 次,有 1 次音叉不振动,如果患者的踇趾感觉不到振动,就在附近的部位重复检查(如踝关节或胫骨粗隆处)。振动觉正常,患者能感受到振动,能正确回答 3 次检查中的 2 次;振动觉减退,患者能正确回答 3 次中的 1 次;振动觉缺失,患者完全无振动感,3 次回答均错误。

(3)轻触觉 采用医用棉在患者足背进行 2 次测试和 1 次假测,询问有无感觉,答错 2 次触觉异常。

(4)温度觉 ①水杯法:让患者仰卧闭眼,放松,分别用盛有冷水(5~10 ℃)和热水(40~45 ℃)的水杯接触足部皮肤,嘱患者报告"冷"或"热"。当患者无明显感觉或感觉不出差异,则为温度觉消失。②Tip-therm 法:用凉温觉检查仪,一端为金属(凉觉),另一端为聚酯(温觉)。同样,让患者仰卧闭眼,放松,分别用两端垂直置于足部皮肤,询问患者"冷""热"。当患者无明显感觉或感觉不出差异,则为温度觉消失。

(5)**痛觉** 足部痛觉检查主要是检测患者有无疼痛及疼痛的程度。检查时嘱患者仰卧,放松。用40 g压力钝针头刺患者足底第1、第3、第5趾腹部及跖底皮肤。当各刺点能感觉到轻度疼痛且疼痛能忍受,则正常;如有感觉,但感觉不到疼痛或完全没有感觉,认为患者痛觉减退或消失;若轻触即能感觉到疼痛,难以忍受,则为过度敏感。当发现局部痛觉减退或过度敏感时,让患者比较与正常区域差异的程度。

4.6.1.2 血管病变

血管病变指大血管病变和(或)微血管病变。糖尿病患者大血管病变特别是冠状动脉和周围动脉的粥样硬化性损伤,从形态及功能上来看和非糖尿病患者的这种病变没有显著的差异,但其下肢大血管病变与非糖尿病患者不同,阻塞部位常见于膝下动脉和胫动脉,而足动脉几乎都是开放的。微血管病变是非闭塞性的微循环受损,特点是累及肾、眼底及周围神经的微小动脉和毛细血管,出现糖尿病肾病、视网膜病、神经病变等,这一类型的血管病变对于糖尿病足的发病有着重要的影响。

下肢血管病变的程度是糖尿病足形成的直接因素,也是糖尿病足截肢的最直接的危险因素。长期血糖水平控制不佳、长期吸烟史,还有长期的高血压状态都是通过加重下肢血管病变程度而导致严重的糖尿病足而截肢。严重的下肢血管病变如动脉粥样硬化、血栓形成会造成管腔狭窄、闭塞,导致肢体远端缺血,这样可造成:①正常的组织不能获得足够的营养物质和氧气,不能正常的新陈代谢从而产生功能障碍;②已经病变的组织不能及时清除坏死物质和进行组织修复;③治疗的药物不能到达病变部位而使治疗效果不佳;④下肢缺血会导致保护机制受损,从而易产生创伤和溃疡,更因为缺血导致创伤和溃疡的无法及时修复,容易被细菌侵入并发感染。严重的下肢血管病变既是糖尿病足的始动因素也是促进因素,而下肢血管病变的程度,也是一些临床研究用来评估糖尿病足严重程度的指标之一。下肢血供可以通过以下方法检查。

(1) **外周脉搏触诊** 评估股骨、膝后窝、胫骨后及足背动脉搏动。通过触诊足背动脉或胫后动脉搏动来了解足部大血管病变。四肢动脉搏动情况必须进行全面检查,不应忽视和遗漏,同时注意比较两侧肢体相对称部位的动脉搏动情况。动脉搏动一般可分为正常、减弱、可疑和消失。约50%的糖尿病患者不能触及足部动脉搏动,足部动脉搏动消失者应进行踝肱指数(ankle brachial index, ABI)检查。足部有明显的脉搏搏动表明血压超过10.67 kPa (80 mmHg),有愈合所需要的充足血供。这相当于踝肱压力指数为0.6或更高。表示血液供应足以使创面愈合(如果脉搏不可扪及,进行踝肱指数、足趾压力或经皮氧分压测量,有助于评估创面是否可愈合)。

(2) **足表皮温度** 红外线皮肤温度检查是一种简单、实用的评价局部组织血供的方法。常用于患处与健处的表皮温度对比。检查时患者应放松,在20~25 ℃的室温下,暴露肢体半小时后,用皮肤温度计对称性测定足底面、足背面、足趾和小腿等部位的皮肤温度。正常时皮肤温度为24~25 ℃,下肢血管病变时皮肤温度降低,如双下肢或足部皮肤温度不对称,相差≥2 ℃,提示温度低,有下肢血管病变。

(3) **踝肱指数** 踝肱指数(ABI)是通过测量足背动脉或胫后动脉以及肱动脉的收缩压,得到踝部动脉压与肱动脉压之间的比值,可用来评估周围动脉疾病严重程度和下肢血液循环情况。检查时,患者应放松心情仰卧,用12 cm×40 cm的气袖分别置于被测者两侧踝部及上臂,用多普勒听诊器协助测出足背或胫后动脉及肱动脉收缩压,两者之比即为踝肱指数。

$$右侧肱踝指数 = \frac{右足踝胫后、足背收缩压较高者(mmHg)}{左、右臂收缩压较高者(mmHg)}$$

$$\text{左侧肱踝指数} = \frac{\text{左足踝胫后、足背收缩压较高者(mmHg)}}{\text{左、右臂收缩压较高者(mmHg)}}$$

正常人休息时踝肱指数(ABI)的范围为 0.9~1.3。ABI 低于 0.8 预示周围血管中度病变(肢体缺血),低于 0.5 预示着周围血管重度病变(肢体严重缺血)。ABI 大于 1.3 则提示血管壁钙化以及血管失去收缩功能,存在严重的周围血管病变,这时候需要测量足趾压力。

(4)**皮肤灌注压测定** 缺血肢端触诊皮肤变凉时,可以通过毛细血管充盈时间检查微循环状况:首先,以拇指按压皮肤(足背)阻断局部血液灌注,以促使按压局部出现颜色变白;然后解除压力,观察毛细血管的充盈及颜色的恢复时间,正常 3 s 以内,将此作为动脉-皮肤灌注的指标。皮肤延迟变色或者基于依赖性的血管再充盈超过 5 s,可能表示动脉灌注不良。进行此项检查时,需将足部稍微抬高。

4.6.1.3 关节活动受限

关节活动受限是因为长期高血糖状态导致胶原纤维糖基化,造成关节囊结构和韧带僵硬,随后产生踝关节、第一跖趾关节等活动减低导致足的结构异常,也被认为是足部溃疡潜在风险的因素之一。早期评估通过检查踇趾的活动范围判断有无关节僵硬,可以描述为踇趾全范围活动、踇趾活动受限和踇趾僵硬。晚期导致神经病变的个体具有不同的表现(如锤头趾、鹰爪趾、踇囊炎、锤状脚趾、爪状趾、高弓足、踇趾外翻、踇趾强直及足底脂肪垫萎缩等)。糖尿病患者足部软组织的改变包括足跖部筋膜增厚,使踇趾背伸受限,足跖部软组织层变薄,容易形成胼胝,这些改变叠加增加了行走中足跖骨头的压力,异常压力导致皮下出血及溃疡,同时伴有神经病变及感觉丧失,导致损伤不易察觉而继续行走,易继发深部组织感染而威胁肢体。

4.6.1.4 神经性骨关节病

神经性骨关节病定义为与神经病变相关的骨关节的非感染性

破坏,发生于外周感觉缺失和自主神经功能紊乱的患者,足部任何关节都可能发生,而跗跖关节最易受累及,多关节同时出现也比较常见。其病程可分为3个阶段。

(1) 急性发作期　患者常有微小外伤史,如足跟部扭伤或走路时被坚硬物所伤的经历。典型的临床表现为单侧足部发热、明显的肿胀、无痛或轻度乃至最轻微疼痛或者不适感。急性局部炎症是下层骨骼以及关节损伤的早期体征。最初类似于蜂窝织炎、深静脉血栓或者急性痛风,可能会出现误诊,要与感染的蜂窝织炎鉴别。足部之间温差相差≥2 ℃。通常触及动脉搏动,除非因为足部水肿影响循环。此时X射线表现可能正常,骨扫描可发现早期的骨损伤,这一阶段如果不能减轻足部负荷,骨破坏将进一步发展至第2期。

(2) 骨质破坏/畸形期　发生足畸形或出现X射线改变就预示进入了第2期,X射线检查早期改变是第1、2跖骨的间隙变窄,后期可出现骨破碎、骨折、新骨形成,病变发展非常迅速,在发作后几周甚至几天即可出现。

(3) 放射学巩固或稳定期　X射线显示骨折愈合、硬化和骨重建,足部弓形下落可能出现"弧形底"的外观。

神经性骨关节病的病因是骨代谢紊乱、周围神经病变和糖尿病微血管病变。患者常需应用胰岛素来控制血糖。早期治疗的目的是预防严重的畸形,通过减压(用全接触支具,轮椅和卧床休息限制活动)阻止骨骼受到破坏并促进愈合。

4.6.2　糖尿病足的分级分类

糖尿病足的护理目标是预防足溃疡的发生、促进溃疡愈合、延缓缺血性血管病变及避免截肢。恰当地评估溃疡程度(包括溃疡深度、感染和缺血),参照糖尿病足分级分类做出正确的诊断可以帮助选择合适的治疗方法,并对糖尿病足的预后做出判断。

4.6.2.1　Wagner分级系统

Wagner分级系统是第一种并且至今仍应用广泛的糖尿病足的经典分类方法。共分为6级,用0级(溃疡前或后)～5级(整个足部坏疽)评估溃疡的深度、感染和坏疽表现(表4.7)。该分类方法以解剖学为基础,可以反映溃疡和坏疽的严重程度,但缺点是不能反映糖尿病足的病因学,很难区别坏疽是由缺血还是感染造成,而且无法体现糖尿病足的自然病程,仅仅在4级和5级提到坏疽这个缺血最严重的表现,对预后的判断也没有说明,对大多数在2~3级之间的溃疡缺乏特异性,所以对治疗方案的指导有限。

表4.7 糖尿病足的 Wagner 分级法

分级	临床表现
0级	有发生足溃疡危险因素,目前无溃疡
1级	浅表溃疡,累及皮肤全层但不累及皮下组织
2级	深部溃疡穿透到肌层与韧带,不累及骨骼,无脓肿
3级	深部溃疡合并蜂窝织炎或脓肿形成,常伴有骨髓炎
4级	局部小范围坏疽(趾、足跟或前足背)
5级	累及整个足的大范围坏疽

4.6.2.2 Texas 分级法

美国 Texas 大学的 Lavery 等人对360例糖尿病足和下肢溃疡的医疗记录做了标准化评估,包括病变深度、感觉性神经病变、血管病变和感染,提出了 Texas 分级系统(表4.8)。

表4.8 Texas 大学糖尿病足分级分期方法

分级	分期
1级,溃疡史	A期,无感染和缺血
2级,表浅溃疡	B期,有感染
3级,深及肌腱	C期,有缺血
4级,深及骨、关节	D期,感染缺血并存

如糖尿病患者足溃疡分级为1级A期则为高危患者,2级B期则是有感染的浅溃疡。任何分级的B期提示有感染,处于C期说明溃疡的原因是缺血。4级D期(深的溃疡同时存在感染和缺血)预后差。该分级系统结合分级和分期,对于病变的深度、血管病变和感染作了标准化的评估,与Wagner分级相比,考虑了病因与程度两方面因素,在判断预后方面优于Wagner分级系统。但缺点是忽视了周围神经病变等因素,缺少对糖尿病足高危人群的预防。

4.6.2.3 简单分级系统

英国的Edmonds和Foster等提出了一种简单易记的糖尿病足分级方法(表4.9)。

表4.9 简单分级系统

分级	临床表现
1级	足低危:低危人群,无神经病变和血管病变
2级	足高危:高危人群,有神经或者血管病变,加上危险因素,如胼胝、水肿和足畸形
3级	足溃疡:溃疡形成
4级	足感染
5级	足坏疽
6级	足无法挽救

简单分级系统根据糖尿病足的自然过程,在区分神经性病变和缺血性病变基础上进行,可依此选择治疗方法。1~2级主要是预防,3~5级需要积极治疗。3级神经性溃疡患者需要支具和特制鞋减压;4级患者需要静脉用抗生素,缺血患者需要血管重建;5级患者需要应用抗生素和外科处理,缺血患者需要血管重建。该分类方法简单,对高危人群也有关注,而且便于记录患者每次就诊时的分级情况,从而监测糖尿病足的进展情况(如感染情况和溃疡愈合的

时间),利于治疗和预防溃疡复发等措施的实施。简单分级系统简单实用,有利于根据患者危险程度制订管理和预防措施,进行分层和全程管理。

4.6.2.4 糖尿病足病因分类

(1)**神经性** 通常表现为麻木、感觉迟钝或感觉丧失,肢端刺痛或灼痛,异常感觉通常呈手套或袜套样分布,足发热,皮肤干燥、皮肤角化过度、肌肉萎缩、足背动脉搏动良好。病情严重者可发展为神经性骨关节病。神经性溃疡部位通常是跖骨头、足底部及爪状趾的背面等足部的受压部位。溃疡基底为肉芽组织,周围是胼胝。体格检查足部温暖,血液循环良好,可触及足动脉搏动;痛觉、温觉、振动觉减退或消失,踝反射轻度减弱,运动功能基本完好。周围神经病变常用的评估方法包括足外观检查、振动觉检查(感觉定量检测仪、半定量音叉)、10 g 尼龙丝重触觉检查、温度觉检查、40 g 压力针头刺痛觉检查、踝反射检查及肌电图检查。

(2)**缺血性** 通常表现为足部皮肤发凉、颜色发绀或苍白、汗毛稀少,严重者可有静息痛及间歇性跛行等。足背动脉搏动减弱或消失,足部皮温减低。溃疡通常出现在足部边缘、足趾尖、指甲缝、足趾侧面及足跟。溃疡基层为灰白色,腐痂覆盖,肉芽形成不佳,在进行清创换药时创面渗血少。下肢血管评价包括病史、体格检查(下肢动脉触诊:股动脉、腘动脉、胫后动脉、足背动脉及皮温)、血管多普勒、踝肱指数、趾端血压、经皮氧分压、皮肤灌注压测定以及 CT 血管造影、磁共振血管造影及数字减影血管造影等。

(3)**神经-缺血性** 单纯的神经性和单纯的缺血性溃疡很少见,国内糖尿病足病变主要是神经-缺血性。神经-缺血性指血供不足并且伴有外周神经病变,表现为足部皮肤冰冷而且触摸不到足部动脉搏动,也有由于毛细血管扩张足部外表给人以红润及健康的错觉。创面感染风险较大。溃疡常见于足底以及足趾边缘。创面基层存在不佳的肉芽组织。神经性病变足与缺血性病变足鉴别要点见表 4.10。因为大多患者属于神经-缺血性病变,从足外观来判断其是以神经性病变为主还是以缺血性病变为主,通常足外观以神经性病变为主要表现的患者,血供尚能满足创面愈合需求,治疗效果好。足外观以缺血性病变为主要表现的患者,通常肢体严重供血不足,创面难以愈合,治疗效果差。

表 4.10 神经性病变足与缺血性病变足的鉴别要点

鉴别要点	神经性病变足	缺血性病变足
病史	高血糖,多发性神经病变足底感觉异常(尤其夜间明显),麻木	吸烟、冠心病、高血压、高脂血症、间歇性跛行
视诊	皮肤呈粉红色,角化过度,有水肿趋势,肌肉和骨骼变形	皮肤萎缩,呈青灰色
触诊	皮肤干燥温暖,足部动脉搏动有力	前足部/足趾冰凉,无足动脉搏动
病变特点	受压部位的无痛性损伤	疼痛性损伤,无感觉缺失,并有肢体末端其他缺血异常表现
基础诊断	踝部压力指数>0.9,振动觉减低	踝部压力指数<0.9,振动觉正常

4.6.3 糖尿病足溃疡评估和护理

4.6.3.1 足部评估

(1)足外形 ①溃疡和截趾史;②足趾活动范围(踇趾活动全范围、受限、僵硬);③有无畸形(鹰爪趾、锤状趾、榔头趾、踇趾外翻、爪状趾、马蹄足等);④有无神经性骨关节病(骨性突起、沙尔科足及急性沙尔科足);⑤鞋履(适合、不适合或造成损伤)。

(2)足部皮肤 ①颜色:正常;是否依赖性潮红(足抬高皮肤苍白、足下垂皮肤潮红);发绀;苍白。②毛发分布。③皮肤厚度:菲薄;角化过度(轻微胼胝、重度胼胝)。④湿润度:肿胀、潮湿还是干燥(脱屑、龟裂)。⑤损伤:充血、水疱、真菌感染、溃疡。

(3) **趾甲** 趾甲正常(修剪方法恰当、长度适宜)、增厚、受损、感染。

(4) **足部温度** 温暖、发凉、冰凉。

(5) **动脉搏动** 正常、减弱、消失。

(6) **足部感觉** ①询问患者脚是否有过感觉麻木、刺痛感、烧灼感、昆虫爬行感觉。有一项为异常。②感觉检查(触觉、振动觉、针刺觉、温度觉)正常、敏感、减退、缺失。

4.6.3.2 创面评估

(1) **创面** 大小、深度、部位,溃疡部位以足部骨解剖来描述。

(2) **创面创基组织** ①黑色坏死组织、黄色腐肉、红色肉芽组织、粉色形成上皮;②是否存在任何暴露的骨骼、肌腱、关节、关节囊或者矫形植入体;③是否存在任何组织坏死或者坏疽。

(3) **创面渗出液** ①渗液的量:分为干燥创面、少量渗出、中量渗出及大量渗出,一般以创面在 24 h 内渗湿敷料的 50% 为"中等渗液量",但应考虑使用敷料的类型和吸收能力。②渗液的类型(渗液的颜色、黏度及气味):通过对渗出液颜色、黏稠度及气味的观察,了解渗液的性质和成分,助于判断是否有感染。血清性渗液指颜色清亮,主要为血清;浆液性渗液指淡红色清亮液体,主要含有红细胞成分;血性渗液指红色或鲜红色,含有血液多种成分;脓性渗液指黄绿色稠厚液体,主要为坏死的细胞残留物和微生物成分,常伴恶臭。

(4) **创面边缘状况** 胼胝、浸软、红斑、水肿、侵蚀、边缘升高。

(5) **创面周围皮肤** 浸软/表皮脱落、红斑、水肿、胼胝或者干燥皮肤。

(6) **创面感染** 评估是局部感染还是感染扩散,是否存在感染的全身性症状与体征(发热、发冷、僵硬、代谢不稳及紊乱),是否有恶臭(存在情况及性质)。

(7) **疼痛** 存在情况及疼痛级别。

4.6.3.3 创面护理

(1) **TIME 原则** TIME 原则是处理糖尿病足创面的基本原则。局部抗菌可以采用外用抗菌剂(消毒剂)、抗生素或者抗菌敷料来治疗轻度感染。如果出现急性扩散感染、严重肢体局部缺血、湿性坏疽或者无法解释足部发热、发红、肿胀,而且伴有或者不伴有疼痛,则患者在继续接受专业足部护理团队的治疗同时需要多学科协作诊治,以挽救患者的肢体。

(2)锐器清创 糖尿病足坏死组织进行锐器清创时,血供不足时可采用蚕食法逐渐清创(图4.167~图4.170)。血供充足时可采用护场法一次性清除肉眼可见的坏死组织(图4.171~图4.175)。当糖尿病足创面为黄色的间生态组织时,最重要的治疗是防止护场破坏创面恶化,局部抗菌保持干燥。注意观察创面变化,如果继发感染创面局部的氧耗急剧增加,因血供没有改善,所提供氧气非常有限,不能满足创面氧需求,于是创面迅速恶化发展为湿性坏疽。如果血供改善就能看到有红色肉芽组织生长,提示护场形成,可以护场法清创。当糖尿病足创面坏死组织与正常组织之间并无过渡带(表现为患足趾端坏疽,顶端呈黑色,虽与正常足趾之间有颜色分界,但无法触到下陷的界限点),此时保留黑色坏死足趾是必要的(因为黑色坏死血供中断,不会增加创面氧消耗,对创面具有保护性的隔离,有保护创面避免感染的作用),此时不可对坏死足趾进行清创(否则会破坏局部正在形成的护场,可能会使患者面临丢掉肢体的危险),等待肢体末端血供恢复(坏死足趾与正常组织之间会出现明显塌陷的红色沟状界限),提示护场形成,坏死足趾可自然脱落或护场法清除后显露出创面为红色肉芽组织,可以快速愈合(图4.176~图4.180)。

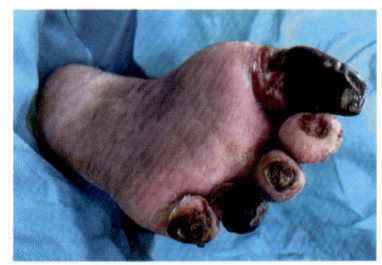
图4.167 足趾坏疽局部抗菌保持干燥

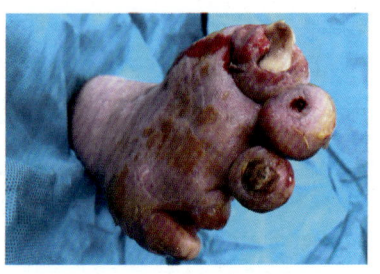
图4.168 蚕食法清除坏疽足趾

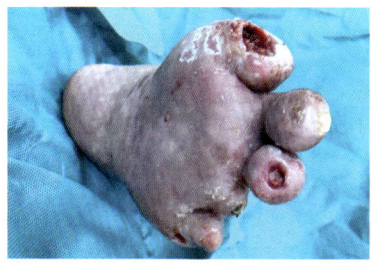
图4.169 蚕食法清除外露骨

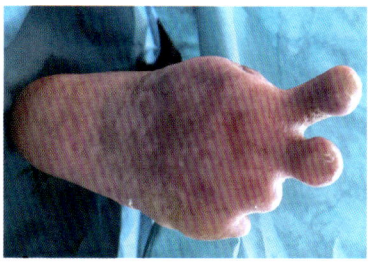
图4.170 创面愈合

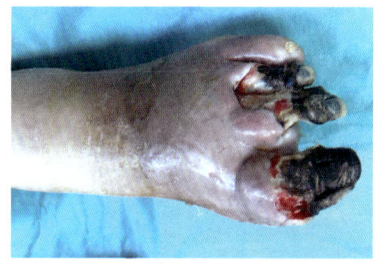
图4.171 足背红肿、坏疽,足趾根部有红色肉芽

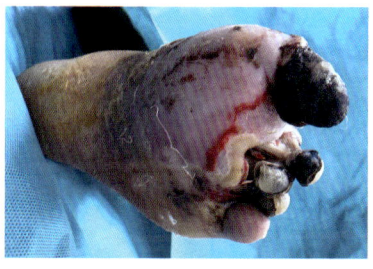
图4.172 足底皮肤红肿饱满

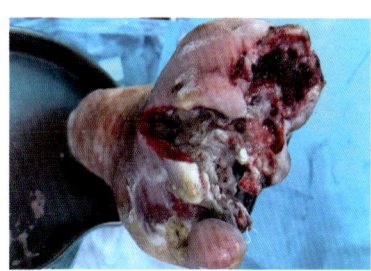
图4.173 第1步蚕食法清除坏疽足趾、足底窦道切开

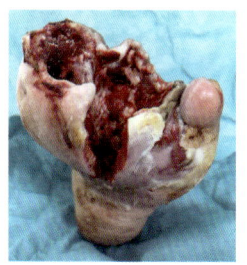
图4.174 第2步护场法清除肉眼所见的坏死组织

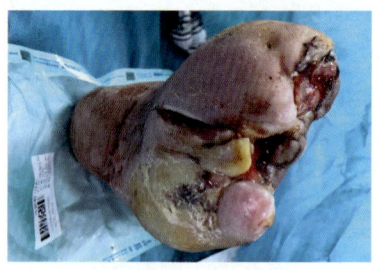

图4.175 抗菌引流闭合创面

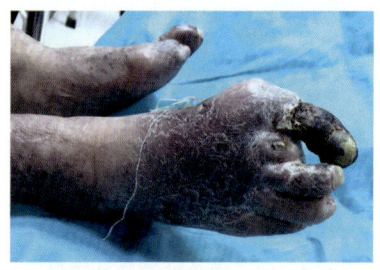

图4.176 第2足趾自截、第1足趾坏疽

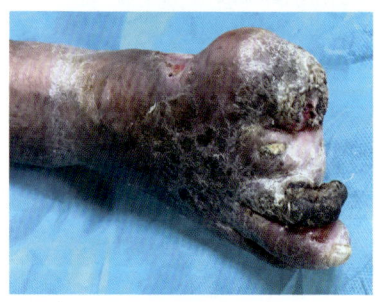

图4.177 第1足趾自截,第3足趾坏疽

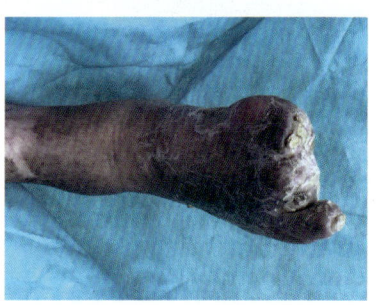

图4.178 第3足趾自截

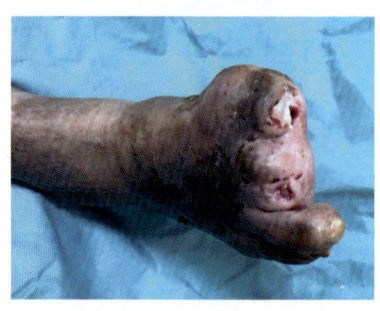

图4.179 清除残存坏死组织

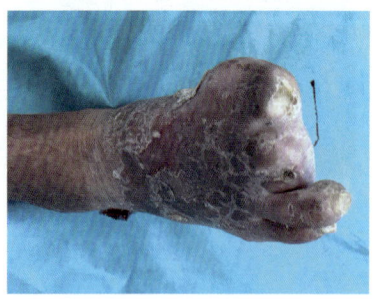

图4.180 创面愈合

（3）脉冲清创　脉冲清创能有效清洁创面（清除渗出液、去除臭味），清创（促使坏死组织松脱分离），抗菌（减少细菌负荷、清除细菌生物膜），改善微循环，促进创面愈合。脉冲清创把创面清洁和创面清创两个创面护理步骤融为一体，特别适合糖尿病足。糖尿病足清创期创面恶臭，足部皮肤同时也需要清洁，打开敷料后先用脉冲冲洗，清除创面分泌物和臭味，清洁足部皮肤，使坏死组织松软分离，然后采用蚕食法或护场法清创，最后再用脉冲冲洗，擦干创面，敷料包扎。注意深部组织感染的急性期，在抗感染治疗基础上，深部感染间隙完全打开，充分引流之后，足部扩散性的感染得到控制，才可进行脉冲清创。通常窦道内用窦道冲洗头，低挡压力冲洗，开放创面用高挡压力冲洗（图4.181～图4.186）。

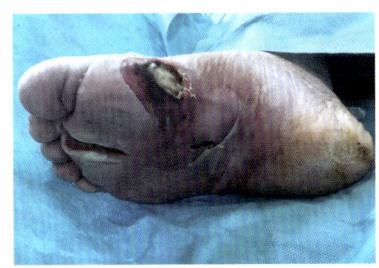

图4.181　全足湿性坏疽

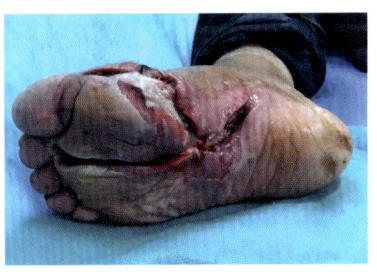

图4.182　皮肤切开清除湿性坏死组织，抗菌引流

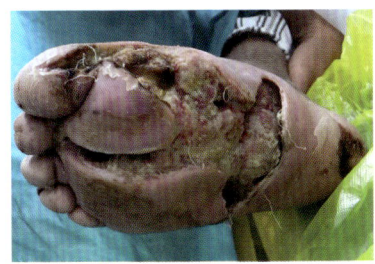

图4.183　脉冲清创前创面为黄色腐肉

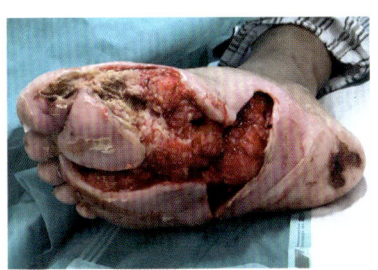

图4.184　脉冲清创后

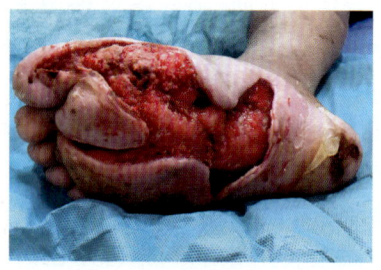
图4.185　第2次脉冲清创后创面新鲜

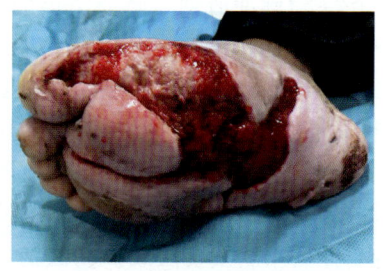
图4.186　第3次脉冲清创后,潜行窦道贴合

(4)简易负压引流清创　糖尿病足深部组织感染时脓液积存在肌腱间隙而排出不畅,受伤区域的水肿会引起组织持续坏死,此时护场形成的关键是要将被动引流变为主动引流,使组织间隙的脓液从深部被吸引至创面浅表,进而被排出体外。此时可采用简易负压引流,可将脓液及时排出,减轻组织水肿并促进创面周围皮肤紧密闭合。负压引流用于大量渗出的创面,有洁净创面、加速坏死组织液化和促进肉芽组织增生的作用,其发挥作用是基于创面局部充足的血供,应用时要选择好适应证。由于足部位于肢体最末端,足趾血管压力已经变得很小,压力超过-26.67 kPa(-200 mmHg),则完全可能因为高负压本身的压力而使足趾缺血缺氧坏死,深部组织引流时采用低压引流[-13.33～-6.67 kPa(-100～-50 mmHg)]。简易负压引流不可用于渗出较少的肉芽创面,会造成肉芽变性变硬而影响愈合。负压在活性组织中才能发挥作用,创面中坏死组织所占比例要减少到一定数量时才能使用简易负压引流,这个比例大小和具体治疗方案有关,只有准确评估合理应用才能取得最佳的治疗效果(图4.187～图4.192)。

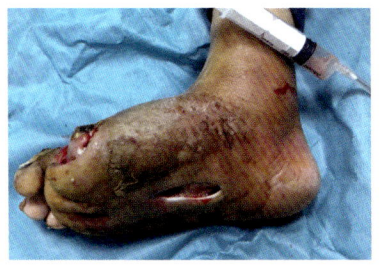

图 4.187　当地换药 8 个月余,全足感染,内踝脓肿

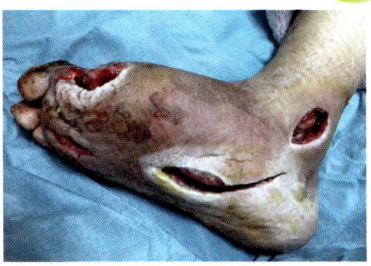

图 4.188　切开引流,大量渗出,皮肤浸渍

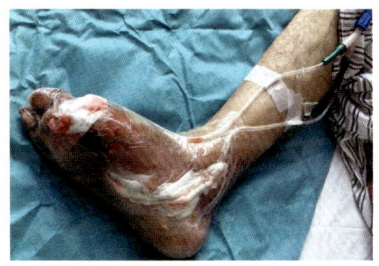

图 4.189　双负压充分引流

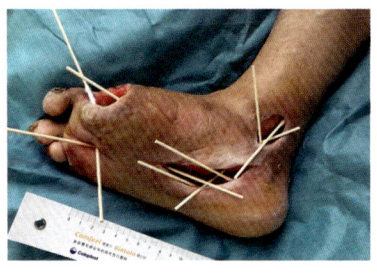

图 4.190　感染控制,创面新鲜

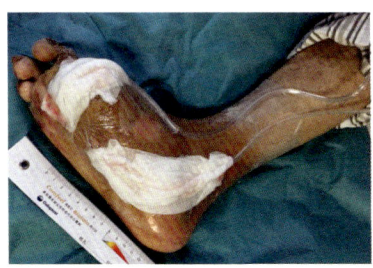

图 4.191　简易负压闭合窦道潜行

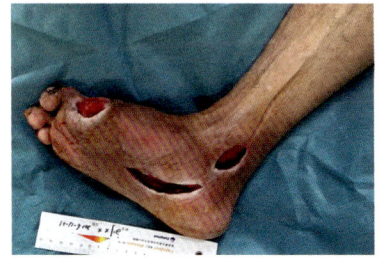

图 4.192　窦道潜行愈合、回当地换药

(5)局部抗菌　糖尿病足局部抗菌治疗适应证:①创面血供不足或坏死组织不宜清除,治疗剂量的全身抗生素可能无法达到感染的缺血组织,局部用药可能更为有效。②创面持续或再次受到污染或感染,不建议长期应用抗生素,选择局部抗菌药物能降低生物负荷

并可以预防再次感染。③特异性抗生素过敏或耐药菌感染的患者,尤其是长期使用全身抗生素无法治疗的开放性感染创面的时候。

(6)疾病终末期保守处理　老年糖尿病足通常下肢血供不足,多合并心、脑、肾等重要脏器的疾病。通常无法进行血管再通手术,也不能耐受积极的清创修复手术,只有局部保守治疗最为稳妥。创面护理遵循护场理论,护场未形成时候,采用蚕食法清创,护场形成后采用护场法清创(一次性清除肉眼可见的坏死组织),随后使用异种脱细胞真皮基质促进创面愈合。

对于湿性坏疽的足趾,通过局部消毒抗菌剂(碘制剂和氯已定)的应用,达到杀灭细菌变湿性坏疽为干性坏疽(促进坏死足趾炭化,即木乃伊化)。对于糖尿病足干性坏疽的足趾,维持干燥并长久保留是必要的,护场形成需要时间和耐心(足趾自离断需要一段时间等待),通常会取得好的结果。

糖尿病足严重缺血性坏疽,因为缺乏愈合能力,局部使用抗菌剂(如碘制剂和氯已定)控制感染以保持坏疽足趾干燥是必要的治疗方案。安尔碘Ⅲ型皮肤黏膜消毒剂是常用的抗菌剂,此时银敷料不推荐使用,因为敷料中的银需要在潮湿的环境中转化成游离状态的银离子,在活性组织中才能发挥作用,对缺乏愈合能力的坏死创面是禁忌的。

4.6.3.4　糖尿病足创面难愈合因素

(1)**解剖因素**　足底解剖上的特点:足跟下面及跖骨头下面的皮肤厚而坚韧,浅筋膜富于脂肪,足跟下面及跖骨下面的浅筋膜纵横排列成纤维束,将皮肤与深筋膜相连,并将膜中脂肪分成颗粒状,由纤维与脂肪混合成垫,其内供血较少,溃烂后再生困难。足部溃疡通常发生在鸡眼或胼胝处,由于其角质层增厚,底质坚硬,几乎无供血而失去生机,影响溃疡愈合。足趾或足的畸形导致足的力学改变,血管、神经、肌腱韧带及关节损伤,当患者行走活动时形成新的压力点并反复受损,造成溃疡反复发生和创面难以愈合。

(2)**感染的严重性和复杂性**　足底深筋膜颇为特殊,在脚掌部及脚趾部各不相同,而且肌腱腱鞘、韧带较多,一旦感染就涉及骨髓腔、关节囊、腱鞘及其他筋膜组织,多为鞘内或腱鞘间多发性脓肿,不易引流,形成慢性窦道和无效腔。由于深部窦道或无效腔是一种缺氧的环境,细菌容易繁殖生长,坏死组织及脓性分泌物不易清除,出现持续扩大的组织变性、坏死,形成窦道并相互贯通。由于大量细菌产生的内毒素或外毒素及蛋白水解酶的综合作用,以及通过它们的细胞毒性作用引起细胞因子的生物效应和自由基损伤,致使组织水肿,脓性分泌物增多,创面大量丢失蛋白质,肉芽组织中的蛋白质大量水解。同时,大量细菌侵入周围组织,导致肉芽组织生长缓慢,严重影响上皮细胞的生长而使创面不易愈合。

(3) **局部血液循环障碍** 局部循环障碍既有血管本身因素,也有血管外因素。血管本身因素主要是大、小血管粥样硬化,微血管病变及微循环障碍,导致肢端缺血。细菌感染和组织细胞损伤均作为一种致病因子,使局部处于应激状态,致使微动脉出现一过性痉挛收缩,由于微动脉痉挛,导致微循环障碍,血流动力学发生改变,造成溃疡周围组织缺血。如果致病因子不能解除,微循环障碍不能恢复,继而加重微血管壁损伤及血管通透性增强,血浆外渗增多,血液黏稠度增加,白细胞由管壁游出,白细胞对细菌和坏死组织吞噬能力下降,细菌繁殖生长,组织炎症、水肿、坏死加重,严重影响创面愈合。血管外因素常见细菌感染后,坏疽周围组织急性炎症、红肿、热痛及脓肿形成。局部组织张力增加,直接压迫微血管血流,造成周围组织缺血、创面缺乏营养,代谢产物淤积,肉芽组织难以生长,创面不易愈合。

(4) **创面深部存留异物** 常见异物有坏死组织碎片、外科缝线、颗粒性物质(如灰尘、毛发或其他物体)、创面敷料残留物(如纱布)、血肿残留等。在炎症反应过程中,巨噬细胞可吞食较小的异物,但较大的异物在愈合过程中往往在其外面形成一层纤维结缔组织膜而被包裹,异物存留在坏疽深部是造成创面难以愈合的原因。一般来说,发现异物存留在创面内,必须尽早清除,否则创面很难愈合。

(5) **局部制动和活动** 糖尿病肢端坏疽常发生在足关节处或附近,如果过早活动,会加重炎症渗出引起肿胀而影响血供,活动极易损伤新生的肉芽组织,不利于神经、血管、肌腱的修复。活动产生的压力、摩擦力或者拉力会造成皮肤和深部血管及肌肉的损伤;新生肉芽组织非常脆弱,牵拉易致损伤出血,影响成纤维细胞分化和瘢痕组织形成。应对方式:使用绷带或石膏跨关节固定,卧床,轮椅活动,指导近端关节活动功能锻炼,注意足踝功能的保留和恢复。

4.6.4　糖尿病足全程护理

糖尿病足的护理应从正常足开始,提高糖尿病患者保足意识,主动参与到保足的护理中,减慢其发生和发展,提高患者生活质量。在临床工作中可参照英国的 Edmonds 和 Foster 提出的糖尿病足的简单分类方法(按照糖尿病足自然病程分为:①1 级,足低危;②2 级,足高危;③3 级,足溃疡;④4 级,足感染;⑤5 级,足坏疽;⑥6 级,足不可挽救),并对每一个分期定义提出护理操作方案,以期实现为糖尿病足患者提供标准化的全程护理。

4.6.4.1　足低危

足低危是指患者无感觉性神经病变及血管病变,发生足溃疡概率低,此期患者以预防为主。糖尿病足的预防应有 5 个方面,即定期监测全身代谢指标、警惕足高危因素、定期接受糖尿病知识教育、落实合适的足部保护措施、保足从足低危开始做起。

(1)**糖尿病知识教育**　糖尿病知识教育作为糖尿病综合治疗"五驾马车"的一部分,需要患者、家庭、医院、社会等各方面共同的努力。糖尿病足患者应通过接受规范、系统的糖尿病教育,详细了解糖尿病足防治基本知识和技能,这样才会实现足部健康的终极目标。糖尿病教育应包括如何进行饮食控制、规律运动、监测血糖、遵医嘱用药、合理使用降糖药和胰岛素、情绪的控制和应对、防治糖尿病急慢性并发症等 7 个方面知识。随着健康模式及健康概念的转变,人们越来越重视发挥自身对健康照顾的主观能动性,教育向以人为本的教育模式发展。在提供知识的同时还应该重视患者自我照顾的动机和责任,提高自我效能。

(2)**足部自我护理**　落实合适的足部保护措施:①每天检查足

部:建议每天用37 ℃左右的温水清洁足部一次,使用白毛巾拭干。每天常规检查足部、脚趾间有无外伤、破损、皮肤问题。②选择合适的鞋袜:宜选择平底、棉质、软底、透气、松紧合适的鞋,袜子以白色或浅色棉袜为宜,不能穿有洞或补丁、袜口过紧的袜子。③穿鞋的注意事项:首次穿新鞋的时间不宜过长。每次穿鞋前要仔细检查鞋底有无钉子、石子、碎玻璃等尖锐异物,并且要把鞋内杂物清除。鞋内面若开线或鞋垫有皱褶应及时修理好才能穿。穿新鞋后要仔细检查双足是否起水疱、破损甚至红肿,如有需要立即就医,新鞋不宜再穿。

(3)定期筛查发现高危人群 每半年到一年进行门诊筛查,病史和临床体检中发现有危险因素者(表4.11),发现有神经或者血管病变者均属于高危人群,需要给予特别的关注,加强筛查及随访,及时采取有效的防治措施。早期发现高危人群对糖尿病足的诊治具有非常重要的作用。

表4.11 糖尿病足溃疡相关高危因素

相关高危因素	内容
病史	先前有过溃疡或截肢史
神经病变	感觉、运动功能障碍,表现为麻木、感觉迟钝或感觉丧失,肢端刺痛或灼痛,足发热,皮肤不出汗、肌肉萎缩、皮肤角化过度
外伤性	鞋袜不合适
	赤脚走路
	滑倒、意外事故
	鞋内异物
生物机械力学性	关节活动受限
	骨刺(突出)
	足畸形、骨关节病变
	胼胝

续表4.11

相关高危因素	内容
周围血管病变	血液循环障碍,常表现为皮肤发凉、颜色发绀或苍白,脉搏消失和皮下组织萎缩,严重者可出现间歇性跛行及静息痛
社会、经济状况	独居老人
	社会地位低,贫穷,无法支付医疗费用
	依从性差,拒绝治疗或护理
	缺乏教育
糖尿病的其他慢性并发症	严重肾功能衰竭或肾移植、明显的视网膜病变
其他危险因素	视力下降,膝、髋或脊柱关节炎

4.6.4.2 足高危

足高危是指患者有感觉神经病变和(或)足畸形、骨的突起,和(或)外周缺血的体征,和(或)曾患溃疡或截肢,目前足部皮肤完整无破损。糖尿病周围神经病变是糖尿病足最重要的危险因素,目前尚缺乏有效的预防和治疗手段,注意足部卫生和健康,穿合适的鞋袜,定期做足部检查,以及早发现足溃疡是预防糖尿病足的重要事件。

(1)足部自查 患者足部自我检查内容:①首先查看脚的外形、脚趾、趾甲是否存在不正常的挤压。②是否有胼胝。③是否有溃疡。④脚的卫生状况和趾甲的修剪。⑤足部皮肤颜色。⑥是否有肿胀。⑦是否有因鞋袜造成的压痕和发红。⑧每个趾间、脚面、脚底、脚后跟是否有皮肤破损、真菌感染。⑨用凉的金属体轻轻触碰脚部皮肤,检查脚部皮肤是否感觉到凉,并用37~37.5 ℃的温水浸泡双脚,是否感觉到温热,如果没有感觉,表示双脚已有明显的温度感觉减退或缺失。⑩用手背放在脚背上滑动,从踝以上缓缓滑至脚趾,感觉有无温度变化,若感觉足皮肤发凉,提示下肢末端缺血,发热则提示有感染。⑪检查有无肿胀或水肿。⑫用手指轻触脚踝前方,触摸足背动脉搏动及搏动的强弱。如触摸不到或搏动细弱,表示足背动脉供血不足,这种情况常提示在足背动脉上端有大动脉血管狭窄或梗阻。⑬测试轻触觉有无异常:可用棉花捻成尖端状,轻轻滑过脚底皮肤,看自己是否可以感觉到,如果没有感觉则表示轻触觉消失或减退。⑭测试重触觉有无异常:用大头针(或缝衣针)钝的一端轻轻触碰脚部皮肤,看是否有感觉,如感觉差,表示触觉减退。⑮留意是否有肢端感觉异常,如麻木、针刺感、灼热及感觉减退等,呈手套或短袜状分布,有时痛觉过敏,出现肢痛,呈隐痛、烧灼样痛,夜间及寒冷加重,震动感减弱或消失,触觉和温度觉有不同程度减弱。足部疼痛是常见症状之一,可出现刺痛、灼痛、凉痛。

(2)定期门诊检查　患者每1~3个月门诊检查,护理足部。内容包括疾病史(溃疡、截肢史等)、生活习惯(赤脚)、家庭状况等。脚的外观检查,足畸形及足部皮肤。最典型的症状是间歇性跛行、休息痛及夜间痛;手足麻木、刺痛、烧灼感,甚至感觉丧失;足部肌肉萎缩,屈伸肌张力失衡;部分患者出现自发性水疱;部分患者还会出现足背动脉搏动减弱甚至消失。评估周围血管、感觉神经。填写糖尿病足综合评估表(表4.12)。

表4.12　糖尿病足综合评估表

一、糖尿病并发症
1. 勾选所有符合项
　　□周围神经病变
　　□肾病
　　□视网膜病变
　　□周围血管疾病
　　□心血管疾病
　　□截肢(注明日期、部位和水平)
　　目前有足溃疡或有足溃疡史? YN_____ (勾选 yes 或 no)

注:在二和三项中,在空格中填入 Y 或 N(yes 或 no),或 R、L 或 B,分别对应右侧、左侧或双足均有阳性发现

续表4.12

二、现病史(勾选 yes 或 no)
1. 是否有间歇性跛行? YN__
2. 足部是否自上次评估后有新的变化? YN__
3. 鞋履是否有问题? YN__
4. 袜子和衣物上是否有血液或渗出物? YN__
5. 是否吸烟? YN__
6. 吸烟史? YN__
7. 最近一次的糖化血红蛋白结果　日期_____

三、足部检查
1. 皮肤、毛发和趾甲(勾选 yes 或 no)
    皮肤是否菲薄、易损、有光泽、无毛? Y N____
    趾甲是否增厚、过长、内嵌,或有真菌感染? Y N____
测量并在下面的足部示意图中进行标记(使用下列字母)。
C=胼胝　U=溃疡　PU=溃疡前　F=皲裂　M=浸渍　R=红斑　S=肿胀
W=温暖　D=干燥
2. 肌肉骨骼畸形
    □足趾畸形　□踇趾外翻　□沙尔科足　□足下垂　□跖骨头突出
3. 足动脉搏动
    在下面空格处填入 P(有搏动)或 A(无搏动)
    胫后动脉左____右____
    足背动脉左____右____
4. 足部感觉测量[如果患者能够感觉到(10 g)单丝则在下图 4 个小"○"内标记"+",如果感觉不到则标记"-"]

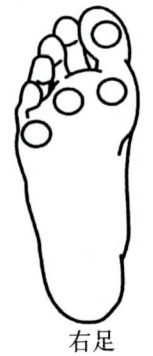

右足

左足

续表 4.12

四、风险评估(勾选所有符合项)
□低风险患者　　　　　　　　□高风险患者
满足所有下列要求　　　　　　存在下列 1 个或多个表现
□保护性感觉正常　　　　　　□保护性感觉缺失
□足动脉搏动存在　　　　　　□足动脉搏动缺失
□无畸形　　　　　　　　　　□足畸形
□无足溃疡史　　　　　　　　□足溃疡病史
□无截肢史　　　　　　　　　□截肢史

五、鞋履评估(勾选 yes 或 no)
1. 患者所穿鞋履是否合适？YN＿
2. 患者是否需要鞋内衬垫或支具？YN＿
3. 是否需要开具矫形鞋具？YN＿

六、患者教育(勾选 yes 或 no)
1. 患者之前是否参加过足部照护培训？YN＿
2. 患者是否能演示正确的足部照护？YN＿
3. 患者是否需要戒烟指导？YN＿
4. 患者是否需要关于糖化血红蛋白或其他糖尿病自我管理的培训？YN＿

七、治疗方案(勾选所有符合项)
1. 自我管理教育
预防性足部护理培训日期：
戒烟指导日期：
HbA1c 及其他培训日期：
2. 诊断检查
□血管检查　□糖化血红蛋白(至少 2 次/年)　□其他
3. 鞋具推荐
□不需要　□定制鞋　□运动鞋　□加深鞋　□矫形衬垫
4. 转诊/会诊
□糖尿病培训师　□内分泌医生　□足病师　□足踝外科　□创面师　□康复师　□矫形师　□矫具师
□其他＿
5. 随访计划
下次随访日期：＿

患者姓名
医生签名　　　　　　　　日期：　　　　　　时间：

(3)非溃疡病变的处理　糖尿病足高危人群,即使小小的损伤也有可能引发溃疡,因此,当出现胼胝、脚癣、趾甲增厚、趾甲真菌感染等应到专科的门诊由专业的人员来进行修剪,防止损伤。糖尿病患者足部发生轻微的擦伤、烫伤水疱时,可能导致溃疡成为深部感染入口。糖尿病足高危患者应该由训练有素的足部医疗、护理专家来治疗,尤其合并胼胝、趾甲病变和皮肤病变时,应该寻求专业、积极的多学科治疗。

1)足(趾)癣:皮肤真菌感染可以成为创面更为严重的感染的入口,表现为大量的小水疱,有神经病变时可能无瘙痒感。应在皮肤科医生指导下进行适当的抗真菌治疗,切忌盲目的滥用药物,以免引起不必要的不良反应。日常生活中应注意:避免搔抓,避免热水洗烫,避免碱性过强的肥皂洗浴,宜选用透气好的鞋及棉质袜子,袜子洗后应用开水浸泡消毒,保持局部皮肤干燥,不与他人共用浴具。

2)趾甲增厚:趾甲增厚是老年人常见的情况。老年人由于趾甲的钙减少、铁元素增多,常表现为增厚、坚硬、扭曲、卷甲畸形、嵌甲等,当患有糖尿病时,下肢微循环障碍,趾甲甲板下组织角化增生过度,进一步导致甲板增厚,与甲床紧密相连,进而压迫相邻组织,增加足溃疡发生的危险。及早发现,适时正确地修剪趾甲对老年患者预防足溃疡的发生发展有着重要的意义。

3)趾甲真菌感染:老年糖尿病患者趾甲真菌感染发生率为85%~93%。趾甲真菌感染的常见临床表现为趾甲增厚、钩甲、嵌甲、甲剥离等,如不及时治疗,容易引起局部的疼痛和压迫症状,使患者活动受限,增加患者足溃疡的发生风险。发生趾甲真菌感染的患者,可以用尿素脂和丁克/特比奈芬,两种药膏一比一合在一起,涂在趾甲与皮肤交界之处。然后用薄膜敷料包裹起来,指甲在湿性的环境里面就可以变软化同时具有抗真菌的作用。晚上和早上起床后同样的方法外涂(如果老年人、皮肤薄,白天就不一定包裹),坚持3周,局部治疗通常成功。如果不改善需要在皮肤科医生指导下考虑进行全身性的抗真菌治疗。为了预防趾甲真菌感染的复发,应每天洗脚,洗完后擦脚时,脚趾之间部位一定要完全擦干。此外,要小心修剪趾甲,依照趾甲自然的形状进行修剪,不要剪得太靠近皮肤,指甲刀或剪刀用完之后要用开水浸泡或用络合碘消毒,趾甲剪完后一定要洗手,避免交叉感染至双手。

4)胼胝:胼胝发生在压力或摩擦部位,通常与足底持续高压及不合适鞋有关。处理方法,使用解剖刀定期进行清除,去除胼胝局部压力减少33%。削除胼胝时用手将足部皮肤绷紧,逐层削除,切不可将胼胝用水泡软,容易使胼胝与正常组织的分界线混淆,损伤正常组织;对不能卧床休息的患者不能削的过薄(图4.193~图4.196)。

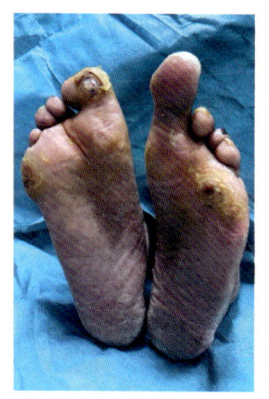

图4.193 足底胼胝

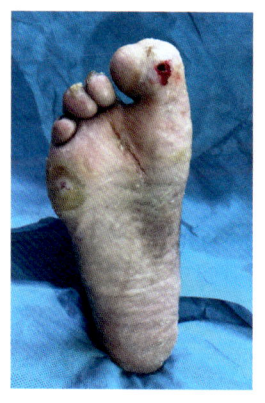

图4.194 胼胝下溃疡

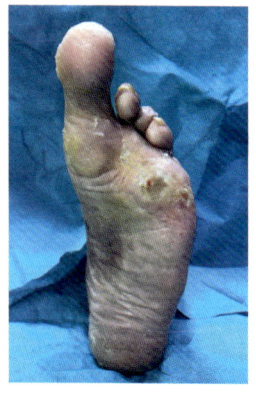

图4.195 胼胝下水疱

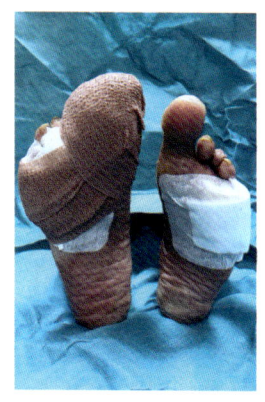

图4.196 泡沫敷料减压创面包扎固定

5) 足疣状突起：足疣状突起并不需要治疗，除非有疼痛或扩散（因为这些疣通常在 2 年之内会自动消失）。在这段时间内，患者会产生免疫力。治疗上可进行液氮冷冻治疗，局部可用水杨酸，或行外科切除。

(4) **健康教育** 对患者及家属进行针对性、简单、有效及持续性健康教育。鞋袜和溃疡发生直接相关，指导鞋袜选择、减压治疗、足畸形保护等。告知患者，发现出血、变色、水疱形成时及时到专科就诊。

4.6.4.3 足溃疡

有研究结果显示，57.1% 的糖尿病足溃疡是因为日常生活中的一些细节原因致足部小损伤而诱发，若患者合并有伤害性刺激缺陷时，可能出现洗脚时烫伤、碰伤、擦伤、剪指（趾）甲剪伤、鞋袜不适损伤、自行挑开水疱、脚气感染等损伤。足溃疡指糖尿病足发病初期，皮肤有浅表的开放性损伤，无或者轻度感染，创面边缘周围炎症波及小于 2 cm。常见情况如胼胝压迫皮下组织引起的破溃，烫伤、鞋子磨破引起皮肤水疱或者血疱，切割伤等。

评估包括全身因素，如患者的年龄、全身疾病、血糖、血压、有无糖尿病的并发症、全身营养状况、重要脏器功能（特别是心、肺、脑、肾等重要脏器功能）。神经血管功能的评估，判断为神经性溃疡、缺血性溃疡或神经–缺血性溃疡。创面局部评估包括溃疡的部位、大小、深度、周围皮肤状况、创面颜色、渗液、局部感觉、有无感染等。

(1) **水疱、血疱的处理** 查明水疱原因，防止复发，如压力性溃疡、缺血性疼痛、异物通常先于水疱存在。是否有感觉神经受损；下肢动脉粥样硬化；尿毒症水肿、鞋子压迫等因素影响。糖尿病性大疱多发生于糖尿病病程长、病情控制差及全身营养状况差的患者，且和年龄、有无并发症等有关，是糖尿病趾端坏疽、截肢的诱发因素，好发于四肢末端及循环不良的部位，一般为圆形或椭圆形，大小不一，处理不当易合并感染。

处理方法：小水疱可不必处理，待其自然吸收；1 cm 以上的水疱在全面消毒情况下用刀片在最低处做切开引流疱液，碘伏纱布包扎使其干瘪；尽量保留疱皮的完整，可以很好地保护创面预防感染，干枯后形成的痂皮任其自然脱落,切勿剥脱。如果水疱已经破裂,怀疑污染则直接清除,油纱类敷料保护创面直到愈合。

(2)以神经性病变为主的足溃疡

1)在全身治疗同时清创:自溶性、机械性清创和锐器清创配合应用,根据创面护场形成情况选择锐器蚕食法,或者护场法清创。增生期可以根据渗液多少选择新型敷料(如藻酸盐、泡沫或水胶体)以保持创面适度湿润,必要时选择生物活性敷料(异种脱细胞真皮基质)促进创面愈合。

2)减压治疗:畸形足趾采用硅胶托缓解脚趾间的压力。足底溃疡羊毛毡剪一个比创面大5 mm的洞。每周更换1次,保持干燥,如果潮湿立即更换,此方法简单,经济实用。还可以使用羊毛毡叠加支撑并抬高除溃疡部位以外的足底,以转移溃疡局部压力(图4.197~图4.201)。也可选择治疗鞋如前足减压鞋和后足减压鞋缓解压力。

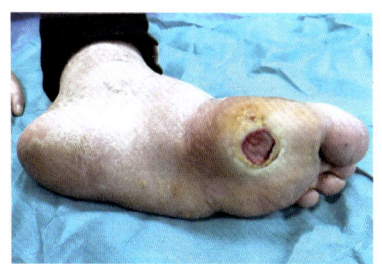

图4.197 高弓足,第1跖趾关节处溃疡、皮肤红肿

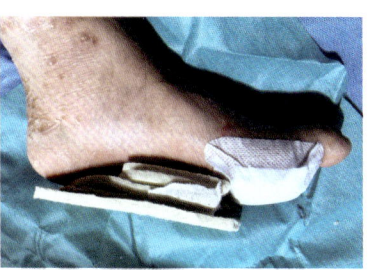

图4.198 剪裁羊毛毡叠加粘贴

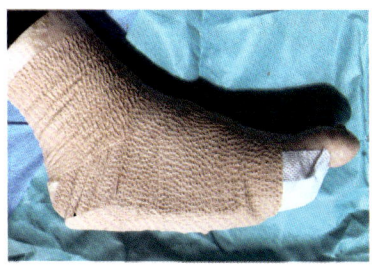

图4.199 自粘性绷带固定

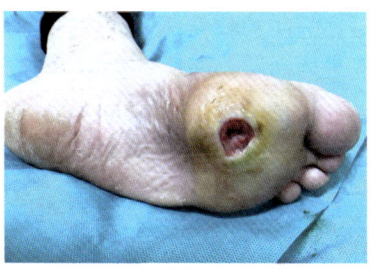

图4.200 皮肤红肿消退、创面新鲜

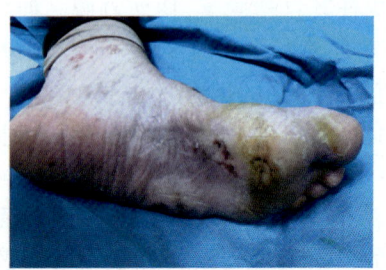

图 4.201　创面愈合

（3）**以缺血性病变为主的足溃疡**　创面不宜主动清创。早期保持干燥，尽量控制感染，在全身情况得到改善，血管重建或者局部侧支循环建立，下肢血管评估足部血运恢复，溃疡稳定有愈合趋势时候采用蚕食法清创，禁止使用自溶性清创［肢体缺血情况下造成溃疡扩大和（或）加重感染］。糖尿病足缺血的患者，在缺血状态改善前，盲目的清创，可能会导致局部微循环障碍加重，溃疡创面扩大，截肢概率增加。在清创过程中对于健康的组织，要避免钳夹等损伤性操作，对于间生态组织适当的保留，护场形成坏死组织与正常组织界限完全清楚后再清除，对于足底肌肉及负重区域皮肤，要最大限度的保留，为后期的修复及足功能的保留创造条件。

（4）**健康教育**　鞋源性的创伤、保护性痛觉缺失和足畸形，是导致足溃疡的首要事件。足跖部高压区域和足畸形关联，当异常压力点和保护性感觉缺失同时存在，就容易形成胼胝、水疱和溃疡等病变。对糖尿病患者尤其是伴有严重周围神经病变的人群，进行针对性的防护教育，防止日常生活导致足部小损伤，可避免足溃疡的发生。

足部溃疡要以预防为主，日常在鞋袜的选择时要注意，选择柔软、宽松、舒适的鞋袜，避免穿小鞋。每日检查鞋子和足部，特别是足底，发现损伤或非溃疡病变要尽早处理。对于血管功能受损的患者，可进行足部功能锻炼促进侧支循环建立，每日可做足部运动30～60 min，如甩腿运动、提脚跟-抬脚尖运动、下蹲运动等。也可以做 Burger 运动:患者平卧,先抬高患肢 45°,1~2 min 后再下垂 2~3 min,再放平 2 min,并做踝部伸屈或旋转运动 10 次,如此每次重复 5 次,每天数次。

【典型病例 4.18】 1 例糖尿病足跟溃疡植皮术后皮瓣坏死患者的创面护理

(1)简要病史　患者男性,88 岁,糖尿病病史 20 余年。2 个月前无明显诱因出现右足跟部小水疱破溃,流水,自行外涂药物(用药不详),逐渐扩大融合成片,结痂发黑。半月前以"右足跟部皮肤破溃 1 月余,肿胀疼痛 2 d"入住当地医院。检查见,位于右足跟腱处,散在片状分布 2 个创面,大小约 2 cm×2 cm 及 0.5 cm×0.5 cm。给予控制血糖、抗感染治疗,于 2018 年 2 月 3 日行右足跟腱处创面清创,清创后跟腱外露,行任意皮瓣转移术,术后第 13 天皮瓣中远段 2/3 的范围发黑,坏死,分泌物培养结果为耐甲氧西林金黄色葡萄球菌。

(2)临床诊断　糖尿病足合并感染,2 型糖尿病,糖尿病神经病变,糖尿病血管病变。创面诊断为糖尿病足:①Wagner 分级——2 级;②TEXAS 分级法——3 级 D 期;③病因分类——神经-缺血性;④性质分类——湿性坏疽;⑤感染-PEDIS 分级——2 级;⑥病程简单分类——足溃疡。

(3)治疗过程

1)综合治疗:①糖尿病饮食;②监测血糖;③营养支持治疗;④改善微循环;⑤抗感染,对症处理。

2)创面处理过程:2018 年 3 月 5 日首次换药,足跟部移植皮瓣坏死,创面有脓性分泌物,无臭味,周围皮肤红肿,皮温稍高。给予脉冲冲洗清创,蚕食法清创。创面可见跟腱暴露部分变性坏死,PHMB 凝胶局部抗菌保湿,换药间隔 2~3 d(图 4.202、图 4.203)。3 月 14 日换药创面新鲜肉芽生长,周围皮肤红肿消退,继续脉冲清创,跟腱坏死部分蚕食清创,敷料同前,隔周换药(图 4.204)。3 月 27 日创面肉芽新鲜,上皮爬行,坏死跟腱蚕食法清创,手法轻柔,从中间向两边逐渐削除,近端不可牵拉,以防止坏死肌腱回缩造成扩散感染(图 4.205)。4 月 10 日换药发现裸露跟腱有新鲜肉芽覆盖,使用异种脱细胞真皮基质(图4.206),隔周观察。4月30日换药,创面缩小,创面近端有2 cm潜行,敷料同前(图4.207)。5月29日创面大部分愈合,近端潜行1 cm(图4.208),敷料选用了胎贝黏蛋白,嘱在家隔日使用。6月8日换药,发现创面近端潜行依旧存在,考虑跟活动有关,嘱踝关节制动,敷料同前(图4.209)。7月12日家属传来创面愈合的照片(图4.210)。

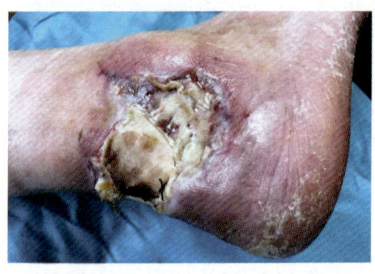

图4.202　接诊时移植皮瓣坏死

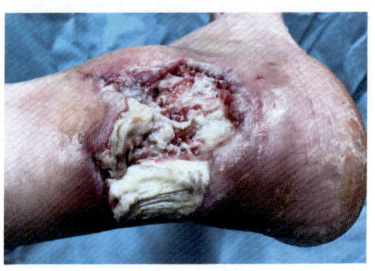

图4.203　跟腱暴露部分变性坏死

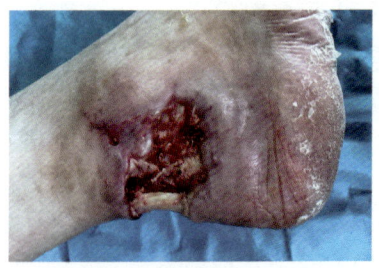

图4.204　坏死跟腱蚕食法清创

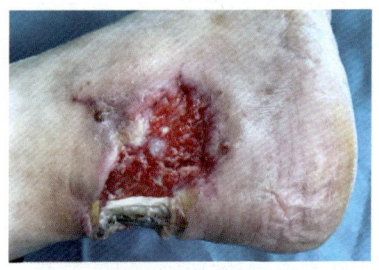

图4.205　从中央向两边削除

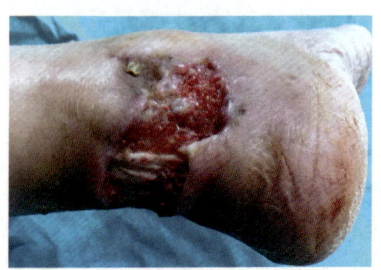

图4.206　裸露跟腱逐渐肉芽覆盖

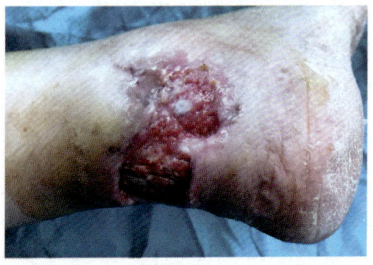

图4.207　创面近端有2 cm潜行

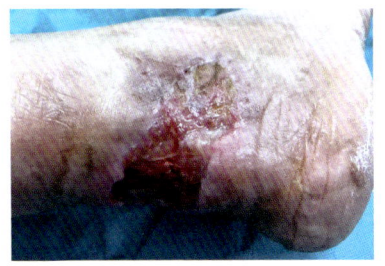
图 4.208　使用胎贝黏蛋白

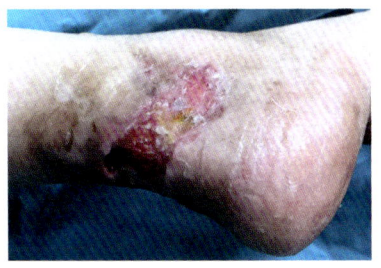
图 4.209　创面近端潜行存在

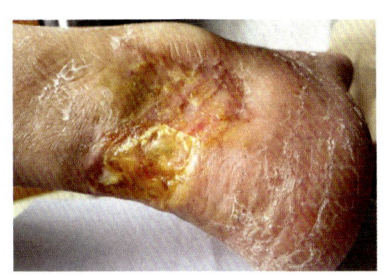
图 4.210　创面愈合

(4) 健康教育　患者换药期间血糖控制较好,生活规律。重点是活动和运动安全的指导。换药期间踝关节制动,做膝关节绕环和抬腿运动。创面愈合后逐渐增加活动量,注意安全。

(5) 经验总结　患者为退休医生,对自身健康重视,家庭支持系统好。发现足跟溃疡在当地医院做皮瓣移植,术后出现皮瓣感染坏死,前来医院换药。治疗期间大多时候家属在家自己更换敷料,需要清创时过来处理。创面细菌培养为 MRSA,早期用了脉冲清创,蚕食法清创、PHMB 控制感染。创面新鲜后使用异种脱细胞真皮基质促进肉芽生长。后期创面近端坏死肌腱清除后出现潜行,选用了胎贝黏蛋白喷剂,嘱家属隔日使用。患者后期创面好转,但由于不受控制的活动,造成近端潜行愈合减慢,发现后要求卧床休息,并进行踝关节制动,创面顺利愈合。跟腱暴露创面,关节制动非常重要,同时注意增加其他活动方式,促进全身功能恢复。患者高龄,肢体循环差,创面愈合时间4个月,效果满意。

4.6.4.4 足感染

大约56%的糖尿病足会发生感染,50%的感染患者缺乏典型的感染证据,局部的感染程度和全身的感染症状呈分离状态。感染严重程度的判断要考虑感染累及的范围、部位、深度、有无缺血等因素。临床常分为浅表感染、深部感染及急性深部组织感染。浅表感染见于早期,表现为蜂窝织炎、疼痛、局部发热及脓性分泌物等表现。深部感染见于感染晚期,表现为脓肿、骨髓炎、化脓性关节炎等。急性深部组织感染,由某一个足趾的感染引起,可以迅速扩散到足底间隙,局部压力升高诱发筋膜室综合征,造成动脉血流急剧减少和组织坏死。细菌直接从一个腔隙向另一个腔隙扩散,发展迅速,病情危急,是导致截肢的主要原因。

从足的解剖分析,足底共分为内侧、中央、外侧3个隔室,顶部都是跖骨和骨间筋膜,底部都是僵硬的跖腱膜。厚实的内侧肌间隔从跟骨内侧结节延伸到第1跖骨头,外侧肌间隔从跟骨延伸到第5跖骨,分别界定出内侧、中央、外侧隔室。第1足趾的内侧肌位于内侧隔室。中央隔室包含有第2到第4足趾的内侧肌,以及各足趾的伸肌屈肌肌腱、内外侧足底神经和足底血管床。外侧隔室包含着第5足趾的内侧肌。独特的解剖学结构使得足部感染的临床表现有一定的特点。因为每个足趾内肌限定于相应的隔室中,未经治疗的远端足趾趾骨感染会发展成为足底脓肿,而隔室内感染也会导致隔室内压力升高,进而损害毛细血管的血流,导致进展性的组织缺血坏死。并且由于间隔的顶部都是跖骨和骨间筋膜,因此深部的感染在足背几乎没有明显的异常,会导致治疗的延误。未治疗的进展性的感染(如蜂窝织炎)可以穿通内侧或外侧肌间隔导致感染的扩散,或者在肌间隔的跟骨汇聚点形成脓肿,导致不可挽回的截肢。

国际糖尿病足工作组2015糖尿病足感染-PEDIS分级[PEDIS即灌注(perfasion)、程度(extent)/面积、深度(depth)/组织缺失、感染(infection)、感觉(sensation)],将局部与全身状况相结合,简单,易于判断,便于临床参考(表4.13)。

表4.13 糖尿病足感染-PEDIS 分级

临床表现	感染程度	分级
创面无脓液或无炎症表现	无感染	1
2种以上的炎症表现:红肿、皮温高、疼痛、脓液、蜂窝织炎<2 cm;表皮或皮下组织感染	轻度感染	2
表现同上,有下列1种或以上特征:蜂窝织炎>2 cm,淋巴结肿大、坏疽、广泛的筋膜炎、深部组织脓肿,涉及肌肉、肌腱、关节和骨,全身情况良好,代谢稳定	中度感染	3
全身毒性反应,代谢不稳定,发热、寒战、白细胞异常、酸中毒、严重高血糖或氮质血症、心动过速、低血压、意识障碍	重度感染	4

(1)足感染的评估 糖尿病足部创面感染具有复杂性和迅速恶化的可能性,评估应分3个层次:患者整体、患肢和患足及感染的创面。可根据至少2个典型炎症症状、体征或脓性分泌物诊断感染。最后,根据面积、深度和全身感染进行分级分类。确定感染程度、微生物病因、发病机制和生物力学、血管或神经系统异常等,初步评估还应包括患者社会状况和心理状态(影响依从能力而影响创面愈合)。

1)评估患者整体:全身评估包括患者的年龄、全身疾病、血糖、血压、有无糖尿病的并发症、全身营养状况,脏器功能,特别是心、肺、脑、肾等重要脏器功能。患者有无体温升高等全身中毒症状。血液生化检查,特别是血常规的检查,有无白细胞计数升高。局部评估包括神经血管功能的评估,必要时行血管造影等影像学检查。

全身性感染的实验室指标包括白细胞增多、白细胞分类左移、炎症标志物升高。感染的全身症状和体征包括发热、畏寒、精神错乱、神志不清、出汗、厌食、呕吐、血流动力学不稳定,有时可能伴低血压、酸中毒、重度高血糖、新发氮质血症等代谢紊乱证据。

2)评估肢体和足:检查感染肢体,感染足部的沙尔科关节、爪状趾或锤状趾、踇滑膜囊肿或胼胝等足畸形评估。生物力学改变可能影响足部创面,妨碍创面愈合。同时血供评估至关重要。

3)评估创面 创面渗出液增加、恶臭、脆弱或者变色的肉芽组织;创面创基侵蚀——范围扩大、出现新的坏死。评估局部感染、感染扩散或全身感染,鉴别浅表感染、深部感染及急性深部组织感染,如果怀疑发生感染,则应当在清创之后进行采样,以便开展微生物学分析来指导选择抗生素。

(2)足感染的诊断

1)感染的诊断:考虑3个因素。①创面周围有红、肿、热、痛等炎症性反应存在;②创面有脓性分泌物;③全身中毒症状,如发热、寒战、白细胞升高等。糖尿病患者由于局部血液供应和感觉障碍,局部红、肿、热、痛可能不典型。全身症状也有可能因为患者免疫系统的损害而不是很明显,因此,一旦确定存在感染,要给予充分的重视,患者往往表现比较轻,临床上可能会根据表象而低估感染的严重程度,而且,糖尿病足感染可能会迅速发展,危及患者肢体甚至生命安全。

2)创面的细菌培养:创面的细菌培养是明确感染的重要方法。操作者要注意正确留取标本,在创面清洗完毕后,可以采用刮匙在创面的基底刮取组织碎片,也可以抽吸创面的分泌物,或者将外科清创过程中的组织存放于无菌的培养容器中送检。对于有全身中毒症状的患者,可以留取血培养标本,细菌培养应在使用抗菌药物之前留取。可靠的细菌培养可以指导临床抗菌药物的应用和局部抗菌剂的应用。

3)骨髓炎:早期很难诊断,探针创面探查到骨,高度怀疑。美国感染病学会(Infectious Diseases Society of America,IDSA)建议,如果初步X射线无法确认存在骨髓炎,而且严重怀疑存在此类病症,则考虑采用磁共振成像(MRI)检查。骨髓炎确诊方法是骨骼组织的培养结果,通过深度清创或者活检可以获取骨骼。

(3)足感染创面的处理

1)以神经性病变为主的足感染:足部血供充足,在感染早期炎症未局限时不能急于清创,有局限性脓肿并有波动感或者窦道时,应在全身治疗基础上及时切开排脓减压,避免挤压,以免感染沿着肌肉间隙扩散;感染得到初步控制后要加强清创力度,去除失活组织;清创时要注意保护正常的肌腱韧带,有利于足部功能恢复。

2)以缺血性病变为主的足感染:脓肿切开时皮肤切口选择要在脓腔张力最高点或与窦道相连的最低点,尽量避开足的承重摩擦部位,并顺行切开引流。血供不足,用蚕食法清创,尽可能不损伤有生机的组织。

3)急性深部组织感染:足部浅表感染时细菌穿过浅筋膜进入深部组织,引起深部组织间隙感染;未经治疗的远端足趾趾骨感染会发展成为足底脓肿;隔室内感染也会导致隔室内压力升高,进而损害毛细血管的血流,导致进展性的组织缺血坏死而威胁患者肢体甚至生命。一旦发现,立即皮肤切开减压并有效引流,方可挽救肢体。

ⅰ.深部组织间隙感染的判断:①蚕食清创,清除创面部位坏死组织,包括坏死的足趾。②窦道探查,创面部位弯钳或探针探及皮下窦道。③肤色异常,可以观察到窦道外皮肤有不同于足部其他部位肤色的改变,暗红色或苍白,肿胀,局部温度可以升高或者降低。④穿刺确诊,用20 ml注射器,16号穿刺针头穿刺,抽出坏死组织或脓性分泌物确诊。

ⅱ.皮肤切开:手术刀切开或剪刀剪开窦道外皮肤,弯钳探查深部相通感染窦道,切开受累及的腱鞘和筋膜,清除脓液及坏死组织以减轻腔隙内压力,并有效引流,足部肿胀渗出多的时候可简易负压引流。

ⅲ.以神经病变为主:因为血供相对充足,感染多因为足趾间真菌感染、足趾小损伤而引起。临床表现为肢体膝关节以下肿胀,足部红、肿、热、痛。其深部间隙感染多形成脓肿,极易发展为足底中央间隙脓肿。①手术目的,充分引流,同时清除坏死肌腱和感染的碎骨。②手术方法,从创面处皮肤切开至脓肿部位。如果中央间隙脓肿的,手术分两步完成。第一步,足底皮肤切开 2 cm 的切口,通常会有脓液流出,用弯钳分离肌腱间坏死筋膜组织,探及足底中央间隙。第二步,用探针从足趾创面探查到足底皮肤切口窦道后,从足趾创面皮肤切开至足底创面,充分减压引流。③开放后创面出血可用 3% 过氧化氢纱布止血,创面用安尔碘Ⅲ型纱布填塞,多个棉垫加压包扎。④创面护理,清创期充分引流,渗出过多时可用简易负压引流,脚趾等不易密封,易漏气部位可使用防漏膏进行密封。隔日换药。足部水肿消退,感染控制,创面进入增生爬皮阶段,根据渗出量和换药间隔时间选择新型敷料(如藻酸盐、水胶体或泡沫敷料),银离子敷料可以延长换药时间间隔,异种脱细胞真皮基质促进愈合同时可以使换药间隔延长到 2～3 周。

ⅳ.以缺血性病变为主:因为血供不足,其深部间隙感染多因足趾坏死,趾根部感染引起,表现感染区域皮肤发绀,皮下饱满,肢体肿胀不明显,足部皮温低。蚕食法清除坏死足趾后,探查皮下感染窦道,从创面边缘开始沿着窦道方向切开皮肤至变色皮肤和正常皮肤交界处,充分暴露感染坏死深部组织,通常皮缘出血不多,游离皮肤看到发黑坏死的肌腱甚至坏死的骨组织,合并厌氧菌感染时有恶臭。锐器蚕食法清除坏死组织后,用 3% 过氧化氢溶液和生理盐水反复冲洗后安尔碘Ⅲ型纱布填塞,干纱布覆盖包扎。不建议使用利多卡因局部麻醉,如果疼痛明显,全身使用止痛药物。

要确保有效充分的引流,坏死组织的清除应采用蚕食法,清创不宜过急,可以联合血管外科,改善血管状况。对此类创面而言,换药的过程就是持续的清创过程,选用脉冲清创,抗菌凝胶进行自溶性清创和蚕食清创有效的配合,以减轻疼痛和缩短病程,清创结束选用生物活性敷料(如异种脱细胞真皮基质)促进创面愈合。

(4)全身抗感染治疗　血糖的控制对糖尿病足感染的治疗至关重要,对于糖尿病足合并感染的患者,必须有内分泌医师加入诊疗计划的制订,进行全身状况的评估和全身疾病的治疗。对于出现全身中毒症状的患者,应进行早期、足量、疗程足够的抗生素治疗。

抗生素的选择:最好依据细菌培养的结果,选择敏感的抗生素,但是在培养结果出来之前,需要经验性应用抗生素。表浅的溃疡、症状轻、时间短、未治疗的感染常为革兰氏阳性菌,深部感染多为革兰氏阴性菌或混合菌。厌氧菌常存在于有坏死、深部组织感染或者有粪臭味创面。MRSA和铜绿假单胞菌常在患者接受过住院或者社区治疗后出现。通常轻到中度感染抗生素应用1~2周足够;更严重感染需要2周或更长时间;骨髓炎患者存在感染骨组织,抗生素用药需要6周以上;如果感染的骨组织被完全清除或者截肢,用药时间就可以缩短为2周。

国内研究报道,糖尿病足溃疡合并感染比例高达67.7%~95.8%,感染细菌种类繁多。在不同Wagner分级及不同感染程度的患者中,细菌分布有差异。金黄色葡萄球菌和铜绿假单胞菌多分布于Wagner 1~2级轻度感染患者;变形杆菌、粪肠球菌和大肠埃希菌更多见于Wagner 3级以上重度感染;Wagner 3级以上感染多重耐药菌常见;Wagner 4~5级变形杆菌和大肠埃希菌比例明显高于其他菌种。长期慢性糖尿病足溃疡反复培养出多种细菌,分离出真菌感染伴有严重感染的患者死亡率高。对糖尿病足溃疡感染,全身抗感染基础上及时清创引流,同时根据Wagner分级和感染严重程度选择适合局部抗菌剂并尽早应用,对足部感染控制,保足及疾病转归有重要的作用。

(5)健康教育　糖尿病患者免疫力低下,足部皮肤金葡菌和真菌携带量高,易发生真菌感染而不易察觉,合并细菌感染,由于感觉缺失和血供应不足使感染加重。在日常生活中,应保持足部清洁卫生,避免局部损伤,出现非溃疡病变(真菌感染)应及时就诊,不可以自行在家中处理。一些小的损伤,也是感染的诱因。足部自查时如果发现局部异常就应到医院就诊,对于足部的溃疡等要及时诊治,避免严重感染的发生。

【典型病例4.19】　1例糖尿病足胼胝下溃疡感染患者创面的护理

(1)简要病史　患者女性,69岁。以"多饮、多食25年,右足肿痛 2 d"主诉收入内分泌科。既往史:25 年前无明显诱因出现口渴、多饮按"2 型糖尿病"先后使用"二甲双胍、格列苯脲、胰岛素"控制血糖,8 年前因"糖尿病视网膜病变"行激光治疗。3 年前因左足溃烂按"2 型糖尿病、糖尿病足、糖尿病周围神经病变、糖尿病视网膜病变"住院治疗。20 年前行胆结石切除术,1 年前行房间隔缺损修补术。神志清,精神可,轮椅就诊。随机血糖:21.4 mmol/L,糖化血红蛋白 9.3%。白蛋白 32.7 g/L,血红蛋白 99 g/L。BMI 指数 19.2 kg/m²。细菌培养及鉴定结果显示:1 次培养为铜绿假单胞菌,1 次为鲍曼不动杆菌。

(2)临床诊断 2 型糖尿病、糖尿病足合并感染、糖尿病周围神经病变、糖尿病周围血管病变、糖尿病肾病Ⅲ期、糖尿病视网膜病变、屈光不正、双侧白内障。创面诊断为糖尿病足:①Wagner 分级——2 级;②TEXAS 分级法——3 级 D 期;③病因分类——神经-缺血性;④性质分类——湿性坏疽;⑤感染-PEDIS 分级——4 级;⑥病程简单分类——足感染。

(3)治疗经过

1)综合治疗:患者平日血糖控制不佳,入院后医生根据患者的具体情况调整降糖药,诺和锐联合来得时控制血糖。患者低蛋白、贫血状况,请营养科会诊改善营养状况。根据药敏及药剂科会诊意见给予美罗培南和奥硝唑加强抗感染治疗,在全身抗感染的基础上加强局部的清创和换药处理,1 周后右足肿痛明显改善,继续给予抗感染治疗 1 周。

2)创面处理过程:2017 年 10 月 21 接诊,足底第 5 趾骨头胼胝下脓肿,足底前、中部红肿,足外侧皮下脓肿,足背前部红肿局部皮温高。清除胼胝排脓减压,用 3%过氧化氢溶液和生理盐水棉球擦洗,锐器蚕食法清除坏死组织后可见第 5 跖趾关节囊感染破坏,可触及跖骨头。排脓减压后足底和足外侧皮肤红肿减轻。创面 PHMB 凝胶保湿抗菌,足部红肿区域用乳酸依沙吖啶纱布湿敷后纱布包扎,隔日换药(图 4.211~图 4.214)。10 月 23 第 2 次换药,锐器蚕食法清创,敷料同前(图 4.215、图 4.216)。10 月 27 第 4 次换药足背表皮脱落红肿减轻,足底创面坏死组织软化分离,锐器蚕食法清除坏死关节囊,跖骨头部分暴露,敷料同前(图 4.217～图 4.219)。10 月 30 日第 5 次换药,锐器护场法清除坏死组织,跖骨头完全暴露,使用异种脱细胞真皮基质,外用活性炭敷料(图 4.220、图 4.221)。11 月 6 日第 6 次换药足背红肿完全消退,足底创面缩小,跖骨头外露部分被肉芽覆盖,敷料同前(图 4.222、图 4.223)。11 月 13 日第 7 次换药创面缩小变浅肉芽组织新鲜,敷料同前(图 4.224)。11 月 29 日敷料脱落,足底创面愈合(图 4.225)。

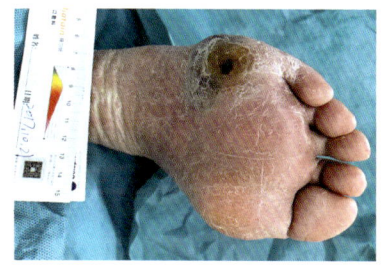

图 4.211　足底第 5 跖骨头胼胝下脓肿

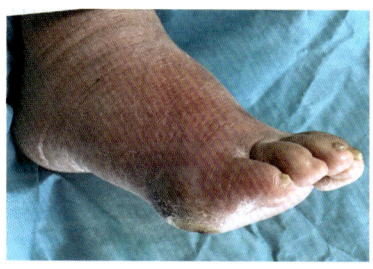

图 4.212　足外侧脓肿,足背红肿

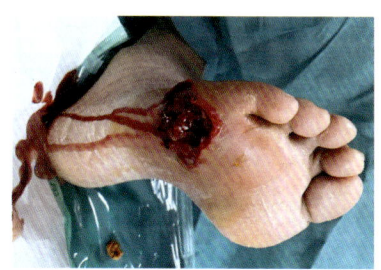

图 4.213　清除胼胝,排脓减压

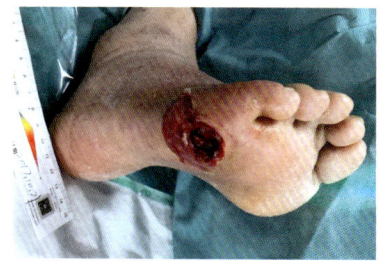

图 4.214　第 5 跖趾关节囊感染破坏

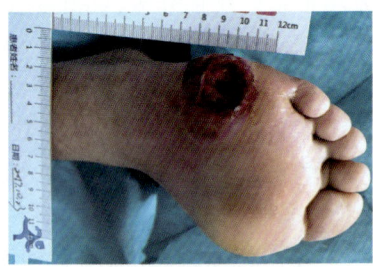

图 4.215　锐器蚕食法清创

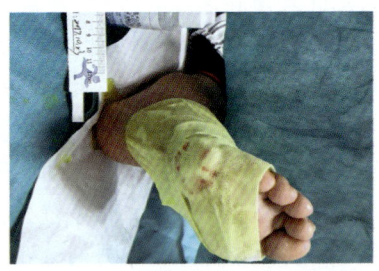

图 4.216　使用 PHMB 凝胶

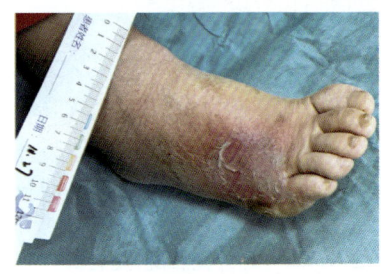

图 4.217　足背红肿减轻，表皮脱落

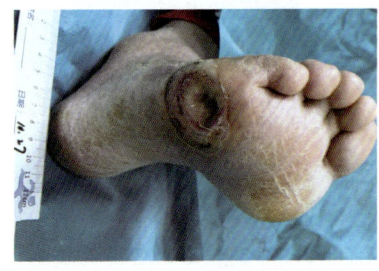

图 4.218　创面坏死组织松脱

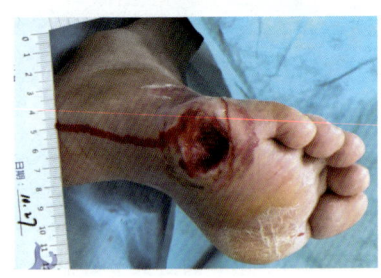

图 4.219　清除坏死关节囊

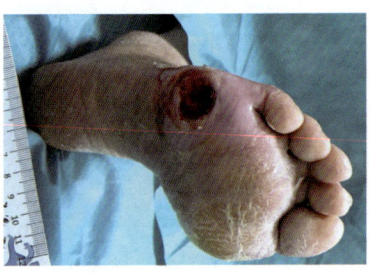

图 4.220　跖骨头暴露

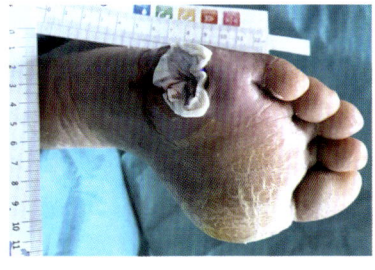

图 4.221　使用异种脱细胞真皮基质

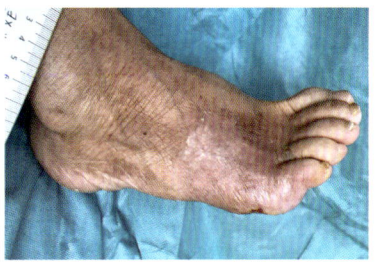

图 4.222　足背皮肤恢复正常

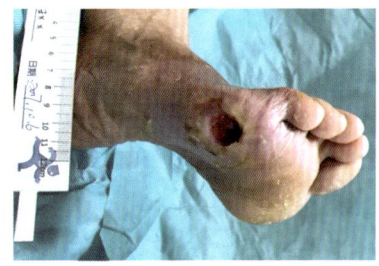

图 4.223　创面肉芽新鲜，可触及骨

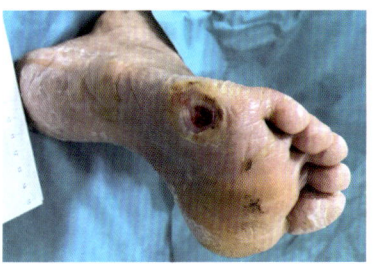

图 4.224　创面缩小变浅

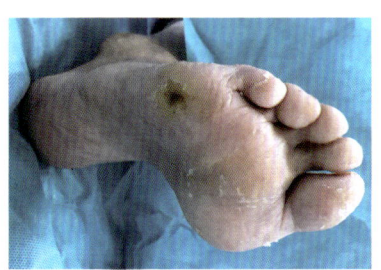

图 4.225　创面愈合

(3) 健康教育　患者糖尿病病史长，长期服用降糖药物，血糖控制不理想，3年前发生过糖尿病足溃疡，创面愈合后仍未规律控制血糖。此患者教育首先要提高糖尿病治疗的依从性，告知患者疾病的发病机制、临床表现、注意事项等，以减少足溃疡的危险因素。其次是高危足的护理，指导患者选择合适的鞋子，避免长时间行走或尽量卧床休息，选择适合个体的足关怀鞋或关怀鞋垫缓解患者足部的压力。换药期间可以在坐位的情况下活动患肢，减轻足溃疡的压力。指导患者尽量避免患肢承重，开始的 2 周尽量绝对卧床，之后减少行走，必要行走时使用轮椅或拐杖，减少患足的压力。防范足外伤，避免热水泡脚、赤脚走路、趾甲过短、鞋袜过紧等现象。加强足部监护，积极预防糖尿病足的复发。指导患者及家属将足部护理视为生活的组成部分，培养良好的足部卫生习惯，寒冷时注意足部保暖，若发现足部皮肤变红、疼痛，应及时到医院就诊。

(4) 经验总结　患者因为胼胝下溃疡感染收住内分泌科，在全身综合治疗基础上，第一时间进行清除胼胝排脓减压，感染深度到骨，使用了 PHMB 凝胶有效抗菌，同时保湿，自溶性清创并保持骨的活性。坏死组织清创完成以后使用异种脱细胞真皮基质促进肉芽生长。本病例共换药 7 次，历时 38 d 创面愈合，效果满意。对于糖尿病足部胼胝导致的溃疡，解除足部的压力是促进溃疡愈合的保障。全面评估，整体治疗，有效清创，根据创面的具体情况合理选择不同的敷料，全身治疗包括积极控制血糖，有效的抗感染，合理饮食和健康宣教，取得患者配合，促进创面快速愈合。

【典型病例 4.20】 1 例糖尿病足全足感染患者创面的护理

(1) 简要病史　患者女性，50 岁。以"消瘦 3 个月，右足溃烂 1 个月"主诉入院。3 个月前无明显诱因出现消瘦，未予重视。1 个月前发现右足第 5 跖趾关节处血疱，破皮后感染逐渐扩大至足心，伴有红肿、疼痛，遂至当地住院治疗，查空腹血糖 7～8 mmol/L，餐后血糖 8～12 mmol/L。诊断为"2 型糖尿病、糖尿病足，中度贫血、低白蛋白血症"，给予胰岛素泵降糖、换药、右足心切开引流等对症治疗。住院期间监测空腹血糖 6～7 mmol/L，餐后血糖 7～8 mmol/L，患足创面愈合不佳，间断出现寒战、高热，体温最高可达 40 ℃，为进一步治疗，门诊以"2 型糖尿病、糖尿病足"收住内分泌科。贫血面容，面色蜡黄，睑结膜苍白。右足敷料包扎，敷料渗液明显，臭味，右下肢肿胀,足背动脉搏动未触及。空腹血糖:17.0 mmol/L,糖化血红蛋白7.4%,血红蛋白69 g/L。双下肢血管彩超提示双侧股总动脉粥样斑块形成,双侧胫后、足背动脉粥样斑点形成,右侧大隐静脉瓣膜功能不全。右足片提示右足第2、4跖骨骨质吸收,第2、3、4趾骨周围软组织模糊不清。分泌物一般细菌培养:洋葱伯克霍尔德菌。

(2)临床诊断 ①2型糖尿病,糖尿病足,糖尿病视网膜病变(Ⅱ期),糖尿病周围神经病变,糖尿病周围血管病变;②营养不良性贫血;③低蛋白血症;④低骨量;⑤低T_3综合征;⑥右大隐静脉曲张。

创面诊断为糖尿病足:①Wagner分级——3级;②TEXAS分级法——4级D期;③病因分类——神经-缺血性;④性质分类——湿性坏疽;⑤感染-PEDIS分级——4级;⑥病程简单分类——足感染。

(3)治疗过程

1)综合治疗:监测血糖;抗感染、降糖、改善循环、抗氧化、营养神经、抗血小板聚集、调脂等对症治疗,补充叶酸、铁剂,皮下注射促红素治疗。

2)创面处理过程:2周前在当地医院住院治疗,行足底切开引流(图4.226),因为感染无法控制而转诊。2018年8月13日接诊,足部红肿、皮温稍高,足底切口有褐色稀薄脓液渗出,恶臭,前中足湿性坏疽,第2足趾近端趾骨感染,第3跖趾关节感染,第2、3跖骨间窦道通向足背,足中央间隙窦道通到跗骨间,深部感染扩散全足。给予扩创引流,使用PHMB液体浸湿纱布湿敷后包扎,每日换药(图4.227)。8月17日足部红肿减轻,第2足趾青紫,锐器护场法清除已经感染破坏的第2趾近端趾骨,脉冲冲洗清创,深部窦道使用窦道冲洗头低挡压力,创面冲洗选用高挡压力,敷料同前,隔日换药(图4.228)。8月21日脉冲冲洗清创,锐器护场法清除感染的第3跖趾关节(图4.229)。8月23日足部红肿消退,创面新鲜,感染控制。脉冲冲洗清创后,使用异种脱细胞真皮基质深部窦道填充,并覆盖创面(图4.230、图4.231)。8月28日换药创面新鲜,修剪内卷皮缘,对合创面边缘,覆盖活性炭敷料,薄膜敷料固定,出院回家,隔周换药(图4.232)。9月19日换药足底创面皮缘贴合,上皮爬行,清除第2足趾远端趾骨,保留软组织并贴合创面用薄膜敷料固定,选用银离子敷料,隔周换药(图4.233、图4.234)。11月2日创面愈合(图4.235)。

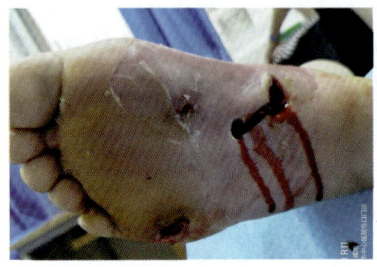

图4.226　当地医院切开引流

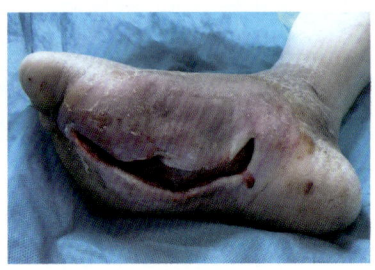

图4.227　扩创充分引流

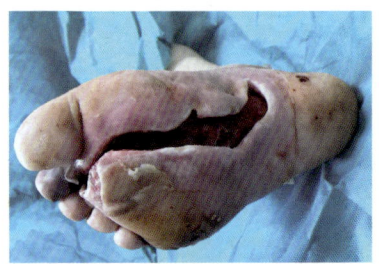

图4.228　清除第2趾近端趾骨

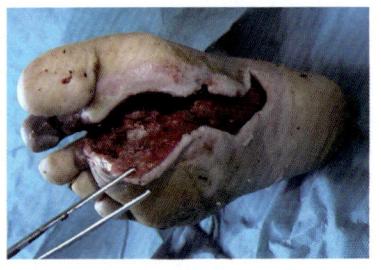

图4.229　清除第3跖趾关节

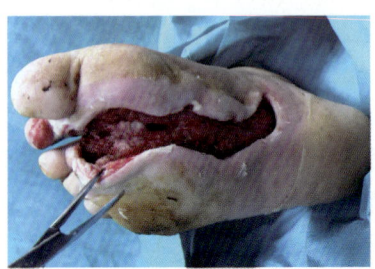

图4.230　足部红肿消退

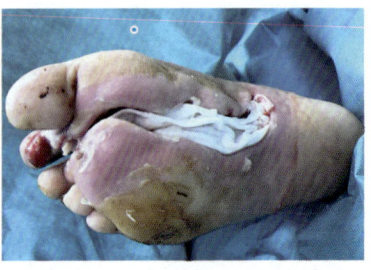

图4.231　使用脱细胞真皮基质

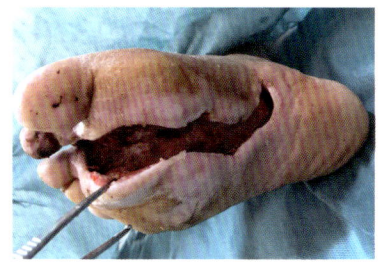

图4.232 修剪内卷皮缘用薄膜牵拉贴合

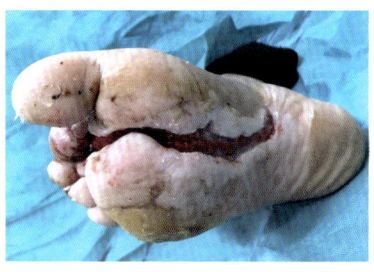

图4.233 清除第2趾骨远端

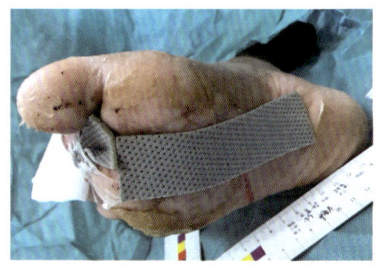

图4.234 银敷料薄膜固定

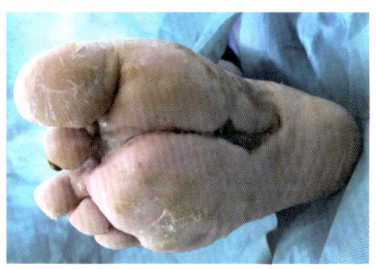

图4.235 创面愈合

（4）健康教育　患者因足溃烂而首诊糖尿病，缺乏糖尿病相关知识，疾病知识是教育的重点，嘱定期内分泌科门诊复诊。换药期间轮椅活动，创面愈合后拐杖活动，逐渐增加活动量。患者活动后肢体水肿，指导应用压力绷带低压力加压促进静脉回流。因为部分趾骨缺失会造成足底压力重新分布，指导用羊毛毡鞋垫剪裁进行足部减压，预防足溃疡复发。

（5）经验总结　患者足部感染严重持续时间长（间断高热1个月），身体消耗大，出现严重贫血和低蛋白血症，影响创面愈合。在全身抗感染控制血糖及营养支持基础上，脉冲清创和护场法清创（清除肉眼可见的坏死组织），使用PHMB局部抗菌，足部感染迅速控制。在感染控制后使用了异种脱细胞真皮基质促进肉芽生长。创面肉芽组织新鲜后及时闭合窦道并拉合创面，使用银离子敷料延长换药间隔。创面愈合时间 2 个多月,效果满意。

4.6.4.5 足坏疽

坏疽是指皮肤与皮下组织(肌肉、肌腱、关节或骨)持续性坏死,为不可逆损害。足坏疽需要通过清创或者手术去除坏死足趾才能愈合创面。根据坏疽的性质及临床表现可分为湿性坏疽、干性坏疽和混合性坏疽 3 种临床类型。

(1)足坏疽的评估　全身评估,包括患者的年龄、全身疾病、血糖、血压、有无糖尿病的并发症、全身营养状况,心、肺、脑、肾等重要脏器功能。患者有无体温升高等全身中毒症状。血液生化检查,特别是血常规的检查,有无白细胞升高。局部评估患者神经血管的功能,必要时行血管造影等影像学检查,辨别引起坏疽的原因,对创面局部处理方法的选择非常重要。湿性坏疽和混合性坏疽是糖尿病足感染的严重结局,足坏疽感染的评估、感染的诊断,感染创面处理及全身抗感染治疗同足感染的护理。

(2)足坏疽的分类

1)湿性坏疽:临床所见到的糖尿病足多为此种类型,约占糖尿病足的 75%。多因肢端循环及微循环障碍所致,常伴有周围神经病变。主要表现为皮肤损伤,感染化脓,病灶轻重不一,局部常有红、肿、热、痛,功能障碍等典型炎症反应,开始可能为很轻的损伤或浅表溃疡,由于处理不当或不及时发展到严重坏疽,足背、足底、足跖骨部红肿,局部可有波动感或已破溃,局部渗液或分泌物较多,可见黄色或黑色的坏死组织,可有肌腱外露,全身不适或高热不退,甚至毒血症、败血症而危及生命。

2)干性坏疽:糖尿病足部干性坏疽较少见,仅占足坏疽患者的 5%。干性坏疽主要表现为皮肤或足趾甚至足的部分变黑,坏死。多因糖尿病患者肢端动脉及小动脉粥样硬化,血管严重狭窄所致;或动脉血栓形成,致使血管阻塞,血流逐渐或骤然中断,但静脉血流仍然畅通,局部组织液减少,导致阻塞动脉所供血的远端肢体的相应区域发生干性坏疽,其坏疽的程度与血管阻塞部位和程度相关。较小动脉阻塞则坏疽面积较小,常形成灶性干性坏死,较大动脉阻塞则坏疽的面积较大,甚至整个肢端完全坏死。肢端干性坏疽时常合并有其他部位血管栓塞,如脑血栓、冠状动脉粥样硬化性心脏病等。

3)混合性坏疽:糖尿病患者混合性坏疽较干性坏疽稍多见,约占糖尿病足患者的18%。混合性坏疽常常是肢端某一部位动脉阻塞,血流不畅,引起干性坏疽,而另一部位感染化脓引起湿性坏疽,即两种性质的坏疽同时存在。这种坏疽一般病情较重,溃烂部位较多,面积较大,并常涉及大部或全足溃烂,感染严重时可有全身不适,体温及白细胞增高及毒血症或败血症发生。

(3)足坏疽创面的护理 足坏疽往往同时伴有血管和神经功能障碍,血管功能的判断对创面的预后及处理方式有着重要的指导作用。

1)湿性足坏疽:①以神经性病变为主的,全身状况良好的湿性坏疽是进行外科手术清创的主要指征,主要原则控制感染,去除所有坏死组织,截除坏死足趾,清创术后应尽量开放创面以利于引流。②以缺血性病变为主的湿性坏疽,伴有严重扩散感染时,首先有效引流控制感染,然后进行血管重建和蚕食法清创,护场形成后采用护场法清创。

2)干性足坏疽:①以神经性病变为主的干性坏疽,不宜过早处理,应等炎症减轻,坏死与正常分界清楚,自坏疽分界线处切除足趾或从跖骨关节处离断,血供好可考虑一期缝合。②以缺血性病变为主的干性坏疽,清创时机把握对创面愈合、疾病转归乃至患者生命都有非常重要的影响。局部循环未恢复护场未形成采取蚕食法,局部循环恢复护场形成采取护场法清创。严重缺血坏疽护场难以形成,如果坏死组织只局限于足趾,在进行血管治疗前应尽量避免外科治疗。即使进行了血管重建手术,也仍然不能贸然截除坏死足趾。对于严重缺血导致足跟部坏死,应尽量控制感染让其干燥,已形成干性黑痂不可冒然进行清创。对于老年人血管闭塞严重患者,即使是经过血管介入等治疗,血供的改善是有限的,并不能满足创面愈合的需要,保留坏死的足趾是必要的,黑色坏死足趾自离断需要时间长但结果满意。

3) 混合性足坏疽：对于混合性足坏疽，清创要遵循缺血性坏疽的清创原则。湿性坏疽有效引流控制感染，蚕食法清创。干性坏疽要保持干燥，同时纠正缺血状况，改善局部循环，护场形成后采用护场法清除坏死组织。严重缺血出现的足趾坏疽，变湿性创面为干性创面，减少创面局部的氧消耗，避免创面进一步恶化，随着感染控制、侧支循环建立，护场形成后再清除坏疽足趾，使用活性敷料（如异种脱细胞真皮基质）促进创面愈合。

(4) 健康教育　神经性足坏疽多由不恰当的足部护理引起，换药期间轮椅或拐杖活动，避免创面受压，坏疽关节制动，同时指导近端关节活动（做踝泵运动和膝关节绕环运动）。创面愈合后重点强调对足的保护，对易受压部位进行保护，防止复发。缺血性病变的患者一定要戒烟，可进行下肢功能锻炼，实施步行计划以促进侧支循环建立。发现足趾变色、下肢冰凉、间歇性跛行等情况及时到血管科就诊，改善血管状况，尽量避免严重的足坏疽发生。

【典型病例4.21】　1例糖尿病足湿性坏疽患者创面的护理

(1) 简要病史　患者女性，63岁。以"右足溃烂感染1周，发热2 d"为主诉入院。患者诊断为2型糖尿病5年，1周前发现右足第4足趾溃烂流脓，自行处理创面，2 d前右足肿胀加重伴发热（体温最高达39 ℃）就诊于我院，门诊以糖尿病足收治于内分泌科。检查空腹血糖21.34 mmol/L，糖化血红蛋白11.7%，尿糖（+++），酮体（++）。总蛋白58.2 g/L，白蛋白24.6 g/L。肌电图示：右侧腓总神经轻度病损，右侧腓肠神经完全病损。下肢血管超声示：双侧胫骨后、足背动脉粥样斑点形成。创面分泌物培养示：金黄色葡萄球菌。查体足底脓肿形成，第4足趾破溃流脓，恶臭，右足红肿明显，皮温正常，足背动脉搏动减弱，患者精神萎靡，医生病历记录告病危。

(2) 临床诊断　2型糖尿病，糖尿病足感染，糖尿病酮症酸中毒，糖尿病周围神经病变，糖尿病周围血管病变，糖尿病性视网膜病变。创面诊断为糖尿病足：①Wagner分级——3级；②TEXAS分级法——4级D期；③病因分类——神经-缺血性；④性质分类——湿性坏疽;⑤感染-PEDIS分级——4级;⑥病程简单分类——足感染。

(3)治疗经过

1)综合治疗:①监测生命体征,糖尿病饮食。②抗感染:莫西沙星静脉滴注。③纠正低蛋白血症,输注人血白蛋白。④给予降糖、纠酮、营养神经、扩血管等治疗。

2)创面处理过程:2016年3月27日接诊,和患者及主管医生沟通后立即行足底脓肿切开引流(图4.236),引出大量黄褐色脓液,3%过氧化氢溶液和生理盐水棉球擦洗,安尔碘黏膜消毒剂纱布填塞抗菌引流。3月30日换药发现足底肌肉肌腱感染坏死,锐器蚕食法清创,打开肌腱间感染腔隙充分引流,使用雷夫奴尔纱布抗菌引流(图4.237)。4月1日换药时清除第4足趾坏死趾骨,发现足底创面和足趾创面穿通(图4.238),继续抗菌引流,隔日换药。4月11日换药,足部感染控制,新鲜肉芽生长,锐器护场法清除坏死组织(图4.239,图4.240),敷料同前,隔日换药。4月22日,创面过渡到增生期,考虑有肌腱暴露,皮肤缺损范围大,就使用了异种脱细胞真皮基质,外用活性炭敷料,隔周换药(图4.241,图4.242)。4月28日换药发现足底潜行肉芽新鲜,直接贴合,创面敷料同前,嘱咐活性炭外纱布渗出及时更换纱布,延长3周换药(图4.243)。5月19日换药可见真皮基质溶解黏附创面,生理盐水清洗,敷料同前(图4.244,图4.245)。5月26日换药发现真皮基质和创面融合未更换敷料,继续覆盖(图4.246)。6月8日第1和第2足趾间切开引流创面新鲜,给直接拉合,敷料同前(图4.247)。6月27日换药,上皮爬行,创面缩小(图4.248)。7月11日创面愈合顺利,最后一次使用异种脱细胞真皮基质(图4.249)。8月15日敷料脱落,创面接近愈合(图4.250),最后一次换药使用油纱敷料。随访创面愈合,从接诊到创面愈合不到5个月。

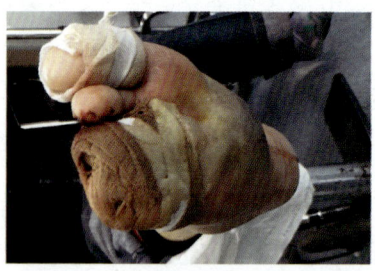
图 4.236　接诊时第 4 足趾破溃流脓足底脓肿

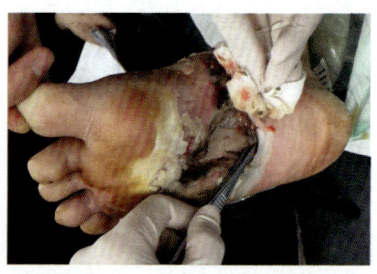
图 4.237　锐器蚕食法清创

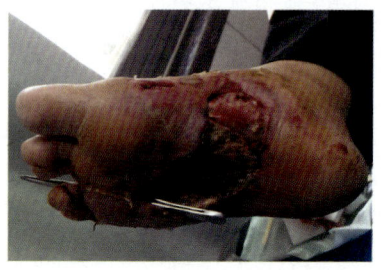
图 4.238　清除第 4 足趾坏死趾骨

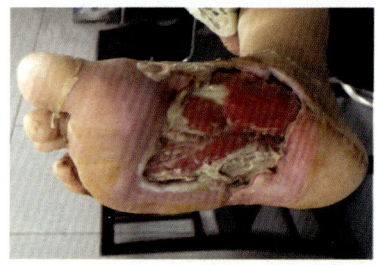
图 4.239　足部感染控制肉芽生长

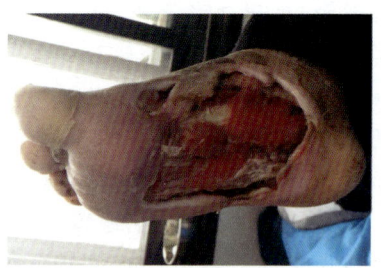
图 4.240　锐器护场法清创

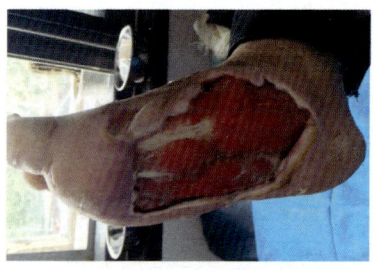
图 4.241　肌腱暴露,皮肤缺损范围大

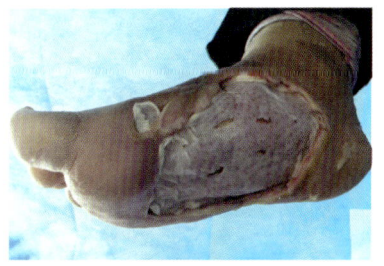

图 4.242　使用异种脱细胞真皮基质

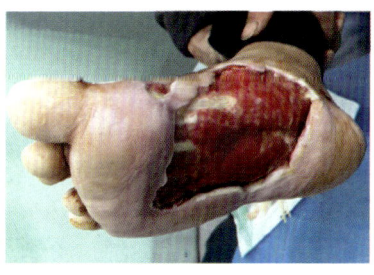

图 4.243　潜行肉芽新鲜直接贴合

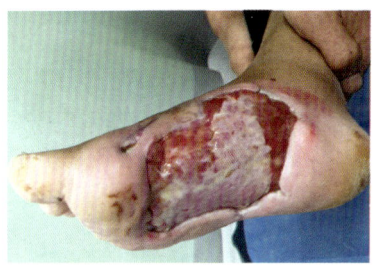

图 4.244　真皮基质溶解黏附创面

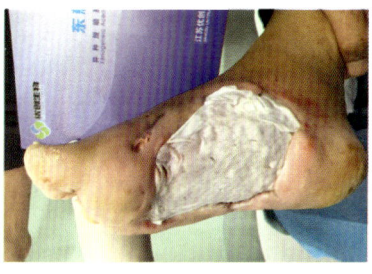

图 4.245　继续使用异种脱细胞真皮基质

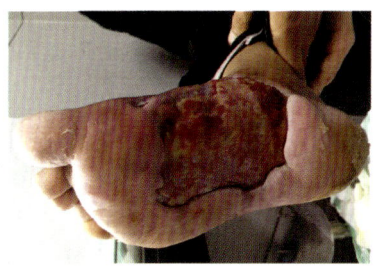

图 4.246　真皮基质和创面肉芽组织融合

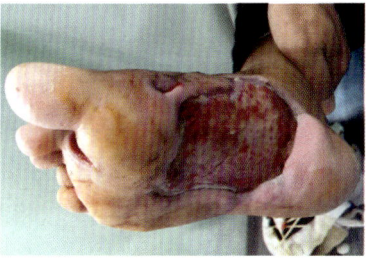

图 4.247　第1、2足趾间切开创面新鲜拉合

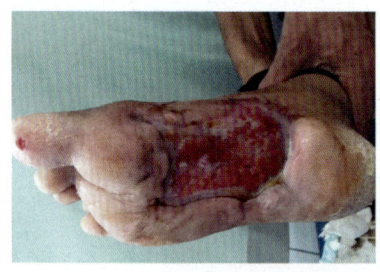
图 4.248 上皮爬行,创面缩小

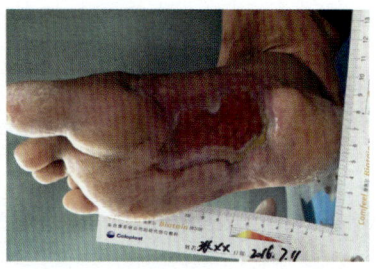
图 4.249 最后一次使用异种脱细胞真皮基质

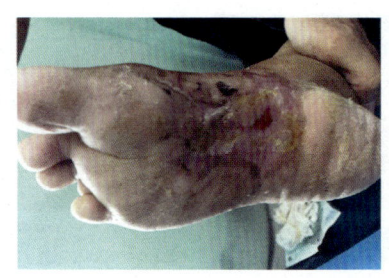
图 4.250 敷料脱落,创面接近愈合

(4)健康教育 患者缺乏糖尿病相关知识且依从性较差。健康教育从饮食、运动、药物、血糖监测、高危足的预防等方面进行。①饮食指导:指导低盐低脂糖尿病饮食,强调定时定量进餐,制订个体化食谱。②运动指导:创面换药期间可在床上进行活动,创面愈合后可穿糖尿病足专用鞋循序渐进增加活动量。③药物指导:告知患者口服药用法及注意事项,指导规范注射胰岛素方法。④监测指导:告知患者血糖控制目标、自我监测方法及注意事项。⑤足部护理:注意保护足部皮肤,保持清洁,穿特制鞋,禁忌用热水袋、电热毯,勿靠近火炉及暖气等,出现皮肤异常问题时,避免擅自处理,及时门诊就医。

(5)随访 生活起居正常,溃疡无复发。

(6)经验总结 该患者因为糖尿病足部感染发热就诊,足部感染严重,足底坏死组织较多,在降糖全身抗感染基础上及时切开引流减压。逐渐清创,早期感染未控制时候采用锐器蚕食法清除坏死肌肉、肌腱及坏死趾骨,打开感染腔隙,充分有效引流。在感染得到有效控制,创面红色肉芽组织生长,判断护场形成后,采用锐器护场法清创。创面过渡到增生期,发现皮肤缺损范围大,肌腱暴露,使用了异种脱细胞真皮基质敷料,促进肉芽生长,同时延长换药间隔,7~14 d换药1次,创面顺利愈合。总病程不到5个月,使用异种脱细胞真皮基质换药7次,创面顺利愈合且瘢痕较小,患者正常生活,治疗效果满意。

【典型病例4.22】 1例糖尿病足混合性坏疽患者创面的护理

(1)简要病史　患者男性,65岁。以"多饮、多食15年,左足溃烂6个月""糖尿病足"收住内分泌科。患者15年前无明显诱因出现多饮、多食,伴有双眼视物模糊、重影,就诊于当地医院,查空腹血糖升高,具体不详,给予口服"瑞格列奈片1 mg,3次/日"降糖治疗,3年前无明显诱因出现手双足麻木、发凉,未予重视。1年前因血糖控制不佳于当地医院就诊,给"胰岛素"皮下注射,未监测血糖变化。6个月前无明显诱因出现左足蹈趾水疱,后溃烂,难以愈合,溃烂逐渐波及左足前段,局部皮肤发黑,自觉麻木、疼痛。既往有"冠状动脉粥样硬化性心脏病"6年,于当地医院植入支架2枚,长期口服药物治疗。随机血糖:20.4 mmol/L,糖化血红蛋白11.2%,白蛋白26 g/L。下肢血管彩超提示双侧股总、腘、胫后动脉粥样斑块形成,双侧股浅、胫前、足背动脉粥样斑点形成。心内科会诊:冠状动脉粥样硬化性心脏病、冠状动脉支架植入后状态、心功能Ⅱ级、客观评定D。左足部分泌物培养提示阴沟肠杆菌、铜绿假单胞菌。血培养未见细菌生长。查体:左足皮肤黑褐色,左足背可见大约3 cm×4 cm的溃烂,第1、2、3足趾及前足背局限性干性坏疽,足底坏疽趾根有脓性渗出、恶臭。疼痛感减弱,第4、5足趾肿胀、疼痛明显,双下肢水肿,双足皮温凉,足背动脉搏动未触及。

(2)临床诊断　①2型糖尿病;②糖尿病足;③糖尿病肾病(Ⅳ期);④糖尿病周围血管病变;⑤糖尿病自主神经病变;⑥骨质疏松

症;⑦冠状动脉粥样硬化性心脏病;⑧冠状动脉支架植入后状态;⑨心功能Ⅱ级(客观评定D);⑩低 T_3 综合征。

创面诊断为糖尿病足:①Wagner 分级——4 级;②TEXAS 分级法——4 级 D 期;③病因分类——神经-缺血性;④性质分类——混合性坏疽;⑤感染-PEDIS 分级——3 级;⑥病程简单分类——足坏疽。

(3)治疗经过

1)综合治疗:监测血糖、血压,请骨科会诊建议截肢,患者及家属拒绝截肢手术,要求暂保守换药观察。给予敏感抗生素抗感染、降糖、改善循环、抗氧化、营养神经、降心率、抗血小板聚集、调脂等对症治疗。

2)创面处理过程:2018 年 7 月 6 日接诊,足背干性坏疽,足底坏疽趾根有脓性渗出,恶臭,蚕食清创,足底皮肤切开,充分暴露深部湿性感染坏死组织,散发出恶臭味道,安尔碘黏膜消毒剂浸湿纱布湿敷后包扎(图4.251、图4.252),每日换药。7 月 16 日继续蚕食法清创,去除第 2、3 坏疽足趾(图4.253),脉冲清创,PHMB 液体湿敷后包扎,隔日换药。办理出院手续,按时来门诊换药。7 月 25 日创面新鲜肉芽生长,蚕食法清除第 2、第 3 跖骨头,继续脉冲冲洗清创,敷料同前,间隔 2~3 d 换药(图4.254)。8 月 8 日换药第 1、第 4 坏疽足趾松脱,从跖趾关节处分离清除(图4.255、图4.256),脉冲清创,敷料同前。8 月 20 日创面为红色组织,渗出减少无臭味,脉冲冲洗清创后使用异种脱细胞真皮基质,外用活性炭敷料,隔周换药(图4.257~图4.259)。9 月 11 日创面肉芽新鲜、上皮爬行、创面收缩(图4.260)。9 月 26 日创面肉芽新鲜,护场法清除暴露的第 1、第 4 跖骨头关节面(图4.261),处理方法同前。10 月 15 日创面新鲜,足底潜行缩小,处理方法同前(图4.262)。11 月 21 日修剪内卷皮缘、拉合创面,隔周更换(图4.263)。患者期间因为心慌、胸闷、全身水肿入院,住院期间低蛋白、贫血状况无法纠正,下肢肿胀无减轻,住院10 d 后出院门诊换药,修整皮缘拉合。12 月 26 日患者步行前来换药,创面接近愈合(图4.264),肢体水肿,回当地继续换药观察。

随访创面愈合(图4.265)。

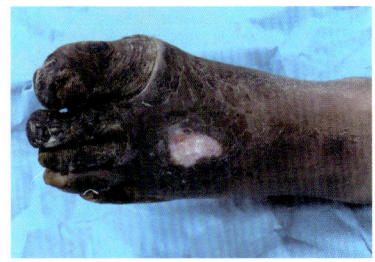

图4.251　接诊时足背干性坏疽

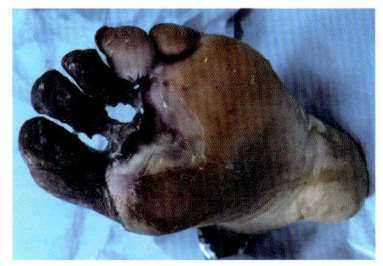

图4.252　足底湿性坏死,蚕食法去除

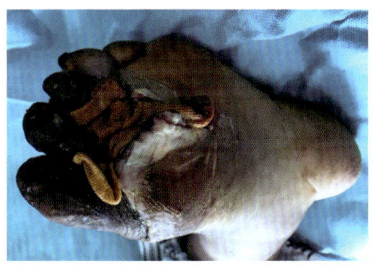

图4.253　足底皮肤切开

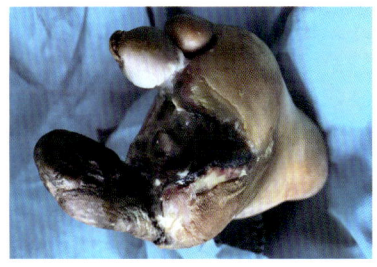

图4.254　清除第2、3坏疽足趾

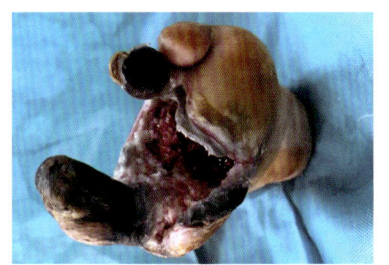

图4.255　清除第2、3跖骨头

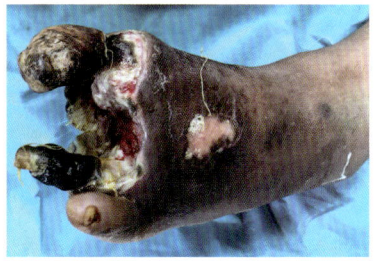

图4.256　第1、4坏疽足趾松脱

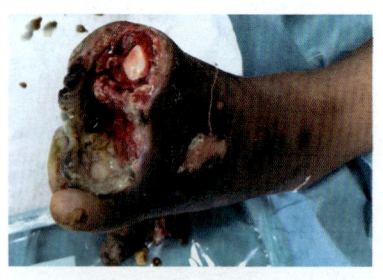
图4.257 清除第1、4坏疽足趾

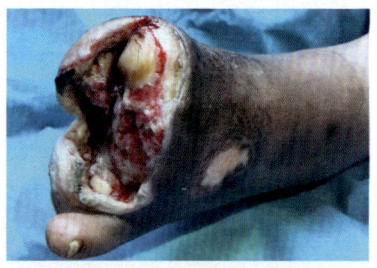
图4.258 第1、4跖骨头外露

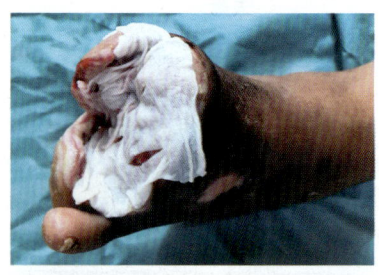
图4.259 使用异种脱细胞真皮基质

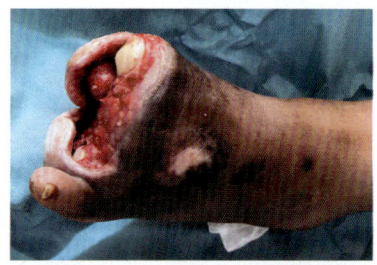
图4.260 肉芽新鲜,上皮爬行

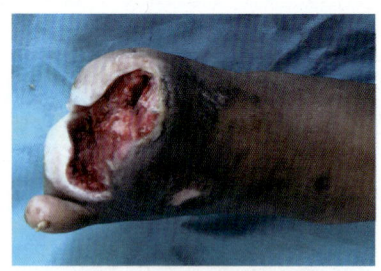
图4.261 清除第1、4跖骨头关节面

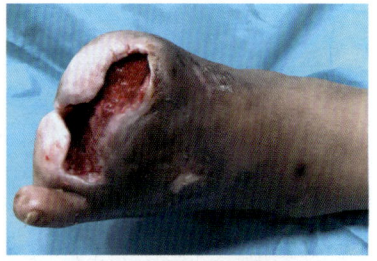
图4.262 创面缩小

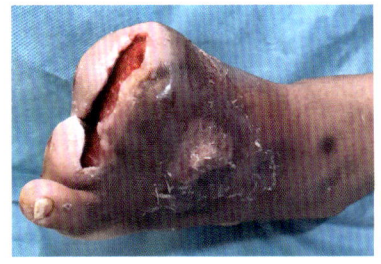
图4.263 修剪内卷皮缘,创面拉合

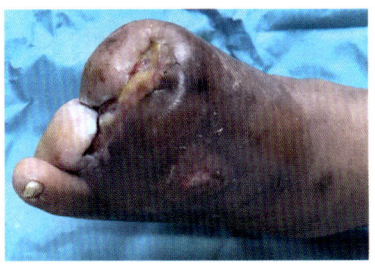
图4.264 创面接近愈合

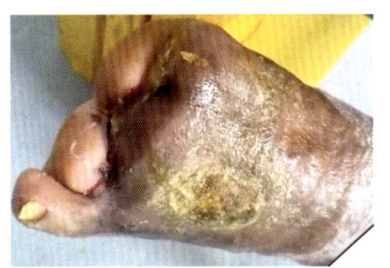
图4.265 微信随访,愈合后照片

(3)健康教育 患者病情重,病程长,思想负担重。介绍成功案例,树立信心。患者下肢严重缺血,皮肤冰冷。为改善患者下肢血供,促进血液循环,避免血栓,保持关节灵活性,提高胰岛素敏感性,换药期间可每日进行10~20 min手指操、上肢屈伸活动及足部踝关节绕环运动,若出现头晕、心悸、气短等症状停止运动。创面愈合后借助拐杖小范围活动,注意安全。

(4)经验总结 患者已是糖尿病终末期,脏器功能受损,贫血、低蛋白血症和肢体水肿一直无法有效解决。早期蚕食法清创,配合脉冲清创,用安尔碘黏膜消毒剂和PHMB控制感染。逐渐感染控制,创面有红色肉芽生长,继续蚕食法清创,使用了异种脱细胞真皮基质促进肉芽生长,护场形成后护场法清除第1、5跖骨头,创面清创完成。肉芽新鲜后,修剪内卷皮缘,薄膜敷料拉合,创面逐渐愈合,从接诊到创面愈合5个月,过程艰辛,效果满意。

4.6.4.6 足不可挽救

糖尿病足不可挽救是指足底中央间隙感染导致全足感染、全足湿性坏疽,或血管闭塞导致全足干性坏疽,病变严重,通过治疗和护理足的功能也难以保存,往往需要截肢。

(1)足不可挽救的评估 全面评估患者的全身状况、年龄、全身疾病、血糖、全身营养状况及重要脏器功能,判断其能否耐受麻醉进行截肢手术。评估患者的心理状况及家庭社会支持。局部神经血管功能的评估可以决定患者截肢的平面和范围,截肢平面的准确把握可以提高截肢的成功率。局部创面评估包括坏疽的范围、渗出的情况等。大范围截肢的患者30%~50%都无法自主活动,可能长期需要照顾,而截肢后身体外形的改变,也使许多患者难以接受。

(2)足不可挽救的护理 干性坏疽保持干燥,避免感染;混合坏疽局部使用碘制剂控制感染,保持干燥;湿性坏疽对坏死组织做相应的处理,清除脓液,保持引流通畅,变湿性坏疽为干性坏疽,为后期截肢做准备。

全身情况差,不能耐受麻醉无法行截肢手术者,做好创面局部处理,控制感染,蚕食法清创,必要时从坏疽远端做开放性截趾。判断有护场形成趋势时,创面局部保持湿润,促进肉芽组织生长,条件成熟可以采取护场法一次性清除坏死组织,使用生物活性敷料(异种脱细胞真皮基质)促进创面愈合。

严重缺血时姑息性处理,控制感染,保持干燥,延缓坏死范围发展。湿性坏疽可以用温生理盐水加入碘伏按照4∶1比例配制后浸泡足坏疽部分,每次20 min,每日2次,然后用碘制剂纱布湿敷后纱布包扎,以杀灭坏死组织中微生物,促进足坏疽炭化(木乃伊化)。

(3)健康教育 全足坏疽的患者,往往病情比较重,要注意患侧肢体的保暖与清洁。患者和家属心理负担重,对患者进行截肢相关知识的教育,讲解截肢的重要性,同时指导其截肢后的生活护理。不能截肢的给予全程指导和护理。

【典型病例 4.23】 1 例糖尿病足不可挽救足患者创面的护理

(1) 简要病史　患者男性,64 岁。3 年前因"糖尿病足伴左下肢疼痛"曾住院治疗,出院后家属进行创面换药,口服"阿司匹林、波立维、信他乐克",止痛、降糖等对症处理。1 年前出现左下肢坏疽,门诊以"左下肢坏疽、糖尿病"收住骨科。双下肢彩超示:双下肢动脉硬化并多发粥样斑块形成,左侧股总动脉局部管腔狭窄,左侧股浅动脉栓塞,双下肢静脉未见明显异常。心动超声示:左心室射血分数 36%,心肌受累超声改变:左心增大伴二尖瓣中量反流,左室整体收缩功能减低。积极评价全身状况,邀请心内科、内分泌科、周围血管科、疼痛科会诊,因心功能差不能耐受手术出院,定期门诊观察并指导家属换药。专科检查:左足、左下肢皮肤干性坏疽,可见胫骨、腓骨外露及坏死肌肉组织少许附着,近端创面有粘连紧密发绿的坏死组织,有腥臭味道。右侧内踝按压水肿明显。

(2) 临床诊断　①左下肢干性坏疽;②2 型糖尿病、糖尿病肾病;③冠状动脉粥样硬化性心脏病;④缺血性心肌病;⑤心律失常、阵发性室性心动过速、不稳定型心绞痛;⑥陈旧性间壁心肌梗死;⑦心功能Ⅲ级;⑧客观评定 C;⑨高血压 3 级(极高危);⑩颈动脉硬化闭塞症;⑪脑梗死(后遗症期);⑫心肺脑复苏成功。

(3) 治疗过程

1) 综合治疗:止痛、抗凝、利尿等对症支持治疗,改善心室重构及稳定斑块治疗,控制血糖,营养支持,降压,维持心脏功能。

2) 创面处理过程:糖尿病足肢体远端干性坏疽,近端混合性坏疽,创面有黑绿色腐肉,绿色腥臭味的渗出。患者经济困难,家住在 4 楼,出门不方便,出现糖尿病足在家里自行处理。一年前下肢坏疽住院未能截肢后,近端创面需要清创时来换药中心处理,平时用微信指导家属在家换药,安尔碘黏膜消毒剂和雷夫奴尔交替使用。2018 年 3 月 24 日门诊换药发现近端胫骨前创面大部分被皮肤覆盖,胫骨后皮瓣包裹回缩,判断护场形成,跟家属和患者充分协商,决定采取蚕食法去除坏疽肢体。先用咬骨钳夹断裸露腓骨,分离胫骨外筋膜,用线锯锯断裸露胫骨,骨髓腔用 3% 过氧化氢溶液纱布填塞止血(图4.266～图4.270),嘱咐家属隔日换药。4月14日门诊换药,发现外敷料仍是绿色渗出,腥臭味。腓骨头松动,用弯钳清除腓骨,使用脉冲清创,同时指导家属回家自制生理盐水(开水放温至37 ℃左右,加入食盐适量)每日脉冲冲洗创面,用雷夫奴尔纱布换药(图4.271、图4.272)。5月12日门诊换药发现创面干净,渗出减少,无异味,创面为红色肉芽组织,边缘上皮爬行,嘱家属隔日换药,脉冲冲洗后用凡士林油纱覆盖创面,保护新鲜肉芽和新生上皮(图4.273)。6月19日门诊换药创面肉芽新鲜,上皮爬行顺利(图4.274)。7月14日门诊换药,创面持续缩小,创面愈合顺利(图4.275)。9月22日门诊换药,软组织创面接近愈合(图4.276)。10月22日跟家属约好蚕食法清除裸露的胫骨,先用线锯清除部分裸露胫骨,逐渐用咬骨钳清除(图4.277)。11月3日门诊换药,看到骨髓腔有肉芽生长,继续咬骨钳蚕食清创(图4.278、图4.279)。11月9日肉芽生长良好,患者自诉心慌不适,暂未清创(图4.280),3 d后在家死亡,创面未能最终愈合。

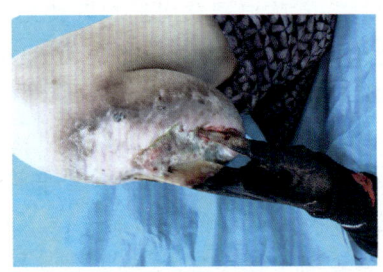

图4.266 皮瓣包裹回收,护场形成

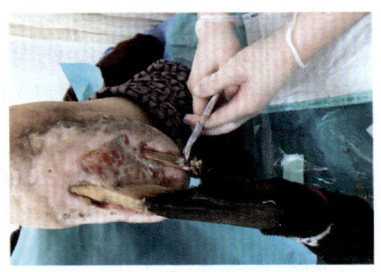

图4.267 咬骨钳咬断腓骨

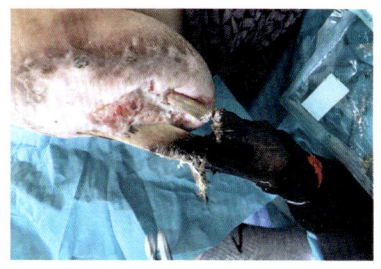

图4.268 分离胫骨外筋膜

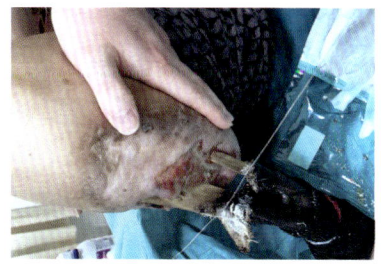

图4.269 用线锯离断胫骨

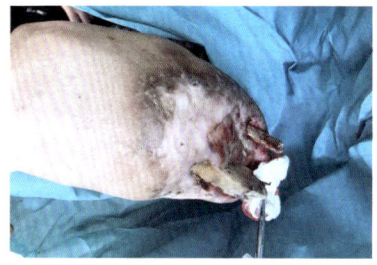

图4.270 骨髓腔3%过氧化氢纱布填塞止血

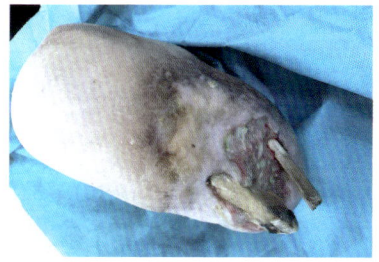

图4.271 腓骨头松动

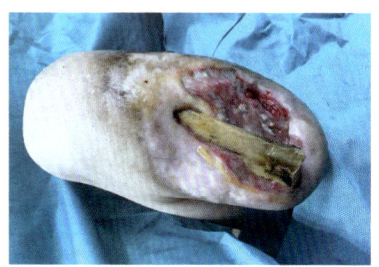

图4.272 去除腓骨,脉冲冲洗清创

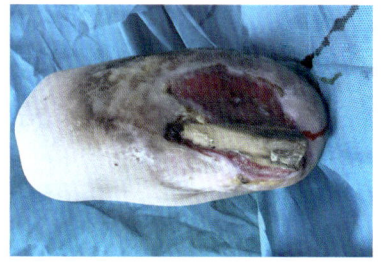

图4.273 创面变干净

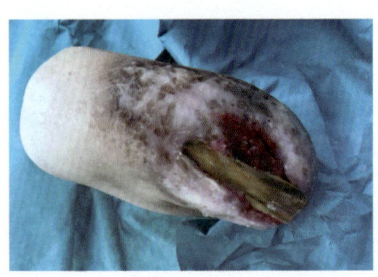

图 4.274 肉芽新鲜,上皮爬行

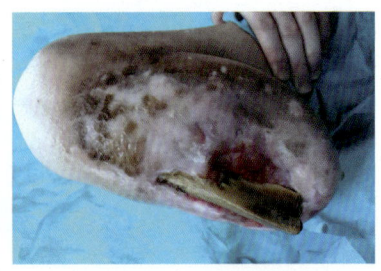

图 4.275 创面持续缩小

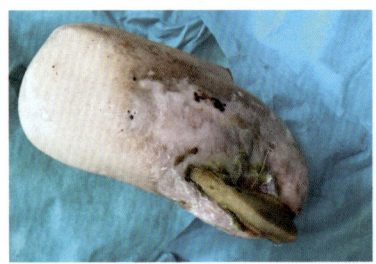

图 4.276 软组织创面接近愈合

图 4.277 用线锯清除部分裸露胫骨

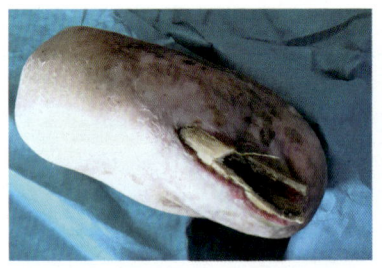

图 4.278 骨髓腔有肉芽生长

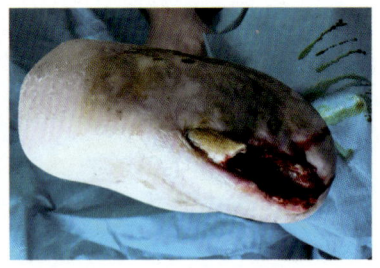

图 4.279 咬骨钳蚕食清创

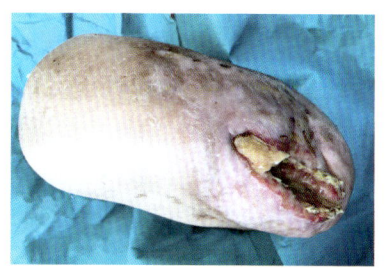

图 4.280　肉芽生长良好

（4）经验总结　患者从出现糖尿病足溃疡发展到肢体坏疽 3 年多时间，经受疼痛及全身多种疾病折磨，精神抑郁。坏疽肢体不能截肢，加重了患者和家属心理压力。换药过程中对患者和家属的理解与支持非常重要，力所能及切合实际帮助他们。护场未形成之前，蚕食法清创，局部抗菌控制感染，护场形成以后，先去除远端坏疽肢体，然后脉冲冲洗清创减少创面的细菌负荷和生物膜，肉芽生长，上皮爬行，软组织创面顺利愈合。由于经济困难和平时换药操作需要由家属完成，推荐简单的方法和廉价的敷料。脉冲冲洗清创适合居家应用，操作简单，清创效果好，同时改善微循环促进创面愈合。在蚕食清除裸露胫骨过程中，严密观察患者反应，在出现心慌、胸闷情况时候立即停止操作，安全第一。患者在家死亡，残端创面未能最终愈合，家属对治疗效果满意。面对终末期不能进行截肢的糖尿病不可挽救足，本病例可以借鉴。

4.6.5　糖尿病足的综合管理

糖尿病相关疾病是一种进展性疾病，目前而言一旦发生，尚无逆转的治疗方法，所以筛查优于诊断，预防重于治疗。高血糖为代表的代谢紊乱是糖尿病相关疾病的基础，严格的血糖控制，以及纠正伴发的血脂、血压异常，不良生活习惯的纠正，尽量减少并发症发生的诱因，定期的筛查可明显延缓糖尿病并发症的发生。

（1）预见性健康教育　预见性健康教育是根据患者的个体差

异、病情进展进行评估,及时针对患者的健康问题,制订预防性健康教育计划和实施教育,对重点、难点的健康问题进行形式多样的、系统的指导,随时评价教育效果。预防教育应该从足低危着手,足高危者列为重点预防对象,早期采取针对性护理措施是有效预防糖尿病足的关键。因糖尿病患者大部分在院外治疗,对足部的防护知识严重缺乏,盲目错误的足部护理有可能引起足部组织抵抗力减弱、损伤、感染。因此,抓住患者在院的机会,系统有效地灌输预防、诊断、治疗糖尿病足的有关知识很有必要。

(2)**提高患者的自我管理能力** 注重糖尿病患者自我关怀的7个行为是预防糖尿病足的首要任务。①合理膳食:是控制糖尿病的核心。②坚持运动:适当的运动对健身、控制体重和血糖非常重要。③监测病情:每日自我血糖监测将为患者调整治疗方案提供依据。④药物治疗:有效的药物治疗与健康的生活方式相配合,可降低血糖水平,减少糖尿病并发症的风险。⑤解决问题:糖尿病患者自己必须有一套明确的解决问题的方法,高血糖或低血糖疾病都要求患者对食物、运动和药物有判断与选择。⑥健康心态:有利于疾病的恢复。⑦减少风险:例如通过戒烟、定期体检来减少糖尿病足发生的风险。只有具备这些积极的自我保健知识,并掌握自我管理技能,才能有效地控制糖尿病病情的发展,从而预防糖尿病足的发生。

(3)**强化足部保健措施** 由于足部皮肤疾病是糖尿病足的常见诱发因素,因此,积极预防和治疗足部真菌感染及其他皮肤病显得尤为重要。当糖尿病足部病变出现时,血管壁的结构损伤已不可逆,治疗相当困难,因而平时要向患者宣传足保健知识。正确穿戴鞋袜,冬天注意足部保暖,预防足冷伤。对有鸡眼、胼胝、足癣及发现足部病变应及时求医。患者每年至少到医院全面检查足部1~2次,包括要重视提高患者对周围神经病变和血管病变危害性的认识,学会识别糖尿病足的危险因素,早期发现病情变化是糖尿病足预防的关键。

(4)**足部皮肤护理** 由于糖尿病的病理生理改变、皮肤循环障碍致使皮肤屏障防御能力下降,因此足部的皮肤护理很重要。注意保持足部清洁干燥,每晚用温水泡脚5~10 min,水温在37 ℃左右,用柔软毛巾轻轻擦干足部皮肤;查看足趾之间,保持干燥;干燥的足,可用护肤油脂轻轻涂抹于足部皮肤表面(不能涂于脚趾间)。经常观察足部颜色,了解足部皮肤对外界刺激的敏感度;剪趾甲时应沿着足趾甲平行修剪。冬天禁用热水袋,防止因周围神经感觉迟钝而烫伤;夏天禁止赤脚行走,防止坚硬物碰伤或锐器刺伤,诱发溃疡。不宜穿尖头鞋、高跟鞋、暴露足趾露足跟的凉鞋,切忌赤足走路或穿拖鞋外出,而使足部受伤。尽量减少足部小静脉的穿刺机会,以保持皮肤的完整性。

(5)促进足部血液循环　足部血流有动脉血供和静脉回流。坐下时抬高足部。每天2~3次活动足趾,做踝泵运动,并且抬起、放下踝部,时间为5 min。切忌长时间盘腿。禁止吸烟。全面按摩足部反射区和穴位,可有效激活脑干网状系统,通过神经反射启动人体的调节机制调节代谢、调节血糖;另外,足部在血液循环中相当于人的"第二心脏",刺激足部反射区和穴位,能使血管扩张,全身血流量增多,血液循环加速,血液黏稠度降低,改善组织缺血、缺氧,使神经得到充分营养,从而可有效预防糖尿病足的发生。

(6)定期重点强化教育　接受糖尿病知识教育的方式很多,患者可以在病房或糖尿病教育门诊接受一对一的个体化教育,也可以参加糖尿病俱乐部、小课堂教育或小组教育。总之,糖尿病患者和家属要定期接受专业、系统的糖尿病知识和技能教育,听从糖尿病专科医生、糖尿病教育护士、营养师及造口治疗师的指导,遵医嘱用药,科学饮食,适当运动,定时监测血糖,将血糖、血压、血脂控制在正常或基本正常的水平,这也是糖尿病足防治的根本。

(7)心理干预　糖尿病为慢性终身性疾病,到目前为止还没有治愈的方法,患者长期受疾病折磨,容易丧失治疗信心,表现为苦闷、抑郁、焦躁不安。糖尿病足患者出现情绪障碍主要包括焦虑与抑郁情绪。其与血糖调节、胰岛素抵抗等代谢疾病的关系早在半个世纪以前就开始被人们所认知。情绪障碍对于足部疾病的影响,尤其是在沙尔科神经性关节病的影响中所扮演的角色逐渐被人们所熟知。由于焦虑、抑郁情绪和糖尿病足之间相互影响,互为因果,因此加强对情绪障碍的管理,强调对情绪障碍进行识别和干预。定期使用疼痛量表对慢性疼痛进行评估及运用焦虑、抑郁量表对患者的情绪状态进行筛查,当患者出现明显的情绪障碍,需将患者转诊至有经验的精神科医生进行进一步的干预,从而提高糖尿病足溃疡的愈合率,降低死亡率,提高患者的生活质量。

(阮瑞霞　马　茂　潘银根)

糖尿病足清创实践　　糖尿病足全程管理　　糖尿病足-1

糖尿病足-2　　糖尿病足-3　　糖尿病足-4

糖尿病足-5　　糖尿病足-6　　糖尿病足-7

4.7 医源性损伤的护理

医源性损伤指患者就医过程中,医者主观上没有过错或过失,在客观上对患者造成的出于治疗目的的符合技术、伦理、法律要求的有限而必要的损伤。

临床上可形成创面的医源性损伤常见的有输液性静脉炎、药物外渗性溃疡、皮肤放射性损伤、医用黏胶相关性皮肤损伤等。

4.7.1 输液性静脉炎

输液性静脉炎指在静脉输液时,由于物理、化学及感染等因素对血管壁的刺激而导致血管壁的炎症表现。患者最初的症状是穿刺点局部不适或轻微疼痛,进而出现局部组织发红、肿胀、灼热、疼痛,并出现沿静脉走向的条索状红线,之后可触及条索状硬结。静脉炎的病理改变为静脉血管内皮细胞的炎症反应和(或)继发血栓性改变,是临床静脉输液治疗中最常见的并发症之一。

4.7.1.1 危险因素

如表4.14所示。

表4.14 危险因素

危险因素	内容
血管因素	血管管径因素、血管内膜受损等
药物因素	pH值、渗透压、药物性质、输液速度与量、药液中的不溶颗粒、药品不兼容造成的沉淀等
解剖因素	下肢静脉发生静脉炎程度和概率较上肢静脉高,身体远端发生率高于近端
患者个体因素与疾病因素	老年人及糖尿病、免疫性疾病、肿瘤、偏瘫、卧床、拒不包扎制动等人群发生静脉炎的概率相对较高

续表 4.14

危险因素	内容
护士操作技术	静脉选择、针头固定、药物输注技巧等
留置针的因素	与留置针的材质、长度和管径大小等有关;导管针留置时间过长等

4.7.1.2 分类

(1) **机械性静脉炎** 机械性静脉炎的发生因素与机械刺激有关,主要是由于输液时置入血管内的针管与血管内膜摩擦造成的。发生原因与留置针材质、大小、型号及护理人员操作技术等因素有关。如留置针管型号越小,血管内膜的损伤就越小;护理人员穿刺的技术越熟练,静脉炎的发生率相对降低;而穿刺部位活动剧烈或频繁,穿刺针管的固定不妥、稳定度不牢靠,则会使静脉炎的发生率增高。当把较粗的输液留置导管植入相对较细的血管中发生机械性静脉炎的概率就大大提高了。

(2) **化学性静脉炎** 发生原因主要是由于高浓度、刺激性强、渗透压较高的药物给药速度过快,或长时间的滴注,导致血管内膜细胞破坏。损伤程度与药物的浓度、酸碱度、渗透压及药物本身的毒性作用有关。强刺激性药物在很短时间内大量而快速地进入血管内,超过血管本身的缓冲应激能力,或在血管受损处堆积,引起血管内膜受损,血管通透性增加,组织炎症渗出,受损静脉皮肤周围形成水肿。而弱刺激性药物长时间滴入血管,持续刺激血管内膜,使内皮细胞破坏,也可引起静脉炎,甚至导致皮肤及组织坏死。一旦出现化学性静脉炎,就有可能导致静脉硬化,血管渗透性增强和血栓形成。

(3) **细菌性静脉炎** 细菌性静脉炎的发病原因是细菌感染。通常与护理人员操作时没有严格按照无菌技术及手卫生要求、患者穿刺部位消毒不到、输液器具无菌状态的破坏、导管留置时间过长、患者在导管留置期间自我保护不当等多种因素有关。

(4)与输液相关的血栓性静脉炎 主要发病原因是穿刺时对血管壁造成一定损伤,留置期间对血管内皮进一步损伤,使血小板在受伤部位及针管尖端聚集,随留置时间延长,可导致血栓形成发生静脉炎。

4.7.1.3 临床分级

(1)美国静脉输液护理学会(Intravenous Nurses Society,INS)治疗护理实践标准(2016年)分级 静脉炎分4级(表4.15)。

表4.15 美国静脉输液护理学会(INS)治疗护理实践标准(2016年)分级

分级	临床表现
0级	没有症状
1级	穿刺部位发红,伴有或不伴有疼痛
2级	穿刺部位疼痛,伴有发红和(或)水肿
3级	穿刺部位伴有发红,条索状物形成,可触摸到索状静脉
4级	穿刺部位疼痛伴有发红、疼痛,条索状物形成,可触摸到条索状的静脉,其长度>2.5 cm,或有脓液流出

(2)化疗药物所致静脉炎分级(表4.16)

表4.16 化疗药物所致静脉炎分级

分级	临床表现
0级	无疼痛
1级	局部皮肤发红,轻微疼痛
2级	局部轻度肿胀,灼热,中度疼痛
3级	局部中度肿胀,灼热,重度疼痛,水疱形成,直径<1 cm
4级	局部中度或重度肿胀,顽固性疼痛,水疱直径>1 cm,影响肢体功能

4.7.1.4 静脉炎的预防

静脉炎的预防措施:①操作者严格遵守无菌技术操作原则和手卫生原则。②如无特殊情况下,推荐使用上肢静脉作为常规静脉输注和置管的血管。尽量避免在瘫痪肢体进行静脉置管和输液。③根据所有溶液或药物的类型、渗透压、pH值、剂量、浓度、给药速度,选择合适的输液途径。④要有计划地更换输液部位,选择较粗、弹性好、易于固定的血管,尽量避免关节部位,切忌在同一条血管的相同部位反复穿刺。⑤严格控制各种微粒通过静脉输液进入血液循环。⑥护士应能够根据静脉炎的临床分级标准评估静脉炎的状况。⑦对穿刺部位和肢体应常规进行评估,询问患者有无发热、刺痛、灼痛和其他不适。

4.7.1.5 静脉炎的护理

静脉炎的护理措施:①发生静脉炎,如属一般留置针应立即拔除,更换输液部位,发炎部位可给予热敷,症状应在 3 d 内改善,如无改善迹象应通知医生评估是否细菌感染。②经外周静脉置入中心静脉导管(peripherally inserted central catheters,PICC)发生静脉炎,可先热敷,若属于机械或化学性静脉炎,症状应可缓解,若症状持续,无改善迹象,才需拔除。③疑是细菌性静脉炎,需进行导管针与血细菌培养(从其他静脉及导管各抽取 1 支培养标本),作为诊断依据。如有脓性分泌物,消毒前取分泌物进行细菌培养。④对血栓性静脉炎,必要时遵医嘱进行溶栓。⑤疑是化学性反应,需记录。⑥在受损血管恢复前,避免再次穿刺已发炎血管。⑦对穿刺部位进行消毒,根据情况选用物理治疗或温热水湿热敷、50%硫酸镁溶液湿热敷等处理。药物可选用湿热敷时避开血管穿刺点,并防止烫伤。湿热敷每日 4 次,每次 20 min。⑧抬高发生静脉炎的肢体,促进静脉回流,避免剧烈运动。⑨局部使用喜疗妥乳膏、美得喜乳膏外涂。⑩水胶体、片状水凝胶或赛福润,可预防和治疗静脉炎。⑪做好宣教。向患者和家属讲解预防静脉炎及保护留置导管的注意事项;告知患者及家属保持穿刺部位皮肤清洁、干燥,如有穿刺部位敷料松动、潮湿或感觉不适时,及时通知医护人员。

4.7.2 药物外渗性溃疡

4.7.2.1 发生机制

药物外渗是指在静脉输液治疗的过程中,腐蚀性药物进入血管以外的周围组织。这些药物会对周围组织产生一定的损伤,使周围的组织发生疼痛、红肿、水疱、溃疡甚至坏死。

(1)**外渗性溃疡发生的机制**　主要包括渗透压引起的损伤、循环不良引起继发性缺血、直接细胞毒性损害、机械性压迫、感染。

(2)**高渗透压损伤的机制**　主要为高渗透压使细胞内外渗透压平衡失调导致细胞损害,严重的会发生组织坏死、溃疡形成。静脉输注钙制剂、钾制剂时,易造成渗透压性损伤。渗透压损害以新生儿、婴幼儿多见。

(3)**循环不良继发性缺血**　多见于使用血管收缩剂的患者。血管收缩剂多用于抢救室静脉输入,此时,患者末梢循环往往处于衰竭状态,血管收缩剂的使用加重了局部血管收缩而导致局部缺血的加重,甚至局部皮肤溃疡和坏死。

(4)**细胞毒性药物**　以化疗药物多见。化疗是肿瘤综合治疗非常重要的措施之一。化疗药物由于其酸碱度及细胞毒性对血管壁的损伤,以及多次穿刺对血管壁的损伤,易引起外渗。药物外渗后与组织细胞的 DNA、RNA 结合,或溶解破坏细胞膜,导致细胞坏死,局部组织肿痛、糜烂、坏死或溃疡。

(5)**机械性压迫**　主要是由于较多的输液渗出到局部,造成局部肿胀,压迫神经、血管而形成溃疡。以新生儿及婴幼儿多见。此类损伤的发生往往叠加有局部加压固定产生的压力性损伤的因素存在。

4.7.2.2 危险因素

静脉外渗损伤经常被认为是护理操作不当所导致的,实际上,静脉外渗的发生与护理操作技术有一定的关系,但与所输注的药物、血管条件及输液持续的时间都有很大的关系。

(1) **药物因素** 药物的渗透压、浓度、pH值及药物的细胞毒性作用。化疗药物根据其对组织的损伤程度,将其分为发疱剂、非发疱剂和刺激性化疗药物。发疱剂是指外渗后引起局部皮肤水疱并可出现组织坏死的化疗药。如阿霉素、表柔比星(表阿霉素)、柔红霉素、吡柔比星、氮芥、长春新碱、长春碱(长春花碱)、去甲长春碱、长春华碱酰胺、放线菌素(更生霉素)、紫杉醇、紫杉特尔、伊立替康、米托蒽醌、丝裂霉素C、放线毒素D、新致癌菌素等。刺激性化疗药物是指外渗后引起局部灼伤和轻度炎症,而不引起坏死的药物,常见的有卡莫司汀、奥沙利铂、达卡巴嗪、氟尿嘧啶、异环磷酰胺、依托泊苷、米托胍腙等。非发疱剂外渗后局部无明显刺激作用,常见有阿糖胞苷、健择、甲氨蝶呤、环磷酰胺、顺铂等。

(2) **血管因素** 长期输液患者由于血管反复穿刺,使血管壁受损,其血管脆性增大,弹性下降,管腔变细、变硬,当注射刺激性药物时,使管腔内压增大,导致药物外渗。

(3) **操作因素** 选择输液方式不合理,如使用外周静脉输注高浓度、高渗透压或细胞毒性强的化疗药物等;穿刺时穿透血管或针头斜面未全面进入血管;穿刺时反复穿刺导致局部血管损伤;穿刺部位不合适,如在关节部位穿刺,患者关节活动后针头移出血管外或留置针软管与血管内膜的摩擦引起机械性损伤。

(4) **使用时间** 长时间使用同一条静脉通路,特别是外周静脉进行大量输液,使血管内膜受损,通透性增大,导致药物外渗。

4.7.2.3 临床表现

输液部位感觉异常,如发痒、疼痛感、烧灼感等;输液部位局部肿胀、发红、硬结,静脉可呈条索样改变。严重者局部组织坏死,形成溃疡。局部发生感染时可出现红肿疼痛加重,或伴有全身发热等全身感染征象。

4.7.2.4 分级

美国国家癌症研究所将化疗药物外渗按严重程度分为3级(表4.17)。

表 4.17　美国国家癌症研究所化疗药物外渗分级

分级	临床表现
1 级	皮肤红斑、瘙痒
2 级	肿胀或疼痛,伴有局部炎症或静脉炎
3 级	溃疡或坏死

4.7.2.5　护理评估

(1) **全身评估**　患者有无基础疾病;营养状况如何,是否消瘦、恶病质;生化指标如电解质、血常规等,是否有贫血,低蛋白或白细胞升高或降低,需要清创的患者要特别注意白细胞数、血小板数及出凝血时间;生命体征,是否有发热、脉速等全身感染症状;精神心理状况及家庭社会支持系统。

(2) **局部评估**　所输药物种类,输液部位及途径,外渗后当时的处理措施,创面有无渗液及渗液的颜色、量及气味,有无潜行及窦道,疼痛程度,局部温度,周围皮肤有无红肿。

4.7.2.6　处理与预防

(1) **输液外渗预防**

1) 合理选择输液方式。护理人员应根据患者输液量、输液治疗时间长短、输入药物对血管损伤等,为患者选择合理的输液方式。如连续使用发疱治疗、肠外营养、使用 pH 值<5 或>9 的注射液,使用渗透压高于 600 mOsm/L 的药物时,不建议使用外周短导管进行输液,可选择中心静脉导管装置。

2) 提高护理人员穿刺技术,避免反复穿刺造成机械损伤。

3) 提高护理人员专科护理知识水平。及时巡视患者,尽早发现药物外渗的表现,正确处理早期外渗,减轻患者损伤。输注化疗药物时,注射药物前后均用生理盐水或 5% 葡萄糖溶液冲洗输液管,确保化疗药物输注在血管内。

4) 做好患者宣教。讲解输液外渗的表现,嘱患者输液部位出现疼痛等感觉异常时,及时通知护理人员。

(2)输液外渗的处理

1)输液外渗的早期处理:建立输液外渗处理流程,发现外渗后能及时有效地处理。一旦发现外渗或外漏征象,所有经外周导管或中心血管通路的装置,都应立刻停止输液,断开输液装置,应尽量抽出导管中及外渗的液体,并使用相应的拮抗剂,可从原静脉通路注入或局部皮下注入。外渗量较大时,可用粗针头针刺或小切口切开外渗部位,以达到促进药物流出及局部减压的作用。有报道,血管活性药物多巴胺所致的外渗,在外渗早期局部注射生理盐水稀释的酚妥拉明,效果良好,但缺乏大样本的研究和报道。

2)局部处理:在药物外渗的 48 h 内,应抬高患肢,促进血液回流与药物的吸收。冷敷可减轻紫杉醇、阿霉素、蒽环类抗肿瘤药物及氮芥外渗所致的局部疼痛感及烧灼感,降低局部损伤。可用冰袋间断冷敷局部48 h。热敷可用于植物生物碱类抗肿瘤药物的外渗,如长春酰胺、长春新碱等。蒽环类药物外渗禁止热敷。植物生物碱类外渗禁用冷敷。因此,在使用热敷或冷敷前,一定要先确定药物的种类。局部湿敷也是常用的方法,可用于湿敷的药物有,50% 葡萄糖、25% 的硫酸镁,也有报道维生素 B_{12} 的高渗混合液,75% 的乙醇及中药等湿敷。

3)封闭治疗:常用肾上腺皮质激素局部注射。常用药物有氢化可的松 100~200 mg 或倍他米松 4~8 mg,也可用地塞米松和利多卡因混合液,用生理盐水稀释后,在外渗局部皮下包围注射。

4)特异性解毒剂的使用:仍处于研究阶段。目前,美国食品药品管理局(US Food and Drug Administration,US FDA)核准盐酸右雷佐生静脉注射用于蒽环类药物外渗的处理。在发生蒽环类药物外渗时,可选择远离外渗区域(如对侧肢体的血管)的大静脉输注右雷佐生。欧洲肿瘤护理协会建议用透明质酸酶处理植物生物碱外渗,可将透明质酸酶局部皮下注射到外渗区域。目前,我国尚没有公布化疗性发疱剂外渗的治疗准则。

(3) 外渗损伤所致溃疡的处理

1) 水疱处理:根据水疱大小及是否有感染迹象或感染危险采取不同的处理方案。

ⅰ.未破溃、直径小于 0.5 cm 的单发或多发性小水疱:保持水疱的完整性,标准消毒后抹干创面及创面周围皮肤,外用水胶体敷料,5~7 d 后待水疱疱液自行吸收后去除水胶体敷料。

ⅱ.直径 0.5~2 cm 的水疱:标准消毒后用注射器穿刺抽吸疱内渗液,使疱皮贴附于基底,根据渗液和周围皮肤的情况选择水胶体敷料或泡沫敷料外用 5~7 d 后,待水疱疱液自行吸收后去除水胶体敷料或泡沫敷料。

ⅲ.直径大于 2 cm 的大水疱:标准消毒后,去除坏死疱皮,外用泡沫敷料,首次 2~3 d 换药 1 次,第 2 次换药 3~5 d 换药 1 次。

ⅳ.水疱在细菌负荷较大的区域或有感染迹象:需清创,去除坏死疱皮,使用银离子泡沫敷料。

ⅴ.加强局部观察,避免压力摩擦力、污染。

2) 溃疡的局部处理:根据溃疡深度及是否有感染迹象或感染危险采取不同的处理方案。

ⅰ.真皮层破损时:标准消毒创面及周围皮肤,无菌纱布擦干,根据创面渗液及基底情况选择敷料。渗液少时可选择水胶体敷料;中等以上渗液时,可选择泡沫敷料。

ⅱ.溃疡深达皮下组织时:标准消毒创面及周围皮肤,去除坏死组织,无菌纱布擦干,根据渗液和坏死组织的情况选择对应的敷料,如水凝胶敷料、藻酸盐敷料、泡沫敷料等,以保持创面湿润,促进自溶清创,预防感染,促进肉芽和上皮的生长。

ⅲ.创面有感染时:可选择含银离子敷料以控制感染,并根据情况按医嘱进行全身抗感染治疗。

ⅳ.缺损过大,暴露关节肌腱等部位时,可使用异种脱细胞真皮基质保护肌腱活性,促进创面愈合。同时可请烧伤整形科医生会诊,可选择植皮或皮瓣等手术封闭创面。

(3) **健康指导** 在进行化疗或刺激性药物治疗前,对患者进行相关并发症的教育十分重要,护患配合,更有利于及早发现药物外渗。一旦发生药物外渗性溃疡,易引起患者的不满与纠纷,要充分讲解药物外渗发生的原因,做好与家属的沟通,争取家属的理解和积极配合,保证治疗措施的顺利实施。嘱患者保持创面敷料清洁干燥,适当抬高患肢,避免损伤肢体过度活动,避免创面处受压,按时换药治疗。同时,告知患者要保证足够营养的摄入。另外,护理人员在整个化疗药物外渗处理过程中要关心、体贴患者,做好患者心理护理,减轻患者的恐惧、不安情绪。化疗期间患者的食欲往往受到影响,指导患者多食高维生素、高蛋白、低脂肪的易消化食物,多食新鲜蔬菜水果。

【典型病例4.24】 1例药物外渗导致手背肌腱暴露患者创面的护理

(1)简要病史 患者女性,81岁。以"肾功异常14年,腹透3年半,右手肿痛1个月"为主诉收住肾内科。14年前受凉后出现乏力、气短不适,肾功能异常,血压高,3年前开始规律腹膜透析。2个月前无诱因出现乏力、食欲缺乏,1个月前住院查血白蛋白26.2 g/L、前白蛋白132.5 mg/L、呼吸道合胞病毒阳性、流感病毒B型阳性。给抗感染、营养支持、补液、升压等治疗后好转出院。10余天前发现右手背红肿、疼痛、水疱,自行外敷土豆片和膏药(具体不详)后红肿减轻、水疱变大、疼痛加重、手指活动困难、水疱处感觉减退。右手背溃烂处分泌物细菌培养:金黄色葡萄球菌。

(2)临床诊断 慢性肾炎,慢性肾脏病5期,腹膜透析状态,腹膜透析管隧道炎,冠状动脉粥样硬化性心脏病,左冠状动脉窦瘤形成,右手背软组织感染,右手背皮肤坏死。

(3)治疗过程

1)综合治疗:①监测生命体征,腹膜透析治疗;②抗感染治疗,按分泌物细菌培养结果加用万古霉素;③输白蛋白、配输红细胞纠正贫血、营养支持治疗;④监测电解质变化,纠正电解质紊乱;⑤改善循环、营养神经、促进创面愈合。

2)创面处理过程:5月16日首次接诊评估,手背皮肤破溃,肌腱外露,残存的痂皮下可见坏死组织。局部处理,锐器蚕食法清创,使用异种脱细胞真皮基质保护肌腱活性(图4.281~图4.284),二级敷料选用活性炭敷料,外层敷料使用纱布棉垫。6月3日打开敷料,见创面渗出为中量,只更换外敷料(图4.285)。6月20日更换异种脱细胞真皮基质,见创面较前缩小(图4.286),6月27日换药,肌腱周围新鲜肉芽生长,蚕食法清除坏死的肌腱(图4.287),7月1日肉芽组织覆盖大部分肌腱(图4.288),换药方法同前。7月11日,肉芽全部覆盖肌腱(图4.289)。7月22日,创面愈合(图4.290)。

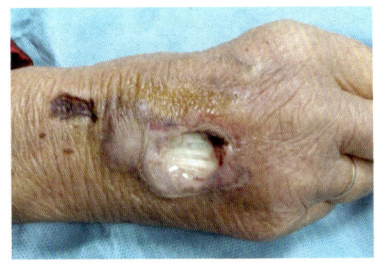

图4.281 皮肤破溃

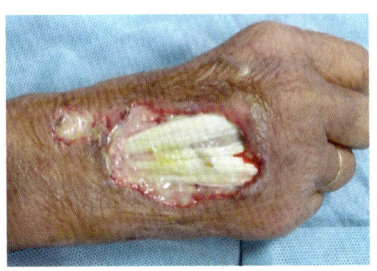

图4.282 清创后肌腱暴露

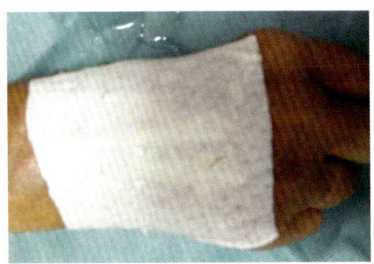

图4.283 使用异种脱细胞真皮基质

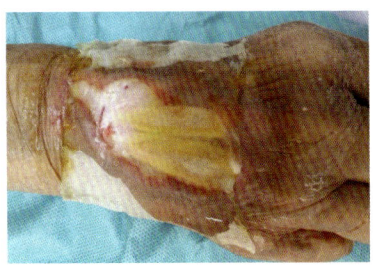

图4.284 渗液不多每周观察

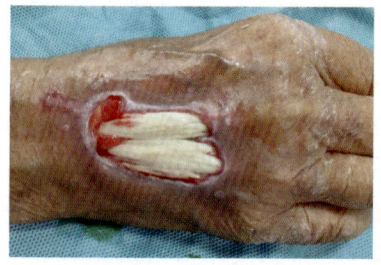
图4.285　更换敷料

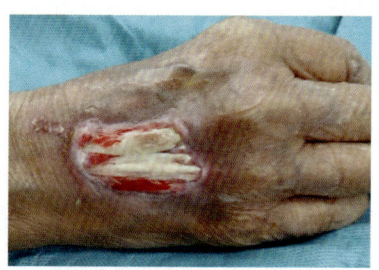
图4.286　蚕食法清创

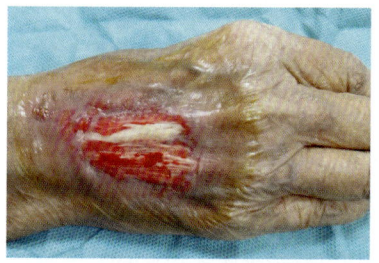
图4.287　新鲜肉芽覆盖肌腱

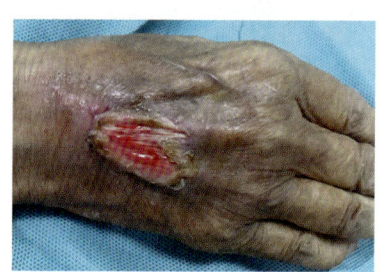
图4.288　上皮爬行

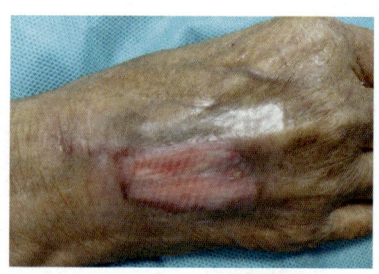
图4.289　创面愈合

（4）健康教育　创面愈合后局部皮肤娇嫩，避免摩擦损伤。

（5）经验总结　患者为严重的输液外渗创面。输液外渗创面的特点是进行性加重，伴随时间的延长，渗出药物在局部作用，根据外渗药物不同，组织细胞逐渐发生改变，升压药物和化疗药物易引起局部组织缺血坏死，护理人员对此类创面一定要尽早处理，严密观察。此病例药物外渗发生在手背,手背部皮下组织较少,皮肤全层坏死后肌腱即暴露,容易发生肌腱坏死,肉芽组织覆盖创面存在困难。肌腱坏死一旦发生坏死会导致患者手指活动障碍,因此,肌腱保护非常关键。本案例选用异种脱细胞真皮基质有效保护肌腱活性,同时促进肉芽生长及上皮爬行,创面愈合时间不到 2 个月,临床效果满意。

【典型病例 4.25】 1 例药物外渗导致足踝部溃疡患者创面的护理

(1) 简要病史　患者女性,7 岁。因"右侧脚踝皮肤溃烂伴疼痛半个月"由门诊以"肾病综合征、右足皮肤软组织感染"收住于专科医院。2016 年 1 月 13 日给予盐酸氮芥 1、2、3 mg(用药总量 6 mg)隔日静脉注射后出现右下肢及右足红肿,疼痛,注射部位出现 3 个无色透明小水疱,予以抬高患肢、硫酸镁湿敷等对症处理,患者右下肢红肿消退,右足背轻度水肿,皮肤稍红,水疱吸收。患者家属要求出院。出院后患者外敷中药治疗过程中不慎致右足皮肤破损,逐渐出现右足红肿、皮肤破溃。查体:满月脸,颜面轻度水肿,右侧足踝部皮肤溃烂,可见大小约 2 cm×3.5 cm,黑痂形成,可见少许脓性分泌物附着,右侧小腿皮温增高,右踝及右足部皮肤中度水肿,颜色红,疼痛拒按。

(2) 临床诊断　右足皮肤软组织感染,肾病综合征。

(3) 治疗过程

1) 综合治疗:给予激素抗炎、抑制免疫反应。

2) 创面处理过程:患者在专科医院住院,于 2016 年 11 月 30 日首次来门诊换药(图 4.290),创面位于足背踝部,大小 4.5 cm×5 cm,创面 100% 黄色腐肉,创面周围有潜行最深 2 cm,最浅 0.5 cm,大量淡绿色液体渗出,腥臭味,周围皮肤浸渍。蚕食法清创,使用藻酸盐银离子敷料,外用纱布及绷带固定,隔日换药。12 月 7 日换药见肌腱暴露部分水肿坏死,蚕食法清创,处理同前(图 4.291)。12 月 16 日换药,创面可见肉芽生长,渗出减少,敷料更换为藻酸盐(图 4.292)。12 月 22 日换药发现肉芽逐渐包裹肌腱,蚕食法清除创周潜行坏死组织,敷料同前(图 4.293)。2017 年 1 月 6 日换药,创面肉芽新鲜,创周潜行贴合,渗出明显减少,使用异种脱细胞真皮基质,隔周换药(图4.294)。1月13日肉芽完全覆盖肌腱,敷料同前(图4.295、图4.296)。2月8日换药上皮爬行,创面缩小(图4.297)。主管医生和家属沟通后决定植皮手术,转接给医生,植皮后创面愈合(图4.298)。

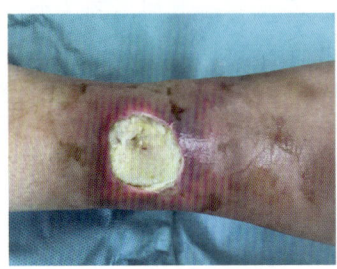

图4.290 创面为黄色腐肉

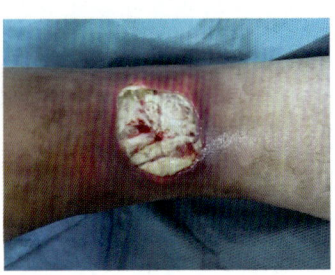

图4.291 肌腱外露、部分坏死

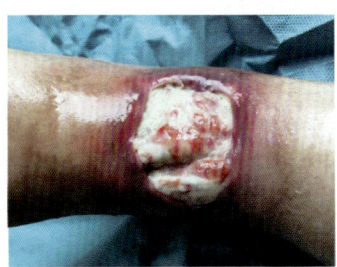

图4.292 创面可见红色肉芽生长

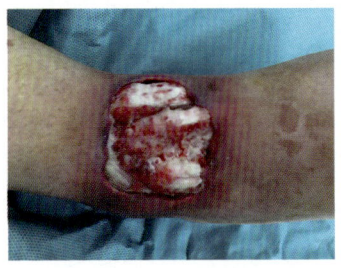

图4.293 肉芽包裹肌腱

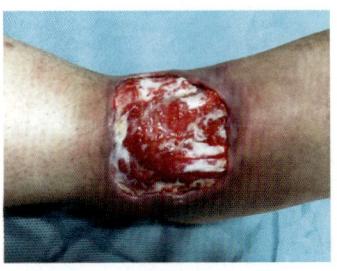

图4.294 肉芽新鲜,潜行缩小

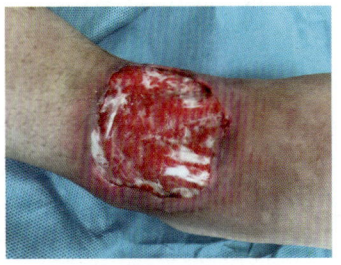

图4.295 肉芽完全覆盖肌腱,潜行贴合

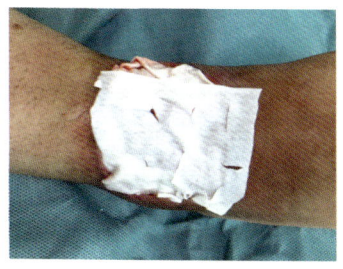

图4.296 使用异种脱细胞真皮基质

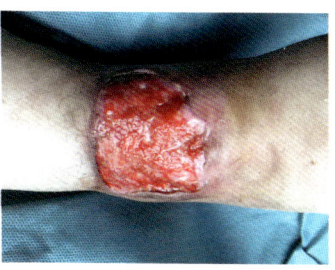

图4.297 上皮爬行,创面缩小

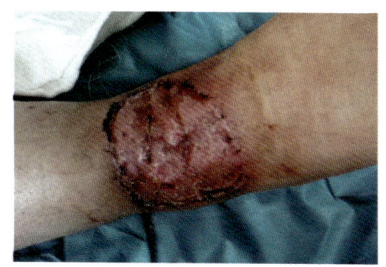

图4.298 植皮创面愈合

(4)健康教育 低盐低脂优质蛋白饮食。保持心情舒畅,预防感冒,注意活动安全。按时服用药物,慎用肝肾毒性药物。换药期间坐轮椅活动,踝关节绷带固定,减少活动。创面愈合后加强锻炼,做踝泵运动,预防瘢痕增生挛缩。

(5)经验总结 患儿肾病综合征,体质差,长期服用激素治疗,对创面愈合不利。液体外渗后导致局部皮肤坏死,换药过程安抚患儿,同时和家属充分沟通。采取保守蚕食法清创,根据渗液多少决定换药频率,进入增生期以后选用了异种脱细胞真皮基质,促进创面愈合同时延长换药间隔。经过2个月保守处理,创面上皮爬行,创面缩小,跟主管医生和家属协商后选择植皮封闭创面。最终经过植皮创面愈合,临床效果满意。

4.7.3 皮肤放射性损伤(放射性皮炎)

放射性皮炎是指当机体接受放射线照射或放射线核素沾染,由于放射线的电离辐射作用,而导致局部皮肤和周围组织发生炎症性的皮肤反应。放疗是通过放射线的电离辐射作用产生生物学效应,细胞DNA吸收辐射能量以后,发生可逆或不可逆的DNA合成和细胞分化的改变,使其增殖能力受到影响,从而达到抑制肿瘤细胞生长的作用。在照射的过程中,受照射部位的正常组织也吸收一定量的射线,从而造成放射性反应或损伤。

放射性皮炎是肿瘤放疗过程中常见的不良反应,是由电离辐射(包括X射线、β射线及放射性核素)照射皮肤、黏膜引起的炎症性皮肤反应。临床根据发生时间分为急性放射性皮炎和慢性放射性皮炎。一次或多次大剂量放射线照射常引起急性放射性皮炎,长期、反复小剂量的放射线多引起慢性放射性皮炎,临床上放疗引起的主要是急性皮肤反应。

4.7.3.1 影响皮炎严重程度的因素

(1)内在因素 患者的营养状况、皮肤特点、年龄及种族等。通常机体潮湿的部位及皮肤皱褶处较易出现皮肤反应,例如头颈部、乳腺、腋窝、会阴部及腹股沟等部位。

(2)外在因素 放射性的能量、剂量、分割方式,照射时间,照射部位等均对放射性皮肤反应程度有影响。皮肤表面涂抹有香味的油脂或含有金属元素的物质如汞或银等,常可加重皮肤的反应。有研究报道,吸烟与肥胖可能会加重皮肤的反应。

4.7.3.2 分级

(1)急性放射性皮炎分级 美国肿瘤放射治疗协作组(Radiation Therapy Onedofy Group,RTOG)将急性放射性皮炎反应分为5级(表4.18)。

表4.18 RTOG 急性放射性皮炎分级

分级	临床表现
0级	皮肤无变化
1级	轻度红斑、出汗减少、干性脱发、水疱
2级	红斑明显、触痛、片状湿性脱发、中度水肿
3级	皱褶以外部位融合性湿性脱发、凹陷性水肿
4级	溃疡、出血、坏死

(2)晚期放射性损伤分级 RTOG/欧洲癌症与治疗组织(European Organization for Research Theatment of Cancer,EORTC)定义的晚期放射性损伤(慢性放射性皮炎)分级见表4.19。

表4.19 RTOG/EORTC 晚期放射性损伤(慢性放射性皮炎)分级

分级	临床表现
0级	皮肤无变化
1级	轻度萎缩,色素沉着,些许脱发
2级	片状萎缩,中度毛细血管扩张,完全脱发
3级	明显萎缩,显著的毛细血管扩张
4级	溃疡
5级	直接死于放射晚期反应

(3)国内学者根据临床表现将急性放射性皮炎分为3级

1级:初为皮肤鲜红,以后呈暗红色,或有轻度水肿,3~6周后出现脱屑及色素沉着,自觉灼热与瘙痒。

2级:显著急性水肿性红斑,表面紧张有光泽,有水疱形成,疱破裂后形成糜烂面,境界清楚,1~3个月痊愈,遗留色素沉着或脱失;毛细血管扩张和皮肤萎缩等,自觉灼热或疼痛(图4.299~图4.301)。

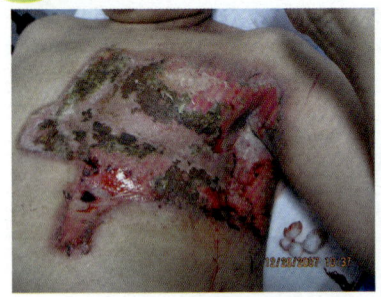
图 4.299 急性放射性皮炎

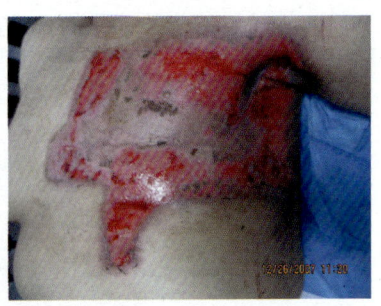
图 4.300 清创后

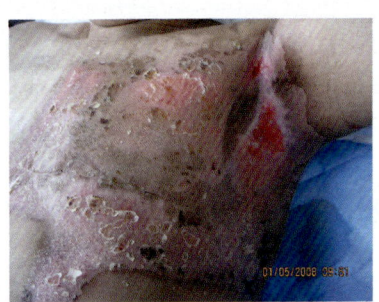
图 4.301 接诊 10 d 换药 2 次以后接近愈合

3 级：局部红肿剧烈，组织迅速坏死，形成顽固性溃疡，溃疡深浅不定，很难愈合，愈合后形成萎缩性瘢痕，伴有剧痛。在溃疡和瘢痕上可继发癌变（图 4.302）。

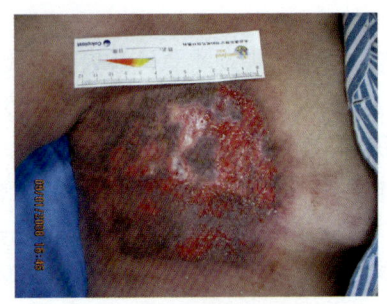
图 4.302 放射性溃疡

2~3级急性放射性皮炎可伴全身症状,如乏力、头痛、头晕、恶心、呕吐、出血及白细胞减少等,严重者危及生命。

慢性放射线皮炎:皮肤干燥、粗糙、皲裂,毛发脱落,甲色晦暗,出现纵嵴、色素沉着及增厚,甚至脱落,皮损久之可激发鳞癌,少数可为纤维肉瘤,自觉瘙痒或烧灼热。

4.7.3.3 评估

(1) **全身评估** 患者有无基础疾病;营养状况如何,是否消瘦、恶病质;生化指标如电解质、血常规等,是否有贫血、低蛋白或白细胞升高或降低,需要清创的患者要特别注意白细胞、血小板及出血时间;生命体征,是否有发热、脉速等全身中毒症状;精神心理状况及家庭社会支持系统。

(2) **局部评估** 皮炎的部位,分级,是否与放射治疗有关,周围的皮肤有无红肿,局部温度,创面有无渗液和渗液的颜色、量及气味,有无潜行窦道,疼痛程度等。

4.7.3.4 预防及处理

(1) **预防** 放射性皮炎应以预防为主,在放疗时应避免剂量过大,放疗以后观察局部皮肤改变,如已发生皮炎,应根据损伤程度选定是否需要继续照射。在放疗过程中要严密观察皮肤颜色变化。放疗部位皮肤应避免挠抓、剃毛、胶布撕拉、用力搓洗等机械损伤;局部避免使用肥皂等化学清洁剂,避免化学性损伤;避免太阳暴晒、冷敷、热敷等温度性损伤;局部不可随便用药;清洁时使用清水轻轻擦拭。从事放射线工作人员应严格遵守操作规范,加强防护,定期体检,如有异常及时检查。

(2) **药物治疗** 目前应用于临床治疗放射性皮炎的药物种类繁多,外用药物是主要的处理模式,有表皮生长因子、抗生素软膏、类固醇软膏、芦荟凝胶、三乙醇乳膏、烧伤膏及中药的单方或组方。

(3) **物理治疗** 目前毫米波治疗及激光治疗已广泛应用于创面的治疗中。He-Ne激光具有消炎、扩张血管、促进肉芽生长的功能。毫米波通过相干震荡可以使组织的微观结构重新排列,蛋白质、氨基酸、酶的活性发生改变,从而达到调节细胞代谢与功能的作用。对于难愈合的慢性溃疡可考虑使用此方法。急性期患者一般很少应用。

(4)新型敷料　0~3级皮炎可以选择水胶体敷料、片状水凝胶敷料、泡沫敷料、软聚硅酮类敷料。4级皮炎治疗的关键点是镇痛、抗感染和创面护理。有坏死组织需要清创时,一定要全面评估患者全身状况,并报告医生。确定创面有无感染,无感染的可使用亲水纤维、藻酸盐类及泡沫类敷料,如创面存在感染,应行创面分泌物细菌培养,选择银离子等抗感染的敷料,必要时全身使用抗感染药物治疗。新型敷料能在保护皮肤的同时为局部提供湿润的愈合环境,减轻局部疼痛,促进创面愈合。对于长期不愈的深溃疡必要时应由医生手术切除并行病理活检,警惕癌变的可能。创面疼痛可涂抹林可霉素利多卡因凝胶。

4.7.3.5　健康教育

(1)预防措施指导　对于接受放疗的患者,常规进行皮炎预防的指导,告诉患者,一旦发生局部皮肤发红或瘙痒等不适,应及时告知医护人员,不可搔抓,不可自行局部涂抹药物,以防止处理不当导致皮肤损害加重。

(2)讲解治疗护理的方案　取得患者的理解与配合,保证各项护理措施的落实。

【典型病例4.26】　1例急性放射性皮炎患者创面的护理

(1)简要病史　患者女性,55岁。无明显诱因发现右颈部上侧肿物,活检病理提示"未分化型非角化性癌",行放射性治疗,治疗结束后左锁骨上部出现湿性溃疡,为求进一步治疗来创面中心就诊。患者步入医院,生活自理,普食,乐观,依从性较好,家庭支持度高,对创面愈合充满信心。

(2)创面诊断　急性放射性皮炎。

(3)创面处理过程　创面评估左锁骨上部6 cm×6.5 cm的湿性溃疡,基底100%红色组织,中量渗液伴瘙痒,无明显坏死;边缘不规则,周围皮肤干燥,有明显色素沉着。创面气味2级,疼痛评分为2分(NRS评分量表)。首次处理,生理盐水清洗创面,纱布抹干创面后红光照射治疗,内层敷料用银离子油纱,外层敷料用聚氨酯泡沫敷料,用绷带固定,换药频率为隔日一次(图4.303~图4.306),第3天接诊时创面大小5.5 cm×4.5 cm,基底100%红色组织,已出现粉色新生上皮,少量渗液,黄色透明,无异味,创面边缘不规则,周围皮肤无浸渍,有色素沉着,疼痛缓解,创面无气味。处理方法同前(图4.307)。接诊后第8天,上皮再生愈合阶段,渗出减少,使用自粘性软聚硅酮泡沫敷料,5 d后去除敷料,创面愈合(图4.308)。

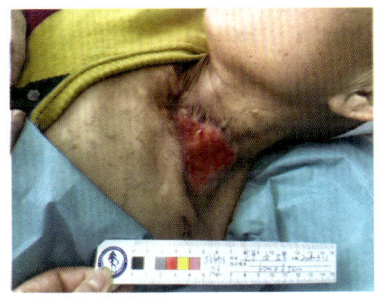

图4.303　接诊清创后

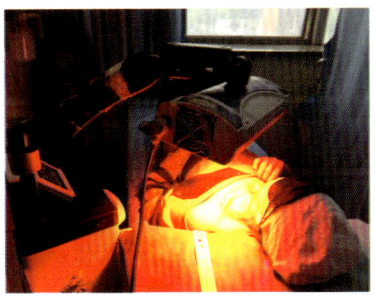

图4.304　红光治疗

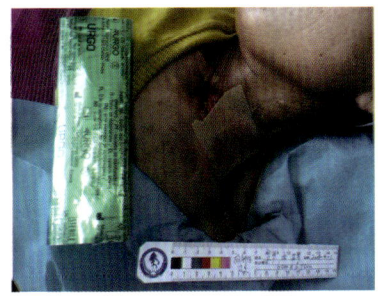

图4.305　内层银离子油纱

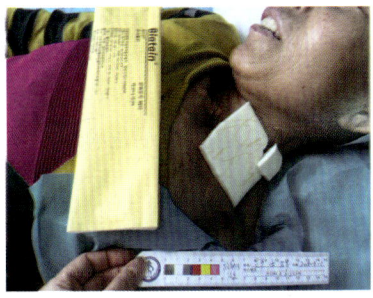

图4.306　外层聚氨酯泡沫敷料

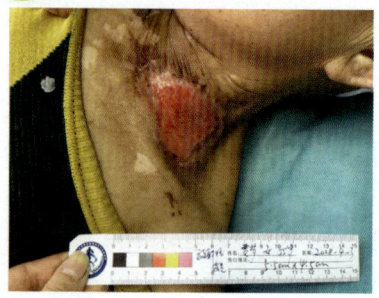 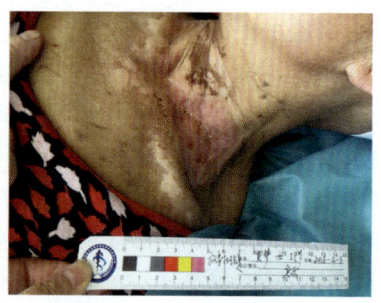

图 4.307　上皮再生愈合　　　　　图 4.308　创面愈合

(4) 健康教育　首先是心理支持,向患者讲解急性放射性皮炎经过治疗后会加快愈合,并及时为其讲解创面愈合的进展,用成功的案例鼓励患者树立信心。其次营养支持,耐心为患者说明营养支持的重要性,介绍一些促进创面愈合的营养物质。鼓励患者进食高热量、高蛋白、刺激小、维生素含量丰富、易消化的食物。最后做好生活指导,告知患者勿用手抓创面,选用柔软、宽松、吸水性强的棉质内衣,避免摩擦创面。保持照射区皮肤清洁、干燥,避免用一些刺激性的消毒液,禁用热水袋。外出时防止日光直接暴晒。

(5) 经验总结　放射性皮炎是浅表溃疡,接诊时渗液较多,使用红光治疗促进创面愈合,敷料选用银离子油纱预防感染并防止粘连减轻疼痛,外用聚氨酯泡沫敷料吸收渗液,为创面提供保护屏障和保持创面湿润的愈合环境。接诊后第 8 天经过 2 次换药,创面上皮细胞再生愈合,创面渗液减少,选用自粘性软聚硅酮泡沫敷料保护新生上皮,5 d 后创面愈合。本病例共换药 3 次,愈合时间 13 d,效果满意。

4.7.4　医用黏胶相关性皮肤损伤

医用黏胶相关性皮肤损伤(medical adhesive related skin injury,MARSI)指移除黏胶产品 30 min 以后,皮肤出现的红斑和(或)其他皮肤异常(包括但不限于水疱、大疱、糜烂或撕裂)现象依然存在。

4.7.4.1 分类

(1) **机械性损伤** 移除过紧粘贴的黏胶时和(或)黏胶粘贴时移行张力及剪切力过大,导致表皮细胞分离,一层至多层角质缺失或形成水疱,皮肤屏障功能破坏,可表现皮肤发亮、薄的浆液样水疱、表浅的溃疡、皮肤撕脱伤等,各年龄段均可发生,常发生于幼儿及老年人。皮肤撕脱伤分为3类:1类为无皮肤缺失;2类为部分皮瓣损失;3类为完全皮瓣缺失。

(2) **毛囊炎** 不恰当地移除胶带(移除太快、角度太高)使皮肤上毛囊受损,导致毛囊周围皮肤小型炎症反应。

(3) **皮肤浸渍** 封闭的胶带,皮肤处于潮湿的环境,皮肤皱缩,颜色变灰/白。皮肤浸渍造成皮肤pH值上升,通透性增加,对压力剪切力耐受力下降,增加了压力性损伤的风险。

(4) **接触性皮炎** 黏胶与皮肤接触部位发生的局限性、非过敏性、刺激性、接触性皮炎,与皮肤本身的潮湿、干燥等有关。

(5) **过敏性皮炎** 黏胶与皮肤接触部位发生的弥漫性、扩散性、过敏性皮炎,与黏胶的致敏性及皮肤变态反应有关。

4.7.4.2 预防

预防措施:①使用前全面评估患者皮肤状况,识别高风险患者,如婴幼儿、水肿患者、老年患者等。②使用医用黏胶前正确准备皮肤,根据需要做好清洁、剃除毛发等准备,保持粘贴部位清洁、干湿平衡,必要时使用皮肤保护剂,限制/避免使用增黏剂。③根据使用医用黏胶的预期目标、解剖位置、环境条件选用合适的医用黏胶产品,需考虑黏胶产品的温和性、透气性、延展性、一致性、顺应性、稳定性、黏胶是否足够、医用黏胶与器械是否匹配等。考虑黏胶使用后关节及皮肤的运动移位等因素。④使用医用黏胶前认真阅读说明,熟悉产品特性及使用时间,非预期揭除黏胶时注意损伤风险。⑤掌握正确粘贴手法,规范使用医用黏胶类产品,黏胶与皮肤充分接触,避免在使用中形成张力、剪切力、压力。⑥运用正确的医用黏胶移除技术,必要时使用黏胶移除剂,减少皮肤不适及损伤。⑦疑似过敏患者需要慎重鉴别,必要时可以做过敏试验,避免过敏患者再次使用同类产品。

4.7.4.3 评估

定期评估皮肤,一旦发生皮损,评估皮损的大小、部位、范围、分类、形成原因、影响愈合的因素、是否合并感染、局部细菌负荷的状况;获取既往病史,探讨疑似过敏和敏感性。

4.7.4.4 处理方法

(1) 去除残余黏胶 必要时使用黏胶移除剂移除残余黏胶,使用无菌生理盐水彻底清洗创面,根据损伤原因、创面情况确定是否需要继续黏胶固定或选择合适的敷料及处理方法。

(2) 机械性损伤

1) 水疱处理:根据水疱大小及是否有感染迹象或感染危险采取不同的处理方案。

ⅰ. 未破溃、直径小于 0.5 cm 的单发或多发性小水疱:保持水疱的完整性,标准消毒后抹干创面及创面周围皮肤,外用水胶体敷料,5~7 d 后待水疱疱液自行吸收后去除水胶体敷料。

ⅱ. 直径 0.5~2.0 cm 水疱:标准消毒后用注射器穿刺抽吸疱内渗液,使疱皮贴附于基底,根据渗液和周围皮肤的情况选择水胶体敷料或泡沫敷料外用 5~7 d 后,待水疱疱液自行吸收后去除水胶体敷料或泡沫敷料。

ⅲ. 直径大于 2 cm 的大水疱:标准消毒后,去除坏死疱皮,外用泡沫敷料,首次 2~3 d 换药 1 次,第 2 次 3~5 d 换药 1 次。

ⅳ. 水疱在细菌负荷较大的区域或有感染迹象:需清创,去除坏死疱皮,使用银离子泡沫敷料。

ⅴ. 加强局部观察,避免压力摩擦力、污染。

2) 溃疡的局部处理:根据溃疡深度及是否有感染迹象或感染危险采取不同的处理方案。

ⅰ. 表皮破损时:标准消毒创面及周围皮肤,无菌纱布擦干,根据创面渗液及基底情况选择敷料。渗液少时可选择水胶体敷料;中

等以上渗液时,可选择泡沫敷料。

ⅱ. 真皮层破损时:标准消毒创面及周围皮肤,去除坏死组织,无菌纱布擦干,根据渗液和坏死组织的情况选择对应的敷料,如水凝胶敷料、泡沫敷料等。

ⅲ. 创面有感染时:可选择银离子泡沫敷料以控制感染。

3)皮肤撕脱伤的处理:标准消毒后用无菌生理盐水清洗创面及创面周围皮肤,尽量保存皮瓣并保护周边组织,不拉伸皮肤的情况下皮瓣复位靠近创面边缘。认真评估创面出血、创面周围淤血和水肿状况,评判感染的风险,选择凡士林油纱、水胶体油纱、自粘性软聚硅酮泡沫敷料或磺胺嘧啶银脂质水胶体油纱、自粘性软聚硅酮银离子泡沫敷料覆盖创面,标注皮肤撕脱伤皮瓣方向(下次换药时敷料揭除方向,避免再次损伤),适当加压包扎,根据敷料特性及皮肤撕脱伤分类3~7 d换药1次。

(3)**毛囊炎** 标准消毒后,选用碘伏消毒或夫西地酸乳膏、复方多黏菌素软膏外用。

(4)**皮肤浸渍** 移除胶带,选用透气性好、顺应性好的胶带。

(5)**接触性皮炎** 根据皮肤损伤深度、有无感染及感染的危险性选用水胶体敷料、泡沫敷料或夫西地酸软膏、复方多黏菌素软膏外用。

(6)**过敏性皮炎** 局部使用抗过敏的水剂或膏剂,避免再次直接接触同类产品。

4.7.4.5 健康教育

健康教育内容:①教育护士、护理员、物理治疗师等,警惕医用黏胶相关皮肤损伤的发生。②甄别危险人群,慎重选择恰当的医用黏胶产品。③教育患者及家属正确保护皮肤,促进皮肤健康。④过敏患者避免再次接触同类产品。⑤一旦发生医用黏胶相关损伤,立即上报并正确处理。

(孟宝亲 阮瑞霞 樊 慧)

皮肤撕脱伤的护理

小儿静脉外渗的预防和处理

化疗药物外渗致皮肤坏死

放射性皮炎创面的护理

4.8 压力性损伤的护理

4.8.1 压力性损伤概述

压力性损伤(pressure injury)也称为压疮(pressure ulcer)、褥疮(bed sore)等,是全球医务人员都关注的健康问题。压力性损伤多发生于危重、长期卧床、慢性病、活动障碍及老年患者,尤其是70岁以上老年人。年龄并非单独危险因素,而是老年群体常发生的一些问题如髋关节骨折、大小便失禁、吸烟、慢性全身性疾病和终末期疾病等,与压力性损伤关系紧密。脊髓损伤的患者是另一个群体,在脊髓损伤发生1~5年内其压力性损伤发生率可达20%~30%。老年人发生压力性损伤后死亡率会增加5倍。

压力性损伤不仅增加了患者的痛苦,又使患者疾病恢复延期,住院时间延长,加重经济负担,甚至并发严重感染导致患者死亡,所以压力性损伤的预防和护理一直以来都是临床医务人员关注的难题和热点问题。

4.8.1.1 压力性损伤的概念

美国压力溃疡顾问小组(National Pressure Ulcer Advisory Panel, NPUAP)于2016年最新指南将压力性损伤定义更新为:压力性损伤是位于骨隆突处、医疗或其他器械下的皮肤和(或)软组织的局部损伤。可表现为完整皮肤或开放性溃疡,可能会伴疼痛感。损伤是由于强烈和(或)长期存在的压力或压力联合剪切力导致。

4.8.1.2 压力性损伤发生的原因

形成压力性损伤的原因概括起来分为外在因素和内在因素。

(1)**外在因素** 形成压力性损伤的外在因素主要有压力、剪切力、摩擦力及潮湿刺激。

1)压力:压力为来自于身体自身重量和附加于身体的力,是引起压力性损伤的第一位原因,与持续的时间长短有关。压力经皮肤由浅入深扩散,呈圆锥样递减分布,最大压力在骨隆突部位周围,当局部承受压力超过毛细血管的压力[4.27 kPa(32 mmHg)]时可致毛细血管闭合、萎缩、血流被阻断从而使局部缺血、缺氧而导致软组织溃烂和坏死,造成压力性损伤。

压力造成皮肤损伤与持续的时间和压力强度有关,短时间的高压和长时间的低压均可造成压力性损伤,皮肤组织比肌肉及脂肪组织对压力的耐受性更好,肌肉因其代谢活跃而最先受累,最早出现变性坏死,因此,压力造成的损害是由深到浅的,有时局部表皮完整但颜色改变很可能已造成深部组织的损伤。

2)剪切力:剪切力是引起压力性损伤的第2位原因,是施加于相邻物体表面引起相反方向的、进行性平行滑动的力量,由于剪切力往往作用于深部组织,在引起组织相对位移时能阻断相应部位较大区域的血液供应,因此,剪切力比压力更具危害性。剪切力常常发生于半卧位,骶尾部产生向下滑动的倾向,而臀部皮肤表面因受到摩擦阻力产生向上的反作用力,这样,形成皮肤组织与皮肤相脱离并导致组织的变形,组织病理结果是毛细血管的扭曲和撕裂,从而引起血流下降,促使压力性损伤形成。

3)摩擦力:摩擦力是当两个物体接触时发生向不同方向的移动或相对移动时所形成的力。摩擦力作用于皮肤时容易损伤皮肤的角质层,常发生在临床上搬运患者时拖拉或床铺有皱折渣屑时,容易因摩擦力加大损伤皮肤。

4)潮湿:皮肤受潮湿刺激后,皮肤表面弱酸性遭到破坏,削弱皮肤角质层的屏障保护作用,使有害物质易于通过,有利于细菌繁殖。浸渍状态下皮肤松软,弹性和光泽度下降,易受压力、剪切力、摩擦力所伤。各种引起皮肤潮湿的情况,如大小便失禁、汗液、创面渗液、出血等均可引起压力性损伤的发生。

(2)**内在因素**　压力性损伤的内在因素包括年龄、运动性因素、营养因素、组织灌注等。

1)年龄:压力性损伤的发生率与年龄呈正相关,据统计,40岁以上患者的压力性损伤发生率为40岁以下患者的6~7倍。随着年龄的增加,表皮变得菲薄,皮肤相对干燥,皮下组织减少,组织血液供应减少,毛细血管更脆弱及感觉迟钝等生理性因素的改变,发生压力性损伤的风险增加。

2)运动性因素:活动能力和移动能力的减退与丧失导致患者局部组织受压时间延长,受压部位血液循环障碍,而易发生压力性损伤。临床上截瘫患者、长时间手术、意识状态改变、使用麻醉药和镇静药、骨折制动、危重患者均为发生压力性损伤的高危人群。

3)营养因素:严重贫血、低蛋白血症、负氮平衡时,患者皮下脂肪减少,肌肉萎缩,组织器官应激代谢的调节能力减退,因此,当患者局部皮肤受压时,由于骨隆突部位缺乏肌肉和脂肪组织的保护,更易发生局部缺血和坏死。研究证实,营养不良与压力性损伤的发生密切相关。血白蛋白低于35 g/L的患者中75%发生压力性损伤,而血白蛋白高于35 g/L的患者中只有16.6%发生压力性损伤。此外,营养过度或缺乏运动导致的肥胖的患者也会因影响血液循环及活动困难而容易发生压力性损伤。

4)组织灌注:因疾病如动脉硬化造成的血流动力学的改变,使舒张压下降至8 kPa(60 mmHg)以下致组织灌注不足,或患者心肺功能不全时,使组织血氧含量降低,可使皮肤及皮下组织处于缺血、缺氧状态而使压力性损伤的危险性增大。

5)其他因素:心理因素与压力性损伤的形成密切相关;吸烟的患者压力性损伤发生的机会增加;体温的变化与压力性损伤的进展也有关系。

4.8.2 压力性损伤的预防

4.8.2.1 压力性损伤危险因素的评估

预防压力性损伤关键性的一步是应用压力性损伤危险因素评估量表(risk assessment sale)对患者的状况进行客观评估,可以帮助护士进行压力性损伤风险的判断,利用评估工具筛选出有可能发生压力性损伤的高危人群,以便及时采取相应措施,减少或避免压力性损伤的发生。由于压力性损伤危险因素评估量表在敏感度及特异性皆有差异,因此选择何种评估工具来预测压力性损伤发生是很重要的。

(1)危险因素评估表　从20世纪60年代起,国外不断研制出多种压力性损伤危险因素评估工具,目前国内临床上最常用的有Norton评估表、Braden评估表和Waterlow评估表。各种表格适用对象和特点见表4.20。

表4.20　压力性损伤评估表的分类及特点

名称	设计者	设计时间	内容	分值	特点
Norton评估表	Norton	1962年	身体状况、精神状况、活动能力、移动能力和失禁情况5个方面	得分范围在5~20分,得分越低,发生压力性损伤的危险性越高,12~14分表示中度危险,12分以下表示高度危险	适用于评估老年患者压力性损伤危险因素预测

续表 4.20

名称	设计者	设计时间	内容	分值	特点
Braden评估表	美国的Braden和Bergstrom	1987年	感觉、潮湿、移动、活动、营养、摩擦和剪切力6个部分	每项1~4分,得分越低发生压力性损伤的危险性越高,18分是发生压力性损伤危险的临界值,15~18分提示轻度危险,13~14分提示中度危险,10~12分提示高度危险,9分以下提示极度危险	强调压力强度、持续时间及皮肤对压力的耐受力
Waterlow评估表	英国的Waterlow	1985年	性别、年龄、移动、皮肤类型、失禁、体型、食欲、手术创伤、神经缺陷、组织营养、药物使用11个方面	得分越高,发生压力性损伤的风险越高	特别适用于重症监护治疗病房(intensive care unit, ICU)危重症患者及手术患者的压力性损伤危险预测

(2)压力性损伤其他评估方法　国外还应用计算机监测系统监测患者皮肤与床垫或坐垫间的压力大小,从而评估发生压力性损伤的危险。此监测系统包括充气系统和电动系统两种,充气系统因气囊易受体位的影响而精确度较低,而电动系统由于可以实时校正因而精确度较高。

4.8.2.2　压力性损伤的预防措施

(1)减轻局部压力、摩擦力和剪切力

1)定时翻身:体位的调整是预防和处理压力性损伤的中心环节。根据对患者的评估情况,一般每隔2 h给患者翻身一次,必要时可1 h一次,以间歇性解除局部压力;建立翻身卡;提倡侧卧位时

30°,平卧位时床头抬高小于30°,且患者臀下给予必要的支撑以减轻剪切力。

2)使用提拉式床单帮助患者在床上移动,协助患者翻身时避免拖、拉、拽等动作。

3)使用减压装置,气垫床、水床、悬浮床等,局部使用海绵垫、泡沫垫、水垫、啫喱垫和泡沫类敷料。

(2)**皮肤护理** 每天定时检查全身的皮肤状况,尤其是骶尾部及其他骨突受压处皮肤,及时更换污染和潮湿的床单、被服,保持皮肤清洁干爽。不建议按摩皮肤进行压力性损伤预防,研究表明局部涂抹赛肤润能降低压力性损伤发生率。

(3)**增加营养** 医院和社区都应评估患者营养状况,并强调营养缺陷是压力性损伤发生的危险因素之一,改善患者的营养状况对预防压力性损伤十分重要,根据患者病情,给予适当的热量和蛋白质饮食。必要时请营养科会诊,制订合理的饮食计划,保证患者营养需要。

(4)**健康教育** 对于患者及家属进行预防压力性损伤措施的宣教是预防长期卧床患者及其他高危人群发生压力性损伤的关键。指导患者和家属定时变换体位,使用合适的减压装置,指导患者及家属观察皮肤情况,发现皮肤问题及时就诊,指导失禁护理。增加患者的营养,注意营养物质特别是蛋白质的摄入。

4.8.3 压力性损伤的分期

美国压力溃疡顾问小组(NPUAP)于2016年发布的最新指南将压力性损伤分为4期和2个阶段(表4.21)。

表4.21 压力性损伤分期特点及图片

分期	特点	图片
深部组织损伤期	患者因软组织受压力或剪切力损伤,局部皮肤完整但出现颜色改变如紫色、栗色或褐红色,表皮或呈现充血的水疱,可表皮分离而暴露深色创伤床,受损区域的软组织可能有疼痛、硬块、黏糊状的渗出、潮湿、发热或冰冷,在肤色较深的个体中,深部组织损伤可能难以检测,损伤的演变可能由一个暗黑色的创伤上的小水疱开始,可能迅速发展,形成薄的焦痂覆盖,即使给予积极的处理,病变可迅速发展,暴露多层皮下组织(图4.309)	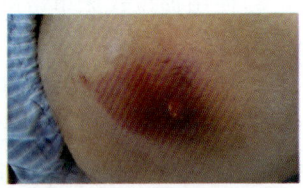 图4.309 深部组织损伤期
1期	通常发生在骨隆突处,皮肤完整伴有压之不褪色的局限性红斑,深色皮肤可能看不见皮肤发红的情况,但其颜色可能与周围组织不同,受损部位与周围相邻组织比较,有疼痛、硬块、表面变软、发热或者冰凉。确定红斑是否会褪色,施加较轻压力持续数秒,释放压力查看皮肤颜色变化,如为手指移开后皮肤颜色迅速恢复则属正常;如按压皮肤颜色不减退,或持续呈现红色,是淤血性红斑属1期压力性损伤。颜色的变化不包括紫色或栗色改变,如果出现则表明可能存在深部组织损伤。此阶段对于肤色较深的个体可能难以鉴别,可表明"处于危险状态"(图4.310)	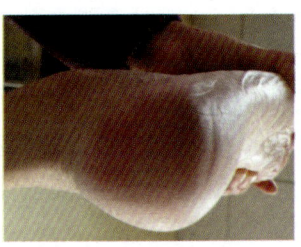 图4.310 压力性损伤(1期)

续表4.21

分期	特点	图片
2期	2期压力性损伤表现为表皮及部分真皮组织缺失,表现为一个浅的开放性溃疡,也可能表现为一个完整的或破裂的血清性水疱,伴有粉红色的创面床,表现为发亮的或干燥的表浅溃疡,无腐肉或淤伤。此阶段状况应该与皮肤撕裂伤、胶带损伤、会阴皮炎、浸渍、表皮剥脱等鉴别,如有皮肤淤伤表明有可疑的深部组织损伤(图4.311)	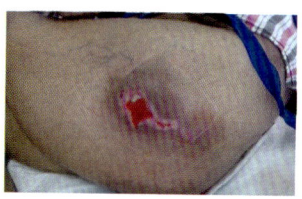 图4.311 压力性损伤(2期)
3期	此期创面表现为全层组织缺失,可见皮下脂肪暴露,但骨头、肌腱、肌肉未外露,有腐肉存在,可能包含有潜行和隧道,此阶段压力性损伤的深度因解剖位置不同而不同,鼻梁、耳朵、枕骨处、踝部因无皮下组织,因此可能是表浅溃疡;相对而言,脂肪较多的部位此阶段压力性损伤可能形成非常深的溃疡,但骨头或肌腱不可触及或无外露(图4.312)	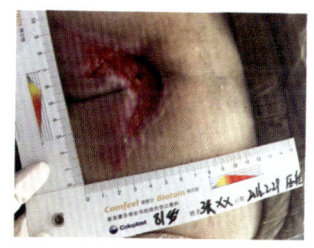 图4.312 压力性损伤(3期)
4期	此期创面表现为全层组织缺失,伴有骨、肌腱或肌肉外露,创面床的某些部位有腐肉或焦痂,常常有潜行或隧道,4期压力性损伤因解剖位置不同而各异,鼻梁、耳朵、枕骨处、踝部因无皮下组织,此阶段压力性损伤可能是表浅溃疡。若扩展到肌肉和(或)支持结构(例如筋膜、肌腱或关节囊)有可能造成骨髓炎,可以直接看见或触及骨头/肌腱。压力性损伤可能需要数月愈合,痊愈后的瘢痕组织抗张力强度只有正常的40%,该部位仍为高危部位,压力性损伤易复发(图4.313)	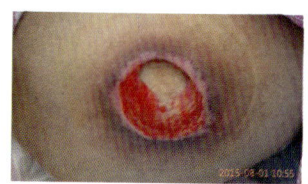 图4.313 压力性损伤(4期)

续表 4.21

分期	特点	图片
不可分期	此期深度为全层组织缺失,溃疡底部有黄色、黄褐色、灰色、绿色、褐色腐肉覆盖,或者创面床有褐色或黑色焦痂附着,只有去除足够多的腐肉或焦痂,暴露出创面床的底部,才能准确评估压力性损伤的真正深度、确定分期。但足跟部的稳定性黑痂不建议清除(图 4.314)	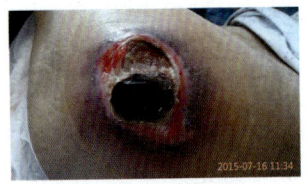 图 4.314　压力性损伤(不可分期)

4.8.4　压力性损伤的处理

压力性损伤的治疗无金标准,治疗原则是改善患者的全身情况及提供适宜的创面愈合环境。压力性损伤治疗方法的选择必须考虑到患者自身患有的疾病因素、社会情况和最终的治疗目的。总的来说,这类患者通常需要外科与内科医生、康复科医生、营养师、物理治疗师等的多方位治疗才能成功治愈。需要进行基础疾病的检查和风险的评价及有效干预,要结合考虑患者接触压力(强度和持续时间)、皮肤的耐受性和皮肤的实际反应,需要一个动态的持续督导和涉及多方面信息源的综合评估的过程。无论选择何种治疗,对各种类型的压力性损伤来说都有共同的基本原则,包括避免创面局部受压、加强营养、改善患者全身情况、治疗原发病、正确处理局部创面等。

4.8.4.1　评估

(1)患者全身情况　评估患者压力性损伤发生的内在因素和外在因素。评估患者的年龄、营养状况及局部供血情况,患者的活动能力、移动能力及感觉是否存在障碍,创面局部是否存在压力、剪切力、摩擦力或潮湿的刺激。

(2)创面情况　压力性损伤持续的时间、创面的位置及分期、组织类型、颜色、形状、面积、深度、有无窦道潜行、渗液量和渗液性质、有无臭味、是否存在感染、创面边缘是否有卷边等。

（3）社会情况　患者及家属对压力性损伤的认知程度及掌握知识和技能程度，患者及家属对创面愈合的意愿及期望值，患者家庭的经济能力及社会支持系统情况。

（4）最终的治疗目的　一些压力性损伤可通过创面护理有望使创面痊愈，患者恢复日常生活和工作，而对于脊髓损伤的患者就需要采取植皮等更复杂的手术治疗方法。一些不合作的患者压力性损伤将处于复发的极度危险中；处于疾病终末期患者的压力性损伤不是手术的适应证，这类患者仅限于对症治疗，减少气味和不适。

4.8.4.2　解除压力

（1）定时翻身，去除外部因素　减压对压力性损伤的治疗很重要，在局部受压、组织缺血的情况下，创面不可能愈合。根据对患者的评估，其翻身频率取决于患者的个体基础情况，每 2 h 给卧床患者翻身 1 次，每 1 h 给轮椅患者翻身 1 次，通过间歇性解除局部压力来减轻压力性损伤。建立翻身卡，提示下一次翻身的时间和体位，最大限度地减少压力性损伤的发生。尽早使用减缓压力的措施，主要是减少已经发生组织病变的、皮肤风险区域的压力作用强度和持续时间，包括患者肢体重新摆放的位置，翻身时使用侧卧位和半卧位均小于 30°。在患者身体和其支撑物（床或石膏托）之间，必须保证皮肤所接触的床单、衣物等没有皱缩、打折及质硬的异物，保证肌肤安全。

（2）使用减压装置　合理使用减压床垫、椅垫、高级支撑系统。使用吊车装置移动患者，禁止拖拽。使用气垫床、水床、悬浮床等，局部使用海绵垫、泡沫垫、水垫、啫喱垫和泡沫类敷料等；坐轮椅的患者其最大压力将作用于坐骨结节上，对此类患者使用硅凝胶、硅酮和聚氯乙烯组成的凝胶漂浮垫，可使压力重新分布。目前医疗设备市场不断扩大，提供了多种多样的设备选择。持续的低压力支持物包括填充的纤维素、泡沫、凝胶和水，均可作为覆盖物和床垫换物。此外，动态的可调节压力装置构成一个充气单元，该充气单元按程序充气和放气，间断提供压力缓解。

4.8.4.3 加强营养

改善患者全身情况,所有高危患者和已有压力性损伤的患者应该参照营养师营养评估意见,适量补充维生素C、锌和铁,利于创面愈合。

营养是创面愈合过程中的一个关键因素,营养不良会减慢甚至阻止创面愈合,足够均衡的营养状况能帮助创面愈合及促进组织修复。全身营养障碍、营养摄入不足、蛋白质合成减少、负氮平衡均会影响压力性损伤创面愈合,矿物质锌、铁、镁等可促进创面愈合。创面修复的基本营养要素包括蛋白质、糖、脂肪、维生素和矿物质,其中各种营养素所扮演的角色为:蛋白质能促进胶原蛋白的合成、表皮细胞的增生,避免感染,增强身体免疫力,促进肉芽增生;糖类能提供细胞能量来源及胶原组织、糖蛋白形成的必需品;脂肪提供细胞能量来源,帮助细胞膜合成,协助免疫反应;维生素A是新生纤维和上皮细胞形成及正常炎症反应所不可或缺的,维生素C能帮助胶原蛋白合成、维持血管壁完整、提高身体免疫力,维生素B是许多酶素作用的辅助因子。应注意营养物质特别是优质蛋白的摄入,可促进正氮平衡和组织的生长。

对于压力性损伤患者应特别监测血清白蛋白和总蛋白数值变化。白蛋白最少应达到35 g/L,才能促进创面正常愈合,热量每日最少20 929.259 kJ(5 000 kcal),感染、手术、创面引流等患者应增加热量摄取,必要时请营养师会诊,全面评估患者的营养状况,根据患者情况制订合理的饮食计划,口服饮食给予的营养最全面,对于不能经口进食的患者可给予肠内或肠外营养物质,保证患者营养需求,促进创面愈合。有时虽给患者补充营养,但患者存在小肠吸收不良或肝功能不全,也将产生营养不良,应尽快纠正。

为改善压力性损伤患者蛋白质的摄入,医护人员应根据患者的喜好来决定其饮食,鼓励其摄入喜爱并容易获得、经济可行的食物,添加蛋白质最常见的方法是口服补充营养液或蛋白制品,如蛋白粉或液体蛋白。对患者进行教育,强调蛋白质摄入的重要性,能够有效提高患者的饮食依从性和获得最佳的治疗效果。定期评估患者的营养状态。

4.8.4.4 治疗原发疾病

针对压力性损伤的危险因素及患者的原发疾病进行病因治疗,压力性损伤患者常常存在慢性系统性疾病,应积极与主管医生沟通,治疗患者所患的其他疾病十分重要,改善心肺功能,肝肾功能,消化系统的疾病等。全身疾病如心脏、肾脏疾病将会导致全身组织水肿和灌注不良,脱水和低血容量必须立即纠正,心脏失代偿及其他影响循环的因素也应纠正。对大小便失禁的患者,可以进行膀胱训练或用合适的失禁装置来处理和控制失禁,大小便完全不能控制者,应避免使用尿垫,以免增加摩擦,处理好存在的或潜在的疾病。

4.8.4.5 皮肤护理

保护皮肤,避免盲目局部按摩,指导患者和家属观察皮肤情况,尤其是骨隆突受压的皮肤状况,每日清洁皮肤,保持清洁干爽,避免皮肤受粪水刺激,如有潮湿刺激,及时清洁与更换,指导失禁患者正确使用失禁用品,发现皮肤问题及时就诊。

4.8.4.6 压力性损伤各期创面的护理

(1)深部组织损伤期的处理

1)减压:减少局部皮肤压力和剪切力,减少局部的摩擦力,避免局部受压。密切观察局部皮肤的颜色变化,有无水疱、焦痂形成。

2)创面的处理:局部皮肤完整可给予赛肤润外涂,避免按摩。也可外贴水胶体敷料促进血运,使深色区域颜色转红,也可使用泡沫敷料进行减压,促进黑痂的局限。

3)注意观察局部变化,如出现水疱需按2期压力性损伤处理,如出现焦痂,需等待坏死组织与正常组织界限清楚后,进行清创,再根据情况按3、4期压力性损伤处理。

(2)1期压力性损伤的处理

1)减压,局部可以不用任何敷料,注意避免局部受压,观察局部发红皮肤颜色有无消退或加重情况。重新评估风险和预防计划,更频繁的皮肤检查和评估,进行皮肤湿度管理,对于干燥皮肤进行保湿。

2）减少局部摩擦力,促进血运,局部皮损处外贴水胶体敷料或涂抹赛肤润、皮肤保护膜,也可外贴泡沫敷料进行保护和减压。

(3) 2 期压力性损伤

1）水疱:直径小于 2 cm 的小水疱,可不做处理,使其自行吸收,局部粘贴水胶体敷料或泡沫敷料;直径大于 2 cm 的水疱,局部消毒后,在水疱最下端用无菌针头穿刺并用棉签按压出渗液,表面覆盖水胶体敷料或泡沫敷料。

2）浅层溃疡:如果水疱破溃,暴露出创面,通常为无腐肉的红色或粉色基底的开放性浅表溃疡,可根据渗液的量选择合适的敷料。渗液较少时可用薄的水胶体敷料,根据渗液 2~3 d 更换敷料,渗液中等或较多时,可用厚的水胶体或泡沫敷料,根据渗液量情况 3~5 d 更换敷料。

(4) 3、4 期压力性损伤和不可分期压力性损伤的处理

1）3、4 期压力性损伤和不可分期压力性损伤的治疗策略,除了有效减压、营养支持外,创面局部处理原则应遵循创面床准备原则(TIME)。

2）清创:清创是指任何可以协助机体去除创面中坏死组织、细胞碎片或异物的方法。

3、4 期压力性损伤和不可分期压力性损伤通常创面覆盖较多坏死组织,坏死组织不仅可以妨碍创面愈合,还为细菌生长提供最佳环境,成为感染的来源。清创是压力性损伤创面床准备的必要环节,可以增强组织愈合的能力,有效地促进创面愈合过程。清创还可使创面的评估更准确,选择合适的清创方法和适宜的创面敷料,可有效地改善和促进创面愈合。

i. 清创方法:可分为机械清创、锐器清创、自溶清创、酶学清创、生物清创等。机械清创是使用物理力量清除坏死组织,常用脉冲清创,清洁创面,可降低生物负荷,保护床单元,操作简单,使用安全有效。自溶性清创是利用自身分泌物清除坏死组织,主要通过巨噬细胞和酶发挥作用,通过保湿敷料达到目的,优点是无痛,容易操

作,成本低;缺点是作用慢,创面有感染时禁用,渗出增多,有异味。锐器清创,使用手术器械去除失活组织,尤其适用于厚的焦痂和厚重黏稠的腐肉,优势是效果快,可以与其他方法配合使用,劣势是需要有经验的专业认证人员进行,可能会引起疼痛,有时需谨慎,创面需要有足够的血液灌注;生物清创,使用无菌瓶装蝇蛆,优势是快速清创,容易使用无须培训,劣势是有过敏反应、美学担忧、涉及生命器官和血管暴露的创面不可用。

ⅱ.清创方式的选择:评估患者的全身和局部情况后,决定选择何种清创方法。具体应用何种方式清创,需要综合评估治疗费用和效果、创面的情况、严重程度及患者的偏好,比如有的患者比较排斥锐器清创而愿意采用效果较慢些的自溶性清创,有的患者不能接受蛆虫清创。

ⅲ.当创面内有松动的腐肉及坏死组织时,可采用锐器护场法清创,用无菌剪刀或无菌刀片尽可能清除所有失活组织,暴露创面基底部,以不出血不疼痛为原则,让创面尽快进入生长期。当创面完全被黑色的焦痂覆盖时,需对焦痂下的组织情况进行评估,如果发现焦痂和周围正常组织界限清楚,连结紧密,不可锐器清创。焦痂边缘已有翘边情况可进行锐器蚕食法清创,逐渐去除黑痂,如果黑色焦痂下已有脓液流出,按压焦痂为松动状,周围皮肤发红,有痂下感染迹象时,需尽快采用锐器清创清除黑痂,引流脓液,控制感染。

ⅳ.当黑色焦痂位于骶尾部或足跟部,与组织联系紧密,稳定、完整(干燥、附着良好、完整而没有红斑或波动)不应被去除,暂时不清创。焦痂下组织的血流较差,创面易于发生感染。焦痂作为一道天然的屏障,可以防止细菌进入而发生感染。

ⅴ.当患者全身情况良好,想尽快使创面愈合,黑痂与组织连结紧密时,可在焦痂外用无菌刀片做小切口,再注入水凝胶进行水化变软,使用自溶性清创的方法。

ⅵ.每次换药均应尽量将黑色和黄色组织清除,脉冲清创配合锐器清创。可使用无菌剪刀清除,如果坏死组织较致密难以剪除时，可用刮勺进行搔刮清除黄色组织。

ⅶ. 创面进行锐器清创后仍少量有黑色或黄色组织时，根据渗出液多少选用藻酸盐、美盐或水胶敷料，进行自溶性清创。

ⅷ. 清创时还应评估患者全身情况，如果患者为肿瘤晚期或临终患者，全身情况不佳，局部清创后创面无法愈合，应谨慎清创，需与患者家属充分沟通后结合家属意愿做出处理。换药目的是保持清洁，控制感染，减少异味，提高患者舒适度。

ⅸ. 清创时必须保留健康的和血液供应良好的组织，清除全部坏死的、形成瘢痕的或受感染的组织，包括坏死骨、异位钙化的肉芽组织等，清创不应使患者感到疼痛。一种安全的去除溃疡洞壁的方法为亚甲蓝染色溃疡洞壁，切除所有被染蓝色的组织。

4.8.4.7 控制感染

压力性损伤创面感染会出现疼痛加重，大量渗液、臭味等，还可能导致菌血症；压力性损伤还可继发骨髓炎或急性化脓性关节炎。必须尽快控制创面的感染，单纯全身应用抗生素将不可能产生良好的治疗效果，原因是血液中的抗生素对局部缺血或坏死组织内的细菌难以发挥作用，可以局部使用抗菌药物及敷料，局部使用抗菌敷料能直接接触性杀灭微生物。

压力性损伤创面最好的控制感染的方式是清除引起感染的坏死组织及充分引流脓液，根据创面分泌物的细菌培养和药敏试验的结果选择全身抗生素治疗。创面血液供应不佳时，口服抗生素可能无法到达创面部位。局部应用抗菌剂如甲硝唑凝胶或抗菌敷料（卡地姆碘、磺胺嘧啶银或纳米银）可能更有效。选择有抗菌效果的消毒液清洗创面，再用生理盐水清洗，脓液较多感染严重时可选择常用的碘伏纱布或依沙吖啶纱条引流，棉垫包扎；当感染减轻，渗出液减少时，可选择银离子敷料和活性炭敷料进行换药。

在脊髓损伤患者统计中发现，骨髓炎的发生率高达23%。急性化脓性关节炎可因大转子处溃疡感染直接蔓延而发生，也可能来自于坐骨结节浅层溃疡，通过臀大肌下孔延伸到髋关节，发生骨髓炎、化脓性关节炎和蜂窝织炎时，必须加强全身抗生素的使用。

压力性损伤感染创面异味通常是因为含有除需氧菌之外的至少两种厌氧菌。厌氧菌能产生毒素而破坏健康组织,当厌氧菌分解死亡组织蛋白质而使组织液化和释放具有刺激气味的挥发性脂肪酸时,异味(恶臭)就会出现。陈旧渗液亦可能是异味的来源。渗出多且敷料更换频率少时也会有异味。创面拭子和组织活检可以帮助确定引起异味的致病微生物。管理异味主要的目标应该是去除坏死组织、腐肉,脉冲冲洗清创可以减少致病菌的负荷,减少异味。敷料更换的频率,当接近吸收饱和时及时更换敷料。活性炭敷料可以吸收异味;封闭性敷料可能导致异味的滋生,应慎重使用。

坐骨部位的压力性损伤往往口小潜行大,处理十分困难,这些创面多数存在于脊髓损伤的患者(存在感觉缺失)。这些患者即使感染灶肉芽引起高度炎症也不会察觉,只是当病情变得危重时才会送到医疗机构接受诊疗,需首先进行清创和刮除感染肉芽,以利于炎症的消退,等感染控制、创面床准备好后尽快联系整形科进行手术治疗。

4.8.4.8 渗液处理

渗液的产生受创面病因、创面愈合生理机制、创面环境、合并症或并发症等的影响。健康的创面渗液成分处于平衡状态,有助于肉芽组织的生长、血管再生、上皮形成、细胞增殖,为细胞代谢提供营养物质,有利于免疫和生长因子扩散,坏死组织的自溶,防止创面床脱水干燥。因此必须保证创面渗液成分和渗液量的平衡,根据压力性损伤不同时期渗液的特点进行创面渗液的管理,目的是达到创面渗液平衡,使创面床保持适度的湿润。

(1)渗液评估 渗液多时评估有无存在感染,是否需要全身或局部抗菌治疗;确保敷料有足够的渗液吸收和管理能力,保护创面周围皮肤,避免浸渍。确保敷料阻水阻菌,确保敷料不会在创面床残留颗粒或纤维污染物。

感染控制后渗液量会减少,红色肉芽组织出现时可选用藻酸盐敷料、亲水纤维、泡沫敷料,创面有潜行和窦道时,仔细评估潜行的范围及窦道的深度,根据情况选择合适的敷料进行填塞和引流,填塞敷料的选择和更换频率应该由创面性质、病因和可及性决定。填塞须确保消除所有的无效腔,以确保愈合从创面基底开始;填塞时须轻柔,勿过紧,避免损伤新生的肉芽组织;常用的引流和填充的敷料有优拓、藻酸盐、美盐、亲水纤维等。更换敷料时,确保不损伤创面;肉芽组织从创面床基底向上生长填满组织缺损;部分上皮组织生长时,创面渗液逐渐减少,可使用水胶体敷料或泡沫敷料促进创面愈合。生物活性敷料如异种脱细胞真皮基质可以延长换药时间,促进创面快速愈合。

(2) **负压创面治疗** 创面较大、较深、有大量渗液时可选择负压创面封闭引流疗法,通过创面持续负压吸引,增加局部血流,减轻水肿,刺激肉芽组织生长,刺激细胞增殖,去除创面床可溶性愈合抑制物,降低细菌负荷,帮助收缩创面边缘。负压创面治疗已经被广泛用于各种创面的治疗,尤其是组织缺损大的复杂创面。

4.8.4.9 其他

(1) **增生期处理** 创面进入增生期,创面红色肉芽组织填充,如果创面有潜行可填塞藻酸盐敷料,外用泡沫敷料,也可用生长因子后填塞敷料,创面较浅时直接外贴泡沫敷料即可。根据渗液情况更换敷料。临床常用的生长因子有重组人碱性成纤维细胞生长因子,通过刺激血管增生和肉芽组织生长促进创面愈合,可使潜行缩小和闭合。喷雾使用简便,使用时注意,用药前务必清除渗液,清洁创面,给药后 10 s 避免接触其他药剂和创面敷料。研究证实,早期应用血小板衍生生长因子(platelet-derived growth factor,PDGF)和碱性成纤维细胞生长因子(basic fibroblast growth factor,bFGF)可促进慢性压力性损伤溃疡的愈合。随着生物医学工程技术的进步,多种细胞生长因子已能国产化,价格不再是患者使用的瓶颈,在我国目前已能普及到基层医院临床使用,使千千万万的患者受益。

(2) **创面边缘** 在全层创面的愈合过程中,肉芽组织从创面基底自下而上填充组织缺损。同时,创面边缘收缩和拉合,上皮组织向创面中心移动。上皮细胞(起源于创面边缘或创面床残留的真皮表皮及附属器)开始以蛙跳或"火车行进"的方式沿着创面床迁移。

当上皮细胞相互碰面后,水平移动即停止,此被称为接触抑制(contact inhibition)。理想状态的创面边缘是与创面床齐平且附着良好、湿润、表皮前沿开放而薄、淡粉红色至半透明。在很多慢性创面中,造成表皮爬行缓慢或停滞的一个常见问题是卷边(epibole)。卷边是指创面边缘卷起或向下翻卷而封闭,可能干燥、成茧或过度角化。卷边的颜色一般比周围组织浅,略微抬高,外表圆滑,可能感觉较硬。

卷边的发生原因是上部表皮细胞向下翻卷覆盖下部表皮细胞,表皮沿着创面侧壁向下移行,而不是横向水平移动。创面边缘卷曲时,当前部表皮细胞与其他表皮细胞碰头后,表皮迁移即因为接触抑制而停止。换言之,身体认为创面已经愈合,上皮化过程停止。可能造成表皮前沿移行停滞的原因有很多,包括低氧、感染、干燥脱水、敷料损伤、创面床填塞过紧、创面床不佳、无法产生表皮细胞赖以附着的基膜或细胞老化。卷边的治疗需要再损伤(reinjure)创面边缘和打开封闭的组织,即重新启动愈合过程。可以选择的方法包括锐器清创、硝酸银清创、机械清创(使用单丝纤维敷料或纱布"打磨"创面边缘)。

(3) **手术治疗** 压力性损伤除了换药治疗外,有一部分可以选择手术治疗,外科手术治疗是最有效彻底的方法之一。外科手术的指征:临床医生应认识到压力性损伤创面的复杂性,以及选择与状态相适应的治疗方法的重要性,保守治疗愈合的组织往往是瘢痕组织,会产生局部僵硬、瘢痕挛缩等不良后果,愈合过程时间因素也可成为手术指征,大创面保守治疗通常需要数月愈合,而手术治疗愈合快,明显缩短疗程。很多对能积极配合又没有禁忌证的压力性损伤创面,外科手术治疗是最有效彻底的方法之一,所有 3、4 期的压力性损伤患者评估手术治疗时,必须评估患者承受手术的能力及术后修复能力,必须权衡麻醉和外科手术风险与消除压力性损伤的利弊,一位不合作的患者将处于复发的极度风险中。深部感染的骨骼也是手术指征,通过手术去除压力性损伤的骨髓炎,清创后的骨髓炎骨必须被一个有良好血液供应的软组织覆盖,以确保愈合。发生蜂窝织炎或败血症是急诊手术指征。对那些能积极配合又没有明显外科手术禁忌证的患者,外科手术治疗是最有效和彻底的方法之一,长期存在的压力性损伤可淀粉样变或恶性变性为 Marjolin 溃疡,这是一种扁平细胞癌(plano cell carcinoma),这些因素也应考虑在手术的适应证中。适宜手术的压力性损伤患者通常只有几百分之一,手术治疗的费用昂贵,对某些患者来说手术也不是最佳方案。

有些压力性损伤不太适合外科手术治疗,一方面患者的全身情况或原发病不允许进行手术治疗,另一方面因为原发疾病的治疗比压力性损伤更为紧迫,有时未经创面床准备而手术缝合压力性损伤将导致创面更迅速的崩溃。终末期患者压力性损伤不是手术的适应证,这些患者的治疗仅限于床边对症治疗,减少气味和不适。因此选择正确的治疗方式对治疗压力性损伤和防止复发十分重要。

4.8.5 压力性损伤患者的健康教育

一直以来,护理人员实施护理的频率被认为是形成压力性溃疡的众多因素之中的重要原因,预防和处理压力性溃疡的专业系统指导原则中,倡导对照护人员讲授检查皮肤和减轻压力的方法。护士因为与患者的接触频繁而密切,护士在患者和家属的教育中起核心作用,倡导对患者和护理员进行培训包括基本的临床治疗经验和专业知识的传授。

4.8.5.1 日常护理

压力性损伤患者往往因长期卧床、经济状况较差而不能住院进行系统的治疗,因此家属的配合显得非常重要,对于活动能力受限的患者,教会患者家属白天和晚上每 2 h 翻身 1 次,并建立翻身登记本,家庭成员做好交接班,在受压部位用软枕支持,避免局部持续受压;对清醒的患者进行宣教,介绍压力性损伤发生、发展的相关知识,讲解变换体位的重要性,鼓励患者在不影响疾病的情况下积极进行被动和主动活动。

4.8.5.2 皮肤评估

老年人皮肤更薄、更干、更脆弱,皮肤更易发生损伤和感染,所以要让照护者了解这些特点,使其重视患者的皮肤护理。评估皮肤的高风险部位每日至少检查一次任何受损部位(如压之不变白的红斑、皮肤破损、水肿、组织性质改变或疼痛)。如出现上述问题中的任何一种,照护者应联系卫生保健专业人员进一步评估,同时给予全身皮肤护理,包括定期沐浴、皮肤保湿、及时的失禁护理。评估医疗器械下及周围的皮肤每天2次。在治疗或预防压力性损伤时考虑充气或高规格泡沫床垫或其他支撑面的使用,包括减压装置、专业坐垫、翻身支持系统等。转移体重的分布对任何区域的减压都至关重要,但这些专门的支撑面的使用并不能替代翻身。

4.8.5.3　失禁护理

失禁患者因潮湿因素而存在皮肤受损的风险。粪便中的酶也会进一步加重皮损的发生。尿液和粪便与皮肤的接触会进一步激发皮肤的破溃,出现疼痛或皮肤感染。尽管成人尿布有一定实用性,但如果可能,应尽量避免使用,因为尿布在潮湿或污染后需要立即更换,这种更换是频繁的。皮肤的即刻清洁与保护(皮肤保护剂的应用)可能有助于预防皮肤破溃的发生。进行失禁护理时应及时清洁并应戴手套,同时在操作前后应洗手。使用含有锌、甘油、液状石蜡或二甲聚硅氧烷成分的皮肤保护剂,以避免尿液和粪便中有害刺激物对皮肤的损害。

4.8.5.4　干燥皮肤护理

皮肤干燥时,在清洁后涂抹霜剂或膏剂(乳剂可以用,但保湿效果不太好,因为乳剂的主要成分是水分)。同时需要注意不要将霜剂或膏剂涂抹到皮肤皱褶处,对于非常干燥的皮肤,可以使用含有α-羟基酸(alpha hydroxy acid,AHA)果酸成分的产品。对足跟的硬化皮肤,可以使用脲基润滑脂产品,但这些产品在开始应用的时候可能会出现刺痒感。

4.8.5.5　误区

关于按摩,以往曾以为按摩可促进受压部位和骨隆突部位的血液循环,但国外护理研究否定了这一做法。研究显示,按摩无助于压力性损伤的防治,因为软组织受压发红是正常的保护性反应,解除压力后一般 30~40 min 褪色,不会形成压力性损伤,无须按摩;如持续发红(>1 h),则表明软组织发生不可逆损伤,按摩必将加重损伤。

【典型病例 4.27】 1 例全身多处压力性损伤患者创面的护理

(1)病史简介 患者女性,69 岁。发热原因待查。患者 3 年前脑梗后长期卧床,半个月前以"肺部感染"收入呼吸重症监护病房(respiratory intensive care unit,RICU),全身共有 3 处压力性损伤,治疗 15 d 后肺部感染和压力性损伤明显好转出院。本次以"发热原因待查"再次入院,体温 40 ℃,白蛋白 28 g/L,随机血糖 9.6 mmol/L,进食少,消瘦,大小便失禁,全身 3 处压力性损伤明显恶化。给予抗感染、补液、补充营养物质、创面局部换药治疗,体温仍高,最高不超过 39 ℃。自发病以来,精神差,食欲减退。检查见全身有 3 处压力性损伤,骶尾部为不可分期,大小 9 cm×7.5 cm,100% 黄色,少量渗液,周围皮肤色素沉着;右髋部为不可分期,大小 12 cm×4 cm,25% 红色,75% 黄色,少量渗液,周围皮肤色素沉着;左髋部为 2 期,大小 4 cm×3 cm,100% 红色,少量渗液,周围皮肤色素沉着。骶尾部压力性损伤分泌物培养示:耐甲氧西林金黄色葡萄球菌。该菌对目前所有 β-内酰胺类抗生素耐药;患者白蛋白水平下降为 23 g/L。

(2)临床诊断 肺部感染,创面诊断为压力性损伤(压疮)。

(3)治疗过程

1)综合治疗:①监测生命体征,高蛋白饮食;②抗感染、补液、改善循环;③骶尾部 4 期压力性损伤创面分泌物 2 次细菌培养均示为 MRSA,加用万古霉素静脉滴注针对性治疗;④肝功能检查示白蛋白低,给予输注人血白蛋白,纠正低蛋白血症。

2)创面处理过程:2016 年 10 月 28 日接诊,全身骶尾部、左右髋部共 3 处压力性损伤。对骶尾部和右髋部创面均行机械清创,内层高渗盐水纱布,外层用纱布,天天更换(共 10 次);左髋部创面给予藻酸盐敷料加泡沫敷料,3~4 d 更换,共换药 3 次(图 4.315、图 4.316)。11 月 7 日,护场形成,边界清晰,彻底清创。患者此时白蛋白 25 g/L,继续补充人血白蛋白,同时使用抗生素。左髋部创面缩小。右髋部创面清创后为 3 期,大小 12 cm×4 cm×1 cm,75% 红色,25% 黄色,左右髋部创面敷料选择:藻酸盐+泡沫敷料,3~4 d 更换,共换药 2 次。骶尾部:清创后为 4 期,大小 9 cm×7.5 cm×2.5 cm,0:00~5:00 方向潜行,最长 4.2 cm,50% 黄色,50% 红色,大量渗液。敷料选择:美盐+棉垫,天天更换,共换药 7 次(图 4.317、图 4.318)。11 月 15 日,患者病情危急转 ICU。创面培养 MRSA 感染。留置胃管,鼻饲营养餐。左髋部创面减小;右髋部创面缩小,100% 红色;骶尾部创面缩小不明显。0:00~5:00 方向潜行缩短,25% 黄色,75% 红色,大量渗液(图 4.319、图 4.320)。敷料选择:3 处均选择藻酸盐银离子+泡沫敷料,3~4 d 更换共 7 次,左髋部 3 次痊愈(图 4.321)。12 月 7 日,患者病情稳定转出 ICU。3 次创面培养 MRSA 均为阴性。建议患者骶尾部创面植皮,经麻醉师、外科医师评估后,患者身体条件耐受不了麻醉和手术,建议保守治疗。右髋部创面明显缩小,敷料选用藻酸盐+溃疡贴,3~4 d 更换,共换药 7 次,骶尾部创面大小及潜行明显缩小,敷料选用藻酸盐敷料+泡沫敷料,3~4 d 更换,共换药 7 次(图 4.322、图 4.323)。12 月 30 日,患者生命体征平稳,白蛋白升至 33.5 g/L。右髋部:大小 0.3 cm×0.2 cm,25% 红色,75% 粉色,敷料选择:溃疡贴,3~4 d 更换,共换药 2 次痊愈。骶尾部创面大小及潜行进一步缩小,敷料选用藻酸盐敷料+泡沫敷料,3~4 d 更换,共换药 7 次(图 4.324、图 4.325)。2017 年 1 月 19 日,患者左右髋部创面痊愈,骶尾部创面 0.2 cm×0.2 cm,无潜行,患者出院。给予患者宣教压疮预防及护理知识,院外继续换药。跟踪 2 周后痊愈(图 4.326~图 4.328)。全身情况:MRSA 转阴性,感染控制,体温正常,营养明显改善。

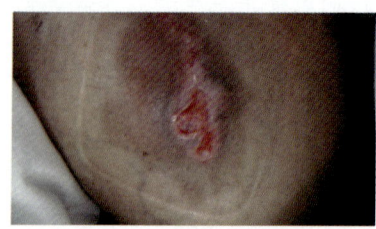
图4.315　左髋部压力性损伤2期

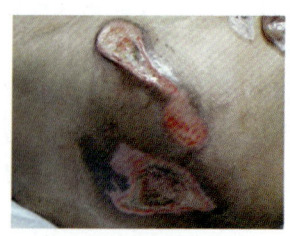
图4.316　右髋部和骶尾部压力性损伤不可分期

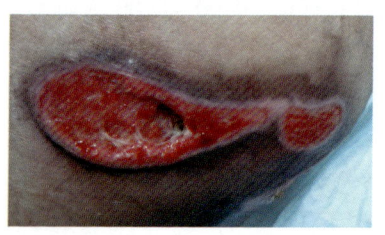
图4.317　清创后右髋部压力性损伤3期

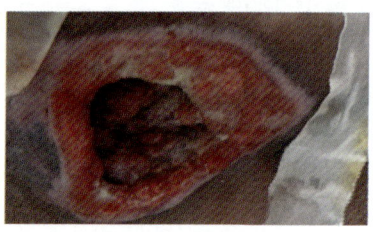
图4.318　清创后骶尾部压力性损伤4期

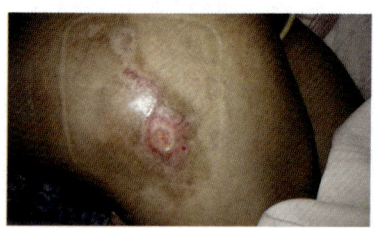
图4.319　左髋部创面缩小

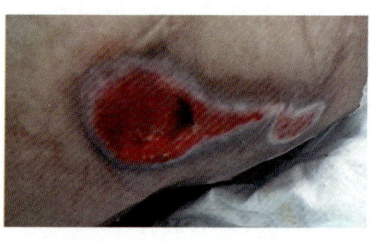
图4.320　右髋部创面新鲜

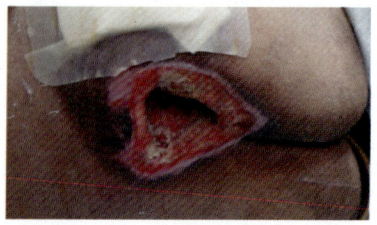
图4.321　骶尾部创面缩小变浅

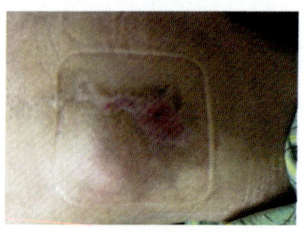
图4.322　左髋部创面愈合

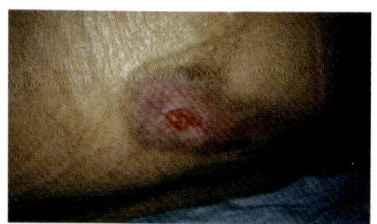

图 4.323　右髋部创面愈合顺利

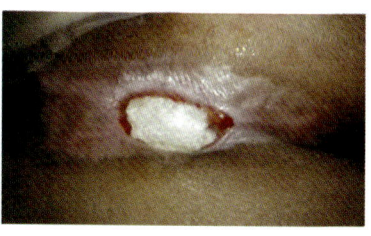

图 4.324　骶尾部藻酸盐敷料

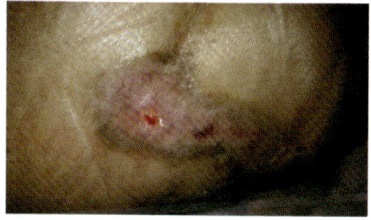

图 4.325　右髋部创面接近愈合

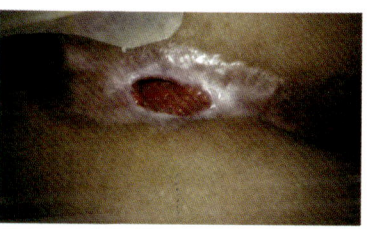

图 4.326　骶尾部创面愈合顺利

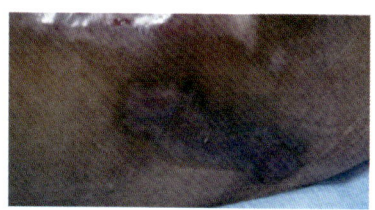

图 4.327　右髋部创面愈合

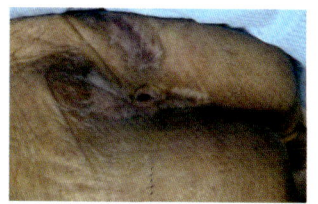

图 4.328　骶尾部创面接近愈合

(4)健康教育　①翻身指导：卧床患者翻身每 2 h 一次，半卧位和侧卧位小于 30°，禁止给患者翻身时采取拖拉等方式，必须抬离床面再翻身。健康教育从饮食、翻身、体位、减压敷料应用、高危受压部位的预防等方面进行。轮椅患者每 1 h 更换体位，患者由于病情限制体位变换时，每 2 h 受压部位抬离床面 5 min 减压。②饮食指导：指导优质蛋白饮食，多食新鲜蔬菜水果，补充营养物质。③减压敷料指导：告知患者各种减压敷料用法、优点及注意事项，指导居家患者规范使用减压敷料方法。④高危部位压力性损伤的预防：每日自查身体受压部位皮肤有无发红,受压部位发现异常及时来院就诊,避免自行按摩或使用红外线烤灯。⑤皮肤护理:保持皮肤清洁,皮肤干裂时使用润肤膏,出现皮肤异常问题时,避免擅自处理,及时来院就诊。

(5)经验总结　整个创面愈合过程严格遵循TIME原则,根据创面不同时期选用不同的敷料。创面治疗同时与医生、药师、麻醉师、护士商讨整个治疗护理计划,以保证病情控制,营养支持、翻身等减压措施到位。本病例同样也关注到创面未愈患者出院后的延续性护理及依从性管理,做好指导和随访,最终创面得到愈合。

【典型病例4.28】 1例脐疝压力性损伤患者创面的护理

(1)简要病史　患者男性,84岁。肝硬化病史12年,腹部巨大脐疝5年,皮肤破溃5个月。因"柏油样大便2周"入住消化内科。查体:神志清楚,慢性肝病面容,消瘦,贫血貌,巩膜无黄染。腹部膨出呈蛙腹状,腹壁静脉充盈,腹水征阳性。脐疝形成并脱垂,脐部皮肤破溃。

(2)临床诊断　肝硬化腹水,上消化道出血。创面诊断脐疝压力性损伤,分期4期。

(3)治疗经过

1)综合治疗:上消化道三腔管压迫止血,输血,输入白蛋白纠正贫血和低蛋白血症。输入氨基酸、脂肪乳等营养支持。

2)创面处理经过:分析压力性损伤形成的原因为腹水造成高腹压使疝囊增大,持续应用疝带造成压力,疝带结构形状不恰当,长条布带造成压力集中在局部,棉质粗糙不平整增加皮肤摩擦力。2012年8月25日首次接诊,创面位于腹部脐疝,大小5.5 cm×6 cm。颜色,25%黑色,25%黄色,50%红色,渗液中量,无异味。创面周围皮肤菲薄,红斑、色素沉着,右上方斜向8点方向约1 cm窦道,黑色为坏死的腹膜组织(图4.329、图4.330)。创面清洁后使用水凝胶自溶性清创外用泡沫敷料保护疝囊。指导患者家属自己制作肚兜形状的疝带,不仅对疝囊起到加压保护作用,防止疝内容继续脱出,而且均匀分散了压力,缓解创面压力。9月6日第3次换药,创面窦道愈合,肉芽新鲜,上皮爬行,仍有坏死腹膜组织残留,敷料同前(图4.331、图4.332)。9月16日第5次换药,疝囊缩小,创面肉芽新鲜上皮爬行,直接覆盖泡沫敷料(图4.333)。10月7日消化道未见出血,拔除三腔管。腹水减少,腹压减小,疝囊回缩,创面明显缩小(图4.334)。10月17日创面基本愈合(图4.335)。经过治疗,患者全身情况好转,疝内容大部回缩。继续泡沫敷料保护创面及疝囊,调整自制疝带预防疝内容脱出。

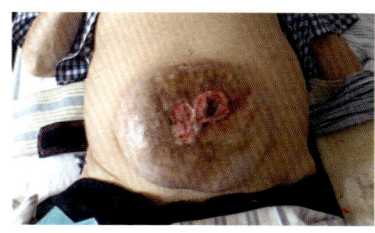

图4.329 脐疝压力性损伤

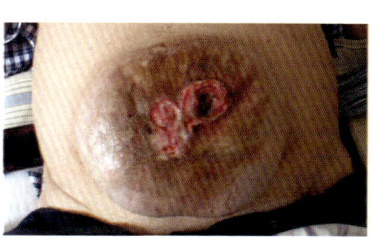

图4.330 创面黑色为坏死腹膜组织

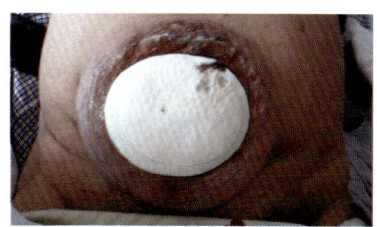

图4.331 换药前敷料吸收饱和

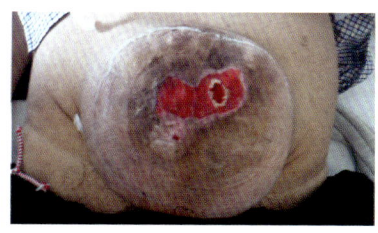

图4.332 创面仍有坏死腹膜组织残留

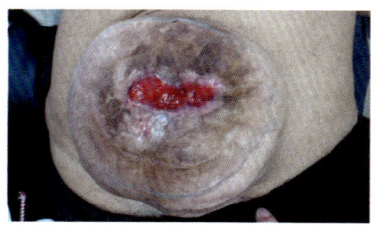

图4.333 肉芽新鲜,创面缩小

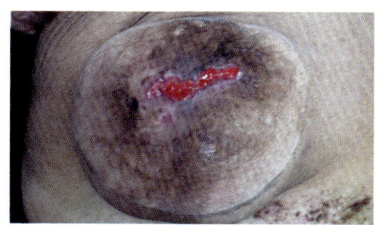

图4.334 创面愈合顺利

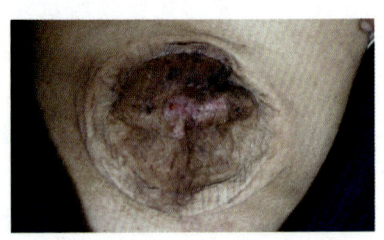

图4.335　创面愈合

（4）健康教育　讲解有关脐疝的相关知识，保护疝囊皮肤的重要性，压力性损伤的预防方法。对此患者来说，其创面治疗和预防疝内容物脱出有一定的矛盾，通过教会家属自制疝带的应用，在减压与加压的矛盾中取得统一。

（5）经验总结　这是一例特殊部位的压力性损伤，创面深部坏死组织为腹膜，选择了自溶性清创，同时选择合适疝囊保护带，有效缓解局部压力。从接诊到创面愈合不到2个月的时间，减轻了患者的身心负担，并杜绝了疝囊破溃、疝内容物脱出的危险，在某种程度上是挽救了患者的生命。自制疝带的应用，积极配合医生治疗原发病，改善全身营养情况，取得满意的疗效。

【典型病例4.29】　1例骶尾部压力性损伤患者创面的护理

（1）简要病史　患者女性，76岁。骶尾部破损20 d。老年痴呆，失去自理能力和认知能力，伴尿失禁，长期卧床。20 d前骶尾部发生皮肤破损，家属自行换药数十天，创面破溃加重，遂来创面门诊就诊换药。神志模糊，营养差，不能自行翻身。骶尾部全皮层损伤，为压力性损伤不可分期，创面大小为16 cm×10 cm，10 cm×10 cm，100%黑色坏死组织，创面大量渗液伴异味，创面边缘不整齐，周围皮肤红肿明显。创面分泌物培养示：铜绿假单胞菌(++)。

（2）临床诊断　压力性损伤不可分期，阿尔茨海默病。

（3）治疗过程

1）综合治疗：①监测生命体征，加强营养，高蛋白高热量饮食，必要时输注白蛋白。②定时翻身，使用减压装置，做好皮肤护理。

③根据检查指标,针对性使用抗生素,控制感染。④要求家属 24 h 陪护,做好家属压力性损害的健康教育。

2)创面处理过程:2018 年 6 月 10 日接诊,骶尾部,全皮层损伤,为压力性损伤不可分期阶段,创面大小为 16 cm×10 cm,10 cm×10 cm,100% 黑色坏死组织,创面大量渗液伴异味,创面边缘不整齐,周围皮肤红肿明显。患者不能表达,清洗创面时有反应(图4.336)。聚维酮碘消毒,锐器蚕食法清除松软的坏死组织后,使用清创胶+藻酸盐自溶性清创,每天换药(图4.337)。6 月 15 日创面坏死组织不易去除,生理盐水清洁后直接使用清创胶+藻酸盐自溶性清创(图4.338)。患者于 6 月 19 日锐器清除创面的坏死组织后,诊断为压力性损伤 4 期,给予负压引流治疗(图4.339)。6 月 22 日创面有红色肉芽生长,锐器清创后第 2 次负压引流治疗(图4.340)。6 月 27 日肛门部位薄膜漏气,大便污染创面。锐器清创后发现创面下段肉芽新鲜,缝合下段创面后进行第 3 次负压引流治疗(图4.341)。7 月 4 日创面有黑色坏死组织,跟红色肉芽界限清楚,锐器清创后第 4 次负压引流治疗(图4.342、图4.343)。7 月 10 日第 4 次负压引流治疗后创面肉芽生长良好,撤除负压后出院门诊换药(图4.344)。考虑到经济原因,生理盐水清洗创面,蚕食清创后,选择藻酸盐敷料加泡沫敷料包扎创面,根据渗液情况每 2~3 d 更换敷料(图4.345)。肉芽生长,上皮移行顺利,创面逐渐愈合(图4.346~图4.348),最终创面愈合(图4.349)。

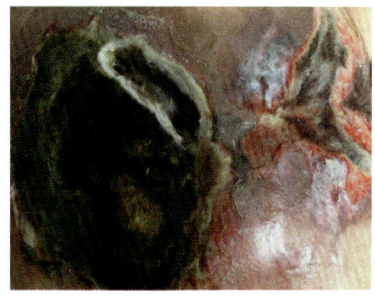

图 4.336 骶尾部压力性损伤不可分期

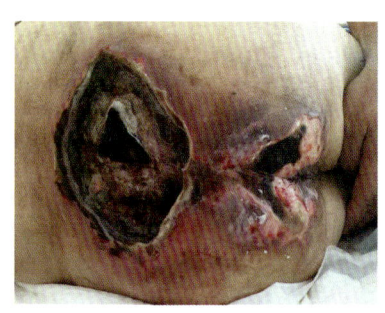

图 4.337 锐器蚕食法清创

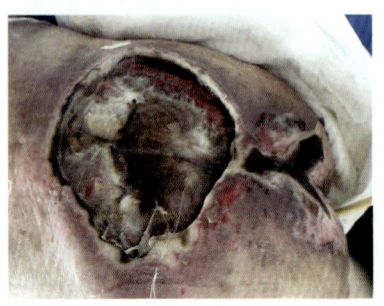

图4.338 局部抗菌并自溶性清创

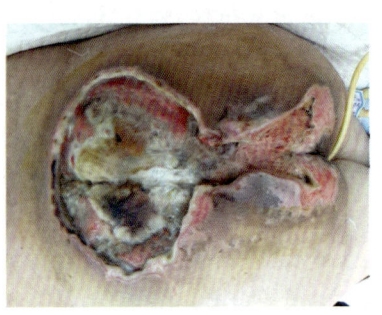

图4.339 锐器清除坏死组织后负压引流治疗

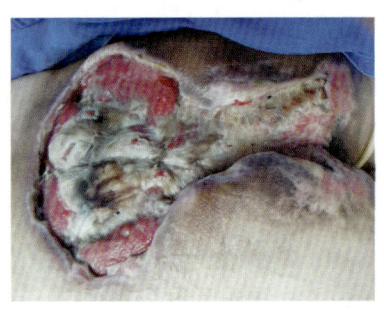

图4.340 第1次负压引流后肉芽生长,锐器清创后第2次负压

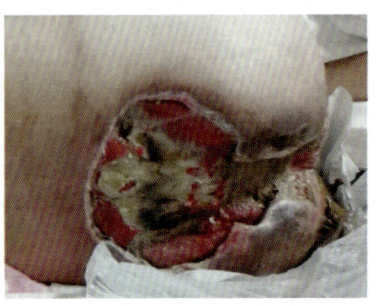

图4.341 第2次引流负压,粪便污染创面下段

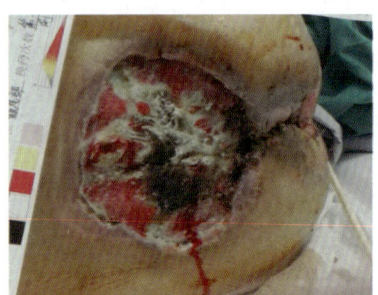

图4.342 第3次负压引流后红色肉芽增多

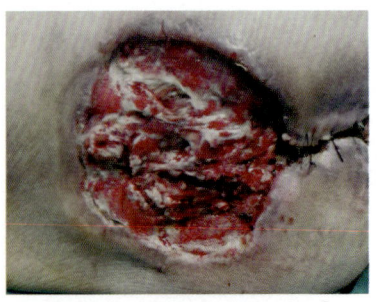

图4.343 锐器清创后创面转红,第4次负压引流

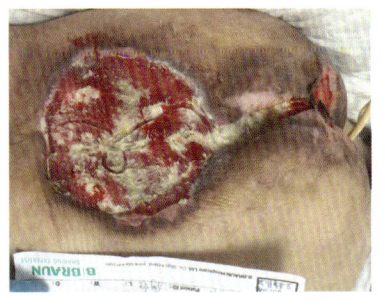

图 4.344　第 4 次负压引流后创面变浅

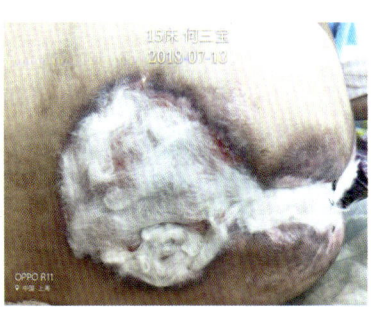

图 4.345　藻酸敷料

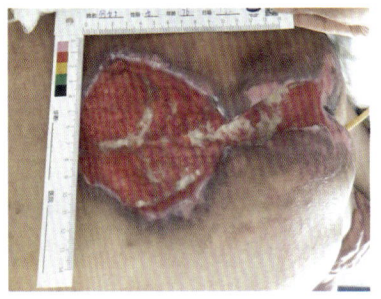

图 4.346　肉芽生长,蚕食法清创

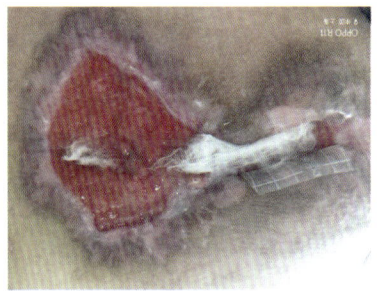

图 4.347　上皮爬行,创面缩小

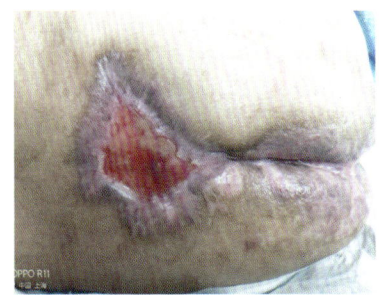

图 4.348　创面下段愈合

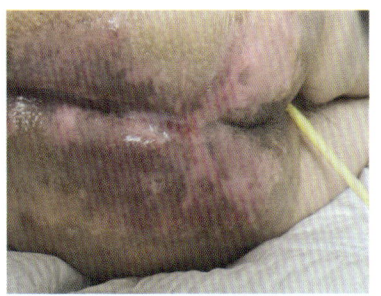

图 4.349　创面愈合

(4)健康教育　患者老年痴呆,不能配合治疗。重点教给家属压力性损伤疾病知识,指导并落实减压措施,定时翻身,使用减压装置,做好皮肤护理。加强营养,高蛋白高热量饮食。换药期间要求家属24 h陪护,管理好大小便,避免敷料污染。

(5)经验总结　本病例压力性损伤4期,损伤面积大,创面坏死组织基本去除以后做了负压引流治疗,经过4次清创加负压引流治疗,创面短时间内取得最好的治疗效果。压力性损伤患者,尤其是老年患者,全身情况往往不容乐观,疾病与异常指标较多,联合老年科专业医师一起诊治,给出最佳治疗方案,改善全身状况,促进创面愈合。整个创面经过近5个月处理,顺利愈合。避免再次受压是保证创面顺利愈合,乃至愈合以后长期要关注的重点。

(宋美利　杨秀秀　蔡蕴敏)

压力性损伤的护理

压力性损伤不可分期

4.9　下肢慢性溃疡的护理

下肢慢性溃疡是临床上常见的难以愈合的慢性创面,是感染、外伤、循环障碍、血管病变等多种病因导致的皮肤及皮下组织的缺损。由于循环、感染、免疫、血管病变、肌肉泵功能不全、淋巴系统病变等原因,常表现为难以愈合,且愈合后易复发的特点。下肢慢性溃疡有下肢静脉性溃疡、下肢动脉性溃疡、下肢免疫性溃疡、下肢代谢性溃疡。在所有的下肢慢性溃疡当中下肢慢性静脉疾病(chronic venous disease,CVD)所导致的溃疡占90%,且人群患病率达1.1%~1.8%。其余不足10%为动脉性疾病、血栓闭塞性脉管炎、淋巴阻塞以及神经性疾病、新陈代谢失调、血液系统紊乱和脂膜炎等所致。可见,下肢溃疡主要由周围血管疾病所致。

4.9.1　下肢静脉性溃疡

下肢慢性静脉性疾病(CVD)的发病原因主要有两种类型:一种是静脉阻塞型,主要由静脉血栓形成、静脉外受压导致静脉阻塞或者其他原因所导致的静脉阻塞;另外一种是静脉瓣膜反流型,是由于静脉瓣膜关闭不全所导致的静脉血液部分反流。CVD产生的原因:①静脉张力减少;②淋巴回流异常;③毛细血管渗透性异常;④静脉瓣膜和静脉壁的炎症反应。静脉血流紊乱、慢性炎症反应、淋巴回流异常的共同作用是该疾病的基础。它们的共同作用都是炎症反应,静脉血流紊乱和慢性炎症反应是该疾病产生临床反应的基础。静脉高压会导致炎症的发生,炎症又可以引起静脉瓣膜和静脉壁的改变,从而导致静脉反流;而静脉反流又会作用于静脉高压,同时又导致了毛细血管高压,进一步引起组织间隙水肿,毛细血管高压和水肿共同加重炎症,从而导致皮肤颜色的改变,进而出现溃疡。下肢静脉性溃疡常常发生于下1/3胫骨嵴两旁、踝部皮肤、肌肉之间的慢性溃疡。其特点是难以愈合,愈合后易复发,俗称"老烂腿"。

4.9.1.1　下肢静脉性溃疡的临床表现

(1)**白色萎缩症**(atrophie blanche,white atrophy)　多为圆形的局限性皮肤白色萎缩斑,周围有扩张的毛细血管,有时伴有明显色素沉着。这是严重CVD的表现,不能与溃疡瘢痕混淆。溃疡愈合后的瘢痕也可能有皮肤萎缩和色素沉着,但是可根据患者的溃疡病史和皮肤特征加以鉴别,因而不属于白色萎缩症。

(2)**环状静脉扩张**(corona phlebectatica)　表现为在踝部和足背内侧或者外侧的环状皮肤内的小静脉扩张。通常认为这是严重静脉疾病的早期表现,也称作踝部红斑(malleolar flare ankle flare)。

(3)**湿疹**(eczema)　下肢红斑性皮炎,可出现水疱、渗出或者鳞屑样皮疹。湿疹绝大多数位于曲张静脉周围,但也可出现在下肢的任何部位。通常见于 CVD 未得到控制的患者中,也可能是局部治疗的过敏反应。

(4)水肿(edema)　静脉性水肿通常位于踝部,也可延伸至足部和小腿,是皮肤和皮下组织中明显的水分增多,受压后凹陷。

(5)皮肤脂肪硬化症(lipodermatosclerosis,LDS)　LDS 为小腿下段皮肤和皮下组织的局限性慢性炎症和硬化,有时伴有跟腱的瘢痕和挛缩。LDS 常有皮下炎症先兆,表现为疼痛性的萎缩性皮炎。淋巴管炎、丹毒或者蜂窝织炎有类似表现,可通过局部和全身性特征与 LDS 进行鉴别。LDS 是严重 CVD 的体征。

(6)色素沉着(pigmentation)　色素沉着多位于踝部,也可出现在足背和小腿,是由于渗出的血液淤积在皮下使皮肤变为暗褐色(图 4.350)。

(7)网状静脉扩张(reticular vein)　皮下扭曲的蓝色扩张静脉,直径通常在 1~3 mm(图 4.351)。

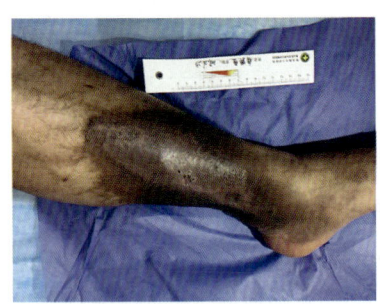

图 4.350　色素沉着

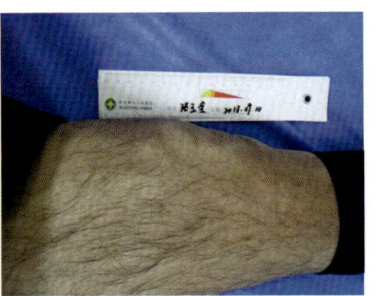

图 4.351　网状静脉扩张

(8)细血管扩张(telangiectasia)　皮肤间聚集状的口径<1 mm 的微静脉扩张。

(9)静脉曲张(varicose vein)　站立位时皮下静脉直径≥3mm 的扩张,可以累及隐静脉、隐静脉属支或者非隐静脉系统的下肢浅静脉。静脉通常呈扭曲状,但证实有反流的直管状隐静脉也视为静脉曲张(图 4.352)。

(10)静脉性溃疡(venous ulcer) 为全层性的皮肤缺损,踝部最常见,随 CVD 持续存在而且很难自愈(图 4.353)。

(11)疼痛(pain) 为常见症状之一,表现为间歇性疼痛、体位性疼痛、持续性疼痛。

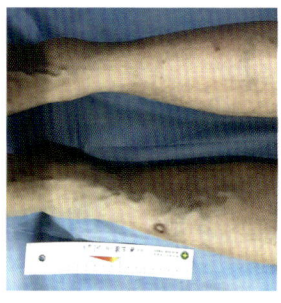

图 4.352　静脉曲张　　　图 4.353　静脉性溃疡

4.9.1.2　下肢静脉性溃疡的诊断

病史的收集,可以收集临床上的病史、现场的病史采集、全面的体格检查和相关辅助检查,结合临床表现可以得到初步的诊断。

4.9.1.3　下肢静脉性溃疡的鉴别诊断

首先应将下肢慢性静脉性疾病与下肢慢性动脉性疾病相鉴别,两者均可发生下肢溃疡,但溃疡性质有所区别。前者常有色素沉着出现,足部皮肤温度一般表现为正常,甚至有时会有所升高。后者常有下肢远端皮肤温度降低,足背动脉和(或)胫后动脉的搏动减弱、消失等。

然后也应与创伤、感染、血管炎、糖尿病性、风湿性、血液性、凝血异常性、神经性、恶性肿瘤等因素导致的溃疡相鉴别。

4.9.1.4　相关辅助检查

(1)下肢静脉彩色多普勒超声检查　是一项无创检查,可作为首选。可根据回声情况判断静脉内有无血栓,如发现静脉内有低回声内容物时可判断为血栓,还根据静脉内血流有无阻塞或反流的情况,观察静脉的瓣膜功能。不过缺点是耗时长,通常完整评价一条腿需耗时1~2 h。

(2)下肢静脉造影技术　是检查下肢深静脉血流情况和瓣膜功能最可靠的"金标准"。因其是有创检查,它的缺点是可重复性差,同时造影剂也是其缺点,肾功能障碍者需慎重使用。所以一般于超声检查不能确定时使用。根据造影剂反流的情况为下肢静脉瓣膜功能不全进行分级(表4.22)。

表4.22　下肢静脉瓣膜功能不全分级

分级	临床表现
0级	造影剂无反流或受阻于股浅静脉第1对瓣膜以上者
1级	反流至大腿中段
2级	反流至膝关节
3级	反流至膝关节以下
4级	反流至踝关节以下

(3)浅静脉瓣膜功能试验(trendelenburg test)　嘱患者仰卧于检查床上,充分暴露患者,然后抬高下肢,让静脉曲张血液排空,于腹股沟下方扎止血带压迫大隐静脉,或以拇指按压卵圆窝,压力大小应仅能阻断大隐静脉回流,并且不妨碍深静脉回流,嘱患者起立,30 s后放开止血带,并在10 s内观察大隐静脉的充盈情况。在解开止血带前,大隐静脉表现为萎瘪,当解开止血带后,大隐静脉马上自上而下充盈,则表明大隐静脉瓣膜关闭不全,然而大隐静脉与深静脉之间的交通支静脉瓣膜功能正常。在解开止血带前,大隐静脉表现为已部分充盈曲张,当解开止血带后,充盈曲张情况表现得更为明显,则表明大隐静脉瓣膜与深静脉间的交通支静脉瓣膜功能均不全;在解开止血带前,大隐静脉即有充盈曲张,当解开止血带后,静脉充盈曲张的情况并未加重,则表明大隐静脉与深静脉间的交通支静脉瓣膜功能不全,而大隐静脉瓣膜功能正常。同理,在腘窝处扎

止血带后观察血液回流情况,可检测小隐静脉瓣膜功能。

(4)交通静脉瓣膜功能试验(pratt test)　嘱患者仰卧于检查床上,充分暴露下肢,然后抬高下肢,让充盈的浅静脉空虚,在腹股沟下方扎止血带,然后先从足趾向上至腘窝处缠第 1 根弹性绷带,再从止血带处向下缠第 2 根弹性绷带。嘱患者站立,一方向下解开第 1 根弹性绷带,另一方向下继续缠第 2 根弹性绷带,如果在两根绷带之间的间隙内出现曲张静脉,则可发现该处有功能不全的交通静脉。

(5)深静脉通畅试验(perthes test,又称踢腿试验)　嘱患者站立,在腹股沟下方扎止血带压迫大隐静脉,等静脉充盈后嘱患者迅速用力踢腿或向下蹬腿 10~20 次,以促使下肢血液从深静脉系统回流,如果充盈的曲张静脉明显减轻或迅速消失,且患者无下肢坠胀感,则表明深层静脉通畅且交通支静脉完好。反之,则有可能深层静脉栓塞。

(6)肢体体积描记检测(plethysmography)　可以记录患者肢体体积的实时变化,有以下几种。①空气体积描记法;②应变仪体积描记法;③电阻抗体积描记法;④光电容积扫描仪描记,常用的有空气体积描记和光电体积描记,不仅能发现静脉阻塞的存在和阻塞的严重程度,而且还可以测量浅表侧支循环建立的程度,方便评价静脉再通、侧支循环和深静脉反流的发生率。

(7)动态静脉压　是静脉高压最好的评价方法,指行走时静脉内所受到的压力。因行走时腓肠肌泵的作用,使静脉的压力常低至 0~2.66 kPa(0~20 mmHg)静息时的静脉压力(P_1)与 10 次抬脚运动末的静脉压力(P_2),两个压力差(P_1-P_2),及再充盈的时间是最有用的指标。

(8)D-二聚体检测　D-二聚体是混合性纤维蛋白被第Ⅻ因子作用时所产生的降解产物已证明适用于评价可疑的深静脉血栓患者。D-二聚体水平正常时,基本可排除深静脉血栓,其阴性预测值可达97%。

(9)CT静脉造影和磁共振静脉造影　主要应用于下肢静脉功

能不全与先天性静脉疾病的诊断。

（10）放射性核素扫描　主要应用于周围静脉检查与肺扫描检查,用于诊断深静脉血栓和肺栓塞。

（11）足踝肱指数（ABI）　嘱患者卧床,测量静息时的肱动脉压（A）和足踝动脉压（B）[胫前动脉和（或）胫后动脉],A/B 的比值,就是 ABI 指数。该方法用于压力治疗（压力绷带或压力袜）的指引,并非作为对患者有无原发静脉或动脉血管病变的诊断标准。ABI 值的指引见表 4.23。

表 4.23　ABI 值的指引

ABI	临床解释	压力治疗
≥1	正常	可以安全使用压力治疗
≥0.8	可能有轻微动脉血管问题	征询医生意见才可以使用压力疗法
<0.8	有动脉血管病变	不建议使用压力疗法
<0.5	有严重动脉血管病变	不可使用压力疗法

4.9.1.5　评估

（1）全身评估　①一般情况评估:患者的性别、年龄、工种(工作类型是否久坐、长时间站立、重体力工作、长时间负重)、下肢活动度等。②病史评估:患者第一次溃疡形成的时间、部位、面积,是否有下肢创伤及病情发展过程,是否经过规范性治疗,有无溃疡再次复发及是否在原发位置,有无使用弹力袜(如有则使用的过程和时间以及方法是否正确),有无静脉手术史、外科手术史、内科疾病、特殊药物服用等。③身体情况评估:患者有无基础疾病,身体活动性、下肢活动度是否良好。④营养情况:患者有无营养不良、过度肥胖等。⑤合并症:合并外周动脉性疾病、糖尿病、自身免疫性疾病、风湿和系统性脉管炎、恶性肿瘤等。⑥全身用药情况评估:患者是否在使用非甾体类抗炎药、皮质类固醇激素药物、细胞毒性药物、自身免疫抑制剂,是否在放化疗期间及全身使用抗生素等。⑦疼痛情况的评估:疼痛的性质、持续时间,疼痛的强度(疼痛分级)、缓解的方法及时间。⑧心理社会状况评估:患者对溃疡长时间不愈合的紧张心理会影响人体免疫系统功能,延缓组织愈合时间。进一步了解患者家庭的支持力度、经济情况、社交活动、个人卫生情况、运动量、烟酒嗜好、使用药物情况等。要积极采取有针对性的心理干预情况。⑨认知水平情况:患者的知识水平缺失,是否对于静脉性溃疡的形成原因及预防知识的了解。

(2)局部情况评估　①下肢情况的评估:观察患者皮肤形态的改变,如湿疹、皮肤紧绷、肿胀坚实、色素沉着、鳞屑状改变等;脉搏是否正常,如有无减弱或消失;温度是否正常;颜色是否有明显的改变,如毛细血管扩张、含铁血黄素沉着。②创面评估:不同创面有其不同的特点,需要评估溃疡的位置、大小(长、宽、深)、形状、基底组织的颜色、渗液的颜色、性质及量、气味、溃疡边缘的状况、溃疡周围皮肤及动脉供血情况等。静脉性溃疡创面的特点见表4.24。

表4.24　静脉性溃疡创面的特点

项目	临床表现
部位	通常出现在下肢内侧足靴区
水肿	有
大小	大小不等;浅、创面边缘不规则
创面床	红色肉芽组织或纤维组织
渗液量	通常中量到大量
创面周围皮肤	鳞屑状、瘙痒、浸润
疼痛	疼痛情形不同,可能是严重的钝痛或爆发痛
愈合趋势	为红色肉芽组织,有新生上皮爬行

4.9.1.6　下肢静脉性溃疡的治疗

(1)治疗目标　首要目标需应用系统的治疗方式,缓解静脉回流障碍情况与静脉高压的问题。保护创面,控制感染,缓解患者疼痛情况,增加患者的活动度,为创面愈合创造一个良好的环境,促进创面的愈合。次要目标以预防溃疡复发为主,提高患者的生活质量。

(2)治疗原则 局部和全身治疗同时进行,溃疡治疗前要考虑其发病原因,因为每个溃疡的发病原因不同,用一种方法治疗是不恰当的或有害的,不同类型的溃疡要采取不同的方法,对混合性溃疡要咨询血管专家的意见。下肢慢性静脉性溃疡,主要有下肢静脉血栓形成导致的下肢溃疡、下肢静脉瓣膜功能不全导致的静脉性溃疡及下肢静脉曲张合并的血栓性静脉炎、溃疡形成等。根据其溃疡形成的机制,去除病因、促进静脉血液回流、控制静脉高压,其治疗方案应首选保守性的压力治疗为主。压力治疗的原理是通过弹力绷带缠绕或穿着弹力袜达到减小深部及表浅静脉的管径、加快血流速度、增强腓肠肌泵的功能、减少血液回流、恢复静脉瓣功能、减少静脉血液回流、直接促进渗漏组织液回流到静脉系统的目的。保守性治疗、间歇抬高患肢、压力绷带和间歇性充气加压可以控制水肿。研究已证明,湿性创面愈合结合压力治疗改善了静脉性溃疡创面愈合率。压力治疗是静脉性溃疡治疗中的关键。其次为溃疡创面综合性、系统性处理:控制创面感染,减轻患者疼痛;保护创面,防止再次造成组织损伤;保持创面湿润平衡为创面营造一个有利于新生肉芽组织生长的环境,促进创面愈合。再次是当保守性治疗无效或效果不佳,如下肢深静脉血栓、严重的下肢静脉曲张导致创面迁延不愈合等情况,可使用外科手术治疗。最后是其他治疗方式,如中医辅助治疗等。

(3)治疗方案

1)压力治疗:压力治疗是在患者的患肢施加一定的压力,达到给静脉进行加压的效果。通常使用的压力测量单位为 kPa(mmHg),可以使用相关医疗辅助器械提供合适的压力。研究表明,当人处于不同的体位时,需要不同的压力值才能达到为静脉加压的效果。不同体位给静脉加压所需压力值见表4.25。

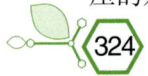

表 4.25　不同体位给静脉加压所需压力值

体位	给静脉加压所需压力值
平躺体位	2.00~2.67 kPa(15~20 mmHg)
坐位	4.00~6.67 kPa(30~50 mmHg)
站立位	>9.33 kPa(>70 mmHg)

相应的治疗压力数值,取决于患者的下肢静脉疾病的诊断、合并症状、患者接受治疗的配合程度及患者本身对使用压力治疗的耐受程度等。具体应该使用多大的压力值,以下是建议使用的标准压力分类:轻度[<2.67 kPa(<20 mmHg)]、中度[2.80~5.33 kPa(21~40 mmHg)]和强度[5.47~8.00 kPa(41~60 mmHg)]及非常强度[>8.13 kPa(≥61 mmHg)]。推荐使用4.00~5.33 kPa(30~40 mmHg)的压力强度以抵消毛细血管充盈压。对于老人或体弱的个人,无法穿戴弹力袜,可以将压力降至2.67 kPa(20 mmHg)。压力治疗的方式包括穿戴压力袜、压力绷带、间歇性气体力学压力治疗等。压力治疗方式见表4.26。

表 4.26　压力治疗方式

分级	临床表现	压力治疗方案
C0	无可见或可触及的静脉疾病征象	Ⅰ级弹力袜预防
C1	网状静脉扩张,踝关节水肿	Ⅰ级弹力袜
C2	突出于皮肤的静脉曲张	Ⅰ级/Ⅱ级弹力袜
C3	静脉曲张,同时伴有下肢水肿	Ⅱ级弹力袜
C4	出现皮肤营养性改变:色素沉着、湿疹、脂性硬皮病、皮肤萎缩斑	弹力绷带
C5	伴有已愈合溃疡	弹力绷带
C6	伴有活动性溃疡	弹力绷带

ⅰ.压力绷带根据材料及拉伸长度的不同,分为弹性绷带、非弹性绷带或者两者兼有,以及短延展绷带和长延展绷带。压力绷带的使用原则:所有压力绷带包扎都需要衬垫,避免摩擦力损伤或者骨凸部位压力过大。

● 弹力绷带(elastic/long-stretch bandage):弹力绷带最多能延长自身140%的长度,穿戴弹力绷带之后当患者活动时,可以帮助腓肠肌收缩,静脉将受压,会推动血液回流至心脏;腓肠肌松弛时,血管会回弹至原位,从外周静脉中抽吸新的血液。弹力绷带可以在任何时间为静脉提供压力,所以当患者休息时,弹力绷带所提供的压力仍然存在,因此静息压与工作压均高,适合活动量少的患者。

弹力绷带分为两类:①二层加压绷带,外层为弹力绷带提供压力;内层为软绵衬垫用于保护下肢皮肤,避免摩擦力损伤或者骨凸部位压力过大。通常用于局部存在创面、水肿,需要进行频繁更换敷料治疗的患者。随着创面湿性愈合理论的出现,压力治疗结合水胶体敷料、泡沫敷料和封闭敷料,可以促进肉芽组织生长,减轻撕揭敷料所引起的疼痛,促进自溶清创。这类绷带通常存在特殊的图案可以给使用的包扎力度提供一定的指引(图4.354)。②多层加压绷带(图4.355),通常由3层或4层材料构成,组合了低延展度和高延展度绷带。包括:软绵衬垫、自粘性绷带、压力绷带、管状套袜、皮肤保护材料等。软绵衬垫用于保护下肢皮肤,避免摩擦力损伤或者骨凸部位压力过大;管状套袜用于固定软绵衬垫;压力绷带提供压力;自粘性绷带用于固定压力绷带。多层压力绷带因固定性较好,可以长时间提供压力治疗。通常用于局部不存在创面,仅有水肿存在的不需要频繁更换敷料治疗的患者使用,常用约5.33 kPa(40 mmHg)的压力进行静脉高压治疗。

● 非弹力性绷带(inelastic/short-stretch bandage):非弹力性绷带是由非弹性纤维合成的低延展度绷带,能形成非常有效的压力,减少水肿。因为低延展度绷带的延展度较低,所以它可以在下肢的外面形成一道紧实的管壁。因此它的压力靠腓肠肌的收缩动作来完成,当患者活动时受到管壁的阻碍,腓肠肌不能向外扩张,转而向静脉施压,增加静脉的回心血量。但是当腓肠肌松弛时非弹力绷带的压力效果将消失。因此,非弹力绷带的工作压高,休息压低。适用于活动度高的患者。

不同压力绷带的工作压、休息压不同,其相关压力产品的选择见表4.27。加压绷带用于压力治疗的包扎技巧:远心端需要的压力比近心端高,因此在远端使用直径8 cm的绷带,近心端使用直径10 cm的绷带以形成压力梯度(图4.356、图4.357)。包扎时绷带的拉伸长度技巧见图4.358。

表4.27 压力产品的选择

类别	短拉伸	长拉伸(弹力袜归于此类)
品牌	Rosidal Porelast L&Rssb Panelast Durelast Fortelast	Perfekta Dauerbinde
延展度	<100%	>140%
回弹性	Low	High
对深静脉的压力	√	×
静息压	Low	High
工作压	High	Low
应用	治疗阶段	维持阶段

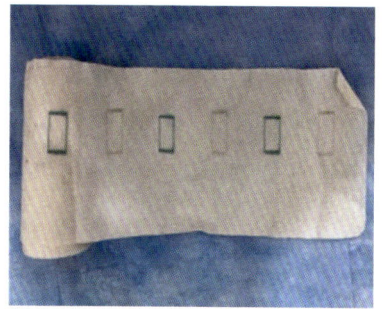

图4.354 带压力指引图案弹力绷带

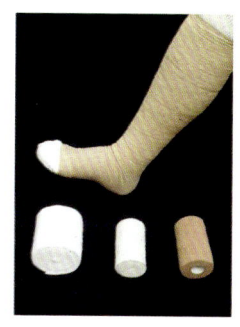

图4.355 多层加压绷带

 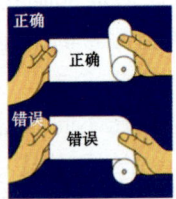 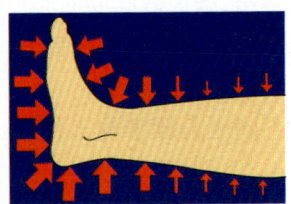

图 4.356　压力包扎打开绷带技巧　　图 4.357　压力包扎技巧

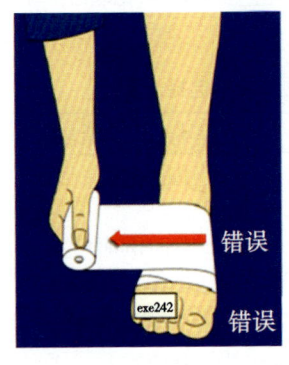 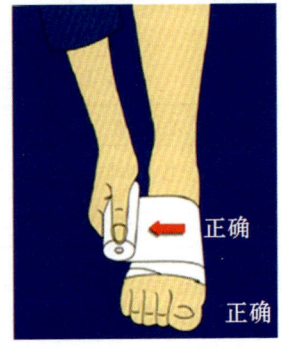

图 4.358　压力包扎拉伸长度技巧

ⅱ.间歇性气体力学治疗:间歇性充气压力泵为一带有拉链的长靴状,内设多个独立气袋的装置。其原理是内置气袋按从下至上的顺序逐次充气对下肢加压,促进静脉血液或淋巴液回流,减轻水肿。治疗方法为每天 2 次,一次 10~30 min。治疗完成后,结合压力绷带或压力袜使用效果更加。

ⅲ.压力袜:压力袜可以促进血液回流至心脏,但困难在于穿戴,所以多用于溃疡愈合后,用以减低静脉高压及防止溃疡复发。

●英式标准的压力袜可以分为 3 级,见表 4.28。

表4.28 英式压力袜分级

分级	适应证
Ⅰ级	提供1.87~2.27 kPa(14~17 mmHg)压力,适合于轻微或早期的静脉曲张患者,容易穿着但只提供轻微压力,不足以抵挡静脉性高血压
Ⅱ级	提供2.40~3.2 kPa(18~24 mmHg)压力,适合于中度或严重的静脉曲张、深静脉栓塞,可做治疗及预防静脉性溃疡复发
Ⅲ级	适合于慢性严重的静脉性高血压、严重静脉曲张、淋巴液水肿,可做治疗及预防静脉性溃疡复发

●压力袜的作用:可以减轻静脉高压,促进血液回流至心脏;减少下肢水肿;促进溃疡愈合,防止溃疡复发;对静脉高压的患者可防止静脉性溃疡形成;防止深静脉血栓形成;减轻淋巴液下肢水肿症状。

●禁忌证:①绝对禁忌证,严重外围阻塞性动脉疾病、严重神经性病变(例如糖尿病等)、充血性心力衰竭、感染性静脉炎、下肢严重水肿等。②相对禁忌证,渗出性皮炎、不能耐受压力袜或者绷带材料、四肢敏感性疾病、周围神经病变、初级慢性多发性关节炎等。

●压力袜的评估:应根据患者评估所使用的压力袜提供的压力值、长度、尺寸是否合适及压力袜的质量和颜色。

●患者的评估:因为患者患肢有静脉高压,所以患者需要长期穿戴压力袜预防静脉性溃疡的形成及复发,但是压力袜并不能治疗其静脉高血压。在穿戴压力袜时应评估:患者下肢皮肤情况,如有皮炎、湿疹等,应先进行专科治疗;如有创面形成则需进行创面治疗结合压力治疗等促进创面愈合;如有严重下肢水肿需先使用压力绷带治疗,等待水肿消退;还应评估患者下肢有无畸形、下肢皮肤感觉有无异常、患者手部的灵活度等。

●压力袜使用注意事项:患者在购买压力袜前应到专业的治疗机构进行专业的检查,根据专业人员给出的治疗建议购买相应的压力袜。压力袜的穿戴及去除方法应该严格按照厂家及专业人员的指导,避免使用不当引发并发症。压力袜的使用时间,通常在早上起床后立即穿戴,晚上休息时去除。当压力袜破损时,应立即更换,如无破损则按厂家及专业人员指导下更换,通常为3~6个月。同时应备有2双弹力袜,方便更换。最后应定期到医院检查下肢情况,如有情况变化时及时更换压力袜以达到最佳治疗效果。

2)局部创面治疗:下肢静脉性溃疡多发于足靴区(小腿下1/3处),常表现为不规则的浅表性溃疡,渗液量较多,基底组织为不健康的肉芽组织,多为感染性创面。其特点是经久不愈且愈合后容易复发。

ⅰ.创面的清洁:保持创面的清洁及坏死组织的清除是创面愈合的必要条件。已有研究表明,聚维酮碘、过氧化氢和0.25%醋酸可干扰成纤维细胞形成和上皮生长。有一些研究认为,可以在创面上使用杀菌剂,但应该限制使用时间。生理盐水是目前最安全的创面清洁液,同时可以应用脉冲清创,其优点是可以减轻患者的疼痛、降低创面生物负荷、打破生物膜、减少清创过程中对创面新生组织造成的损伤。

ⅱ.渗液处理:下肢静脉疾病导致的创面,渗液量多是其特点之一。因此控制创面的渗液,保持创面湿润平衡有利于创面的愈合。压力绷带可以有效减少渗液量,促进静脉血液回流心脏,减轻水肿,为常用方法之一。持续负压引流治疗不仅可以有效处理大量渗液,还可以促进肉芽组织生长,可以有效促进创面愈合。另外,应用新型敷料,如泡沫敷料、藻酸盐敷料、亲水性敷料等不仅可以吸收中量至大量的渗液,还可以促进肉芽组织生长,减轻患者更换敷料时揭撕敷料疼痛及新生组织的损伤。

ⅲ.下肢静脉性溃疡极易引起感染和严重的污染,会影响创面的愈合时间。下肢静脉性溃疡的感染表现不明显,如在创面处理的过程中发现创面的肉芽组织颜色不健康、创面长时间不愈合或扩大、渗液无征兆明显增加,则创面可能发生了感染。需要进行综合治疗,可脉冲清创,选用银离子或含碘敷料进行抗菌处理。尽量避免局部创面使用抗生素,局部抗生素不适合所有类型的下肢溃疡。

3)手术治疗:当保守性治理无效或效果不佳时,如下肢深静脉血栓、严重的下肢静脉曲张导致创面迁延不愈合等情况,可使用外科手术治疗,常见的手术方法见表4.29。

表4.29 常见的手术方法

类型	手术方法
浅静脉功能不全	静脉剥脱(stripping)手术
	静脉曲张切除术
	静脉硬化疗法
深静脉功能不全	瓣膜成形术
	静脉剥脱术
	瓣膜移植术
交通静脉功能不全	直接切开结扎术
	Linton法
	内镜筋膜下交通静脉结扎术

4.9.1.7　下肢静脉性溃疡的预防

下肢慢性静脉疾病发展到最后都会导致溃疡的发生,因其治疗困难且创面治疗需要花费大量的时间与金钱。所以,下肢慢性静脉性溃疡的预防,应给予高度重视。下面为几项重要的预防措施。

(1)寻找病因,去除病因　下肢静脉性溃疡的病因有以下几种:①下肢浅静脉曲张;②下肢深静脉瓣膜功能不全;③下肢深静脉血栓形成。第1种应及时行手术治疗,第2种应及时行瓣膜修复,第3种要及时解决静脉回流障碍。3种病因解决后都可以达到预防溃疡的目的。

(2)应用压力治疗　原理是通过弹力绷带缠绕或穿着弹力袜减小深部及表浅静脉的管径,加快血流速度,增强腓肠肌泵的功能,减少血液回流,恢复静脉瓣功能,减少静脉血液回流,直接促进渗漏组织液回流到静脉系统,从而达到预防溃疡的目的。

(3) **间歇性气体力学治疗** 对于下肢深静脉血栓形成后遗症患者,由于去除病因比较困难,可采取间歇性充气压力泵治疗。其原理是内置气袋依从下至上的顺序逐次充气对下肢加压,促进静脉血液或淋巴液回流,减轻水肿。治疗方法为每天 2 次,一次 10～30 min。治疗完成后,结合压力绷带或压力袜使用效果更佳。可以达到延缓甚至避免溃疡的发生。

(4) **药物治疗** 可以使用改善静脉张力的药物,减轻静脉压,也可以达到预防溃疡的目的。

4.9.1.8 健康教育

下肢慢性静脉性疾病,它表现形式复杂,包括长时间的下肢水肿,创面的愈合缓慢且极易复发,创面渗液量多。即使进行外科手术治疗,也无法完全治愈,预后比较差。因此,压力治疗是下肢静脉性溃疡治疗的金标准。但是需要长期治疗,所以患者及家属的健康教育是治疗的重点。

下肢慢性静脉性疾病是一种永久性状态。因此,专业人员应该向患者及其家属积极地宣传教育更多关于疾病的相关知识。增加他们对疾病的认知,从而可以有效地管理疾病。要让患者及家属掌握疾病相关知识并养成良好的习惯。主要包括:①下肢慢性静脉疾病的相关知识及预防干预原理。②教会患者穿戴压力袜及其使用注意事项,并养成长期使用压力袜的习惯。③鼓励患者经常做促进静脉回流的活动,如抬高患肢,并让其了解这样做的重要性。④教会患者怎么保护下肢,避免下肢皮肤损伤,选择合适的鞋袜。⑤指导患者进行腓肠肌的收缩运动,促进静脉血液回流。⑥教会患者如何观察病情变化,如发现溃疡复发及早就医,并向患者及家属解释其重要性。⑦对于卧床患者,应鼓励尽可能经常做足部上下抽动。⑧鼓励患者养成良好的生活方式,肥胖者减轻体重、坚持步行及其他身体运动(每天活跃行走至少 3×30 min,晚上就寝前再行走一次)、积极的腿部运动(体操运动)、体育活动、避免长时间处于坐位或站立位;腿部在休息时应尽可能处于抬高位置、避免在浴盆里洗温水浴;在淤血治疗的维持阶段中,最好是洗冷水淋浴,而且应以冷水淋浴从下到上冲洗每条腿30 s,控制排便时间,有关个人卫生的特定规则(仔细清洗足趾缝,避免造成损伤)十分重要,特别是对于淋巴水肿和糖尿病患者。

【典型病例4.30】 1例静脉性溃疡患者创面的护理

(1)简要病史 患者男性,72岁。右下肢足靴区自发溃疡2年余,经外院多方治疗,未愈合。有糖尿病、高血压病史。查体:皮肤干燥皮屑,局部肿胀,皮肤脂肪硬化,肢端温暖,可触及足背动脉搏动。B超提示深静脉及交通支瓣膜功能不全。ABI为0.8。

(2)治疗过程

1)综合治疗:糖尿病、高血压相关疾病治疗。

2)创面治疗经过:创面诊断静脉性溃疡。2010年5月5日首次接诊,创面位于右下肢内侧足靴区,面积10 cm×9 cm,颜色100%黑色,渗液中量无异味,创面周围皮肤硬化、干燥、色素沉着。锐器蚕食清创,创面面积10 cm×9 cm,75%红色,25%黄色,选用泡沫银敷料,外用压力绷带加压(图4.359、图4.360)。5月8日第2次换药,敷料吸收饱和,去除敷料可见创面边缘上皮爬行,处理方法同前(图4.361、图4.362)。5月14日第3次换药,创面缩小,渗出减少,方法同前,延长换药间隔(图4.363)。5月31日第4次换药,创面愈合顺利,继续使用泡沫银敷料(图4.364、图4.365)。6月11日创面接近愈合,最后一次换药,随访创面愈合(图4.366)。

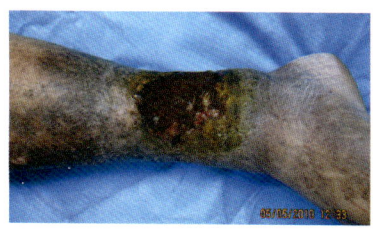

图4.359 接诊时创面黑痂覆盖

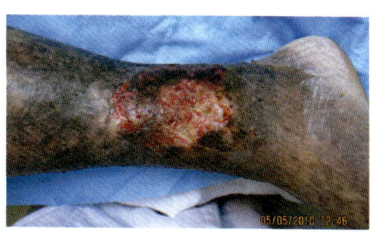

图4.360 清创后肉芽和纤维组织

图 4.361　第 2 次换药敷料吸收饱和

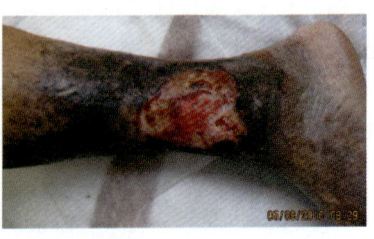

图 4.362　创面边缘上皮爬行

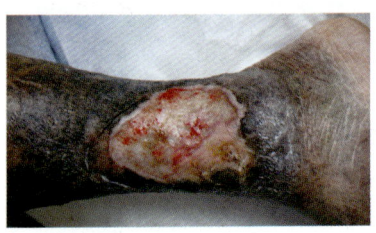

图 4.363　第 3 次换药创面缩小

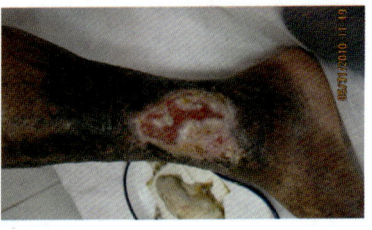

图 4.364　第 4 次换药创面明显缩小

图 4.365　继续使用泡沫银

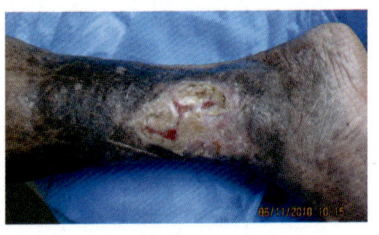

图 4.366　第 5 次换药创面接近愈合

（3）健康教育　指导穿着压力袜，持续加压治疗。患肢的皮肤护理，如使用赛肤润保持皮肤湿润，避免干燥。指导足背的屈伸运动，减少久坐久站。避免长时间热水泡脚。3 年随访，溃疡未复发。

（4）经验总结　本病例从接诊到创面愈合不到 40 d，共换药 5 次。敷料选用泡沫银吸收渗液后保持适度的湿润，给创面提供合适的愈合环境,同时持续释放银离子,降低创面的细菌负荷,在压力绷带下仍能吸收渗液并锁住渗液,不会造成创面周围皮肤的浸渍。此患者有高血压、糖尿病、冠心病。测量 ABI = 0.8,适合压力治疗,加压治疗时压力减低。静脉性溃疡压迫治疗是必需的,且要持续长久使用。在合并有动脉疾病时,压力的大小要根据 ABI 的结果适当调整。

4.9.2 下肢动脉性溃疡

下肢动脉性溃疡又称下肢缺血性溃疡,主要有两种类型:一种是下肢动脉硬化闭塞症(ASO),是局部肢体下肢动脉粥样硬化的表现,主要是下肢动脉内膜及其中层的病变导致血管腔狭窄、血管壁弹性消失、严重者更会导致血流受阻,从而导致组织缺血坏死。另一种是血栓闭塞性脉管炎(thromboangiitis obliterans,TAO),是肢体动脉慢性闭塞性疾病,主要是肢体中小动脉血管壁呈节段性、非化脓性炎症及动脉内血栓形成导致肢端组织缺血,严重时肢端出现坏疽、溃疡等。两者都是动脉血管病变,会引起动脉血流不足或缺血,进而导致血液中的氧浓度不足,进一步加重缺血的程度。处于缺血状态的远端肢体,因组织缺血坏死引发溃疡、感染,严重时可发生肢体坏疽,最终导致患者截肢。

4.9.2.1 下肢动脉性溃疡的临床表现

(1)ASO ①间歇性跛行:是 ASO 的主要临床症状之一,表现为患者在行走一段距离后,因下肢肌肉产生压迫感、无力感或疼痛,导致患者停止行走。休息后可缓解。②缺血性静息痛:患者肢端严重灌注不足时,可引起患者在休息时仍有持续存在的锐性疼痛。症状轻者当下肢下垂时可缓解。③坏疽:ASO 的严重表现,缺血组织最初呈苍白色,进而变蓝灰色,而后为紫色,最后变为黑色,坏疽最终可变为黑色、坚硬的干尸状。通常由脚趾开始。④蓝色足趾综合征:表现为小范围的黑色或深紫色斑点、足趾远端的改变或在足趾甲床周围出现局限性的梗死灶(见蓝色足趾综合征)。

(2)TAO ①疼痛:是 TAO 的主要症状,由肢体动脉缺血痉挛刺激周围组织中神经感受器导致。早期表现为间歇性跛行,肢体下垂时疼痛可缓解。②皮肤颜色改变:由于肢体缺血导致皮肤变薄发亮,颜色呈苍白色、潮红、青紫改变。③感觉异常:由于肢端缺血导致末梢神经异常。表现为感觉迟钝、肢体远端麻木,针刺样感及灼烧感,还可出现畏冷的感觉。④游走性浅静脉炎:约有50%的患者出现小腿及足部的游走性浅静脉炎,表浅的静脉出现条索状改变但可自愈。⑤坏疽:TAO的严重表现,缺血组织最初呈苍白色,进而变蓝灰色,而后为紫色,最后变为黑色,坏疽最终可变为黑色、坚硬的干尸状。外周动脉的临床分级,常用Fontaine分级法(表4.30)。

表4.30 Fontaine分级法

分级	临床表现
Ⅰ级	无症状
Ⅱ级	间歇性跛行
Ⅱa级	轻度间歇性跛行(绝对跛行距离>200 m)
Ⅱb级	中到重度间歇性跛行(绝对跛行距离≤200 m)
Ⅲ级	缺血性下肢静息痛或夜间痛
Ⅳ级	溃疡、坏死或坏疽

4.9.2.2 下肢动脉性溃疡的诊断

(1)临床诊断　病史采集、全面的体格检查和相关辅助检查,结合临床表现,如患者出现间歇性跛行、下肢动脉搏动消失或减弱及双侧下肢不对称等;结合患者抬高及下垂试验阳性及踝肱指数(ABI)<0.9;结合血管彩超多普勒超声、核磁共振动脉血管造影等影像学检查表明外周动脉闭塞、狭窄等血管病变,下肢溃疡满足动脉性溃疡的特点,可以得到初步的诊断。

(2)下肢动脉性溃疡的鉴别诊断　ASO、TAO与多发性大动脉炎、动脉栓塞症的鉴别(表4.31)。

表 4.31 ASO、TAO 与多发性大动脉炎、动脉栓塞症的鉴别

鉴别要点	多发性大动脉炎	外周动脉疾病	血栓闭塞性脉管炎
发病年龄	青年,多<40 岁	中老年,多>50 岁	青壮年,20～40 岁
性别	多为女性	多为男性	多为男性
吸烟	多无	多有	可有
高血压	累及肾动脉时可出现	常有	多无
血脂异常、2 型糖尿病	多无	常有	多无
常见血管病变位置	主动脉及其主要分支	髂、股和腘动脉	上下肢远端小动脉及静脉
其他部位动脉硬化	无	常有	无
受累动脉 X 射线钙化症	无	可有	无
血管造影结果	主动脉分支开口处狭窄或闭塞	受累动脉呈广泛不规则狭窄,可扩张、扭曲	受累动脉呈节段性狭窄或闭塞,病变上下段血管光滑

(3)动脉性、糖尿病性及静脉性溃疡的区别 见表 4.32。

表 4.32 动脉性、糖尿病性及静脉性溃疡的区别

项目	动脉性溃疡	糖尿病性溃疡	静脉性溃疡
诱发因素	周围血管疾病	有周围神经病变的糖尿病患者	穿支静脉中的瓣膜关闭不全
	糖尿病	长期未控制或控制不良的糖尿病	有深静脉血栓性静脉炎和血栓形成史
	高龄		溃疡病史、肥胖、高龄

续表 4.32

项目	动脉性溃疡	糖尿病性溃疡	静脉性溃疡
解剖位置	足趾或足趾间	在足跖面	在小腿内侧,踝部
	在趾骨头、外踝周围	在跖骨头	
	与外伤相关的部位或穿鞋摩擦的部位	足跟以下	在足靴区
患者评估	薄、有光泽、干燥的皮肤	足部感觉减退或消失	顽固性水肿
	足踝和足部无毛发	足部畸形	扩张的浅静脉
	足趾甲变厚	搏动明显	皮肤干燥、变薄、脱屑溃疡愈合的证据
	抬高时苍白放下时红紫	下肢温暖	
	发绀	皮下脂肪萎缩	创面周围及下肢色素沉着
	皮温下降	如果患者有 PVD 进行动脉评估	可能存在皮炎
	搏动减弱或消失		
创面床特点	创面边缘圆或椭圆	创面边缘胼胝	不规则的创面边缘
	坏疽或坏死	创面底部深	浅表创面红色肉芽
	创面底部深、苍白创面周围的组织脱皮或紫癜性剧烈的疼痛,蜂窝织炎	蜂窝织炎或潜在的骨髓炎肉芽组织的存在。除非 PVD 存在	通常有最小至中度的疼痛
	极少的渗液	低到中度的渗液	经常中到重度渗出

4.9.2.3 下肢动脉性溃疡的评估

(1) 全身评估　①一般情况评估:患者的性别、年龄、活动度、下肢活动能力等。②病史评估:患者溃疡第一次形成是什么时间,有无外界因素如下肢创伤,溃疡发生后有无进行系统性、规范性的治疗,溃疡愈合后有无复发,如有是否在同一位置;还要询问患者有无外科手术史、内科疾病及特殊药物服用等。③身体情况评估：患者有无基础疾病，身体活动性、下肢活动度是否良好。④营养情况：患者有无过度肥胖。⑤合并症：合并多发性大动脉炎、结节性动脉周围炎、急性动脉栓塞、糖尿病足坏疽、雷诺病及其他非静脉疾病，如：痛风、风湿性关节炎、系统性红斑狼疮、手足发绀症、冷伤等。⑥全身用药情况评估：患者是否在使用非甾体类抗炎药、皮质类固醇激素药物、细胞毒性药物、自身免疫抑制剂，是否在放化疗期间及全身使用抗生素等。⑦疼痛情况的评估：间歇性跛行，表现为患者在行走一段距离后，因下肢肌肉产生压迫感、无力感或疼痛，导致患者停止行走。休息后可缓解。缺血性静息痛，多在夜间休息时发作。患者肢端严重灌注不足时，可引起患者在休息时仍有持续存在的锐性疼痛。症状轻者当下肢下垂时可缓解。可采用疼痛分级表来评估患者的疼痛情况。⑧心理社会状况评估：患者对溃疡发生后及疾病治疗预后的接受程度。进一步了解患者家庭的支持力度、经济情况、社交活动、个人卫生情况、运动量、烟酒嗜好、使用药物情况等。要积极采取有针对性的心理干预。⑨认知水平情况：患者的知识水平缺失，是否对动脉性溃疡的形成原因及预防知识的了解。

（2）局部情况评估　①下肢情况的评估：观察患者下肢皮肤形态的改变，如皮肤变薄、发亮、毛发消失、腓肠肌或股肌消瘦，表现为整个下肢萎缩；足背、胫前及胫后动脉因狭窄或闭塞，表现为脉搏减弱或消失；足部皮肤温度因组织灌溉不足，表现为足部冰冷；足部因组织缺血、缺氧导致营养障碍，表现为足趾甲变厚，严重可导致组织缺血坏死产生溃疡或坏疽。②创面评估：不同创面有其不同的特点，需要评估溃疡的位置、大小（长、宽、深）、形状、基底组织的颜色、渗液的颜色、性质及量、气味、溃疡边缘的状况、溃疡周围皮肤及动脉供血情况等。③动脉性溃疡创面的特征，见表4.33。

表 4.33　动脉性溃疡创面的特征

类别	临床表现
部位	通常创面位于下肢肢体末梢顶端如足趾
水肿	无
大小	小的似火山口外观,边缘较规则
创面床	苍白,坏死,溃疡底部为纤维组织,周围角化性硬结
创面周围皮肤	皮肤冰冷;抬高下肢时皮肤苍白,站立时下肢皮色呈牛肉红;皮肤薄、发亮
疼痛	可能出现痉挛或持续性深部组织疼痛,感觉丧失和足趾肌力减弱是识别机体处于缺失危险最重要的特征
愈合	很少看到创面愈合,呈肉芽组织,瘢痕形成
皮温	厥冷是一个典型症状,尤其是在对侧肢端温暖时
退行性改变	毛发消失,指甲变厚等
动脉搏动	足背动脉或胫后动脉减弱或消失,双侧肢体血压差>2.67 kPa(>20 mmHg),病变部位可闻及收缩性血管杂音,足或足趾的溃疡或坏疽

4.9.2.4　下肢动脉性溃疡的治疗

(1)治疗目标　对于下肢动脉性溃疡,控制创面及坏疽的感染应为首要目标;其次是对局部组织缺血的治疗,改善患者动脉狭窄及闭塞的情况;最后才是对溃疡创面的治疗,以达到减轻患者疼痛,提高患者的生活质量,保证患者日常活动能力的目的。

(2)治疗原则　下肢动脉性疾病,主要有下肢硬化闭塞症、下肢血栓闭塞性脉管炎两种类型。前者导致的溃疡为动脉性溃疡,后者导致的溃疡为血栓性溃疡。两者的处理原则如下。

1)动脉性溃疡:改善血液循环,保持血管流通是创面愈合的先决条件。因此,应用外科手术解决下肢动脉阻塞,恢复动脉血管血流通常是首要治疗原则。局部创面处理,当局部组织血供不足时,创面应保持干燥;局部组织血供充足时,应用湿性愈合处理创面。

2)血栓性溃疡:去除病因,改善患肢血液循环,控制病情的进展以及预防坏疽感染的发生。溃疡创面的治疗以湿性愈合为主。

(3)治疗方案 动脉性溃疡的处理根据患者病情发展及处于不同阶段而采取不同的方法。

1)药物治疗:适用于没有出现严重间歇性跛行的患者,使用药物治疗控制和缓解病情的发展使病情趋于稳定,为侧支循环的形成争取时间,改善症状。已行手术治疗的患者术后也需要使用药物治疗,继续巩固术后疗效、延缓病情复发。使用的药物包括降压药、降脂药、血管扩张药、抗凝剂、抗血小板药等,如患者有血栓形成,应使用溶栓药。药物治疗主要用于控制病情、缓解疼痛、改善患肢侧支循环及促进溃疡创面的愈合,并不能根治疾病和取代外科治疗。

2)手术治疗:当患者存在严重的间歇性跛行、缺血性静息痛、下肢溃疡和坏疽时,应使用手术治疗。常用的手术方式有动脉旁路手术、动脉内膜切除术、血管成形术、分流术、自体干细胞移植术、静脉动脉化手术、截肢术等。

3)创面处理:①创面的清洁,保持清洁无坏死组织,是创面愈合的前提。②创面的清创,推荐脉冲清创,无痛冲洗清洁创面同时改善微循环。局部血供不足的创面,由于局部组织缺血不能满足清创后形成的创面愈合需要,此类创面不能进行清创而应保持创面干燥。应持续抗菌处理避免创面感染,当其与周围组织出现分界时才可逐步进行清创。反之,当局部组织血供充足时,应用湿性愈合处理创面。动脉性溃疡的创面清创应慎重。③敷料的选择,对于可愈合创面须选择满足湿性愈合原理的敷料,如水胶体敷料、泡沫敷料、半透膜敷料不仅可以促进创面愈合,因静脉性与动脉性疾病的患者患肢皮肤都比较脆弱和敏感使用新型敷料还可保护创面及周围皮肤。④干性坏疽,若干性坏疽则应保持创面干燥,切勿用湿敷或用湿性愈合方法,因容易引致感染而致脓毒血症。若需要进行截肢,则先行血管手术,血流通畅后再截肢。⑤湿性坏疽,显示有感染的坏死组织,此为紧急情况,需要做外科清创及抗生素治疗。若失败则需要立即做截肢手术,否则可能引起脓毒血症。⑥判断创面有无感染,患者已行血管手术,可用各种不同敷料促进创面愈合。

(4) **血栓性溃疡** 根据患者的病情发展,处于不同阶段的动脉性溃疡应采取不同的处理方法。①一般治疗:吸烟会引起小动脉的痉挛,降低组织灌注,加重组织缺血情况。因此,对于 TAO 患者戒烟可使患者的早期症状得以有效缓解。长期处于潮湿寒冷的环境,会加重患者的症状。因此,做好防寒保暖十分重要。加强体育锻炼有促进患者侧支循环建立的效果。还应该做好患者的疼痛管理。②高压氧治疗:患者在高压氧舱通过吸入高浓度的氧气,可以提高血液中的氧分压,有效改善组织的缺氧状态,缓解患肢疼痛。③药物治疗:早中期患者使用,改善微循环、血管扩张药、抗凝剂、溶栓剂、激素类药物、抗生素等。可以有效稳定病情,缓解症状。④手术治疗:当患者存在严重的间歇性跛行、缺血性静息痛、下肢溃疡和坏疽。应使用手术治疗,常用的手术方式有腰交感神经切除术、动脉内膜剥脱术、动脉旁路术、大网膜移植术、分期动静脉转流术、截肢术。⑤局部创面的处理方法:参照动脉性溃疡处理方法。

(5) **创面包扎** 下肢动脉性疾病产生的溃疡,其主要原因是组织缺血、缺氧导致的组织坏死,因此要避免受压。静脉与动脉性疾病的下肢皮肤,通常比较脆弱、敏感,要避免使用胶带直接在创面周围皮肤上固定敷料。因此难免要用到绷带来固定敷料,有多种绷带可以供选择,但是压力绷带不在此列。无论使用何种绷带,确保不影响对肢体血供是关键。

4.9.2.5 健康教育

由于患者对疾病不了解,经常出现患者对疾病的忽略或使用错误的预防措施,导致患者的疾病非但没有好转反而加重。往往当患者到医院就医时,已经出现创面感染,严重时甚至出现坏疽。因此,对患者的健康教育是重点。①应该让患者及家属了解溃疡形成的原因和治疗原则,了解创面在不同愈合阶段的变化。②能增加动脉硬化风险的因素包括吸烟、糖尿病、高脂血症和高血压。因此要求患者戒烟和管理好其他基础疾病对创面的愈合及预防非常重要。

③应辅助患者选择合适的鞋袜,保护好足部皮肤,防止足部受压和损伤。④应避免做阻碍血液循环的动作,如跷二郎腿、长时间蹲卫生间、坐下时交叉下肢等。⑤每天观察足部皮肤,发现皮肤损伤、溃疡形成时,要及时就医。⑥加强体育锻炼,一定强度的活动可以促进侧支循环的建立,缓解症状。⑦避免用冷水或热水泡脚,因为用冷水泡脚会引起动脉痉挛,加重缺血;过热会增加组织耗氧量,加重组织缺氧。同时应该适当保暖,促进血液循环。

【典型病例4.31】 1例下肢动脉性溃疡患者创面的护理

(1)简要病史　患者男性,90岁。既往疾病诊断有双下肢血栓闭塞性脉管炎,脑梗死后遗症,心肌梗死支架术后,双侧颈动脉狭窄,高血压病3级(极高危)。40 d前左足踝背部热水袋烫伤,在外院换药未愈合,前来就诊。查体:左侧肢体活动不便,下肢皮肤冰凉,长期服用止痛药。肢体平放床上足部皮肤苍白,疼痛加剧。足部下垂皮肤发绀,疼痛稍减轻,创面黄色坏死组织覆盖,干燥无渗出(图4.367)。

(2)创面处理过程　跟家属沟通后使用脉冲清创,首先固定好集污袋,利多卡因创面湿敷15 min(图4.368),从低挡压力开始冲洗逐渐增加到高挡(图4.369),冲洗后可见黄色腐肉软化,使用抗菌肽凝胶配合自溶性清创(图4.370)。因为家住外地,加上患者行动不便,隔周换药。第2次换药时创面腐肉湿润,创缘有结痂(图4.371),进行第2次脉冲清创,用镊子去除松脱腐肉后创面转红,继续使用抗菌肽凝胶(图4.372)。自诉创面疼痛稍减轻。第3次脉冲清创后创面可见新鲜肉芽组织生长(图4.373),敷料同前。第4次脉冲清创后上皮爬行,使用异种脱细胞真皮基质,隔周换药(图4.374、图4.375)。创面愈合顺利,最后一次换药后患者因再发脑梗死,入住当地医院,抢救无效死亡(图4.376)。从接诊到最后一次换药不到2个月,共换药7次。

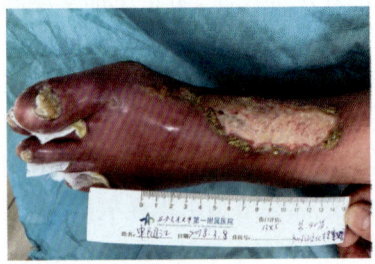

图 4.367　第 1 次脉冲清创前创面腐肉干燥

图 4.368　冲洗前创面利多卡因湿敷 15 min

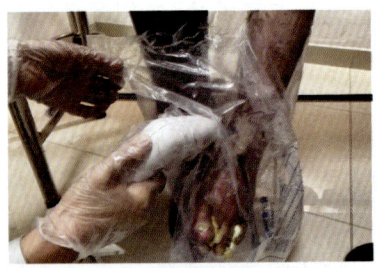

图 4.369　由低挡压力开始逐渐增加到高挡压力

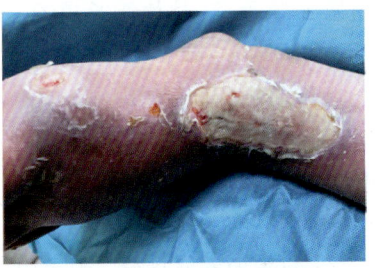

图 4.370　第 1 次脉冲清创后创面腐肉软化

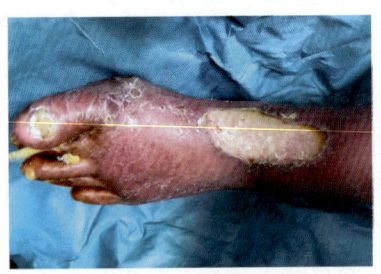

图 4.371　第 2 次脉冲清创前创面湿润边缘有结痂

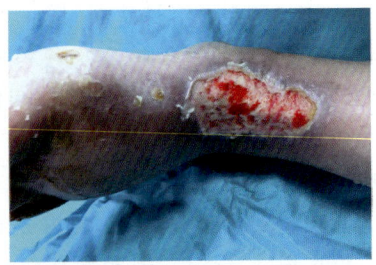

图 4.372　第 2 次脉冲清创后创面转红

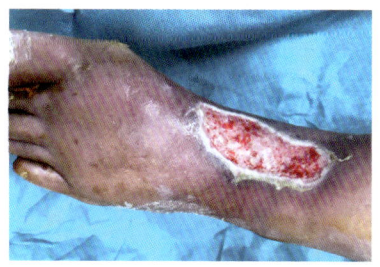

图4.373　第3次脉冲清创后新鲜肉芽生长

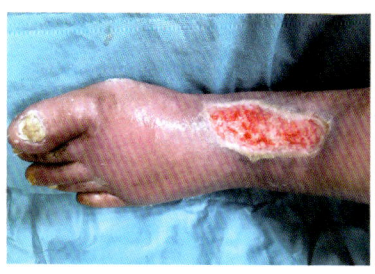

图4.374　第4次脉冲清创后上皮爬行

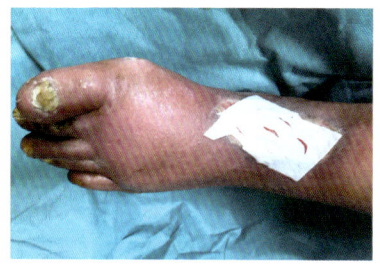

图4.375　使用异种脱细胞真皮基质

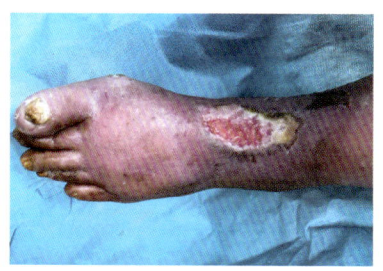

图4.376　创面愈合顺利

（3）经验总结　患者高龄，下肢动脉完全闭塞，皮肤冰凉，静息痛，夜间睡眠依赖止痛药。血供不足，创面干燥，腐肉覆盖。使用了脉冲清创（有清洁创面、软化腐肉、改善微循环的作用），配合抗菌肽凝胶（有抗菌、保湿、自溶性清创作用），历时1个月，经过4次换药处理，创面新鲜，上皮爬行，使用了异种脱细胞真皮基质（促进创面愈合），历时1个月创面接近愈合时候患者死亡，未收集到愈合照片，创面治疗效果满意。

【典型病例4.32】　1例下肢缺血性溃疡患者创面的护理

（1）简要病史　患者男性，70岁。右小腿疼痛不能行走，伴足部麻木、发凉6个月。用中药渣热敷导致胫前外侧皮肤烫伤，在院外进行清创换药2个月余，创面扩大，患肢疼痛加重，来院就诊，入住周围血管科。ABI=0.7。影像结果：①腹主动脉下段、两侧髂总动脉、髂内动脉、髂外动脉、股动脉、腘动脉、胫腓干多发血栓形成，其中多处管腔闭塞。所示动脉硬化。②双侧胫前动脉管腔狭窄，管壁伴散在钙化斑块。③右侧腓动脉壁钙化斑块，致管腔中至重度狭窄。④右侧胫骨中段外侧软组织缺如。高血压20余年，吸烟50余年，平均20支/d。疼痛，睡眠欠佳，焦虑。患肢皮肤发绀，皮温低，足背、胫后动脉搏动未触及。疼痛数字评估9分。

(2) 临床诊断　双下肢动脉硬化闭塞症，高血压病3级（极高危）。创面诊断：①病因诊断，烧伤；②分类诊断，动脉缺血性溃疡（ABI=0.7）；③创面分级，慢性创面分级Ⅳ级（骨外露）；④创面愈合阶段分期，炎症期（清创期）；⑤慢性溃疡（创面存在2月余，有缺血因素，可以归类为慢性创面过程）。

(3) 治疗过程

1) 全身治疗：介入治疗改善患肢血运，降压止痛，营养支持。

2) 创面处理过程：2013年10月21日接诊，创面位于右小腿外侧大小21 cm×6 cm，创面黑色25%、黄色50%、红色25%，绿色脓性分泌物中等量腥臭味。创面边缘皮肤干性坏死，胫骨暴露。给予3%过氧化氢溶液、生理盐水冲洗，锐器蚕食法清创，庆大霉素原液表面擦洗，创面覆盖藻酸盐用生理盐水浸湿。外露骨，水凝胶外用凡士林油纱布保湿，纱布覆盖绷带固定，隔日换药（图4.377、图4.378）。10月21日和10月28日继续锐器蚕食法清创，敷料同前（图4.379、图4.380）。11月11日锐器蚕食法清除松脱坏死的骨皮质，13日创面缩小，肉芽新鲜，敷料同前，隔周换药（图4.381、图4.382）。12月6日创面愈合顺利，敷料同前（图4.383）。12月31日软组织创面愈合，外露骨用油纱保护（图4.384）。2014年3月26日患者门诊复查，发现护场形成，用弯钳分离坏死骨（图4.385），随访创面顺利愈合。

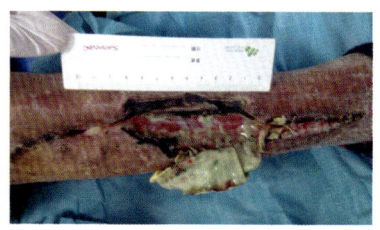

图 4.377　接诊时敷料呈草绿色

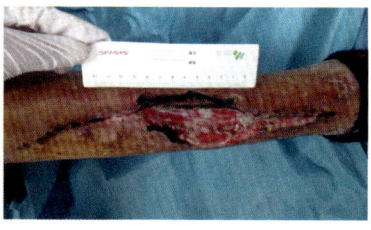

图 4.378　锐器蚕食法清创

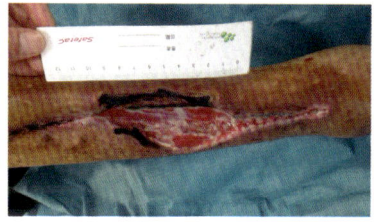

图 4.379　自溶性+蚕食法清创

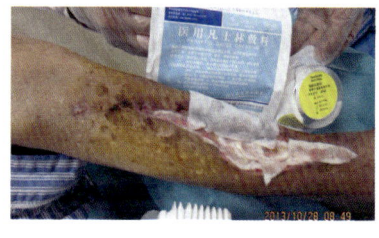

图 4.380　创面保持湿润

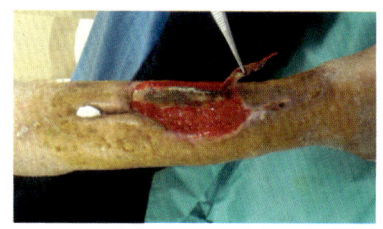

图 4.381　清除骨表面松脱筋膜组织

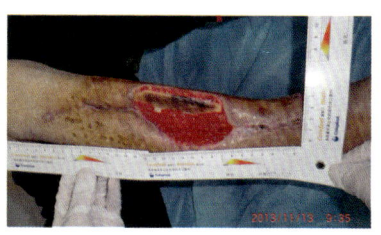

图 4.382　创面缩小

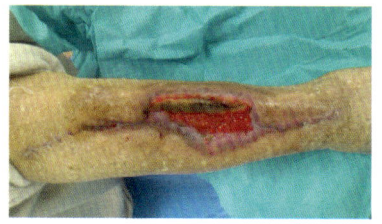

图 4.383　创面愈合顺利

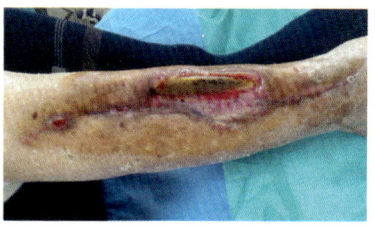

图 4.384　软组织创面愈合

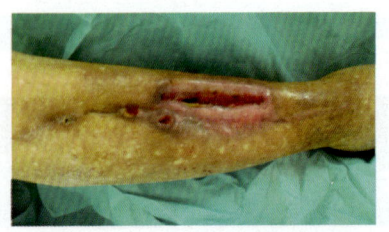

图 4.385 护场形成清除坏死骨

(4) 健康教育 ①严格戒烟:戒烟可以改善临床症状、延缓病程进展。②控制高血压。③腿和足的护理:保暖、避免局部皮肤损伤、烫伤。④积极治疗原发病:药物、手术等。⑤适当休息,劳逸结合。⑥患肢锻炼:在医务人员指导下锻炼,以利促使侧支循环建立。

(5) 随访 患者健在,正常生活。

(6) 经验总结 本例患者下肢动脉硬化闭塞症,因血运障碍右下肢疼痛、麻木,用中药渣热敷致烫伤,在外院进行清创,导致创面加深扩大难以愈合。根据湿性愈合理念,保持创面湿度的湿润,有利于自溶性清创,同时保持外露骨的活性,促进肉芽组织生长。接诊 2 个多月软组织创面愈合,指导家属用凡士林油纱保护外露骨,等到护场形成,清除坏死骨皮质,创面完全愈合。这个病例提醒我们接诊下肢溃疡患者时应进行动脉评估,缺血性溃疡早期禁忌大范围的清创,锐器清创时机是护场形成。

【典型病例 4.33】 1 例下肢混合型溃疡患者创面的护理

(1) 简要病史 患者男性,47 岁。静脉曲张 13 年余,糖尿病史 2 年。2014 年 10 月起右下肢内侧反复起水疱,破溃不愈合。3 个月前溃疡逐渐变大,疼痛明显,来医院就诊,下肢血管超声提示右侧髂外、大隐静脉瓣膜功能不全,双侧小腿大隐静脉稍曲张。于 2016 年 2 月 5 日行右下肢大隐静脉结扎+腔内消融术+溃疡清创术。术后溃疡创面变大,疼痛加重影响睡眠,遂来换药中心换药。患肢皮温略低,足背动脉搏动减弱,ABI=0.7。

(2) 临床诊断 下肢静脉曲张伴溃疡;2 型糖尿病,糖尿病血管病变。

(3)治疗过程

1)综合治疗:促进静脉回流,控制血糖,改善微循环。

2)创面处理经过:2016年2月26日接诊,创面位于右下肢内侧,大小约9 cm×9 cm,边缘皮肤发黑坏死,渗出大量,无异味,周围皮肤发红伴色素沉着,自诉疼痛明显。首次接诊后锐器蚕食法清除坏死皮肤,使用银离子泡沫敷料换药(图4.386)。2月29日第2次换药,发现创面边缘出现新的皮肤坏死,考虑局部血供不足,局部使用银离子凝胶外加泡沫敷料自溶性清创,同时减低绷带压力(图4.387)。3月2日第3次换药,创面周边坏死组织分离,创面变大,使用了异种脱细胞真皮基质,外用泡沫敷料(图4.388、图4.389)。3月18日第4次换药,创面缩小,诉疼痛明显减轻,敷料同前(图4.390)。4月8日第6次换药,患者要求敷料同前(图4.391)。4月27日敷料脱落,创面愈合(图4.392)。

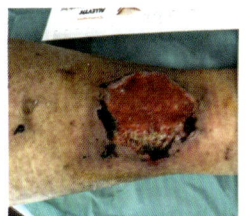

图4.386 接诊后锐器清除创面边缘坏死皮肤

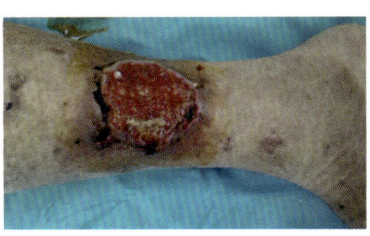

图4.387 第2次换药创面边缘出现新的皮肤坏死

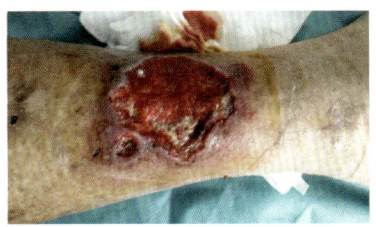

图4.388 自溶性清创创面面积变大

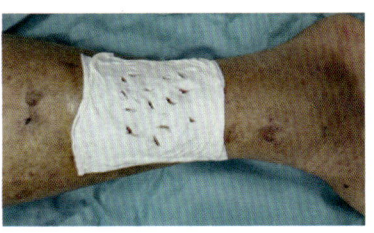

图4.389 使用异种脱细胞真皮基质

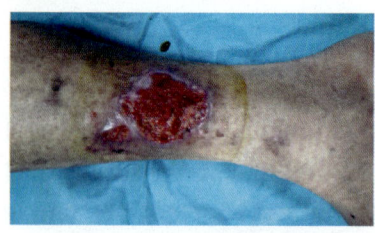
图 4.390　上皮爬行创面缩小
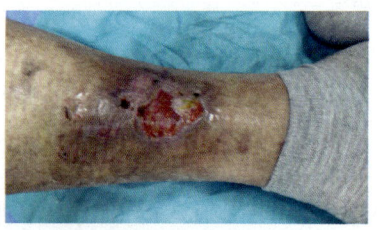
图 4.391　创面愈合顺利

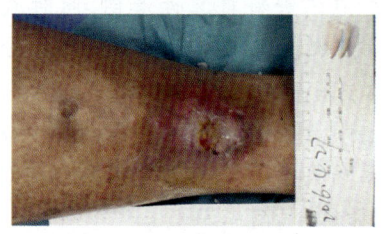
图 4.392　创面接近愈合

（4）健康教育　因为慢性溃疡不愈合进行手术,手术后溃疡反而加重,患者焦躁易激动。劝导患者要保持良好的精神状态,积极配合治疗,这样疾病才能尽快恢复。避免久坐久站,不要剧烈运动,但可适量进行一些比较舒缓的运动,如散步,以免加重静脉曲张和溃疡创面的渗出。抬高患肢:下肢静脉曲张并发溃疡的患者在平时坐位或夜间休息时应注意抬高患肢,抬高 20°~30°即可,以促进静脉、淋巴回流,减轻患肢水肿症状。饮食护理:在饮食方面,宜清淡,忌辛辣,可多吃高纤维低脂肪的食物,如玉米、大豆、燕麦、芹菜、苦瓜等,并注意维生素的补充。

（5）经验总结　此例患者溃疡创面周围反复出现皮肤坏死,创面持续增大,分析可能与糖尿病周围血管病变,局部血供差,绷带松紧不合适等因素有关。改用自溶性清创,调整绷带松紧度(宁松勿紧),同时口服改善微循环药物,积极控制血糖,坏死得到控制,使用异种脱细胞真皮基质促进创面愈合,缓解疼痛,减少换药次数(使用

3次),愈合时间2个月,效果满意。

(田浚弘 程克林 丁雪梅)

下肢慢性静脉性疾病与压力治疗

静脉溃疡-1

静脉溃疡-2

静脉溃疡-3

动脉溃疡

下肢慢性溃疡-1

下肢慢性溃疡-2

4.10 癌性创面的护理

癌性创面也称恶性肿瘤创面(malignant fungating wounds,MFW),是指原发性或转移性癌细胞浸润上皮,形成突出皮肤表面的结节状损害,或浸润皮肤形成凹陷和腔隙的溃疡性损害。英国哥伦比亚肿瘤机构认定的恶性创面定义为:原发癌或局部或远处肿瘤转移到皮肤,浸润皮肤形成开放性或有渗出的恶性创面,表现为腔洞、皮肤表面开放性创面、皮肤结节或从皮肤表面生长扩散出的结节。目前对恶性肿瘤创面尚未形成一致性的定义,共识性认识为:恶性肿瘤创面是一种无法愈合、有可能进展加重的创面。癌性创面可分为溃疡型创面和蕈状生长型创面。当恶性肿瘤浸润上皮细胞及周围淋巴、血管、组织时,出现组织坏死、缺损、溃疡,即为溃疡型创面。若恶性肿瘤呈增长性生长,突出皮肤表面,形成蕈状物,即为蕈状生长型创面。

近年来癌症已成为严重威胁人类健康的主要因素,临床上约10%的癌症患者会因为癌症的转移而发生此种创面。因此,癌症创面的处理也给医护人员带来极大的挑战。如何护理好癌性创面,促进患者舒适,是专业人员值得关注的问题(图4.393、图4.394)。

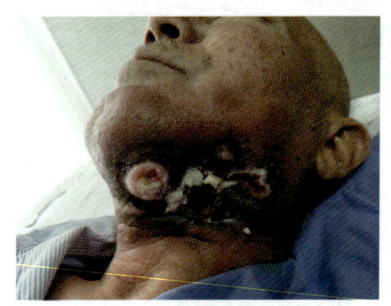

图 4.393　下颌癌

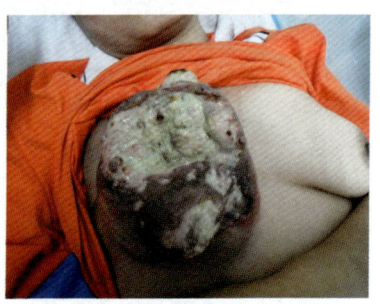

图 4.394　乳腺癌

4.10.1　癌性创面病因学

癌性创面的发生主要是局部皮肤受到原位癌或者附近/远处转移的癌细胞损害所致。当皮下的癌细胞蔓延到表皮时,表皮会出现炎症反应,最初表现为红、肿、发热、刺痛,触诊时有结节感。随着病情发展,局部皮肤可能表现为"橘皮样"改变并与皮下组织粘连。

当肿瘤进一步侵蚀,更多组织将被损伤,皮肤完整性被破坏并最终形成溃疡。也有表现为孤立、无压痛小结节,可能是坚硬的,也可能有韧性。随着病情恶化,病变部位可能会出现色素沉着,皮肤颜色改变:粉色→红色→紫色→蓝色→黑色(甚至棕色)。随着肿瘤细胞不断分裂,结节变大会影响皮肤的毛细血管和淋巴管;随着肿瘤不断生长,皮肤血供减少,出现皮肤水肿和坏死;最后肿瘤进一步侵犯深部结构,形成窦道和瘘管(图4.395、图4.396)。

当创面经久不愈并日益严重时,应高度怀疑是否有创面癌变,必要时应转介医生做局部创面组织活检,通过病理检查明确诊断。癌性创面常见病因:①原发肿瘤向上侵入及穿透皮肤,如乳腺肿瘤。②肿瘤侵犯皮肤血管或淋巴管,恶性细胞阻塞皮肤毛细血管。③手术中肿瘤细胞播散至皮肤真皮层。④慢性溃疡或瘢痕癌变。⑤来源于未经治疗的原发皮肤癌,如基底细胞癌、鳞状细胞癌。

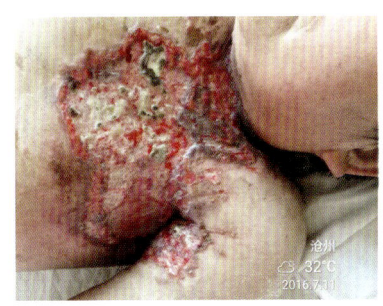

图4.395 乳腺癌复发

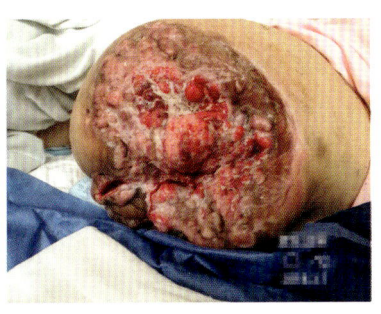

图4.396 压疮皮瓣术后癌变

4.10.2 癌性创面的评估

根据癌性创面患者舒适护理目标的要求,完善治疗计划来减轻创面症状对患者生活质量的影响。通过对癌性创面患者的创面局部评估和全身评估,制订针对性的创面护理计划或评估护理。

4.10.2.1 局部评估

(1)创面位置 常见发生部位有乳房、头颈部、后背、躯干、腹部、腹股沟、腋窝、会阴部及四肢等。癌性创面具有侵蚀性,使皮肤功能受损。不同的原发癌症所发生的癌性创面好发部位不同(表4.34)。

表4.34 不同原发性癌症对应癌性创面好发的部位

癌症种类	癌性创面好发部位
口腔癌	面部
肺癌和乳腺癌	头、颈或前胸
胃肠道癌	上腹壁
泌尿生殖系统癌症	下腹部或外生殖器
胃癌	肚脐

(2)创面外观 包括创面大小、深度、创面床组织颜色,是否有腐肉或坏死,创面评估、测量、记录方法等,详见创面护理概论章节。

(3)创面气味 气味的程度是指大概是以多少距离可闻到作为客观描述方式。气味的程度也是评估的重点。1995年Haughton和Young对癌性创面气味的描述分为4个等级(表4.35),而2001年Grocott对癌性创面气味的描述分为6个等级(表4.36)。

表4.35 1995年Haughton和Young对癌性创面气味的描述

恶臭气味程度	评估标准
强烈恶臭	进入患者单位,离患者2~3.3 m的距离,创面覆盖时,就可闻到恶臭的味道
中度恶臭	进入患者单位,离患者2~3.3 m的距离,创面敷料打开时,就可闻到恶臭的味道
轻度恶臭	靠近患者,创面敷料打开时,才闻到恶臭的味道
无恶臭	靠近患者,创面敷料打开时,未闻到恶臭的味道

表 4.36　2001 年 Grocott 对癌性创面气味的描述

等级	评估标准
0 级	一入屋子/病房/诊室即闻到
1 级	与患者一个手臂的距离即闻到
2 级	与患者少于一个手臂的距离才能闻到
3 级	接近患者手臂可闻到
4 级	只有患者自己可闻到
5 级	没有闻到

(4) 创面出血　出血是癌症创面常见的问题,是恶性肿瘤侵犯毛细血管、大血管或因化疗及癌症本身造成血小板计数或功能低下引起出血;如果癌细胞侵蚀至主要血管,可能引起大量出血而致贫血或死亡,保护脆弱组织周围的脆弱血管是重要的。恶性肿瘤创面感染也容易引起出血。出血可以造成患者及家属或照顾者精神紧张及恐惧。

(5) 创面渗液　渗液产生主要是癌症创面内微血管与淋巴管受侵犯,癌症细胞增加了血管对纤维蛋白原及血浆胶质的通透性,同时创面感染产生炎症反应,分泌组胺导致血管扩张,血管通透性增加。此外,细菌蛋白酶分解坏死组织也容易导致渗液增加。大量渗液常难以管理,大量渗液从敷料中渗出,污染患者衣物,增加患者及其护理者的心理负担,降低生活质量,更换敷料次数增加,通过有效的创面渗液管理可提高患者自信心和舒适度。

(6) 疼痛　1985 年美国疼痛学会提出,疼痛是继心率、血压、脉搏和呼吸之后的第 5 大生命体征,疼痛越来越受到临床的重视和关注。2016 年 10 月,有研究对疼痛的定义再次进行了更新,将其定义为"是一种与实际的或潜在的组织损伤,或与这种损伤的描述有关的一种令人不愉快的感觉和情感体验,包括了感觉、情感,认知和社会成分的痛苦体验"。因此,全面的疼痛评估对确定恰当的治疗至关重要。

癌症创面主要是肿瘤压迫或侵犯神经与血管,神经的损伤会产生神经痛;若真皮层组织遭到破坏,可能有针刺痛的情形出现;也可能由于创面护理技巧不恰当而导致疼痛,如移除敷料的方式或清洗技巧不当产生的创伤相关疼痛。创伤相关疼痛(wound-related pain,WRP)是指与开放性皮肤溃疡直接相关的有害症状或不愉快经历。慢性持续性不显著 WRP 对日常生活的许多活动产生负面影响,降低患者的生活质量。

选择合适的评估工具评估创面疼痛,可及时有效干预疼痛。临床常用的评估工具有:数字评分法(numerical rating scale,NRS)、视觉模拟评分法(visual analogue scale,VAS)、面部表情分级评分法(facial expression grading score,FRS)、简明疼痛评估量表(brief pain inventory,BPI)等。临床常用评分标准数字评分法(NRS)评估结果:0 分为无痛,1~3 分为轻微疼痛,4~6 分为中度疼痛,7~10 分为重度疼痛。4 分以上需要通知医生,采用药物和非药物方法干预。

4.10.2.2 全身评估

(1)**患者经济状况** 癌症的三大主要治疗方案是放射治疗、化学药物治疗和手术治疗。当三大主要治愈性治疗无法有效治疗癌性创面时,只能对症护理,根据癌性创面特性使用大量敷料,频繁换药,会增加患者经济负担,给患者及家庭带来很大精神和经济双重压力。

(2)**患者心理状况** 癌性创面改变了患者自身形象问题,自尊心受到伤害,也改变了原来生活中的角色,造成患者忧郁、焦虑、恐惧,对生活失去信心。肿瘤的迅速增长掠夺了患者的营养,也破坏了机体皮肤的完整性。加之渗液和臭味的影响,使患者觉得自己很肮脏,易产生自卑、消沉、沮丧、愤怒情绪,不愿意融入社交活动中而变得孤立。

(3)**患者外观改善** 癌性创面渗液量的改变,臭味的问题导致患者自尊心受到极大伤害;因此,在为癌性患者提供创面护理的同时,还要考虑患者对美学的需求,选择敷料尽量选择使患者舒适和美观的。可选择贴近肤色、柔软、顺应性好和减少异味、管理好渗液的敷料,这样容易和凹凸不平的创面形状相吻合,覆盖也会较为平整,有利于维护患者的自尊。指导患者外出时尽量穿宽松、棉质、柔软的衣服,将创面覆盖起来,但是要注意安全,避免使创面受到碰撞和挤压。癌性创面评估见表4.37。

表4.37 癌性创面评估

	评估内容	评估意义
创面位置	是否影响患者活动	考虑作业治疗以加强患者日常活动能力
	创面是否容易被隐蔽	影响敷料选择
	创面周围皮肤褶皱/平坦	影响敷料的固定,黏性敷料如泡沫或水胶体可能不能很好地粘贴于褶皱皮肤。使用薄的黏性产品如胶布或者透明薄膜
创面外观	尺寸:长、宽、深、潜行深部组织、暴露	影响敷料的选择、影响敷料固定,清洁/清创的必要性
	蕈状创面/溃疡型创面	使用无黏性敷料和其他措施,如控制出血的必要性
	创面坏死组织	
	组织脆弱或易出血	进一步减轻臭味的必要性
	臭味	
	瘘管	需要应用造口袋的可能性,影响敷料的选择,给予局部或者系统的护理的必要性
	渗液量	
	创面感染	

续表 4.37

评估内容		评估意义
周围皮肤	红疹	是否感染或肿瘤扩大,影响敷料的选择和固定,避免将需每天移除的黏性胶布从脆弱的皮肤移除
	脆弱	
	结节	转变固定技巧,在需要接触胶布的皮肤表面覆盖保护皮肤保护膜,使用网套、内衣、紧身背心、内裤等固定
	浸渍	肿瘤转移/原位浸润渗液管理必要性;可能需要在使用造口袋的周围皮肤上应用防漏膏
	放射性皮肤损伤	局部皮肤护理的必要性;影响敷料的固定(例如脆弱皮肤)
症状	剧痛,刺痛,持续痛,浅表痛,烧灼痛,或仅在更换敷料时出现疼痛,瘙痒	全麻、局麻的必要性 瘙痒是否跟敷料的应用有关?如果不是可能需要使用止痒药物
潜在并发症	癌性创面邻近大血管:潜在或存在的出血	需要教育患者/家属:紧急出血的应对方式 -必要时用湿毛巾覆盖患处,进行局部按压 -可能的话抬高出血部位 -保持患者舒适
	癌性创面邻近大血管:潜在或存在血管栓塞	需要教育患者/家属:严重水肿和疼痛的管理 -使用压力袜或者绷带,如果上述措施能增加患者舒适度
	癌性创面邻近大气道:潜在的窒息	需要教育患者/家属:气道堵塞的管理 -临终关怀 -抬高床头 -关爱、安慰患者

4.10.3 癌性创面的治疗

癌性创面可以通过放射治疗、手术治疗、化学药物治疗等治疗方法。化学治疗存在毒性反应,如白细胞减少、血小板减少,易出血,增加感染概率。放射治疗可以直接破坏癌细胞,缩小创面,减轻疼痛,减少渗液。经过放射性局部照射,肿瘤发生水肿、坏死、脱落,创面缩小乃至愈合(图4.397~图4.401)。放疗可以损伤创面周围皮肤,增加周围皮肤的易脆性,在选择敷料时应选择低敏、易粘贴、撕除时不粘连创面、不引起疼痛为宜。

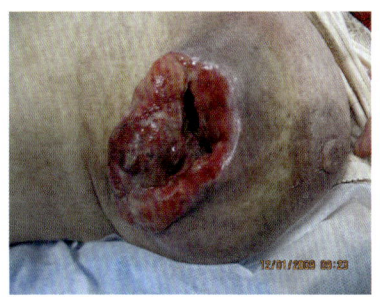

图4.397　乳腺癌破溃

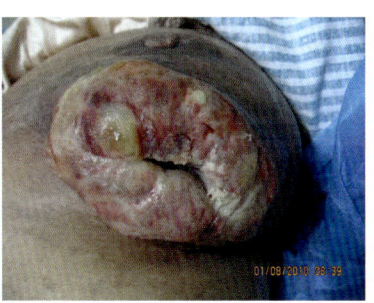

图4.398　放疗后肿瘤水肿变性坏死

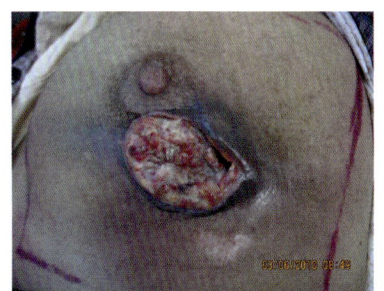

图4.399　坏死组织逐渐脱落

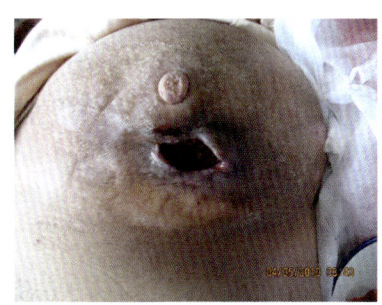

图4.400　创面缩小

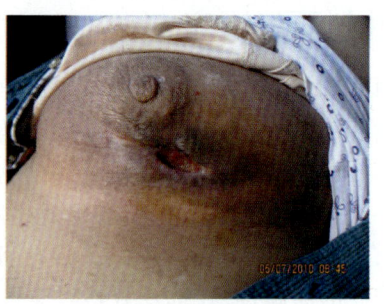

图 4.401　创面逐渐愈合

4.10.4　癌性创面的护理方法

4.10.4.1　出血的护理方法

（1）**创面出血**　首先需要评估出血的原因、出血量和可能出现的结果，是否导致休克。处理出血性创面时，选择不粘创面的保护性敷料，更换敷料动作要轻柔揭除，敷料粘贴创面时应充分浸湿后轻轻揭除；还要注意对创面区域整个的保护，敷料外加绷带固定，穿宽松的棉质内衣，避免摩擦脆弱区域的组织。

小的出血点用硝酸银棒烧灼可以达到止血目的；少量出血时压迫止血 10～15 min 和冰敷是常用的治疗方法，但是要考虑周围皮肤和组织对压力的承受情况。

肉芽创面可用 3% 过氧化氢纱布湿敷止血。

出血量较大的创面，紧急情况下先用纱布压迫 10～15 min，再在出血点上使用 0.1% 肾上腺素或其他局部止血药物；必要时请医生查明原因，并在医生指导下局部或全身使用止血药或输血。确认出血停止后不能马上揭除纱布/藻酸盐敷料。待下次更换敷料时，需用生理盐水浸湿浸透，然后慢慢去除，以免造成再次出血。应注意的是应用肾上腺素时，肾上腺素对血管的收缩作用可能会引起局部缺血性坏死。注意观察局部情况。

（2）**清创**　癌性创面清创要慎重，创面表面坚固的黄色组织不必进行清除,仅对松脱的腐肉进行锐器蚕食法清创。对于表面覆盖坚固黑痂清除要慎重,焦痂可起到保护作用,清除焦痂后可能增加感染、出血危险。癌性创面清洗创面尽量选择安全有效的冲洗方式(脉冲冲洗清创),避免大力擦拭创面,减少组织受到摩擦而再次出血。

(3)**止血敷料** 有止血海绵、藻酸钙盐。藻酸钙与渗液和血液相互作用,钙离子参与凝血过程而起止血作用,形成凝胶对创面有保护作用;止血海绵能达到迅速止血的效果。

4.10.4.2 感染护理方法

(1)**感染** 癌性创面中的坏死组织及腐肉提供细菌生长的理想环境,患者免疫力降低,放疗和化疗时,极易增加创面感染的风险。所有癌性创面都有细菌定植。临床感染局部症状包括红、肿、热、痛、渗液增加、恶臭。全身感染常表现为发热、血中白细胞计数增高。不提倡全身使用抗生素。

(2)**护理方法** 局部创面处理充分引流,小心清除坏死感染组织,去除细菌滋生、繁殖的环境;有条件的做创面细菌培养,并根据细菌培养结果选用抗生素。伴有全身感染时按医嘱全身使用抗生素。

1)创面清洁:密闭式脉冲清创,也可以用大量生理盐水纱布湿敷清洁创面。

2)使用消毒剂:3%过氧化氢溶液,是一种含氧消毒剂,利用新生氧清除组织浅层的污物和组织碎屑,且有止血和逆转急性炎症的作用。含碘消毒剂效果佳,没有明显细胞毒副作用。清创过程中,通过3%过氧化氢溶液擦洗、生理盐水冲洗、碘消毒和坏死组织蚕食法清除,可以消除创面大部分细菌,改善创面愈合环境。

3)有感染的创面禁用密闭敷料。

4.10.4.3 渗液护理方法

目前没有适合各种癌症创面的完美敷料。①渗液少,选择水胶体粉剂敷料或超薄泡沫;②大量渗液,选择泡沫敷料、藻酸盐敷料、亲水纤维敷料;③腔洞创面填充高吸收敷料藻酸盐银离子、爱康扶银离子敷料;④没有出血的创面用碘,含碳或含碘的油纱;⑤渗液量非常多,也可以选用合适的造口袋承接大量的渗出液。使用造口袋控制收集渗液和减少更换敷料的频率是经济有效的办法,需要选择恰当的适应证。

4.10.4.4 恶臭护理方法

(1)**恶臭** 恶臭的产生主要是由于创面坏死感染、坏死组织是厌氧菌最理想的培养基,厌氧菌分泌脂肪酸的代谢产物,是形成恶臭味的来源。

(2)**护理方法**

1)清洗创面:清洗创面也可控制感染。清洗创面首选脉冲冲洗,其操作简单,安全有效,保护床单元。能彻底移除创面组织中废物、创面床的渗液,软化清除腐肉,是臭味移除的首要步骤。清洗液或冲洗液在使用前最好能加热至体温,尽量不要选择镊子或纱布清洁创面,以免损伤组织和引起疼痛。如果创面组织脆弱,患者身体可以承受,可以通过沐浴来清洗;如果创面组织比较脆弱,患者身体不能耐受,可用温盐水纱布湿敷或创面清洗液轻柔灌洗创面。

2)清创:去除腐败的坏死组织有助于减轻恶臭。恶性肿瘤创面禁忌盲目清创处理,以免引起难以控制的出血,侵入性操作造成癌细胞的播散。脉冲清创具有洁净创面,清除松散的腐肉,除去创面大部分细菌并破坏生物膜作用。其对去除癌性创面臭味、清除腐肉和控制创面感染有卓越的效果。低挡压力不会损伤有血运的组织,不会引起创面出血,也不会造成癌细胞的播散。自溶清创和生物酶清创也适用于癌性创面。

3)控制感染:常规抗生素的使用可以减少细菌定植和臭味。对厌氧菌有杀灭作用的甲硝唑被广泛用来控制创面臭味。有报道称癌症创面局部应用0.7%或0.8%的甲硝唑于创面床上每天1次,维持14 d,并覆盖湿润的生理盐水纱布或者干的纱布获得满意的结果。使用0.5%的甲硝唑溶液100 ml加入100 ml生理盐水中冲洗创面,每天2~3次,连续应用5~7 d,同时加服甲硝唑片。也可以

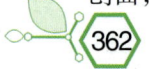

用甲硝唑凝胶外用制剂(如 Metrotop 含甲硝唑 0.8%,Anabacthan 含甲硝唑 0.75%)。

4)敷料的选择和造口产品选择:敷料首选抗感染敷料。含碳敷料通过活性炭吸收臭味;含银敷料能破坏细菌的细胞壁与 DNA 而抑制细菌复制;国外文献报道,含有活性蜂蜜成分的敷料也可以减轻细菌负荷及臭味;茶叶袋也有吸附臭味作用。此外,造口袋也可有效隔绝臭味,并收集渗液。

5)清新环境:护理时要考虑环境因素,及时清除创面敷料和渗液,保持患者衣物及床单元清洁,适当通风,有助于环境空气清新,必要时可以适当应用空气清新剂。咖啡渣也可以作为除臭剂,将咖啡渣放在室内可覆盖创面产生的臭味;茶叶或使用干茶叶包(根据创面大小范围放置茶叶包数量)放在外层敷料中,也能帮助去除臭味。

4.10.4.5 疼痛护理方法

(1)**与敷料更换有关的疼痛** 更换敷料时,首先要分散患者注意力,操作时动作要轻柔,敷料与创面粘连时,先用生理盐水湿润或浸泡,待完全软化后轻轻移除敷料,切忌用力撕揭敷料,避免引起疼痛和出血。如因频繁更换敷料引起严重疼痛,可在更换敷料前遵医嘱给予速效类阿片类药物,局部麻醉剂如利多卡因也可以用于控制敷料更换所引起的创面疼痛。也可以选择在移除时对局部组织损伤小,能保护周围皮肤,无须频繁更换的敷料(非黏性敷料有助于维持创面环境的湿润并在移除时不损伤组织及减少疼痛)。对于中量及大量渗液创面,应用接触渗液后能形成凝胶状的敷料如藻酸盐、亲水纤维能减少敷料更换时对组织的损伤。

(2)**与肿瘤有关的疼痛** 根据评分结果选择合适的药物镇痛方法。可采用世界卫生组织(WHO)推荐的三阶梯疗法来控制疼痛,其原则是:按药效的强弱依阶梯方式顺序使用;使用口服药;按时服药;用药剂量个体化。

4.10.5 癌性创面的健康教育

癌性创面患者不仅需要承受癌症本身及治疗所带来的痛苦,还要承受癌性创面带来的苦恼。癌性创面让患者的躯体状况、社会功能受限;从而导病患者自我认同感低,情绪复杂多变,生活质量降低,甚至丧失信心导致绝望。因此,专科护士为癌性创面患者制订护理计划和执行护理时,不仅要管理好创面、控制疼痛,还要注意调节患者情绪,寻求社会支援,从而提高患者生活质量。

在管理好创面同时,也要讲究美感,尽量选用患者舒适、美观、顺应性能好的敷料。外出时衣着选择宽松、棉质材质的。避免创面受到挤压和碰撞。

加强心理疏导,提高患者的自我认同感。在沟通中,要着重强调创面的存在是健康状况下降的反应,并非是由患者本身及照顾者的疏忽或者失败造成的。

多关心患者,耐心聆听患者的诉说,并鼓励患者表达自己的感受和看法;鼓励其多参与社区、街道活动,找回自信。

衣着方面,建议穿宽松、棉质衣服。外出避免磕碰、受压。

饮食方面,建议患者平衡膳食、多样化、不偏食、不忌食、荤素搭配、粗细搭配。消瘦患者鼓励进食高蛋白、高热量、高维生素及含锌食物。

寻求社会的支持与帮助。如特殊疾病的报销,社区上门服务等。

改善居住环境,保持室内空气良好。好的生活环境可使人心情愉悦,降低焦躁、抑郁的情绪。

【典型病例4.34】 1例蕈样霉菌病致右大腿外侧大面积皮肤破损患者创面的护理

(1)简要病史 患者男性,49岁。皮肤破溃原因待查,发现皮肤结节2年,加重2个月伴皮肤破溃17处,于2015年6月16日,以"皮肤淋巴瘤"收入医院血液科。患者2年前出现皮肤结节,时轻时重,伴有瘙痒,当地考虑"银屑病(俗称牛皮癣)",予外用药物治疗,症状好转后复发,2个月前症状加重,伴有多处破溃感染,有淡红色渗液(图4.402、图4.403)。首诊于河北医科大学第四医院皮肤科,取右侧腰部皮肤结节活检,病理显示:不除外皮肤淋巴瘤,入住血液内科。右大腿外侧 15.0 cm×14.0 cm 皮肤破损,黑痂覆盖(图4.404)。取左侧前臂皮肤结节活检做免疫组织检查。免疫组织化学检查结果显示:CD3(部分+),CD20(灶性+),CD21(-),CD30(-),Ki67(30%阳性),CD38,CD163(部分+),CD7(部分+),D123(-),MUM1(-),S100(+),CD1a(+)。颈胸腹CT示:双腋下、腹主动脉周围、双侧髂血管旁及腹股沟区多发肿大淋巴结,符合淋巴瘤表现。骨穿:嗜酸性粒细胞增多(各阶段均有,总比例21%)。

(2)临床诊断　淋巴瘤,蕈样霉菌病ⅣA期。

(3)治疗过程

1)综合治疗:根据患者病理及免疫组织检查结果请北京肿瘤医院专家会诊,建议化疗,经患者和家属同意。①给予CODP方案(环磷酰胺+长春新碱+含脂质体阿霉素+泼尼松)化疗,予恩替卡韦预防乙肝病毒复制,用氨磷汀预防化疗毒性,化疗过程顺利。②全身多处创面的处理,采取清洗、消毒、抗菌、敷料覆盖的护理。③化疗疗程结束后转入门诊换药室继续治疗。

2)创面的处理过程:创面为癌性创面,位于右大腿外侧,创面大小 15 cm×14 cm,基底颜色黑痂覆盖,边缘不整齐,部分分离,渗液黄色脓性,中等量渗液,有臭味,疼痛评分(采用数字疼痛分级法)6分。接诊后,请骨科医师协助进行清创,因黑色痂皮与正常组织出现分离,以藻酸盐银敷料填塞抗菌(4.405)。等待坏死边界清楚,蚕食法去除表面黑痂(图4.406)。用3%的过氧化氢棉球擦洗,生理盐水棉球清洗创面至干净,使用自溶性清创配合蚕食法清创,避免创面暴露太大。活性创面选用银油纱保湿抗感染,泡沫敷料保护(图4.407、图4.408)。第39天,创面大小缩小为 13.0 cm×11.5 cm,创面颜色:小于25%黑色,大于75%红色,无臭味,中等量渗液,黑色坏死松脱,界限清楚,护场法一次性清除坏死黑痂(图4.409),泡沫敷料覆盖。第57天,第4、5个疗程化疗结束,创面渗出增多,创面薄层黄色坏死组织,怀疑高生物负荷和生物膜,采用 Levine 技术做微生物培养加药敏试验。微生物培养结果显示:金黄色葡萄球菌生长;莫匹罗星高水平敏感,遂改用莫匹罗星软膏涂抹创面表面,外敷凡士林纱布,泡沫敷料覆盖(图4.410)。第71天,创面大小为13.0 cm×9.0 cm,基底颜色转红,渗液中量,上皮爬行(图4.411)。建议上级医院会诊,是否进行植皮。会诊结果因癌性创面不予考虑植皮,继续维持原治疗方案。第110天,创面大小为8.0 cm×6.0 cm,基底颜色100%红色,渗液少量,泡沫保护(图4.412)。第181天,创面基本愈合(图4.413)。复诊创面愈合(图4.414)。

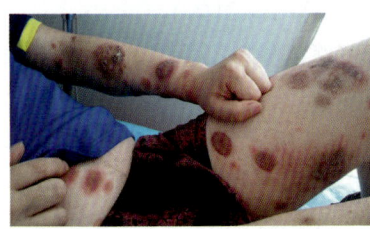

图4.402　全身多处病变

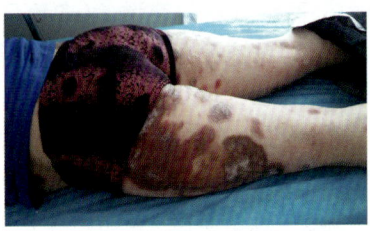

图4.403　大腿部病变

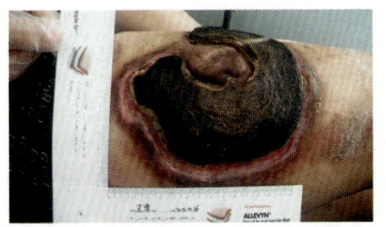

图4.404　坏死焦痂

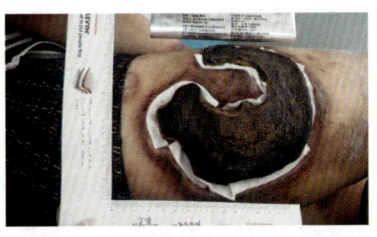

图4.405　痂分离处填塞藻酸盐银

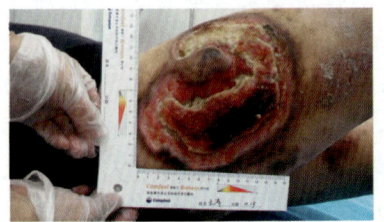

图4.406　蚕食法清除焦痂

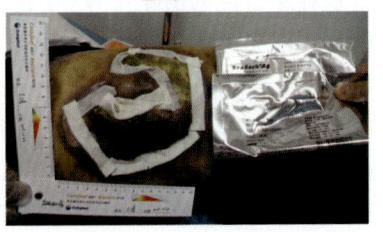

图4.407　痂下活性创面使用藻酸盐银抗菌

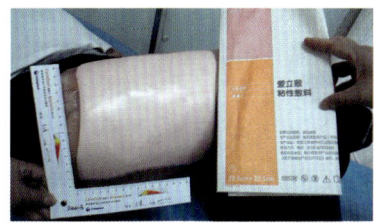

图4.408 泡沫敷料覆盖

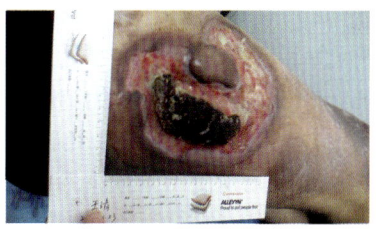

图4.409 坏死组织松脱,护场法一次性清除坏死组织

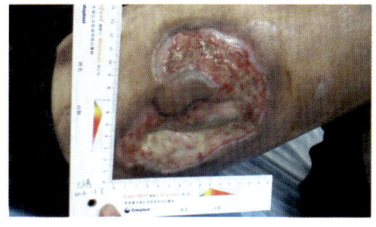

图4.410 创面薄层腐肉,莫匹罗星涂抹

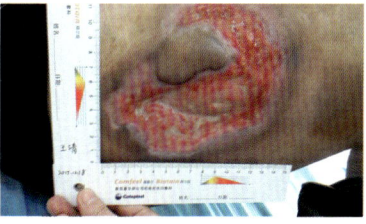

图4.411 创面转红色,上皮爬行

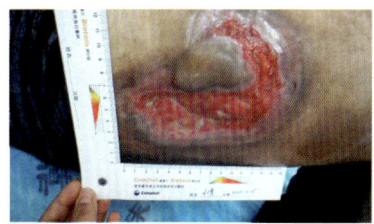

图4.412 创面缩小,愈合顺利

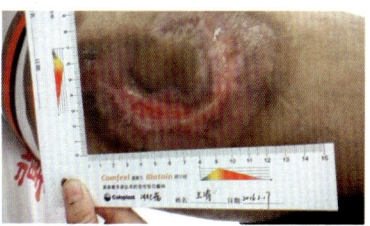

图4.413 创面接近愈合

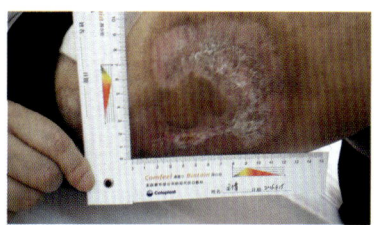

图4.414 创面愈合

(4)健康教育　由于此病例较少见,确诊较困难,就诊时已属晚期,患者存在焦虑、抑郁情绪。首先要热情接待患者,加强与其沟通和交流,多了解患者的病情,关注患者的要求,主动向患者介绍治疗进度,征得患者同意后留取图片,及时向患者传递创面好转的信息。右大腿皮肤结节破溃处疼痛明显,予赖氨酸阿司匹林散、芬太尼贴剂止痛,换药时动作轻柔,分散患者注意力。摄入富含维生素、高蛋白的饮食,多饮水,多吃新鲜蔬菜及水果,以增强机体对化疗的承受力,促进毒素排泄。

(5)经验总结　此例创面历时181 d,6个周期化疗,最终愈合。此病案的创面处理遵循创面床准备的TIME原则,采用自溶性清创联合蚕食法清创逐步清除坏死组织,应用"银离子"敷料抗感染,并根据微生物培养结果调整治疗方案,利用泡沫敷料吸收渗液及保持湿性环境,使得创面达到愈合。此病例在创面床准备好,处于100%红色增殖期时,曾考虑过植皮,限于其为癌症创面未予实施,最终换药达到愈合。蕈样霉菌病是一种极为罕见的特殊类型的淋巴瘤,治疗的关键在于控制肿瘤本身,加强局部护理,能够保持溃疡清洁,减少继发感染,促进溃疡面愈合。本病案采取化疗联合创面换药技术,使大面积皮肤缺损达到愈合,取得满意疗效,减轻了患者痛苦,提高了生活质量。

(鄢　婧　杜新艳　江锦芳)

癌症伤口的临床护理

癌性创面-1

癌性创面-2　　癌性创面-3

参考文献

[1] 蔡新中. 最新创面护理[M]. 北京:人民军医出版社,2008.

[2] 阮瑞霞,潘银根. 糖尿病足异种脱细胞真皮基质临床应用[M]. 北京:人民卫生出版社,2019.

[3] SHARON B,ELIZABETH A A. 创面护理实践原则[M]. 蒋琪霞,译. 北京:人民卫生出版社,2017.

[4] 施秉银,阮瑞霞. 糖尿病足全程管理与护理[M]. 北京:人民卫生出版社,2017.

[5] 白姣姣,孙皎. 老年糖尿病甲病处理技术[M]. 上海:上海科学技术出版社,2018.

[6] 付小兵,王正国,吴祖泽. 再生医学:基础与临床[M]. 北京:人民卫生出版社,2013.

[7] 付小兵,程飚,唐金树. 中华战损伤学第10卷战创伤修复、再生与康复[M]. 郑州:郑州大学出版社,2016.

[8] 王泠,胡爱玲. 创面造口失禁专科护理[M]. 北京:人民卫生出版社,2017.

[9] 张惠芹,黄漫容,郑美春. 创面造口失禁患者个案护理[M]. 北京:中国医药科技出版社,2017.

[10] 卫洪波. 胃肠外科手术并发症[M]. 北京:人民卫生出版社,2013.

[11] 李乐之,路潜. 外科护理学[M]. 北京:人民卫生出版社,2017.

[12] 陈孝平,汪建平,赵继宗. 外科学[M]. 北京:人民卫生出版社,2018.

[13] 胡大海,周琴,胡雪慧. 现代创面临床护理理论和实践[M]. 西安:第四军医大学出版社,2015.

[14] 胡爱玲,郑美春,李伟娟. 现代创面与肠造口临床护理实

践[M].北京:中国协和医科大学出版社,2010.

[15] 王建荣.输液治疗护理实践指南与实施细则[M].北京:人民军医出版社,2012.

[16] 付小兵.慢性难愈合创面防治理论与实践[M].北京:人民卫生出版社,2011.

[17] 胡大海,朱雄翔,韩军涛.西京烧伤与皮肤外科临床工作手册[M].西安:第四军医大学出版社,2012.

[18] 李宝生,张福泉,罗京伟.临床肿瘤放射治疗学[M].济南:山东科学技术出版社,2009.

[19] 么莉,吴欣娟.静脉治疗护理技术操作规范及护理分级应用指南[M].北京:人民卫生出版社,2017.

[20] 蒋琪霞.成人压力性损伤预测和预防实践指南[M].南京:东南大学出版社,2009.

[21] 于博芮.最新创面护理学[M].北京:人民军医出版社,2008.

[22] 李炳辉,谷涌泉,王鹏华.糖尿病足及下肢慢性创面修复[M].北京:人民军医出版社,2011.

[23] 丁炎明.创面护理学[M].北京:人民卫生出版社,2017.

[24] 付小兵.慢性创面诊疗意见[M].北京:人民卫生出版社,2011.

[25] 舒勤.急性创面处置的研究进展[J].创伤外科杂志,2013,15(2):178-181.

[26] 曹欣.复方黄柏液滴灌负压治疗糖尿病足感染创面临床疗效观察[D].北京中医药大学,2018.

[27] 邱尧,岳毅刚,邵家松,等.干细胞治疗慢性难愈性创面的研究进展[J].中国美容医学,2018,27(4):148-151.

[28] 梁伟中,周正.高压氧治疗慢性创面的研究进展[J].中国美容医学,2010,19(11):1737-1740.

[29] 李文颖.浅析慢性创面患者的心理护理[J].临床研究,2016,24(1):172-173.

[30] 陈奖国,杨明莹,李斗艳.创面相关性疼痛管理的研究进展[J].当代护士(下旬刊),2018,25(3):14-16.

[31] 廖灯彬,左建容,宁倩.慢性创面患者难治性疼痛相关因素调查[J].护理研究,2012,26(14):1282-1283.

[32] 仇铁英,黄金."TIME"原则在创面床准备中的应用研究现状[J].中华护理杂志,2013,48(09):855-858.

[33] 李晨,李兴艳,田林强,等.脉冲冲洗器在清创术中应用[J].骨科,2012,3(3):161-162.

[34] 张治家,刘洁,宁官森,等.脉冲液体封闭负压引流在糖尿病足中的应用[J].中华全科医学,2012,10(11):1734-1735.

[35] 钟仲英,林小玲,温丽华,等.脉冲式冲洗法在急诊创面清创中的应用[J].当代护士(中旬刊),2014,09:118-119.

[36] 吴庆,张伟,邓铮,等.脉冲冲洗器在四肢清创术中的应用效果[J].实用临床医学,2013,14(1):38-39.

[37] 王骏飞,陈一心,熊进,等.脉冲冲洗在Ⅲ度开放性骨折清创术中的应用[J].东南大学学报(医学版),2012,31(6):699-701.

[38] 付小兵.创面治疗中的转化医学:部分成果的研发和转化应用与思考[J].中华烧伤杂志,2014,30(1):3-5.

[39] 王健,叶林加,周俊强.腹股沟部位手术后淋巴瘘10例分析[J].中国煤炭工业医学杂志,2009,12(5):730-731.

[40] 樊慧,金鲜珍,乔莉娜,等.1例回肠造口术后创面裂开合并造口旁肠瘘患者的护理[J].中华护理杂志,2016,51(7):884-887.

[41] 吴档,鲍同柱.皮(肌)瓣坏死机制的研究进展[J].医学综述,2010,16(14):2182-2184.

[42] 单龙成,杨煜.乳腺癌根治术后皮瓣坏死的原因及对策[J].吉林医学,2013,34(34):7206-7207.

[43] 吴昊,吴巍巍,白明,等.肢体人工血管移植物外露的外科治疗[J].中国医学科学院学报,2012,34(6):609-612.

[44] 刘俊,刘鸣江,谢松林,等.骨折术后钢板外露的综合治疗[J].包头医学院学报,2012,28(6):52-54.

[45] 陈万青,张思维,曾红梅.中国2010年恶性肿瘤发病与死亡[J].中国肿瘤杂志,2014,1(23):1-10.

[46] 任建安,黎介寿.肠瘘治疗的现状及发展趋势[J].中国实用外科杂志,2002,22(1):32-33.

[47] 王革非,任建安,黎介寿.损伤控制理念在非创伤外科的应用[J].肠外与肠内营养,2013,19(1):59-61.

[48] 黎介寿.肠外瘘的治疗进展[J].外科研究与新技术,2016,5(1):1-3.

[49] 黎介寿.胃肠道外瘘[J].中华外科杂志,1978,4(3):214-217.

[50] 梁宗桦,梁宗槟,张文佳.外科术后肠瘘患者护理体会[J].新疆医学,2016,46(5):586-588.

[51] 罗家音,杨建华.1例多发肠瘘合并腹腔开放患者的护理[J].中华护理杂志,2014,49(1):893-895.

[52] 叶向红,嵇武,虞文魁,等.重症急性胰腺炎腹腔镜下置双套管引流的观察与护理[J].中国实用护理杂志:上旬版,2011,21(8A):46.

[53] 王少莲,雷玉华,毛玲玲.腹腔双套管治疗肠瘘腹腔感染患者护理风险的防范与对策[J].结直肠肛门外科,2016,22(S2):166-167.

[54] 杨玉兵.腹腔开放在肠瘘患者中的应用(附30例临床分析)[J].中国医疗前沿,2013,8(3):41.

[55] 张安平.什么是肠空气瘘[J].创伤外科杂志,2015,17(3):259.

[56] 朱迪军.拔甲术后2种换药方法的效果比较[J].当代护士(学术版),2010,(8):91.

[57] 徐金中,叶雯,叶向红,等.肠瘘术后合并严重腹腔高压患者的护理[J].实用临床医药杂志,2010,14(22):112-113.

[58] 栾燕珍.1例肠造口术后肠瘘患者的皮肤护理体会[J].临床医药文献杂志,2018,5(60):112.

[59] 叶向红,江方正,彭南海,等.重症肠瘘患者早期肠内营养结合消化液回输的管理[J].肠外与肠内营养,2014,21(3):189-190.

[60] 刘巍,杨淑霞.气囊尿管用于肠外瘘患者肠内营养的临床观

察[J].湖南中医药大学学报,2014,34(2):22.

[61] 杜福兰.不同型号尿管气囊标注容量的体外试验[J].中国医学装备,2013,10(10):94-95.

[62] 徐金中,叶向红,彭南海.1例肠瘘患者三种消化液同时回输联合肠内营养的护理[J].护理学杂志,2015,30(12):34-35.

[63] 朱晋国,任建安,王新波,等.肠液回输对肠外瘘患者肠内营养物质吸收的影响[J].中华普通外科杂志,2006,21(10):724.

[64] 程艳娜.1例复杂性肠瘘的护理[J].实用医药杂志,2017,34(5):462-464.

[65] 廖灯彬,左建容,宁倩,等.片状水凝胶敷料治疗静脉炎的效果[J].中华现代护理杂志,2012,18(8):967-968.

[66] 臧德华,王学红,吴情.湿性敷料在放射性皮肤损害护理中的应用[J].护理研究,2012,26(1):158-159.

[67] 董新寨,艾永宁,李根娥.地塞米松联合利多卡因局部封闭与硫酸镁湿敷治疗静脉输液外渗的对比研究[J].护理研究,2011,7(25):1837.

[68] 刘光维.压力性损伤防治进展[J].护理研究,2005,19(10):2082-2084.

[69] 葛兆霞.压力性损伤护理的研究进展[J].实用临床医药杂志(护理版),2006,2(2):80-83.

[70] 万德森,朱建华,周志伟,等.造口康复治疗理论与实践[M].北京:中国医药科技出版社,2006.

[71] 吴燕.癌性创面护理及进展[C].全科护理,2014,12(22):2020-2023.

[72] 羊丽芳,程芳.39例癌症创面临床表现的原因分析及护理管理对策[J].实用临床医药杂志,2012,16(24):91-96.

[73] 孙丽,童英,许康雄,等.5例皮肤蕈样霉菌病患者全身放疗的护理[J].护理学报,2013(18):36-37.

[74] 高全立,宋永平,李玉富,等.CHOP方案联合维甲酸与干扰素治疗蕈样霉菌病12例分析[J].实用癌症杂志,2004,19(3):

321-322.

[75] 蒋琪霞,徐格林,刘新峰.神经内科患者压疮不同清创方法的效果[J].中华护理杂志,2009,44(3):197-200.

[76] 刘婷婷,梅慧.全身皮肤电子束治疗蕈样霉菌病3例皮肤护理[J].齐鲁护理杂志,2016,22(1):89-90.

[77] CHAMANGA E T. Clinical management of non-healing wounds[J]. Nurs Stand,2018,32(29):48-63.

[78] SIDDIQUI A R,BERNSTEIN J M. Chronic wound infection:facts and controversies[J]. Clin Dermatol,2010,28(5):519-526.

[79] RAMAGE G,ROBERTSON S N,WILLIAMS C. Strength in numbers:antifungal strategies against fungal biofilms[J]. Int J Antimicrob Agents,2014,43(2):114-120.

[80] LEAPER D J,SCHULTZ G,CARVILLE K,et al. Extending the TIME concept:what have we learned in the past 10 years[J]. Int Wound J,2012,9(2):1-19.

[81] HAN A,ZENILMAN J M,MELENDEZ J H,et al. The importance of a multifaceted approach to characterizing the microbial flora of chronic wounds[J]. Wound Repair Regen,2011,19(5):532-541.

[82] SWANSON T,KEAST D H,COOPER R,et al. Ten top tips:identification of wound infection in a chronic wound[J]. Wounds Middle East,2015,2(1):20-25.

[83] HURLOW J,BLANZ E,GADDY J A. Clinical investigation of biofilm in non-healing wounds by high resolution microscopy techniques[J]. J Wound Care,2016,25(9):11-22.

[84] METCALF D G,BOWLER P G,HURLOW J. A clinical algorithm for wound biofilm identification[J]. J Wound Care,2014,23(3):137-142.

[85] COPELAND-HALPERIN L R,KAMINSKY A J,BLUEFELD N,et al. Sample procurement for cultures of infected wounds:a systematic review[J]. J Wound Care,2016,25(4):4-10.

[86] WOLCOTT R D, RUMBAUGH K P, JAMES G, et al. Biofilm maturity studies indicate sharp debridement opens a time-dependent therapeutic window[J]. J Wound Care, 2010, 19(8):320-328.

[87] GURGEN M. Excess use of antibiotics in patients with non-healing ulcers[J]. EWMA J, 2014, 14(1):17-22.

[88] O´MEARA S, AL-KURDI D, OLOGUN Y, et al. Antibiotics and antiseptics for venous leg ulcers[J]. Cochrane Database Syst Rev, 2014(1):D3557.

[89] JOSEPH W S, LIPSKY B A. Medical therapy of diabetic foot infections[J]. J Am Podiatr Med Assoc, 2010, 100(5):395-400.

[90] RONDAS A A, SCHOLS J M, HALFENS R J, et al. Swab versus biopsy for the diagnosis of chronic infected wounds[J]. Adv Skin Wound Care, 2013, 26(5):211-219.

[91] RANDALL W, SCOT D. The role of biofilms: Are we flitting the right target? [J]. Plastic and Reconstructive Surgery, 2011, 127(1):28-33.

[92] ZETRENNE E, MEINTOSH B C, MCRAE M H, et al. Prosthetic vascular graft infection: a multi-center review of surgical management[J]. Yale J Biol Med, 2007, 80(3):113-121.

[93] GU G, REN J, LIU S, et al. Comparative evaluation of sump drainage by trocar puncture, percutaneous catheter drainage versus operative drainage in the treatment of intra-abdominalabscesses: a retrospective controlled study[J]. BMC Surg, 2015, 15(1):59.

[94] REINHARD S C, LEVINE C, SAMIS S. Home alone: Family caregivers providing complex chronic care [M]. Washington, DC: AARP Public Policy Institute, 2012.

[95] SEAMAN S. Dressing selection in chronic wound management[J]. J Am Podiatr Med Assoc, 2002, 92(1):24-33.

[96] BARR J E. Impaired skin integrity in the elderly[J]. OSTOMY WOUND MANAG, 2006, 52(5):22.

[97] GOLDMAN M P, WEISS R A, BERGAN J J, et al. Diagnosis and treatment of varicose veins: a review[J], J Am Acad Dermatol, 1994, 31(3): 393-413.

[98] CORDTS, P R, HANRAHAN L M, RODRIGUEZ A A, et al. A Prospective, randomized trial of Unna's boot versus Duoderm CGF hydroactive dressing plus compression in the management of venous leg ulcers[J]. J Vas Surg, 1992, 15(3): 480-486.

[99] PARTSCH B, PARTSCH H. Calf compression pressure required to achieve venous closure from supine to standing positions[J]. J Vasc Surg, 2005, 42(4): 734-738.

[100] PARTSCH H, CLARK M, MOSTI G, et al. Classification of compression bandages: practical aspects[J]. Dermatol Surg, 2008, 34(5): 600-609.

[101] MCCAULEY R L, LINARES H A, PELLIGRINI V, et al. In vitro toxicity of topical antimicrobial agents to human fibroblasts[J]. J Surg Res, 1989, 46(3): 267-274.

[102] MAKLEBUST J A. Using wound care products to promote a healing environment[J]. Critical Care Nursing Clinics, 1996, 8(2): 141-158.

[103] BURTON C S. Venous ulcers[J]. Crit Care Nurs Clin North Am, 1994, 167(1): 37-41.

[104] WILLIAMS A C, CRAIG K D. Updating the definition of pain[J]. pain, 2016, 157(11): 2420-2423.

[105] HESS C T. Lower-extremity wound checklist[J]. Skin Wound Care, 2011, 24(3): 144.

中英文名词对照

Wong-Banker 面部表情疼痛量表（facespainmerical rating scale，FPS-R）

白色萎缩症（atrophie blanche，white atrophy）

扁平细胞癌（plano cell carcinoma）

肠道空气瘘（endoatmospheric fistula，EAF）

肠外瘘（enterocutaneous fistula）

创面（wound surface；也称伤口，wound）

创面床（wound bed）

创面灌注-负压治疗（negative pressure wound therapy with instillation，NPWTi）

创伤相关疼痛（wound-related pain，WRP）

弹力绷带（elastic/long-stretch bandage）

动脉硬化闭塞症（arteriosclerosis obliterans，ASO）

多学科合作（multi-discipline team，MDT）

非弹力性绷带（inelastic/short-stretch bandage）

负压创面治疗（negative pressure wound therapy，NPWT）

负压封闭引流（vacuum sealing drainage，VSD）

负压辅助闭合（vacuum assisted closure，VAC）

腹腔间隙综合征（abdominal compartment syndrome，ACS）

国际创面感染学会（nternational Wound Infection Institute，IWII）

呼吸重症监护病房（respiratory intensive care unit，RICU）

踝部红斑（malleolar flare ankle flare）

踝肱指数（ankle brachial index，ABI）

环状静脉扩张（corona phlebectatica）

基质金属蛋白酶(matrix metalloproteinases,MMP)
急性蜂窝织炎(acute cellulitis)
集落形成单位(colony forming unit,CFU/g)
简明疼痛评估量表(brief pain inventory,BPI)
碱性成纤维细胞生长因子(basic fibroblast growth factor,bFGF)
交通静脉瓣膜功能试验(pratt test)
接触抑制(contact inhibition)。
经外周静脉置入中心静脉导管(peripherally inserted central catheters,PICC)
静脉曲张(varicose vein)
静脉性溃疡(venous ulcer)
卷边(epibole)
慢性静脉疾病(chronic venous disease,CVD)
毛细血管扩张(telangiectasia)
美国静脉输液护理学会(Intravenous Nurses Society,INS)
美国压力溃疡顾问小组(National Pressure Ulcer Advisory Panel,NPUAP)
面部表情分级评分法(facial expression grading score,FRS)
耐甲氧西林金黄色葡萄球菌(methicillin resistant Staphylococcus aureus,MRSA)
欧洲创面管理协会(European Wound Management Association,EWMA)
皮肤脂肪硬化症(lipodermatosclerosis,LDS)
皮脂腺囊肿(sebaceous cyst)
浅静脉瓣膜功能试验(trendelenburg test)
切口感染(surgical site infection,ssi)
褥疮(bed sore)
色素沉着(pigmentation)
深静脉通畅试验(perthes test,又称踢腿试验)
湿疹(eczema)
世界创面愈合协会联盟(World Union of Wound Healing Societies,

WUWHS）

世界卫生组织（World Health Organization，WHO）

视觉模拟评分法（visual analogue scale，VAS）

数字评分法（numerical rating scale，NRS）

水肿（edema）

疼痛（pain）

体重指数（body mass index，BMI）

完全胃肠内营养（total enternal nutrition，TEN）

完全胃肠外营养（total parenteral nutrition，TPN）

网状静脉扩张（reticular vein）

危险因素评估量表（risk assessment sale）

胃肠内营养（enternal nutrition，EN）

胃肠外营养（parenteral nutrition，PN）

血栓闭塞性脉管炎（thromboangiitis obliterans，TAO）

血小板衍生生长因子（platelet-derived growth factor，PDGF）

压疮（pressure ulcer）

压力性损伤（pressure injury）

医用黏胶相关性皮肤损伤（medical adhesive related skin injury，MARSI）

再损伤（reinjure）

肢体体积描记检测（plethysmography）

重症监护治疗病房（intensive care unit，ICU）